交通港站与枢纽设计

（第2版）

胡永举　黄　芳　主　编

人民交通出版社股份有限公司

北　京

内 容 提 要

本书重点介绍交通港站与枢纽设计的基础知识、设计方法与过程。根据交通运输的需求，分别对交通港站与枢纽总体布局规划、交通流线分析与设计、公路站场设计、铁路站场设计、城市轨道交通车站设计、港口规划设计、民用机场规划设计和交通港站与枢纽设计方案综合评价等方面做了较为全面的介绍。

本书可作为高等院校交通运输、物流工程和交通工程等专业的教材，也可供交通规划设计和交通管理部门工作人员学习参考。

图书在版编目(CIP)数据

交通港站与枢纽设计/胡永举，黄芳主编. —2 版. —北京：人民交通出版社股份有限公司，2020.3(2026.1 重印)

ISBN 978-7-114-16330-2

Ⅰ.①交… Ⅱ.①胡… ②黄… Ⅲ.①交通运输中心—设计 Ⅳ.①U115

中国版本图书馆 CIP 数据核字(2020)第 014468 号

书　　名：交通港站与枢纽设计(第 2 版)
著 作 者：胡永举　黄　芳
责任编辑：刘　博
责任校对：赵媛媛
责任印制：刘高彤
出版发行：人民交通出版社股份有限公司
地　　址：(100011)北京市朝阳区安定门外外馆斜街 3 号
网　　址：http://www.ccpcl.com.cn
销售电话：(010)85285911
总 经 销：人民交通出版社股份有限公司发行部
经　　销：各地新华书店
印　　刷：北京交通印务有限公司
开　　本：787×1092　1/16
印　　张：16.5
字　　数：393 千
版　　次：2012 年 2 月　第 1 版
　　　　　2020 年 3 月　第 2 版
印　　次：2026 年 1 月　第 2 版　第 7 次印刷　总第 10 次印刷
书　　号：ISBN 978-7-114-16330-2
定　　价：48.00 元

前言 PREFACE

交通港站与枢纽设计是交通运输、物流工程和交通工程等本科学生必须具备的专业技能。我国开设上述专业的高等院校超过100所,2000年根据《国务院关于进一步调整国务院部门(单位)所属学校管理体制和布局结构的决定》(国发〔1999〕26号),除教育部以及外交部、国防科工委等部门和单位继续管理其所属学校外,国务院其他部门和单位不再直接管理学校。因此原交通部、原铁道部等部委所属交通院校进行隶属关系划转,由此引发交通运输和交通工程等专业由原来的专门研究铁路、水运或公路交通运输向研究综合交通运输方向转移,学生的毕业去向也呈现多元化趋势。本书正是根据综合交通运输发展趋势编写的,内容涵盖了公路、铁路、水运、民用航空和城市轨道等多种交通方式的港站设施设计,特别是大型的港站枢纽都涉及不同交通方式的衔接与配合。

本书内容由三部分组成。第一部分即第1章至第3章,主要以交通港站与枢纽基础理论为主,包括交通港站与枢纽的重要性、分类、作用,我国各种运输方式交通港站布局现状,交通运输发展规划及发展趋势,本学科的主要研究内容、研究方法;交通港站与枢纽的相关因素分析(辐射范围、规模及适应度、需求预测);交通枢纽规划与分布考虑的因素,与城市规划、城市交通规划、路网结构、自然条件等的关系;交通港站各种流线及其疏解方式。第二部分即第4章至第8章,涵盖了4种运输方式,同时包括城市轨道交通站点设计,围绕设计过程、设计环节、后期实施成果及评价等方面,在此基础上进行理论阐述与分析,结合案例,以便融会贯通,加上课后开放性的习题,让学生查阅相关资料,开阔视野,同时提供相关参考文献、设计规范、实施手册以及网站等资源。第三部分即第9章,主要包括各种设计方案在遴选过程中采用的各种评价方法、评价手段和评价实施过程等内容。本书内容通过如上编排,加上教学实践过程,可以使交通运输类专业的学生在学习过程中结合案例,学习理论知识后能够有较为明确的设计思路,培养其快速实践能力,做到有据可依,为将来实际工作中建立概念、明确设计流程,并迅速找到相应的标准、规范,打下良好的基础。本书全部采用最新设计规范和行业标准,与设计院参照标准同步,有利于培养学生查阅资料和对资料应用的能力。

本书第1章和第7章由浙江师范大学施俊庆、王丹阳编写,第2章、第3章和第8章由浙江师范大学黄芳、李多、乔岳编写,第4章和第9章由浙江师范大学胡永举、沈迦伟和江苏大学景鹏编写,第5章和第6章由浙江师范大学李磊、东北林业大学何永明编写。本书对应课程已完成浙江省一流线上课程平台建设,读者可在学银在线平台上搜索"交通港站及枢纽",进行部分章节的学习,也可以直接输入网址 https://www.xueyinonline.com/detail/240938232 进入课程平台首页;如需申请使用开放班级,进行在线慕课学习,可发邮件至 hf@zjnu.cn 联系。

编　者

2022年10月

目录 CONTENTS

第1章　交通港站与枢纽概述

交通枢纽是国家或地区交通运输系统的重要组成部分,是不同运输方式的交通网络运输线路的交会点,是由若干种运输方式所连接的固定设备和移动设备组成的整体,共同承担着枢纽所在区域的直通作业、中转作业、枢纽作业以及城市对外交通的相关作业等功能。交通港站与枢纽多位于几种运输方式的结合部或几条运输干线的交会点,有大量客货流集散,具有优越的地理位置和方便的交通运输条件。交通枢纽的形成和发展,带动了交通运输条件的进一步改善,又促进了工业、农业布局和商业贸易的发展。目前,各种交通枢纽多已发展成为各地区大型综合型经济中心或工业、商业、军事、行政、文化中心。

交通枢纽与交通运输紧密相连,其作用和性质也和交通运输密切相关,从而可定义为:交通枢纽是由两条或者两条以上运输线路交会、衔接而成,具有运输组织、中转、装卸、仓储、信息服务以及其他服务功能的综合性设施。其中,服务于一种交通运输方式的枢纽称为单式交通枢纽,例如单一的航空机场、铁路火车站、海运与内河港口、公路客货运输中心等;服务于两种或者两种以上交通运输方式的枢纽称为复式交通枢纽,又称综合交通枢纽,这是我们现阶段见到最多的交通枢纽,同时,大型综合交通枢纽是当前交通枢纽在运输业发展的趋势。

枢纽港站具备一定的功能要求,主枢纽港站不仅具有一定规模的吞吐能力和集疏运能力,而且还具有运输组织、中转换装、装卸储存、多式联运、通信信息以及生产、经营、管理和生活辅助服务等多项基本功能。这对有效组织运输,压缩客货在港站滞留时间,减少中转环节,发展联合运输,培育和发展统一、开放、竞争、有序的运输市场等都具有重大意义。随着现代化的交通发展越来越快,交通港站与枢纽所起到的作用也越来越明显,因此,在交通运输业的发展建设中,对交通港站与枢纽进行高标准的规划和建设,已经成为至关重要的工作。

1.1　交通枢纽的概念与功能

1.1.1　交通枢纽的概念

交通枢纽(Transportation Terminal)又称运输枢纽,是几种运输方式或几条运输干线交会并能办理客货运输作业的各种技术设备的综合体。一般由车站、港口、机场和各类运输线路、库场以及运输工具的装卸、到发、中转、联运、编解、维护、修理、安全、导航和物资供应等项设施组成,是综合运输网的重要环节。

交通枢纽是一种或多种运输方式的交会与衔接之处,共同办理客货的中转、发送、到达所需的多种运输设施的综合体。由同种运输方式两条以上干线组成的枢纽为单式交通枢纽,两种以上运输方式的干线组成的枢纽为综合交通枢纽。枢纽是国家综合交通运输体系的重要组成部分,是协调运营、组织联合运输的结合部。交通枢纽是由复杂的交通设备与建筑组成的群体,一般由车站、港口、机场和各种线路以及为完成装卸、中转、各种技术作业所需的设备等组成。

交会交通枢纽与交通港站既有联系又有区别。首先交通港站是交通枢纽构成的基本要素之一。交通港站可以是铁路站场、公路站场、港口或航空港等,它们通过铁路、公路、航道、航空线等相互连接,从而实现了综合交通枢纽的功能。交通港站是交通枢纽实现其功能的载体。其次,交通枢纽是交通港站发展的高级形式。只有当交通港站的客货运量达到某个阶段,当其在综合交通运输体系中的地位比较重要的时候才可能成为交通枢纽。

交通枢纽的形成和发展受自然条件与地理位置,运输技术进步,经济联系的方向与规模,交通网的原有基础与发展条件,枢纽所在城市的发展条件等影响。反过来,交通枢纽对于地区之间的联系、地区和城市的发展又起到促进作用。大城市、大工业中心、大型海港或河港往往形成交通枢纽,例如:北京、上海、广州、武汉、深圳、郑州、重庆、成都、西安等城市。

1.1.2 交通港站与枢纽的功能

交通港站与枢纽汇集了多种运输方式,其基本功能就是将一个或几个方向的各种运输方式的客货流分送到其他运输方式或方向,具体体现在以下5方面:

(1)交通港站与枢纽是多种运输方式的交会点,是大宗客货流中转、换乘、换装与集散的场所,是各种运输方式衔接和联运的主要基地。

(2)交通港站与枢纽是同一种运输方式多条干线相互衔接,进行客货中转及对运营车辆、船舶、飞机等进行技术作业和调节的重要基地。

(3)从旅客到达枢纽港站到离开枢纽港站的一段时间内,为其提供舒适的候车(船、机)环境,包括餐饮、住宿、娱乐服务;提供货物堆放、存储场所,提供包装、处理等服务;办理运输手续,货物称重,路线选择,单据填写和收费;旅客购票、检票;运输工具的停放、技术维护和调度。

(4)交通港站与枢纽大多依托于城市,对城市的形成和发展有着很大的作用,是城市实现内外联系的桥梁和纽带。

(5)为旅客出行换乘、货物配载及联运提供信息服务,即通过计算机及信息通信设施,形成信息网络,提供车、客、货信息和通信服务。

综上所述,按照交通港站与枢纽在运输全过程中所承担的主要作业任务看,其基本功能是保证4种主流作业:直通作业、中转作业、枢纽地方作业以及城市对外联系作业。

1.2 交通港站与枢纽的分类

交通港站与枢纽可以按照不同要素进行各种分类。

1.2.1 按地理位置划分

按地理位置划分，可分为陆路交通港站与枢纽、滨海交通港站与枢纽和通航江河岸边交通港站与枢纽。

陆路交通港站与枢纽主要是内陆城市依托于公路、铁路运输，具有交通运输中转、换乘、换装等多种功能。如北京等大型城市都属于这一类型枢纽。滨海交通港站与枢纽是集中在沿海地带，以进行海运为主的港站与枢纽，上海和大连等城市属于这种类型枢纽。随着贸易全球化、全球供应链、国际物流的进一步发展，这类港站发挥了极大的作用，具有长远的发展潜力。通航江河岸边交通港站与枢纽，依托的是国内的大江、大河等内河境岸，以内河水运配合其他交通运输方式的工作，发挥港站与枢纽的作用，其规模一般比上两种类型要小，但也很重要。如长江干流沿岸的宜昌、武汉、南京等城市都属于这种类型枢纽。

1.2.2 按运输方式的组合形式划分

按运输方式的组合形式划分，有如下几种类型的交通枢纽：铁路公路河海枢纽，如上海、天津、汉堡、纽约；铁路公路内河枢纽，如广州、武汉、重庆、莫斯科、法兰克福；铁路公路航空枢纽，如北京、郑州、东京、巴黎；内河公路枢纽，多为中小城市。

1.2.3 按承担客货运输业务的状况划分

按承担客货运输业务的状况划分，可分为中转港站与枢纽、地方性港站与枢纽和混合性港站与枢纽。

中转港站与枢纽，以办理中转或直通客货运输业务为主，地方运量比例较少。地方性港站与枢纽以办理地方作业为主，中转运输量较少。混合性港站与枢纽有大量的地方业务，同时还办理相当数量的直通客货运输业务。

1.2.4 按照交通港站与枢纽的位置特性划分

按照交通港站与枢纽的位置特性划分，可分为已定型、半定型和全定型港站与枢纽。

已定型港站与枢纽：该类型港站与枢纽依附于已经建成的较大的建筑实体或地理实体存在，其位置是由该点所具有的经济、社会特性所确定的，或由与本交通港站与枢纽相衔接的规模更大的枢纽港站确定的。例如，在一个国家范围内，这个国家的首都一般是各种远程运输网络的枢纽，大型港口城市一般也是一个国家各种远程运输网络的枢纽，通常把这些已经建成的诸如首都、大型港口城市称为国家远程运输网络的“网先城市”；又如，一个城市范围内，已经建成的火车站、机场、码头、长途汽车站等都是城市交通的枢纽，通常把它们称为“网先建筑”。网先城市和网先建筑一般是先于对象网络而存在的。统统称为“网先枢纽”。网先枢纽就是位置“已定型”枢纽，不存在选址问题。

“半定型”港站与枢纽：如果某个大型枢纽还没建成，仍然存在选址问题，且其选址在一定程度上要依靠对象网络（目前正选择枢纽位置的运输网络）的结构特征和相关的社会经济等因素，这类枢纽称为“半定型”港站与枢纽。

“全定型”港站与枢纽：位置选址全部或主要由对象网络本身的特征及其上的交通流量

的分布情况来决定,称为“全定型”港站与枢纽。

交通港站与枢纽按此分类有极为重要的作用,交通枢纽的选址就是确定半定型、全定型枢纽在交通网络上的位置。

1.2.5 按交通运输干线与场站空间分布形态划分

按交通运输干线与场站空间分布形态划分,可分为终端式港站与枢纽、伸长式港站与枢纽、辐射式港站与枢纽、辐射环形港站与枢纽、辐射半环形港站与枢纽。

终端式港站与枢纽,分布于陆地干线的尽端或陆地的边缘处,如乌鲁木齐、青岛等城市。伸长式港站与枢纽干线从两端引入呈延长式布局,如兰州市。辐射式港站与枢纽,各种干线可以从各个方向引入,如郑州、徐州等城市。辐射环形港站与枢纽,由多条反射干线和将其连接起来的环线构成,如北京市。辐射半环形港站与枢纽,分布于海、河、湖岸边。

1.2.6 按交通枢纽的运输方式划分

按交通枢纽的运输方式划分,可分为单式交通枢纽和综合交通枢纽。单式交通枢纽是指同一种运输方式的主干线的交叉点、分岔点或衔接点形成的交通枢纽,主要为某种运输方式自身服务而设置的,比如铁路枢纽、公路枢纽、水运枢纽、航空枢纽等。综合交通枢纽则是由两种或多种运输方式组成的主干线的交叉点、分岔点或衔接点形成的交通枢纽,是为各种运输服务所设置的。如铁—水、铁—公、公—水—铁等运输方式的综合交通枢纽。

1.3 我国交通港站与枢纽的发展规划

“十三五”期间[1],我国围绕实现客运“零距离换乘”、货运“无缝化衔接”目标,着力完善综合运输枢纽设施功能,规范服务行为,提升服务品质。深入推进综合运输服务示范城市建设,以示范为引领,推动建立标准统一、功能融合、运营规范、服务高效的综合运输枢纽体系。

一是提高综合运输枢纽规范化服务能力。建立综合运输枢纽统一规划、一体设计、同步建设、同期运营、协同管理的联动工作机制。研究建立综合运输枢纽安全与服务能力评估管理制度,加强运行监测和绩效考核,提升枢纽服务规范化水平。实施中转换乘信息一体化服务,规范运输方式间的交通标志指引、标识管理,完善枢纽内部交通指引系统。创新综合运输枢纽一体化运营管理模式,发展专业化、实体化枢纽运营管理企业,推动铁路、公路、民航、邮政、城市交通等服务标准在枢纽内相衔接。加强枢纽周边环境和应急管理的统筹协调,支持属地人民政府建立枢纽及周边地区综合治理工作机制。

“十三五”现代综合交通运输体系发展规划,国务院,2017年12月3日

二是拓展综合客运枢纽多元化服务功能。提升综合客运枢纽人性化、便捷化服务能力,推动各种运输方式互设自助售票取票设备,鼓励发展换乘行李推车等便民服务设施设备。加强不同运输方式运行时刻衔接,优化枢纽接驳服务。支持依托综合客运枢纽创新运营服务模式,探索开展旅客“行李直挂”和跨方式行李联程托运等业务。鼓励设置汽车租赁门店网点、预留

[1] 综合运输服务“十三五”发展规划,交通运输部,2016年07月27日。

租赁车辆专用车位。鼓励枢纽用地综合开发,重点推动城市公共交通设施用地综合开发,适度拓展枢纽内餐饮、购物等多元化便民服务功能,实现可持续发展。

三是提升综合货运枢纽集约化发展水平。优化货运枢纽(物流园区)规划布局,支持完善多式联运基础设施,拓展多式联运服务功能,发展货物集拼、中转分拨、邮政快递等服务。推进铁路集装箱中心站建设,鼓励铁路货运站场向综合货运枢纽和物流服务中心转型升级。拓展港口枢纽功能,延伸港口物流产业链,积极推进国际和区域性航运中心建设。推进国内航空货运转运中心、连接国际重要航空货运中心的大型货运枢纽建设。支持货运枢纽(物流园区)与区域内产业互动,推进与保税、临港(站)物流园区和工业园区的经济融合,积极发展临港、临空、临路产业服务功能。鼓励发展内陆"无水港"等内陆货运场站。加强快递物流园区、快递航空枢纽、邮件快件分拨中心等规划建设和设施改造。

1.3.1　优化综合交通枢纽布局

完善综合交通枢纽空间布局。结合全国城镇体系布局,着力打造北京、上海、广州等国际性综合交通枢纽,加快建设全国性综合交通枢纽,积极建设区域性综合交通枢纽,优化完善综合交通枢纽布局,完善集疏运条件,提升枢纽一体化服务功能。综合交通枢纽布局见表1-1。

综合交通枢纽布局　　表1-1

枢纽类型	布局描述
国际性综合交通枢纽	重点打造北京—天津、上海、广州—深圳、成都—重庆国际性综合交通枢纽,建设昆明、乌鲁木齐、哈尔滨、西安、郑州、武汉、大连、厦门等国际性综合交通枢纽,强化国际人员往来、物流集散、中转服务等综合服务功能,打造通达全球、衔接高效、功能完善的交通中枢
全国性综合交通枢纽	全面提升长春、沈阳、石家庄、青岛、济南、南京、合肥、杭州、宁波、福州、海口、太原、长沙、南昌—九江、贵阳、南宁、兰州、呼和浩特、银川、西宁、拉萨、秦皇岛—唐山、连云港、徐州、湛江、大同等综合交通枢纽功能,提升部分重要枢纽的国际服务功能。推进烟台、潍坊、齐齐哈尔、吉林、营口、邯郸、包头、通辽、榆林、宝鸡、泉州、喀什、库尔勒、赣州、上饶、蚌埠、芜湖、洛阳、商丘、无锡、温州、金华—义乌、宜昌、襄阳、岳阳、怀化、泸州—宜宾、攀枝花、酒泉—嘉峪关、格尔木、大理、曲靖、遵义、桂林、柳州、汕头、三亚等综合交通枢纽建设,优化中转设施和集疏运网络,促进各种运输方式协调高效,扩大辐射范围
区域性综合交通枢纽及口岸枢纽	推进一批区域性综合交通枢纽建设,提升对周边的辐射带动能力,加强对综合运输大通道和全国性综合交通枢纽的支撑
推进丹东、珲春、绥芬河、黑河、满洲里、二连浩特、甘其毛都、策克、巴克图、吉木乃、阿拉山口、霍尔果斯、吐尔尕特、红其拉甫、樟木、亚东、瑞丽、磨憨、河口、龙邦、凭祥、东兴等沿边重要口岸枢纽建设	

提升综合客运枢纽站场一体化服务水平。按照零距离换乘要求,在全国重点打造150个开放式、立体化综合客运枢纽。科学规划设计城市综合客运枢纽,推进多种运输方式统一设计、同步建设、协同管理,推动中转换乘信息互联共享和交通导向标识连续、一致、明晰,积极引导立体换乘、同台换乘。

促进货运枢纽站场集约化发展。按照无缝衔接要求,优化货运枢纽布局,推进多式联运型和干支衔接型货运枢纽(物流园区)建设,加快推进一批铁路物流基地、港口物流枢纽、航空转运中心、快递物流园区等规划建设和设施改造,提升口岸枢纽货运服务功能,鼓励发展内陆港。

促进枢纽站场之间有效衔接。强化城市内外交通衔接,推进城市主要站场枢纽之间直接连接,有序推进重要港区、物流园区等直通铁路,实施重要客运枢纽的轨道交通引入工程,基本实现利用城市轨道交通等骨干公交方式连接大中型高铁车站以及年吞吐量超过1000万人次的机场。

1.3.2 公路枢纽

公路枢纽是在公路运输网络的节点上形成的货物流、旅客流及客货信息流的转换中心。

2004年12月,国务院审议通过了《国家高速公路网规划》。为适应新时期公路交通发展的要求,加快与国家高速公路网相协调,与铁路、港口等其他运输方式紧密衔接,推进布局合理、运转高效的国家公路运输枢纽建设,2007年4月交通部综合规划司在1992年编制的《全国公路主枢纽布局规划》的基础上,制定《国家公路运输枢纽布局规划》,有效期至2020年,截至目前没有进一步更新。

国家公路运输枢纽是位于重要节点城市的国家级公路运输中心,与国家高速公路网共同构成国家最高层次的公路运输基础设施网络。国家公路运输枢纽主要由提供与周边国家之间、区域之间、省份之间以及大中城市之间公路客货运输组织及相关服务的客货运输站场组成,是保障公路运输便捷、安全、经济、可靠的重要基础设施,是国家综合交通运输体系的重要组成部分。国家公路运输枢纽由客运枢纽站场和货运枢纽站场组成,提供公共交通运输服务,其核心功能包括:

国家公路运输枢纽布局规划

(1)支持经济社会发展。提高运输能力和效率,促进工业化,加快信息化,服务现代化;服务于现代综合交通运输,强化运输过程的无缝衔接;服务公路快速客货运输,强化快速客货运输组织功能;服务集装箱运输,拓展内陆口岸功能;服务现代物流业发展,强化货运枢纽的物流功能;服务交通信息化建设,提供及时有效的客货运输信息。

(2)服务公众便捷安全出行。方便公众出行,加强源头安全管理,提升运输服务水平,为公众提供便捷、安全、可靠的出行条件。

(3)保障国家安全。加强运输组织,协调运力,保障国家重点物资和紧急物资运输,保障"春运""黄金周"旅客运输,确保社会稳定,维护经济安全。

(4)服务可持续发展。有效提高运输装备的利用效率,合理组织多式联运,发挥综合运输优势,提高综合运输能力,集约利用土地,降低能源消耗,促进交通与环境的和谐发展。

国家公路运输枢纽总数为179个,其中12个为组合枢纽,共计196个城市。原45个公路主枢纽已全部纳入布局规划方案,是国家公路运输枢纽的重要组成部分,并居主导地位,具体布局方案见表1-2。

国家公路运输枢纽布局方案 表1-2

地区	省份	城　市	数量
东部	北京	北京	1
	上海	上海	1
	天津	天津	1

续上表

地区	省份	城　　市	数量
东部	河北	石家庄、唐山、邯郸、秦皇岛、保定、张家口、承德	7
	辽宁	＊沈(阳)抚(顺)铁(岭)、大连、锦州、鞍山、营口、丹东	6
	江苏	南京、＊苏(州)锡(无锡)常(州)、徐州、连云港、南通、镇江、淮安	7
	浙江	杭州、＊宁(波)舟(山)、温州、湖州、嘉兴、金华、台州、绍兴、衢州	9
	福建	福州、＊厦(门)漳(州)泉(州)、龙岩、三明、南平	5
	山东	＊济(南)泰(安)、青岛、淄博、＊烟(台)威(海)、济宁、潍坊、临沂 菏泽、德州、聊城、滨州、日照	12
	广东	＊广(州)佛(山)、＊深(圳)莞(东莞)、汕头、湛江、珠海 江门、茂名、梅州、韶关、肇庆	10
	海南	海口、三亚	2
东部合计			61
中部	山西	太原、大同、临汾、长治、吕梁	5
	吉林	长春、吉林、延吉、四平、通化、松原	6
	黑龙江	哈尔滨、齐齐哈尔、佳木斯、牡丹江、绥芬河、大庆、黑河、绥化	8
	安徽	合肥、芜湖、蚌埠、安庆、阜阳、六安、黄山	7
	江西	南昌、鹰潭、赣州、宜春、九江、吉安	6
	河南	郑州、洛阳、新乡、南阳、商丘、信阳、开封、漯河、周口	9
	湖北	武汉、襄樊、宜昌、荆州、黄石、十堰、恩施	7
	湖南	＊长(沙)株(洲)潭(湘潭)、衡阳、岳阳、常德、邵阳、郴州、吉首、怀化	8
中部合计			56
西部	内蒙古	呼和浩特、包头、赤峰、通辽、呼伦贝尔、满洲里、巴彦淖尔、二连浩特 鄂尔多斯	9
	广西	南宁、柳州、桂林、梧州、＊北(海)钦(州)防(城港)、百色、凭祥(友谊关)	7
	重庆	重庆、万州	2
	四川	成都、宜宾、内江、南充、绵阳、泸州、达州、广元、攀枝花、雅安	10
	贵州	贵阳、遵义、六盘水、都匀、毕节	5
	云南	昆明、曲靖、大理、景洪、河口、瑞丽	6
	西藏	拉萨、昌都	2
	陕西	＊西(安)咸(阳)、宝鸡、榆林、汉中、延安	5
	甘肃	兰州、＊酒(泉)嘉(峪关)、天水、张掖	4
	青海	西宁、格尔木	2
	宁夏	银川、固原、石嘴山	3
	新疆(兵团)	乌鲁木齐、哈密、库尔勒、喀什、石河子、奎屯、伊宁(霍尔果斯)	7
西部合计			62
全国合计			179

注：＊为组合枢纽。

国家公路运输枢纽布局规划总体上贯彻了“依托国家高速公路网,完善综合交通运输体系,覆盖主要城市、服务全国城乡”的布局思路,其作用和效果表现在:

(1)体现了“以人为本”。国家公路运输枢纽覆盖了所有直辖市、省会城市和计划单列市及地级城市 137 个,覆盖城市占全国地级以上城市总数的 60%,覆盖总人口占全国总人口的 60%;该网络覆盖了 78% 的国家 AAAA 级旅游景点,为公众旅游、休闲出行创造了便利。

(2)突出了“服务经济”。国家公路运输枢纽覆盖城市的地区生产总值约占全国国内生产总值的 87%;该网络覆盖了 84% 的国家开放口岸、56% 的陆路边境口岸和 98% 的国家级经济技术开发区,加大了长江三角洲、珠江三角洲、环渤海等经济发达地区的枢纽覆盖密度,充分考虑了支持西部大开发、振兴东北老工业基地、促进中部地区崛起等战略的需要。

(3)强化了“综合运输”。该网络覆盖了 100% 的沿海主要港口和 93% 的内河主要港口、全部的大中型枢纽机场、所有特等火车站和铁路集装箱中心站以及 68% 的一等火车站,有助于充分发挥公路运输的集疏作用,进一步提高我国综合交通运输的整体效率。

1.3.3 铁路枢纽

铁路是国民经济大动脉、关键基础设施和重大民生工程,是综合交通运输体系的骨干和主要运输方式之一,在我国经济社会发展中的地位和作用至关重要。2016 年国家发展和改革委员会发布了调整后的《中长期铁路网规划》(2016—2025 年,展望至 2030 年),指出未来的规划目标是:到 2020 年,我国铁路一批重大标志性项目建成投产,铁路网规模达到 15 万 km,其中高速铁路 3 万 km,覆盖 80% 以上的大城市,为完成“十三五”规划任务、实现全面建成小康社会目标提供有力支撑。到 2025 年,铁路网规模达到 17.5 万 km 左右,其中高速铁路 3.8 万 km 左右,网络覆盖进一步扩大,路网结构更加优化,骨干作用更加显著,更好发挥铁路对经济社会发展的保障作用。展望到 2030 年,基本实现内外互联互通、区际多路畅通、省会高铁连通、地市快速通达、县域基本覆盖。

(1)完善广覆盖的全国铁路网。连接 20 万人口以上城市、资源富集区、货物主要集散地、主要港口及口岸,基本覆盖县级以上行政区,形成便捷高效的现代铁路物流网络,构建全方位的开发开放通道,提供覆盖广泛的铁路运输公共服务。

(2)建成现代化高速铁路网。连接主要城市群,基本连接省会城市和其他 50 万人口以上大中城市,形成以特大城市为中心覆盖全国、以省会城市为支点覆盖周边的高速铁路网。实现相邻大中城市间 1 ~4h 交通圈,城市群内 0.5 ~2h 交通圈。提供安全可靠、优质高效、舒适便捷的旅客运输服务。

(3)打造一体化的综合交通枢纽。与其他交通方式高效衔接,形成系统配套、一体便捷、站城融合的铁路枢纽,实现客运换乘“零距离”、物流衔接“无缝化”、运输服务“一体化”。

特别是在综合交通枢纽方面,规划进一步指出:统筹运输网络格局,按照“客内货外”的原则,优化铁路枢纽布局,完善系统配套设施,修编铁路枢纽总图。创新体制机制,统筹建设运营,促进同步建设、协同管理,形成系统配套、一体便捷、站城融合的现代化综合枢纽。研究制定综合枢纽建设、运营、服务等标准规范。构建北京、上海、广州、武汉、成都、沈阳、西安、郑州、天津、南京、深圳、合肥、贵阳、重庆、杭州、福州、南宁、昆明、乌鲁木齐等综合铁路枢纽。

在客运枢纽方面，按照“零距离”换乘要求，同站规划建设以铁路客站为中心、与其他交通方式有机衔接的综合交通体，特大城市要强化铁路客运枢纽、机场、城市轨道交通的便捷连接。实施站区地上地下立体综合开发，打造高效便捷的综合客运枢纽和产城融合发展的临站经济区。同步强化客运枢纽场站设施，完善动车段（所）、客运机车车辆以及维修设施，完善客运枢纽（高铁车站）快件集散等快捷货物服务功能设施。

在货运枢纽方面，合理布局铁路物流中心、铁路集装箱中心站及末端配送服务设施，扩大货物集散服务网络。按照“无缝化”衔接要求，完善货运枢纽多式联运、集装箱运输、邮政快递运输、国际联运以及集疏运等“一站式”服务设施，提升枢纽集散能力和服务效率。优化货运枢纽编组站，完善货运机车车辆设施。布局建设综合维修基地、应急救援基地以及配套完善铁路战备设施等。以发展枢纽型园区经济为导向，推进传统货运场站向城市物流配送中心、现代物流园区转型发展。

2019 年年初，国家铁路总公司（现中国国家铁路集团有限公司）提出将进行《新时代中长期铁路网规划（2020—2035）》，进一步调整国家中长期铁路网规划，以适应新形势发展需求。

1.3.4　沿海港口与内河港口

1）沿海港口

2006 年 8 月 16 日，国务院审议并通过《全国沿海港口布局规划》，该规划由交通部与国家发展和改革委员会联合组织编制（截至目前，未公布调整修编版）。全国沿海港口布局的具体方案是：

根据不同地区的经济发展状况及特点、区域内港口现状及港口间运输关系和主要货类运输的经济合理性，将全国沿海港口划分为环渤海、长江三角洲、东南沿海、珠江三角洲和西南沿海 5 个港口群体（表 1-3），强化群体内综合性、大型港口的主体作用，形成煤炭、石油、铁矿石、集装箱、粮食、商品汽车、陆岛滚装和旅客运输等 8 个运输系统的布局。

全国沿海港口布局规划，中华人民共和国交通部，2006 年 9 月

（1）由北方沿海的秦皇岛港、唐山港（含曹妃甸港区）、天津港、黄骅港、青岛港、日照港、连云港港等 7 大装船港，华东、华南等沿海地区电力企业的专用卸船码头和公用卸船设施组成的煤炭运输系统。

（2）依托石化企业布点，专业化的、以 20 万～30 万 t 级为主导的石油卸船码头和中小型油气中转码头相匹配的石油运输系统。

（3）临近钢铁企业布点，专业化的、以 20 万～30 万 t 级为主导的铁矿石卸船泊位和二程接卸、中转设施匹配的铁矿石运输系统。

（4）以大连、天津、青岛、上海、宁波、苏州、厦门、深圳、广州等 9 大干线港为主，相应发展沿海支线和喂给港的集装箱运输系统。

（5）与国家粮食流通、储备、物流通道配套的，专业化运营、集约化的粮食运输系统。

（6）依托汽车产业布局和内、外贸汽车进出口口岸，专业化、便捷的商品汽车运输及物流系统。

(7)在满足岛屿出行要求的前提下,适应沿海岛屿社会经济发展要求的陆岛滚装运输系统。

(8)以人为本,安全、舒适、便捷的旅客运输系统。

《全国沿海港口布局规划》中的五大港口群　　表 1-3

地区名称	组成部分	主要港口	主要功能及特点
环渤海地区港口群体	辽宁沿海港口群	以大连东北亚国际航运中心和营口港为主,包括丹东、锦州等港口	服务于东北三省和内蒙古东部地区。以大连、营口港为主布局大型、专业化的石油(特别是原油及其储备)、液化天然气、铁矿石和粮食等大宗散货的中转储运设施
	津冀沿海港口群	以天津北方国际航运中心和秦皇岛港为主,包括唐山、黄骅等港口	服务于京津、华北及其西向延伸的部分地区。以秦皇岛、天津、黄骅、唐山等港口为主布局专业化煤炭装船港
	山东沿海港口群	以青岛、烟台、日照港为主,包括威海等港口	服务于山东半岛及其西向延伸的部分地区。以青岛、日照港为主布局专业化煤炭装船港
长江三角洲地区港口群体	长江三角洲地区港口群	以上海、宁波、连云港为主,包括舟山、温州、南京、镇江、南通、苏州等沿海和长江下游港口	以上海、宁波、苏州港为干线港,包括南京、南通、镇江等长江下游港口共同组成的上海国际航运中心集装箱运输系统
东南沿海地区港口群体	福建沿海地区港口群	以厦门、福州港为主,包括泉州、莆田、漳州等港口	服务于福建省和江西等内陆省份部分地区的经济社会发展和对台"三通"的需要
珠江三角洲地区港口群体	珠江三角洲地区港口群	以广州、深圳、珠海、汕头港为主,相应发展汕尾、惠州、虎门、茂名、阳江等港口	服务于华南、西南部分地区。煤炭接卸及转运系统由广州等港口的公用码头和电力企业自用码头共同组成;集装箱运输系统以深圳、广州港为干线港,汕头、惠州、虎门、珠海、中山、阳江、茂名等为支线或喂给港组成
西南沿海地区港口群体	西南沿海地区港口群	以湛江、防城、海口港为主,相应发展北海、钦州、洋浦、八所、三亚等港口	服务于西部地区开发,为海南省扩大与岛外的物资交流提供运输保障。为西南地区提供资源与市场衔接的桥梁

2)沿海邮轮港口

近年来,随着我国经济社会稳步发展和人民生活水平日益提高,邮轮旅游市场呈现持续快速发展态势,邮轮运输正在成为我国水路运输新的增长点。目前,我国沿海邮轮港口处于起步发展阶段,为指导港口合理布局,推进码头设施有序建设,促进我国邮轮旅游业持续、健康发展,2015 年交通运输部编制了《全国沿海邮轮港口布局规划方案》(至 2030 年)。

方案指出:我国现已成为亚洲地区最大的邮轮市场,国际三大知名邮轮公司嘉年华、皇家加勒比、丽星均已进入我国，海航旅业、渤海轮渡等国内企业正在积极拓展邮轮业务，并初步形成了以日韩线、越南线等始发航线为主，国际挂靠航线为辅的格局。借鉴国际邮轮运输发展经验，结合我国邮轮运输市场发展特点和趋势，将我国邮轮港口划分为访问港、始发港和邮轮母港3种类型。

(1)邮轮访问港。邮轮访问港是以挂靠航线为主的邮轮港口。应具备邮轮停泊、旅客和船员上下船等基本功能。访问港一般分布在旅游资源丰富的城市或岛屿。

(2)邮轮始发港。邮轮始发港是以始发航线为主，兼顾挂靠航线的邮轮港口。除访问港基本功能外，始发港应具备邮轮补给、垃圾污水处理，旅客通关、行李托送，旅游服务、船员服务等功能。始发港多分布在腹地人口稠密、经济发展水平较高、旅游资源丰富、交通便捷的港口城市。

(3)邮轮母港。邮轮母港是邮轮旅客规模更大、服务功能较为完备和城市邮轮相关产业集聚度较高的始发港，是邮轮公司的运营基地，除具备始发港基本功能外，还应具备邮轮维修、邮轮公司运营管理等功能。邮轮母港是市场发展到一定阶段的产物，通常由邮轮公司根据市场需求、城市依托条件和企业经营战略来确定。

方案规划目标是在2030年前，全国沿海形成以2～3个邮轮母港为引领、始发港为主体、访问港为补充的港口布局，构建能力充分、功能健全、服务优质、安全便捷的邮轮港口体系，打造一批适合我国居民旅游消费特点、国际知名的精品邮轮航线，成为全球三大邮轮运输市场之一，邮轮旅客吞吐量位居世界前列。

我国沿海邮轮港口的布局规划方案是，未来一段时期，我国邮轮港口发展将以始发港为主体，重点对始发港提出布局方案。其他沿海港口根据旅游资源和邮轮市场需求，均可作为邮轮访问港，满足邮轮挂靠需要。其中始发港布局方案如下：

(1)辽宁沿海，重点发展大连港，服务东北地区，开辟东北亚航线。

(2)津冀沿海，以天津港为始发港，服务华北及其他地区，积极拓展东北亚等始发航线和国际挂靠航线，提升综合服务水平，吸引邮轮要素集聚。

(3)山东沿海，以青岛港和烟台港为始发港，服务山东省，开辟东北亚航线。

(4)长江三角洲，以上海港为始发港，服务长江三角洲及其他地区，大力拓展东北亚、台湾海峡等始发航线和国际挂靠航线，开辟环球航线，逐步构建完善的航线网络体系，健全邮轮服务功能，提升综合服务水平和邮轮要素集聚程度。相应发展宁波—舟山港。

(5)东南沿海，以厦门港为始发港，服务海峡西岸经济区及其他地区，加快发展台湾海峡航线，拓展东北亚始发航线和国际挂靠航线，提升综合服务水平，吸引邮轮要素集聚。

(6)珠江三角洲，近期重点发展深圳港，服务珠江三角洲地区，开辟南海诸岛、东南亚等航线，相应发展广州港。

(7)西南沿海，以三亚港为始发港，服务西南及其他地区，拓展东南亚始发航线及国际挂靠航线，加快开辟南海诸岛航线，扩大市场辐射范围，提升综合服务水平。相应发展海口港和北海港，拓展东南亚等始发航线。

3)内河港口

近年来，内河航道、港口设施建设取得了显著成绩，内河水运货运量持续增长，运输船舶大型化、标准化趋势明显，水运市场日趋活跃，内河水运进入了快速发展的较好时期。目前，全国形成了以长江、珠江、京杭运河、淮河、黑龙江和松辽水系为主体的内河水运布局,内河水运的服务腹地有了较大的延伸和扩展,服务质量明显提高,为流域经济社会的持续、快速发展发挥了重要作用。

为充分发挥内河水运占地少、运能大、能耗低、污染小的优势,完善综合运输体系,促进水资源综合开发利用,2007年交通部综合规划司制定《全国内河航道与港口布局规划》(规划期2006年—2020年),规划重点是内河高等级航道和主要港口。其中国内河港口划分为三个层次:包括主要港口、地区重要港口和一般港口。内河主要港口是指地理位置重要、吞吐量较大、对经济发展影响较广的港口,具体包括泸州港、重庆港、宜昌港、荆州港、武汉港、黄石港、长沙港、岳阳港、南昌港、九江港、芜湖港、安庆港、马鞍山港、合肥港、湖州港、嘉兴内河港、济宁港、徐州港、无锡港、杭州港、蚌埠港、南宁港、贵港港、梧州港、肇庆港、佛山港、哈尔滨港、佳木斯港。

1.3.5 民用运输机场

机场布局和建设是引导配置航空资源的重要手段,是支撑民航强国的重要基础。统筹协调民用运输机场和通用机场布局建设,构建覆盖广泛、分布合理、功能完善、集约环保的国家综合机场体系,发挥整体网络效应,为民航可持续发展奠定基础。

中国民航总局于2008年制定《全国民用机场布局规划》(不含通用航空机场)(2007年—2020年),布局规划民用机场总数达244个,新增机场97个。

原规划由于机场总量不足、布局不尽合理等原因,国家发改委和中国民用航空局于2017年在原规划基础上,发布了《全国民用运输机场布局规划》(2017年—2025年,展望到2030年)。按照统筹推进"五位一体"总体布局和协调推进"四个全面"战略布局,以及创新、协调、绿色、开放、共享发展理念的总体要求,结合"一带一路"倡议、京津冀协同发展、长江经济带发展,从综合交通运输体系发展考虑,对民用运输机场建设数量、空间布局等进行了调整完善,提出了一体化衔接、绿色集约发展等政策措施,形成与高速铁路优势互补、协同发展的格局。

布局规划原则是:

(1)优化布局结构。从综合交通运输体系出发,发挥民航安全、快捷、舒适、灵活的优势,有效衔接高速铁路等交通运输方式,兼顾公平与效率,构建世界级机场群、国际枢纽和区域枢纽层次清晰、布局合理、功能完善的机场体系,提升机场服务水平。

(2)加密扩能并重。统筹东中西部机场协同发展,重点增加中西部地区机场数量,提高密度,扩大航空运输服务的覆盖面;实施繁忙机场扩能改造,提升服务保障能力,适应快速增长的航空需求,满足广大人民群众便捷出行需要。

(3)服务国家总体目标。按照"一带一路"倡议、京津冀协同发展、长江经济带发展和有关区域发展的要求,以及国家主体功能区、新型城镇化的要求,统筹考虑经济社会发展和各种交通方式的衔接,建立与人口分布、资源禀赋相协调,与国土开发、城镇化格局等相适应的机场整体布局。

(4)绿色集约环保。牢固树立绿色低碳循环发展理念,集约节约利用资源,加强生态环境保护。合理利用现有各类机场资源,减少迁建。鼓励相邻地区打破行政区划分割,合建共用机场。

规划目标是:到2020年,运输机场数量达260个左右,北京大兴机场、成都新机场等一批重大项目将建成投产,枢纽机场设施能力进一步提升,一批支线机场投入使用。至2025

年,建成覆盖广泛、分布合理、功能完善、集约环保的现代化机场体系,形成3大世界级机场群、10个国际枢纽、29个区域枢纽。京津冀、长三角、珠三角世界级机场群形成并快速发展,北京、上海、广州机场国际枢纽竞争力明显加强,成都、昆明、深圳、重庆、西安、乌鲁木齐、哈尔滨等国际枢纽作用显著增强,航空运输服务覆盖面进一步扩大。展望2030年,机场布局进一步完善,覆盖面进一步扩大,服务水平持续提升。

该规划的布局方案是:完善华北、东北、华东、中南、西南、西北6大机场群,到2025年,在现有(含在建)机场基础上,新增布局机场136个,全国民用运输机场规划布局370个(规划建成约320个)。

(1)华北机场群:由北京、天津、河北、山西、内蒙古5个省(自治区、直辖市)内的机场构成。布局规划新增沧州、介休、正蓝旗等16个机场,总数达48个。增强北京机场国际枢纽竞争力,与天津、石家庄共同打造京津冀世界级机场群;培育太原、呼和浩特等机场的区域枢纽功能,增强对周边的辐射能力;提升唐山、运城、包头等其他既有机场发展水平,稳步推进霍林郭勒等机场建设。

(2)东北机场群:由辽宁、吉林、黑龙江3个省内的机场构成。布局规划新增铁岭、四平、绥化等23个机场,总数达50个。逐步提升哈尔滨机场国际枢纽的功能;培育大连、沈阳、长春等机场的区域枢纽功能,拓展机场服务范围;提升锦州、长白山、大庆等其他既有机场发展水平,稳步推进松原、五大连池等机场建设。

(3)华东机场群:由上海、江苏、浙江、安徽、福建、江西、山东7个省(直辖市)内的机场构成。布局规划新增嘉兴、蚌埠、瑞金、宁德、菏泽等16个机场,总数达61个。增强上海机场国际枢纽的竞争力,与杭州、南京、合肥、宁波等机场共同打造长三角地区世界级机场群,并与其他交通运输方式优势互补、深度融合、互联互通;培育厦门、青岛、福州、济南、南昌、温州等机场的区域枢纽功能;提升无锡、舟山、黄山、赣州、烟台等其他既有机场发展水平,稳步推进上饶等机场建设。

(4)中南机场群:由河南、湖北、湖南、广东、广西、海南6个省(自治区)内的机场构成。布局规划新增周口、荆州、湘西、韶关、贺州、儋州等24个机场,总数达60个。推进广州、深圳等地机场资源共享、合作共赢、协同发展,提升国际枢纽竞争力,共同打造珠三角地区世界级机场群;增强武汉、长沙、郑州机场枢纽作用,培育海口、三亚、南宁、桂林等机场的区域枢纽功能;提升揭阳、柳州、洛阳、宜昌、张家界等其他既有机场发展水平,稳步推进信阳、岳阳等机场建设。

(5)西南机场群:由重庆、四川、贵州、云南、西藏5个省(自治区、直辖市)内的机场构成。布局规划新增武隆、甘孜、威宁、楚雄等29个机场,总数达78个。逐步提升昆明、成都和重庆机场国际枢纽的竞争力;培育贵阳、拉萨等机场的区域枢纽功能;大幅增加区域机场密度,优化布局结构,提升万州、九寨、黄平、丽江、林芝等其他既有机场发展水平,稳步推进巫山、巴中、仁怀、澜沧等机场建设。

全国民用运输机场布局规划,国家发展和改革委员会、中国民用航空局,2017年2月13日

(6)西北机场群:由陕西、甘肃、青海、宁夏、新疆5个省(自治区)内的机场构成。布局规划新增宝鸡、平凉、共和、石嘴山、塔什库尔干、且末(新疆生产建设兵团)等28个机场,总数达73个。逐步提升西安、乌鲁木齐机场国际枢纽的竞争力;培育兰州、银川、西宁等机场的区域枢纽功能;增加机

场密度,提升延安、敦煌、格尔木、中卫、喀什等其他既有机场发展水平,稳步推进陇南、祁连、莎车、图木舒克等机场建设。

至2025年,全国民用运输机场布局规划具体见表1-4。

全国民用运输机场布局规划表(2025年) 表1-4

地区	已建成及在建机场(2015)		布局规划新增机场(2025)		总量
	名称	数量	名称	规划新增	
华北地区		32	—	16	48
北京	北京首都、南苑、北京大兴	2	—	—	2
天津	天津	1	—	—	1
河北	石家庄、秦皇岛、邯郸、唐山、承德、张家口	6	邢台、康保、丰宁、沧州	4	10
山西	太原、运城、大同、长治、吕梁、五台山	7	朔州、介休	2	9
内蒙古	呼和浩特、包头、海拉尔、满洲里、锡林浩特、赤峰、通辽、乌兰浩特、巴彦淖尔、乌兰察布、扎兰屯、二连浩特、阿尔山、乌海、鄂尔多斯、霍林郭勒	16	阿拉善左旗、阿拉善右旗、额济纳旗、鄂托克旗、东乌旗、林西/克什克腾、莫力达瓦齐、扎鲁特旗、巴林左旗、正蓝旗	10	26
东北地区		27	—	23	50
辽宁	沈阳、大连、锦州、营口、丹东、朝阳、长海、鞍山	8	恒仁、铁岭、阜新	3	11
吉林	长春、长白山、延吉、白城、松原、通化	6	榆树、吉林、敦化、珲春、通榆、辽源、四平、集安、白山、长白	10	16
黑龙江	哈尔滨、黑河、漠河、牡丹江、鸡西、抚远、伊春、齐齐哈尔、佳木斯、大庆、五大连池、建三江、加格达奇	13	嫩江、鹤岗、木兰、绥化、拜泉、宝清、绥芬河、虎林、饶河、尚志亚布力	10	23
华东地区		45	—	16	61
上海	上海虹桥、上海浦东	2	—	—	2
江苏	南京、无锡、常州、淮安、盐城、徐州、连云港、南通、徐州	9	—	—	9
浙江	杭州、宁波、温州、义乌、舟山、衢州、台州	7	丽水、嘉兴	2	9
山东	济南、青岛、烟台、威海、临沂、潍坊、东营、日照、济宁	9	菏泽、枣庄、聊城	3	12
安徽	合肥、安庆、池州、阜阳、黄山	5	蚌埠、芜湖/宣城、亳州、宿州、滁州	5	10
江西	南昌、景德镇、赣州、宜春、九江、上饶、井冈山	7	抚州、瑞金	2	9
福建	厦门、福州、泉州、阜阳、三明、武夷山	6	莆田、漳州、平潭、宁德	4	10
中南地区		36	—	24	60
河南	郑州、洛阳、南阳、信阳	4	安阳、周口、三门峡、鲁山、商丘	5	9
湖北	武汉、神农架、宜昌、襄阳、十堰、恩施	6	鄂州/黄冈、荆门、咸宁	3	9

续上表

地区	已建成及在建机场(2015)		布局规划新增机场(2025)		总量
	名称	数量	名称	规划新增	
湖南	长沙、张家界、常德、永州、怀化、岳阳、武冈、衡阳	8	娄底、湘西、邵东	3	11
广东	广州、佛山、珠海、梅县、揭阳、湛江、惠州、深圳	8	韶关、阳江、云浮、怀集、连州	5	13
广西	桂林、柳州、河池、百色、南宁、北海、梧州	7	贺州、玉林、崇左、防城港/钦州	4	11
海南	海口、三亚、琼海	3	儋州、西沙、南沙、东方/五指山	4	7
西南地区		49	—	29	78
重庆	重庆、万州、黔江、巫山	4	武隆	1	5
四川	成都双流、九寨沟、攀枝花、西昌、宜宾、绵阳、南充、泸州、广元、达州、康定、稻城、西昌、红原	14	甘孜、雅安、乐山、甘洛、遂宁、内江、会动、成都新	8	22
贵州	贵阳、铜仁、兴义、安顺、黎平、毕节、黄平、六盘水、遵义、荔波、黎平	11	黔北、都匀、威宁、盘州、天柱	5	16
云南	昆明、西双版纳、丽江、大理、芒市、迪庆、保山、临沧、思茅、昭通、文山、普洱、腾冲、泸沽湖、德宏	15	怒江、楚雄、玉溪、丘北、红河、元阳、广南、景东、宣威、勐腊	10	25
西藏	阿里、日喀则、拉萨、林芝、昌都	5	定日、那曲、隆子、普兰、亚东	5	10
西北地区		45		28	73
陕西	西安、延安、榆林、汉中、安康	5	宝鸡、府谷、定边、华山	4	9
甘肃	兰州、敦煌、嘉峪关、庆阳、天水、夏河、张掖、金昌、陇南	9	鼎新、武威、定西、临夏、平凉	5	14
青海	西宁、格尔木、玉树、德令哈、花土沟、果洛、祁连	7	共和、玛多、治多、囊谦、久治、黄南	6	13
宁夏	银川、中卫、固原	3	石嘴山	1	4
新疆	乌鲁木齐、喀什、伊宁、库尔勒、阿勒泰、和田、阿克苏、库车、塔城、且末、那拉提、克拉玛依、莎车、若羌、图木舒克、富蕴、喀纳斯、博乐、吐鲁番、哈密、石河子	21	和布克赛尔、昭苏、阿拉尔、轮台、于田、准东、巴里坤、乌苏/奎屯、和静、皮山、且末、塔什库尔干	12	33
全国	—	234	—	136	370

思　考　题

1. 交通港站与枢纽的概念。
2. 交通港站与枢纽的功能及其分类。
3. 国家对各种运输方式枢纽布局规划的重点和特点。
4. 简述综合交通枢纽的概念，归纳其发展趋势。

第 2 章　交通港站与枢纽总体布局规划

交通港站与枢纽规划是在区域社会经济发展规划、城镇体系规划、城市总体规划以及土地利用规划等上位规划基础上进行的专门规划，其内容主要包括港站与枢纽的总体布局规划和单个港站与枢纽的规划设计两部分。

交通港站与枢纽的总体布局规划属于长期发展规划，对交通港站与枢纽的建设、运营和管理起宏观指导作用。交通港站与枢纽的总体布局必须服从社会经济发展的战略目标，符合规划地域的总体规划和生产力布局，满足社会经济发展产生的运输需求。同时，交通港站与枢纽的总体布局还要充分适应交通运输发展的需要，考虑各种运输方式之间的有效衔接，实现信息互通、能力匹配，使多式联运保持连续、高效。交通枢纽与运输网络布局的协调性，与城市布局的协调性，枢纽规划布局中各种运输方式之间衔接是否合理紧凑、各站点布局分工协作是否恰当，旅客转运换乘、货物中转是否便利等是交通港站与枢纽规划与布局中需要重点解决的关键问题。

2.1　交通枢纽布局规划概述

2.1.1　交通枢纽布局规划的重要性及内容

作为交通运输的生产组织基地和交通运输网络中客货集散、转运及过境的场所，交通港站与枢纽是提高客货运输速度的关键环节。而做好交通枢纽总体布局规划是优化运输结构，发挥综合运输港站优势，合理布置运输线路，做到运力分配合理化的关键一步。

交通枢纽是整个交通网络的重要组成部分，也是运输网络上耗资较大的设施。网络上枢纽的数目、位置、规模均需合理布局规划。交通枢纽总体布局规划是一项复杂、涉及众多因素的系统工程，交通枢纽影响区域的经济发展水平、产业结构、产业布局、人口及其他社会因素，运输结构与运力布局，交通枢纽的辐射范围以及原有交通枢纽的规模等都直接关系到交通枢纽的规模、场站设施设置、运力分布及结构层次。此外，交通枢纽总体布局规划还应该与运输网络规划与城市规划相配合。

交通枢纽布局规划的具体内容包括：多个枢纽的总体布局规划和单个枢纽的规划设计两部分。多个交通枢纽的总体布局规划属于长期发展规划，对交通枢纽的建设、运营和管理起宏观指导作用。其主要内容包括：社会、经济与交通运输的调查、分析、发展预测，交通枢纽场站布局优化，枢纽系统设计，社会经济评价，建设项目实施序列计划和资金筹措等工作。具体可分为 3 个层次：

第一，分析规划区域中各种交通方式的相互衔接关系，确定交通枢纽的主要功能、性质和不同方式交通枢纽的相互关系。

第二，在交通枢纽运转系统效益最优的前提下，对各种方式交通枢纽的场站总体布局（数量、位置和规模）进行优化。并对交通枢纽中不同子系统的构成、运营管理进行初步规划和设计。

第三，在确定交通枢纽场站布局方案后，对交通枢纽建设的实施步骤进行规划，以保证交通枢纽的建设适当超前于交通需求的发展，又避免因交通枢纽建设过于缓慢或超前带来的经济损失。

单个枢纽的规划设计主要是指枢纽的选址、规模、等级的确定，并根据相关国家标准、设计规范及设计年度的客运量或货运量预测等进行单个枢纽的平面布置图、流线分析设计与组织、各功能区合理设置与布置、作业区面积确定与工艺指标计算、作业流程设计及枢纽内部各种交通设施的合理配置等。

2.1.2　交通枢纽布局规划的原则

1. 交通枢纽规划所遵循的原则

1）考虑规划区域（或城市）在综合交通运输网络中的地位

交通枢纽规划建设不仅应以规划区域社会经济发展和交通运输需求为基础，还要综合考虑规划枢纽所在城市、地区乃至全国路网中的层次、地位、功能，以区域甚至全国路网为依托，合理选址，充分利用规划枢纽对外的交通运输条件。

2）引导交通需求合理化

交通枢纽规划应根据规划区域的发展战略和土地利用规划，积极引导城市布局的合理化，形成合理的交通出行方式和交通结构，使整个交通系统向综合交通运输体系发展。

3）强调适度超前

从交通经济学的观点看，交通基础设施建设若滞后于经济发展，会阻碍经济的进一步持续稳定发展；反之，若过分超前，则会降低投资效益，造成设施的闲置和投资浪费。因此，交通枢纽规划既不能滞后于交通需求，也不能过度超前，而是要适度超前。比如：港口建设与经济发展间的适应度是1.1:1～1.2:1。

4）综合协调各种交通方式

充分考虑交通枢纽在整个交通运输网络中的地位以及各种交通方式的相互协调、相互依托，从而保证整个运输过程的连续性，提高运输效率。交通枢纽规划应结合铁路、公路、水运和航空等交通方式在整个交通运输体系中的分担比率，通过交通枢纽的合理规划布局使各种交通方式有机衔接，从而实现各种交通方式的相互协调和整个规划区域的规划目标。

5）规划建设和管理运用并重

交通枢纽的规划建设中既要重视建设必要的运输服务设施，又要认真研究组织管理系统的开发设计，使枢纽的硬、软件系统结合为一个有机整体，充分发挥硬件的高效性。

6）服从城市总体规划的要求

交通枢纽规划要符合城市的总体发展规划，在土地利用方面与城市用地功能保持一致，并留有发展余地,做到“新旧兼容,节省投资”,并注意减少污染,保护环境。

2. 对交通枢纽内部的布局要求

交通枢纽内部的布局,主要指枢纽内部各种交通设施的合理配置,对交通枢纽乃至整个交通运输体系的运转效率有着重要影响。交通枢纽内部布局合理与否,应满足如下基本要求:

(1)交通枢纽内各种运输设备的布局,应服从交通运输网的规划,应从交通运输网布局的全局出发,研究合理利用各种运输能力,并考虑枢纽在交通运输网中承担的任务以及与相邻枢纽合理分工,不使设备重复或因设备不足而影响运输通畅。

(2)充分保证各种交通方式之间的相互协调。使主要客流、货流在枢纽内经路顺直、便捷,保证整个交通枢纽的畅通。各种交通运输方式相互协调的条件有:

①运输过程的连续性。

②与运输过程相衔接的各种设备通过能力(或输送能力)相适应。

③各环节的作业时间相互协调。

(3)方便城市的生产和居民生活,尽量避免和减少对城市的不良影响,如各种运输干线尽量避免穿越城市,各种客货运设备应按其与城市的工业生产及居民生活的关系,分别不同情况进行布局,注意适应环保的要求等。

(4)交通枢纽的布局,在能力上要留有余地,以适应生活、经济不断发展的要求,同时,也不能造成能力的浪费。

2.1.3 交通枢纽布局规划的思路

在站场布局原则的指导下,根据交通枢纽客货适站量的预测结果,分析影响枢纽站场布局的各相关因素,宏观确定客货站场的总数量及其理论分布位置。然后,参照交通运输部颁发的有关站级标准和国内外枢纽站设计的有关参数,充分考虑现状的实际情况和城市规划中可能提供或预留的用地,综合确定客货枢纽站的布局方案。交通枢纽布局思路如图2-1所示。

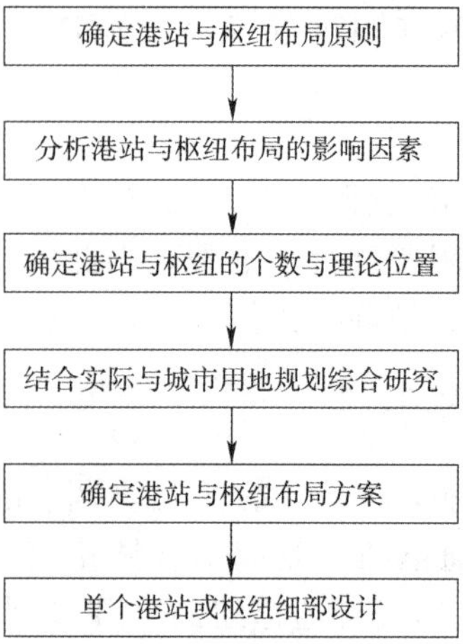

图2-1 交通枢纽布局思路框图

交通枢纽的客货站场是交通枢纽的重要组成部分,是承担运输服务、中转作业的主要载体,但仅有这些也难以全面满足旅客出行方便性、货物运输快速性的要求。这就需要在枢纽站点的下一层次,根据用地性质、运输需求设置相应的货物交易市场、货物受理点、联合售票处及客运停靠站等,作为辅助设施点与枢纽站场,共同组成城市客货运站场服务系统。但由于客货服务网点规模较小,层次较低,故不在枢纽布局规划中研究,可在城市的分区规划或专用规划中予以考虑,并在实施过程中进行相应的建设,以充分发挥交通枢纽站点的功能和作用,同时又方便货主和乘客。

2.1.4 交通枢纽布局规划的步骤

1. 交通枢纽需求分析与预测

交通运输需求分析与预测,是交通枢纽规划布局的一项重要内容。在与交通运输有关的各项经济分析、研究和决策中,交通运输需求预测往往是一项基础性的重要工作,主要包括两部分:社会经济预测和交通运输需求预测。

交通运输需求预测不仅仅指的是“运输量的预测”,在进行运输量预测的同时,还应当结合运输结构预测和运输供给能力的预测,才能满足规划预测的要求。

1)社会经济发展预测

交通运输需求是一种由各种社会经济活动派生出的需求,社会各种经济活动促成了交通运输需求的产生,而经济、科技的发展水平又决定了交通运输技术装备水平。国对交通运输需求做出合理的预测,首先应该对现状和历史相关社会经济发展资料进行调研,并对规划期的社会、经济发展水平进行预测和评估。

社会经济发展预测是在国家与地方政府制定的宏观或微观经济政策的指导下,以经济发展的历史与现状为出发点,以调查研究数据和统计资料为依据,以科学的定性分析判断和严谨的定量计算为手段,对预测对象有关的经济活动的发展演变规律进行揭示,从而对预测对象的未来经济发展演变程度预先做出科学的推测。

在对社会经济发展进行预测的各项经济指标和社会指标中,与交通运输关系比较密切的有:国内生产总值(GDP)及其构成(第一、第二、第三产业)、国民生产总值(GNP)、国民收入、社会总产值、工农业总产值及人均指标;人口发展水平(人口总量、构成及其流动性)和土地利用状况等。旅客和货物交通运输需求受到多方面经济和社会因素的影响,具体为:

(1)影响旅客交通运输需求的社会经济因素:社会经济发展水平、居民消费水平、人口数量及城市化程度、出行费用(即运输服务价格)、交通运输供给的数量与等级、政策因素、其他运输方式的竞争等。

(2)影响货物交通运输需求的社会经济因素:经济发展水平、国民经济产业结构和产品结构、运输线网的数量和质量、运价水平的变动、国家经济政策和经济体制的变化、资源分布状况等。

通过对以上影响交通运输需求的社会经济指标的历史和现状数据进行调查分析,利用一定的定性、定量的经济预测方法和模型(判断预测法、专家评估法、市场调查法、类推法、时间序列分析法、回归分析法、灰色理论等),便可以预测出未来年研究区域各经济指标的数值。在此基础上,便可以建立与此社会经济发展水平相适应的运输系统。

2)综合交通运输需求预测

交通运输需求量预测是交通运输系统规划的重要组成部分。现代交通规划理论中的交通需求预测习惯上分为4个阶段进行,即交通产生预测、交通分布预测、交通方式分担预测、交通分配预测。这4个阶段预测模式在城市交通规划领域已被广泛应用,理论和技术上已趋于成熟。而在区域交通运输规划领域,由于涉及的地域范围广大、单位众多、管理层次复杂等难于完全按传统的四阶段模式进行预测,而要根据区域的大小、特征、背景,确定需要预测的内容,选择合适的预测方法,进行区域交通运输需求量预测工作。

(1)综合交通运输需求预测的理论框架。交通运输作为一项重要的基础设施,是国家经济发展和人民生活水平提高的重要前提条件,它在国民经济发展中占有很重要的地位。生产的扩大、区域间经济联系的增强、人民消费水平的提高和人民经济活动的增多必然要对交通运输服务提出更多的需求。因此,综合交通运输需求预测必须是直接建立在区域社会经济发展预测与土地利用分析预测基础上的,一般包括 3 部分内容:运输量预测、运输供给能力预测、运输结构预测。

综合交通运输需求预测是在考虑运输供给能力限制的基础上,结合运输量预测和运输结构的预测而得出的,其预测的理论框架如图 2-2 所示。从预测内容的相互联系来看,综合交通运输需求预测可以分为总交通运输需求预测和客货流需求预测两部分。总交通运输需求预测是宏观意义上的交通运输需求预测,主要是从总量上把握全国或整个部门或整个地区的客货交通运输需求量,包括发送量、到达量、周转量以及平均运程;这些预测有时是分货物品名或旅客类别的,有些则是笼统的。其特点是只考虑总量,从根本上不涉及具体发到地和具体线路上的客货流量。而客货流需求预测则是把已预测出的客货运总量,在分析地区间实际交通、地理情况的基础上具体分解到运输方式和运输线路上,客货流交通运输需求预测结果更接近于实际的客货位移。从图 2-2 还可以看出,总交通运输需求预测与客货流预测之间存在交叉的部分。

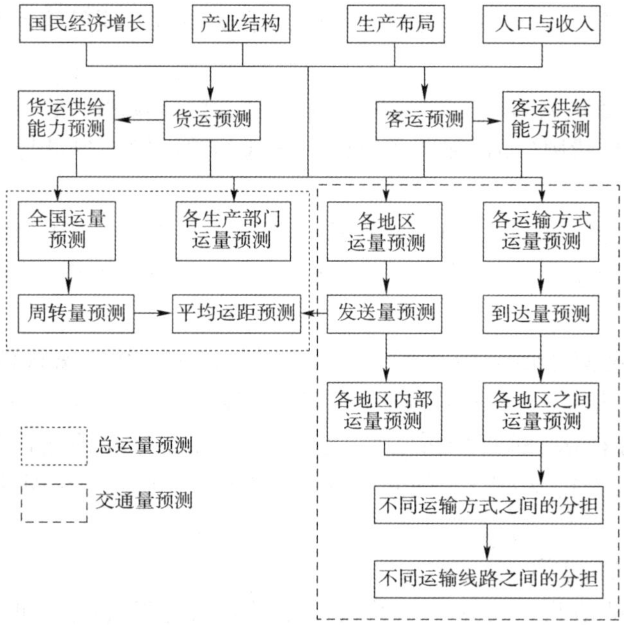

图 2-2　综合运输需求预测理论框架

(2)综合交通运输需求量预测方法。综合交通运输需求量是指一定时期、一定社会经济结构下进行社会经济活动所产生的交通运输的数量。它是用客货运量、客货运周转量来表示的。在对其进行预测时,通常采用专家法和模型法。

模型法属于定量预测方法主要有:时间序列预测法、回归预测法、增长率法、乘车系数法、产值系数法、弹性系数法等。

3）运输需求结构预测

综合交通运输需求量是指一定时期、一定社会经济结构下进行社会经济活动所产生的交通运输的数量。从其结构上来讲，主要包含了两方面的分类：一是在总运输需求量中客运量和货运量的结构比率；二是总运输需求量（含客运量和货运量）由综合运输系统的5种运输方式分别承担的结构比率。交通运输方式分担预测又称交通运输方式划分预测或交通运输方式选择预测。主要是指对公路运输与铁路、水路、航空、管道运输方式之间的分担量预测。

2. 交通枢纽规模的确定

对于客货运站场规模预测，应当以市场需求为基础，结合运输线网规模的预测，对站场功能的确定与划分进行分析，从而确定场站的等级和规模。

从统计概念的角度，交通枢纽规模是以客货流发送量（或客货流设计量）大小来描述交通枢纽规模的大小。交通枢纽的客货流发送量（或设计量）越大则表明交通枢纽的规模越大；同样，交通枢纽规模大，其发送量（或设计量）自然也就大。以发送量（或设计量）大小描述交通枢纽规模是一种最常用的方法，如：我国确定公路客运枢纽场站规模的依据，一直采用统计年度的年平均日旅客发送量。根据年平均日旅客发送量的情况，将公路客运枢纽场站划分为4个等级（表2-1）；而客货共线铁路客运枢纽场站规模的确定，则采用旅客最高聚集人数这个指标划分枢纽等级，一般分为特大型、大型、中型、小型4个等级，见表2-2。

按年平均日旅客发生量的公路客运站场枢纽等级划分（单位：人） 表2-1

站级规模	年平均日旅客发送量 Q	站级规模	年平均日旅客发送量 Q
一级车站	$Q \geqslant 10000$	三级车站	$1000 \leqslant Q < 5000$
二级车站	$5000 \leqslant Q < 10000$	四级车站	$Q < 1000$

按旅客最高聚集人数的客货共线铁路客运站场枢纽等级划分（单位：人） 表2-2

站级规模	旅客最高聚集人数 H	站级规模	旅客最高聚集人数 H
特大型车站	$H \geqslant 10000$	中型车站	$600 < H < 3000$
大型车站	$3000 \leqslant H < 10000$	小型车站	$H \leqslant 600$

要确定枢纽客货运场站规模，最基本的是要确定枢纽场站设计年度的日旅客或货物的发送量。

以公路交通枢纽及站场为例，公路客货运量预测是进行客货运站场规模确定的基础。公路交通枢纽及站场客、货运量预测要在分析社会经济、交通运输发展状况以及两者之间的内在联系的基础上，对规划区域内的社会经济和交通运输未来发展趋势进行研究，并对有关的社会经济指标和运量的发展值进行预测。预测的内容包括规划区域内社会经济发展状况预测和运输量预测。其中运输量预测包括公路、铁路、水运和民航客货运量预测，以及交通枢纽组织量预测与适站量预测、分方向适站量预测。交通枢纽规模预测框图如图2-3所示。

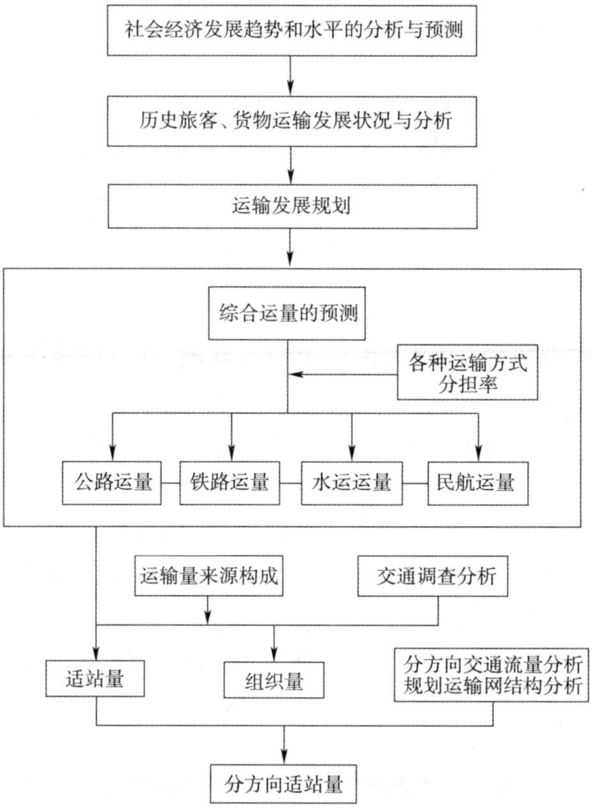

图 2-3　交通枢纽规模预测框图

2.2　交通枢纽布局规划的相关影响因素

2.2.1　辐射范围

研究交通枢纽与其运输服务的地区之间的关系,有助于分析和认识其在交通运输网络中的作用和重要程度。在规划阶段,对拟规划站场的辐射范围的大小进行分析,是确定交通枢纽规模与运输能力大小的因素之一。

1. 交通枢纽辐射范围的含义及分类

1)含义

所谓辐射范围(该术语通常被铁路、公路等部门采用)或腹地(通常为水运部门采用),就是运输网络或港站枢纽的服务区域,又称为以港站枢纽为中心的经济区域。随着经济的发展,旅客在区域之间的流动范围更广,并且大范围的货运规模已不是一域一地的产品能够满足的。因此辐射范围(经济腹地)是港站枢纽生命活力的源泉,港站与枢纽通过运输网络和各种运输方式与其辐射范围进行联系。

2)分类

按运输联系的性质进行分类。目前,我们把港站与枢纽的辐射范围分为直接辐射范围、联合辐射范围和间接辐射范围 3 类。

直接辐射范围:包括所有与该枢纽站场运输线路有直接运输联系的经济单元(厂、矿、中转机构)所组成的完整地带。这些经济单位物资的全部或局部调入或调出,都经过与该枢纽站场相连的运输线路。

联合辐射范围:与该枢纽站场相联系的其他同级站场的直接辐射范围,其物资由与该站场相连的运输线路联运,并在该枢纽站场装或卸,其站场的辐射范围成为该枢纽站场的联合辐射范围。

间接辐射范围:经济行为通过该港站,利用该港站相连的运输线路,但不在该港站装卸。

2. 辐射范围的规划方法及作用

辐射范围与运输线路或站场,二者存在着相互依赖的关系。运输线路是其辐射范围内的经济单位和据点,是进行客货运输的工具,是辐射范围内经济活动的必要条件。在港站枢纽的辐射范围内,生产力布局及其与地域的结合情况,又通过客流和货流对运输站场、运输线路的现状与发展远景起决定作用。

和许多其他类型的经济区一样,辐射范围也由现状和远景(设计)之分,两者的划定方法和实际作用显然不同。

现状辐射范围是现有运输站场和运输线路已形成的吸引范围,它主要由经济地理勘察来决定。其程序为:对既有站场、既有运输线路过去和现在的客货运量进行研究,进而调查客货流的起点与终点,最后把那些通过该线及其站场生成、吸引流量的经济据点从地理上连成一片,即辐射范围。

现状辐射范围的主要作用如下:

(1)通过它了解运输线路和站场同地区经济的联系,从而论证运输线路和站场的经济地理意义;

(2)发现辐射范围内存在的不合理运输,生产单位布局的缺陷,并由此提出改进措施。

设计辐射范围是新建及改建运输线路及其站场的未来辐射范围。要确定设计辐射范围除了要进行地理勘察外,往往还要辅以经济分析和计算。

其程序为:调查可能被设计站场吸引地区的远景生产与交通布局情况,由此推测其可能产生的客货流规模和方向,根据经济单位、运输线路和客货流的分布,找出合理的运输联系方案,最后把倾向于设计线或其站场的经济据点,从地理上连成一片并确定其界限,即设计辐射范围。

设计辐射范围的主要作用是:根据辐射范围内各经济单位远景生产的发展和交换的变化,预计线路及港站建成或改建后的运输量,而运输量又是决定站场运输能力和技术标准的主要依据。

2.2.2　区域社会经济发展水平

交通枢纽客货运量与国民经济主要指标之间存在着正相关的比例关系,这种比例关系反映了国民经济发展对运输的需求,以及运输业适应这种需求的程度。

交通枢纽一般为经济发达、人口密集的交通集散、换乘、装卸聚集地,随着我国经济的飞速发展,人们与外界的交往和活动越来越频繁,从而产生了大量的客货运输需求,并且在客货运市场还出现了许多新的变化。明显的从客运方面来看,人们对于交通运输的安全性、舒适性、时效性等方面提出了更高的要求。而在货运方面出现了品种、批量、货物的附加值增加、每批货物重量下降以及对于送抵时间要求更为严格等趋势。因此必须建设相当规模、一定质量的港站与枢纽才能解决客货量对运输的这种需求。

影响枢纽港、站场客货流的因素有很多,要合理确定枢纽港口、站场客货运量的大小及布局就必须对这些影响因素进行调查分析,其中区域经济水平是最重要的影响因素。

2.2.3 城市规划

1. 与城市内外交通的关系

交通枢纽总是以某一个城市为依托的,其功能就是连接城市内外交通,交通枢纽与所在城市的性质和功能有着密切的联系,在进行交通枢纽布局规划时,必须考虑城市交通系统与交通枢纽的相互关系。下面从城市内外交通有机衔接的角度,分析交通枢纽运转过程中的交通需求产生机制。

交通港站枢纽的运转是由旅客(或货主)、运输企业和政府3个部分共同参与的。它不仅与交通枢纽所在区域的交通网络的物理特征有关,还与3个参与枢纽运营的主体的相互关系有关。以货物运输为例,可以把交通或枢纽的运转分为枢纽内部的短距离散货运输和枢纽与交通运输网络上其他枢纽之间的长距离集中运输两部分,而枢纽就是联系两个阶段的节点。

枢纽内部的短距离运输实际是交通需求者(旅客或货主)利用城市内道路进行的,它与交通需求者对运输路径和站点位置的选择行为有关,并与城市交通融为一体。从微观意义上讲,选择什么路径、什么场站完全取决于交通需求者个人对整个交通运输网络的判断和期望,政府只能借助完善城市内部交通网络的方式实现对需求者个人行为的合理引导。这个阶段的交通行为可以利用交通规划理论进行描述。

枢纽之间的长距离运输则利用城市间的公路、铁路、水路和航空线路等进行,交通需求对这部分的关心程度较低,相反运输企业会在这个阶段对自己的运力、运输线路的安排进行较为详细的研究,保证运输企业的经济效益最大化。因此,交通枢纽规划的最终目的,就是通过合理的交通枢纽场站布局,来引导交通需求者和运营者的微观行为,使之符合综合运输系统社会效益最大化的宏观目标。

2. 与城市规划的契合

交通运输是城市建设和发展的基本条件,交通运输条件的变化必然影响到城市的兴衰,而城市建设和发展又会促进交通运输的发展。交通枢纽承担着城市的内外联系,是城市整体的一部分。交通枢纽与城市相伴共生,并在相互促进中不断发展。为使交通枢纽既方便城市生产生活又能充分发挥运输效能,交通枢纽的规划设计和建设必须与城市规划密切配合。交通枢纽规划应纳入城市规划,服从城市规划的总体安排,以便更好地为城市建设、工业生产、人民生活和旅行服务;城市规划应对交通枢纽的各项设备进行合理配置,务求各种运输方式的设备之间有方便和经济的联系,保证满足运营要求,以便提高运输效率,降低运输成本,尽可能地减少对城市环境与市政建设的影响和道路系统的交叉干扰。

交通枢纽的各项设备在所在城市中均占有重要位置,是城市总体的有机组成部分。各种交通运输方式的设备布置对城市结构的形成与发展有着重大影响,应在空间上紧密地与城市其他设施有机结合。交通枢纽内直接与城市生产和生活有密切联系的设施,应设在市区内或市区边缘,并应与有关的城市功能区布局密切配合,如铁路、公路的客运站和水运客运码头与居住区靠近,货运站和码头与工业区、仓库区靠近等。不直接为城市服务、但又是前项设施所必需的辅助设施,如客站、货站的进站线路,铁路和水运的客运技术作业场所(客车船舶停放、清洗、整备的场地)等应尽量不设在市区内,但也不能远离市区,并尽量减少其对市区的干扰。与城市生产和生活无关的设施应尽可能布置在城市外围适当的地方。如铁路编组站、货物中转站与码头、集装箱转运基地等应尽量远离市区,并应便于运营。

在枢纽内各种设备的布置上充分注意保护城市环境。危险品货物装卸站点应设于市区之外;粉末易扬货物不能设在盛行风向的上侧或最小风频的下侧位置;交通建筑物特别是陆上线路和大型站场应选择适宜地形修建,不应妨碍城市排水和郊区农业灌溉。采取积极措施防止和减轻交通噪声对居民聚居地段的干扰。

交通运输必须拥有通畅的疏运、集散条件。一方面要有紧密衔接和通畅的城市道路系统并在车站、码头前配有与集散量相应的广场;另一方面,要求铁路、港口、公路、机场能力上的协调,以利相互疏集。车站、港口、机场是城市的大门,其选址及其配套的各项公共建筑的布置应统一规划布局,组成完整的建筑群,形成和谐、壮观的市容。

交通是城市建设的先行,交通建设在时间上要超前,在规模和能力上要有一定的储备,为远景发展留余地。因此,充分考虑交通与城市发展前景,规划远景发展和预留用地,是交通枢纽所在城市规划的一项重要原则。城市交通用地的远景规划布局,包括原址用地扩大和建设新址两个方面。由于交通设施和城市各项用地与各类企业有广泛的联系,其位置的变动,涉及面较大,故一般以在原址扩大为宜,将车站附近用地、港口附近陆域和岸线进行规划控制,对于规划中已安排的新港、新站的用地,同样需要控制和预留。

3. 交通枢纽布置形式与城市布局

目前,交通枢纽的布置形式很多,与城市布局的关系也很复杂,在处理两者间的关系时,要作具体分析。随着城市布局与枢纽形式的不断发展变化,不可能有一个固定不变的模式,但其基本原则应是既考虑枢纽本身运营的需要与发展,又要力求避免干扰城市。

交通枢纽按交通运输干线与场站空间分布形态分为:分布于陆上干线的尽头或陆地的边缘处的终端式枢纽、干线从两端引入呈延长式布局的伸长式枢纽、各种干线可以从各个方向引入的辐射式枢纽、由多条放射干线和将其连接起来的环线构成的辐射环形枢纽以及分布于海、湖、河岸边的辐射半环形枢纽。

因铁路枢纽布置对城市布局的影响最大,其线路、站场会对城市造成较多的分割和干扰。所以,以铁路枢纽布置形式与城市布局的配合为例进行说明。在对铁路枢纽进行布置的过程中,正确选择铁路线路走向与站场位置,避免和减少对城市的包围、分割、干扰,是搞好规划布局的重要前提。同时,确定铁路与道路立交桥位置,合理布置防护带和绿化系统,合理组织与城市道路的衔接都很重要。

1)一站枢纽

一站枢纽与城市的关系比较简单,一般城市应沿主要干线一侧发展,如图2-4a)所示。图2-4b)则由于铁路干线分割城市主要地区,对城市干扰较大。这种枢纽往往设置一个客、货共用站,客运站房和货场最好位于城市一侧。但当货运量较大,受地形限制必须客货分侧布置时,应将货运量大的工业企业布置在货场一侧,而城市的主要部分仍布置在客运站一侧,同时要修建跨越铁路的立交桥,以尽量减少铁路对城市交通的干扰。

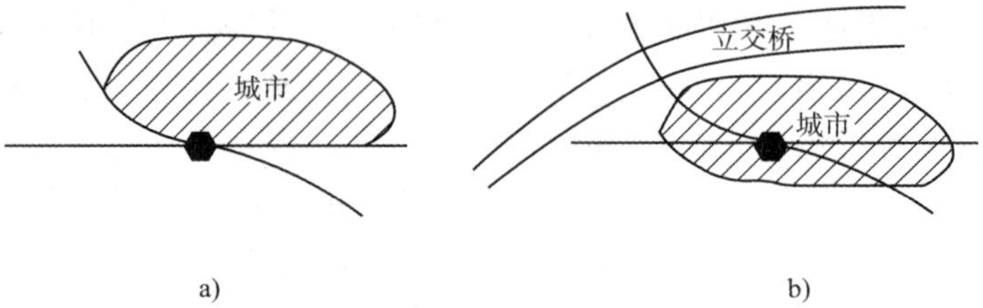

图 2-4　一站枢纽在城市中的布置方案

2)三角形和十字形枢纽

三角形和十字形枢纽与城市的相互位置有 3 种可能方案。第一种是城市基本上位于枢纽的某一象限内[图 2-5a)],这种布置互相干扰少,城市也有一定的发展余地;第二种是枢纽将城市分割为二[图 2-5b)],互相干扰较大;第三种是城市被十字交叉的铁路干线分割成多块[图 2-5c)],互相干扰更加严重。

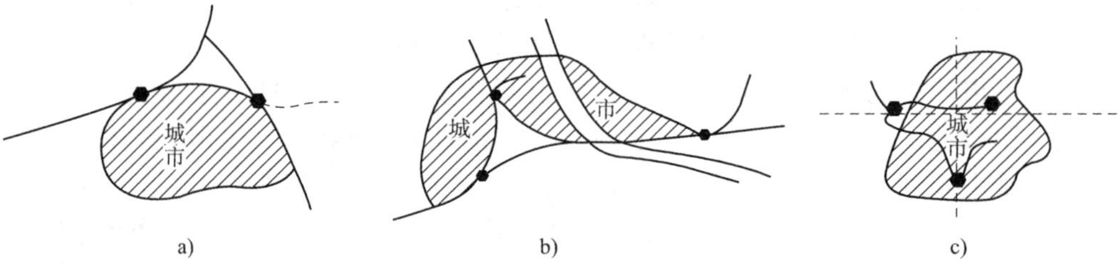

图 2-5　三角形和十字形枢纽在城市中的布置方案

3)顺列延伸式枢纽

在受地形限制,城市用地呈狭长形带状发展时,铁路枢纽往往沿城市纵向延伸,与城市有较长的接触范围,这种枢纽有利于布置各专业站,铁路干线应尽量沿城市边缘布置,以防止城市被分割,如图 2-6 所示。

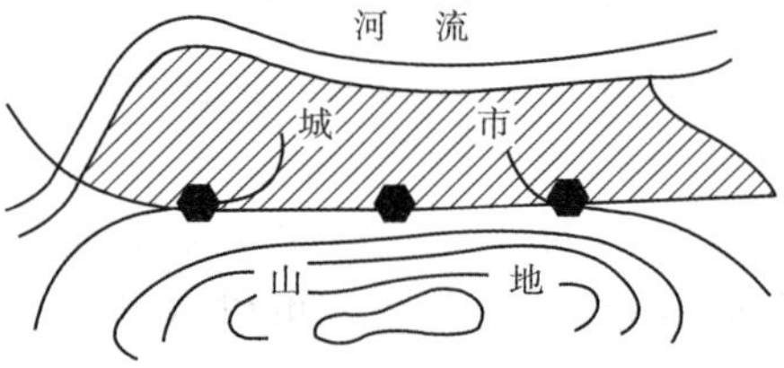

图 2-6　顺列式枢纽在城市中的位置

4)并列式枢纽

并列式铁路枢纽应将客运站布置在市区一侧,而将编组站布置在市区边缘,两端复杂的进站线路疏解区也应尽量避免设在市区内。市区应尽量在靠近客运站一侧发展,如图 2-7 所示。

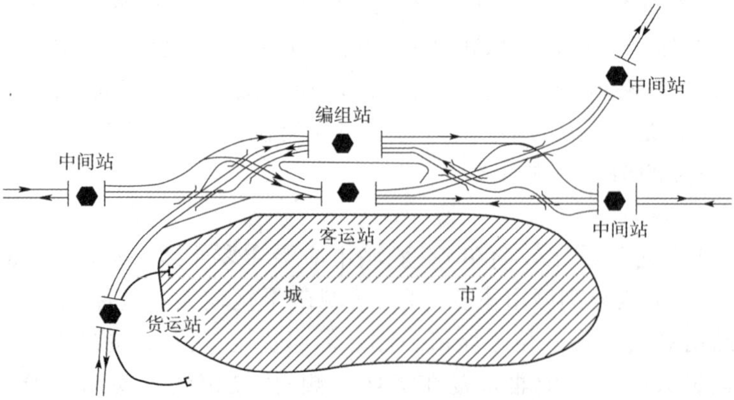

图 2-7　并列式枢纽在城市中的位置

5)环形或半环形枢纽

环形或半环形铁路枢纽地区的城市一般都在铁路环线内发展。当设有两重环线时,内环线主要为城市货运或客运服务,设置或衔接客运站、货运站或货场;外环线为铁路运转服务,设置编组站。环线的位置既不宜布置于市区内而影响城市发展,也要防止将环线移出城市过远而不便于城市使用,另外,还要避免环线穿越风景疗养区。

6)尽端式枢纽

尽端式枢纽的布置要服从枢纽终端的港湾、矿区或工业区的布局。滨海地区尽端枢纽的引入应尽量沿城市内陆的边缘,避免分割城市与海湾的联系,如图2-8所示。

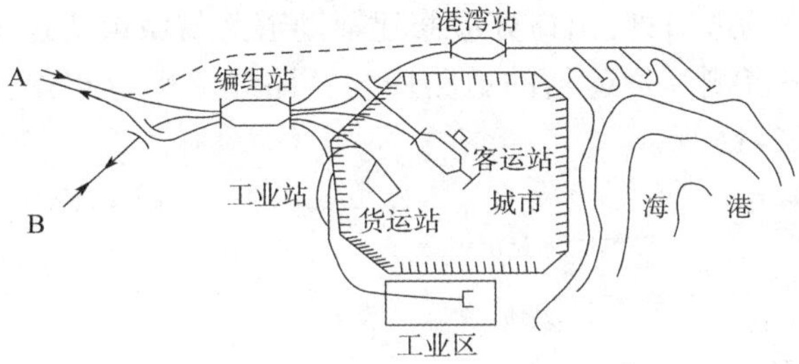

图2-8 尽端式枢纽在城市中的位置

4. 交通枢纽场站布局与城市道路的配合

在城市规划中处理客运站、货运站与城市道路的关系时,一方面要保证车站与城市各区域联系方便,使旅客和货物及时集运和疏散;另一方面又要尽量使集散的交通流不要与城市主要交通流发生干扰。

客运站与城市道路的联系主要通过站前广场来实现,其布置方式有以下几种:

(1)广场位于城市道路尽端,如图2-9a)所示。这种广场不受通过车辆和行人的干扰,便于广场上组织城市车辆到发与停留、旅客休息和候车等活动。但由于广场只有一条通往城市的道路,集散能力小。在客流集散量大而城市交通运输组织复杂的客运站不宜采用。

(2)广场位于城市干道一侧,如图2-9b)所示。这种广场便于大量客流疏散,集散能力较大,但广场的人流容易与城市干道的车辆发生交叉干扰,故在设计时要求广场有一定的进深,以便广场的人流和车流组织与城市通过车辆分隔开来。

(3)与几条辐射道路相联系的广场,如图2-9c)所示。其特点是集散能力大,但广场到发的车流和人流需要绕行,增加了广场交通运输组织的复杂性。

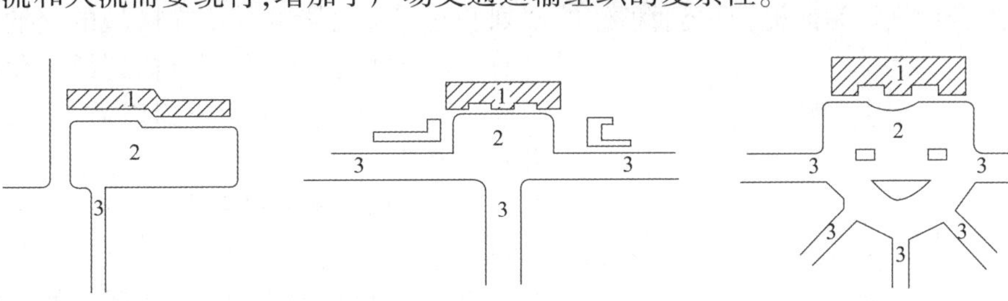

a)广场位于城市干道尽端　b)广场位于城市干道一侧　c)广场与辐射干道相连

图2-9 站前广场与城市道路连接方式

1-站房;2-广场;3-城市道路

(4)多广场与城市道路连接方式,如图2-10所示。在主站房正面一侧的主广场供小汽车和旅客停留;出站口设副广场,供公交车辆到发;子站房一侧设子广场,供旅客和车辆停留。主广场设计成立体三层,一层为绿化花坛,二层停放自行车,三层为商场。这种广场不仅功能多样,集散能力大,人流与车流干扰少,且空间开阔,场景美观,为旅客创造了方便的购物条件和舒适的休息环境。

为了便于旅客乘降,在有地下轨道交通的城市,客运站还应直接与地铁连通,将旅客输送到市中心。在国外还存在将客运站伸入市中心的地下,在地下设置多层的客运站的情况,以避免对城市交通的干扰。

综合性货运站或货场进口处、出口处应修建辅助道路与城市货运干道相连接,避免将货场直接布置在城市干道旁侧。货运站的道路应与铁路线路平行布置,附近应有相应的市内交通运输停车场,如图2-11所示。

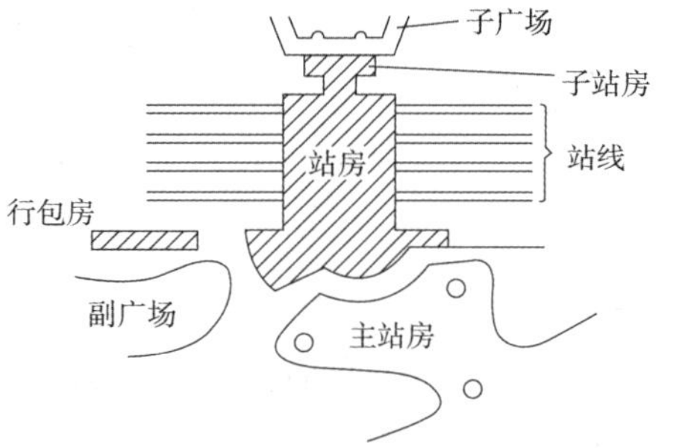

图2-10　客运站与城市中心联系的方式

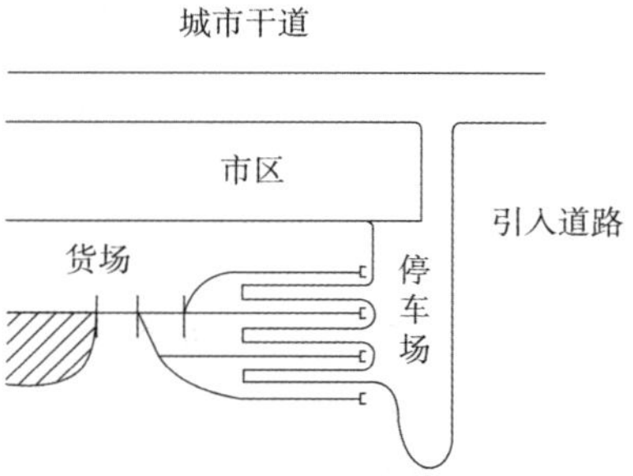

图2-11　货运站与城市道路的相互位置

2.2.4　城市交通运输网络规划

交通运输网络是在一定空间范围(国家或地区)内由几种运输方式的线路和枢纽等固定技术装备组成的综合体,是运输生产的主要物质基础,其空间分布、通过能力和技术装备体现了整个交通运输系统的状况与水平。交通运输网络规划是根据国家工农业生产布局与客流、货流规划,同时考虑政治、经济、文化和国防等各方面的要求所拟订的交通发展远景规划。

交通枢纽是分布在交通运输网络中的重要节点,交通枢纽必须依托于一个城市及其所在区域的交通运输网络。交通枢纽规划与交通运输网络规划是区域交通规划中两个紧密联系、互为补充的重要内容,两者具有密切的互动关系,如图2-12所示。交通枢纽的优化布局应以交通运输网络的合理规划为前提,而交通枢纽的规划和建设又会影响其所在区域的交通运输网络的运转。即使是一个已经达到最优化的交通运输网络,在新增了交通枢纽以后,也会导致网络的交通流分布的调整,从而到达新的平衡状态。在交通枢纽规划过程中,应反映两者之间的这种互动关系,使交通枢纽与干线在建设上和能力上相适应,确保线路畅通,各环节的运输能力都可得到合理利用,并能互相调剂与补充。

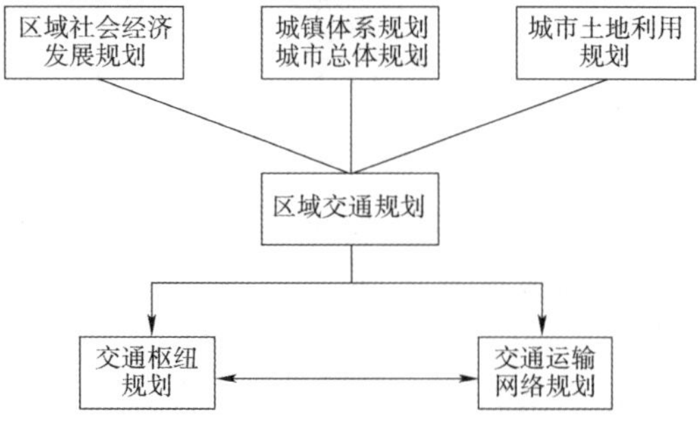

图2-12　交通枢纽规划与其他规划的关系

交通运输网络规划是交通枢纽规划的主要依据。在交通运输网络的分阶段发展中,应明确交通枢纽点的分布和车流集散规律,指出交通枢纽的性质、规模、范围及它们之间的大致分工,从而规定出交通枢纽在交通运输网络上的作用。在此基础上,结合城市规划和其他运输方式的要求以及交通枢纽所在地的地形、地质、水文等自然条件进行交通枢纽总图设计方案的比选。

交通运输网络规划中新线的分阶段建设,必然引起有关线路的部分交通流改变运行径路,从而对有关枢纽在交通运输网络上的作用产生巨大影响。例如,在图2-13所示路网上修建AF新线,一方面由于A枢纽和F枢纽都有新线引入接轨,枢纽引入干线方向增多,必然增加枢纽的工作量和作业的复杂性,从而在一定程度上影响枢纽的性质、规模及专业车站的分布和进站线路、出站线路的引入。另一方面,D枢纽则由于AF新线的分流,减轻了作业负担,使D枢纽布局相对简化,通过能力得到一定程度的加强。此外,AF新线的修建对相邻的其他有关枢纽B、C也有不同程度的影响。因此,交通运输网络规划对于研究确定有关交通枢纽的分工与协作以及交通枢纽分阶段发展具有决定性的意义,不能孤立地研究个别交通枢纽规划而不从交通运输网络整体规划的角度考虑有关枢纽的分工与协作,避免出现交通枢纽间分工协作关系不明。

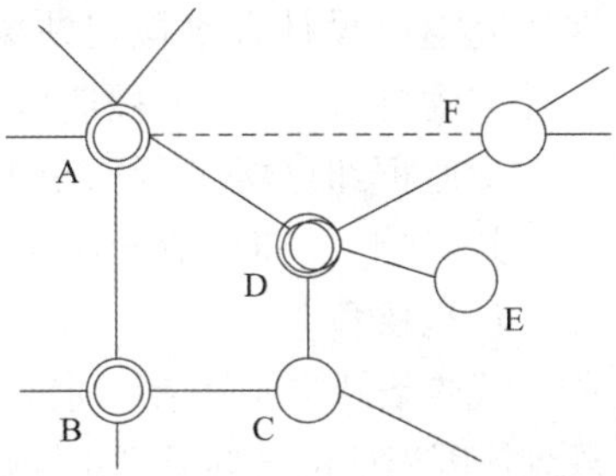

图2-13　路网与枢纽规划示意图

2.2.5　自然地理条件

各种运输方式的运输活动都是在广大地域空间进行的,自然条件是影响交通枢纽规划与布局的重要因素。虽然自然条件对交通枢纽规划的影响随着现代化科学技术的发展而逐步减少,但在对交通枢纽场站的选址、建设投资、运输能力以及建成后的运输成本和运营费用支出等方面的影响仍不可忽视。

交通枢纽所在地区的地理位置和自然条件均不同,因此交通枢纽的总体规划须考虑当地的地形、地质、水文、气候等实际情况出发,制定具体的规划方案。

1. 工程地质条件

地质条件对于陆上运输(铁路、公路)的线路、车站、港口码头的地基和周围地段的稳定性有重要影响,这与地质构造、岩石性质、自然病害等有关。在地层活动地段、断裂破碎带、软土沼泽地区不宜建设铁路和港口。对于滑坡崩塌、泥石流、岩溶地段等也尽可能避开,或采用必要的工程措施予以防护。

枢纽内的主要设备,如铁路编组站、客运站、机务段、大型建筑物,必须考虑其基底土壤的坚固性和稳定性,以免将来使用时造成危害,因而必须对上述地段的工程地质情况做详细勘测,定出措施,以保证建筑物或建筑用地不致受到不良地质变化的影响。

2. 水文地质条件

水文因素中的流量、水深及其季节性变化,直接影响到水运、港址的选择、码头位置及规模等。地下水的高度对于铁路、公路、管道的路基稳定性也有一定影响。

枢纽内站场高程受所在地区江河水位高程的直接影响,一般站场线路的高程应在最高水位之上;铁路正线或公路路基一般不宜兼作防洪路堤,以防洪水冲塌路基而中断车辆运行。如需兼作防洪路堤,则应对路基作特殊设计,并在沿线有关桥涵处加修闸门;站场沿山坡布置时,为排除山洪威胁,可在路基高坡一侧修建排洪沟,接通河道,引洪入河,保护站场路基不受冲刷。

3. 工程取土问题

地处平原或地势低洼地区的交通枢纽，由于洪水位或内涝水位的控制，修建站场和进站线路、出站线路立体疏解等工程，必然引起大量的土石方工程，使填方、取土发生很大困难。在研究枢纽设计方案拟定站场高程时，必须与取土问题同时研究，防止取土地段过远，造成工程进度延长，增加工程造价。

交通枢纽站场工程取土地点应选择在城市规划建筑用地范围以外，并注意不使农田水利受到影响。同时，取土应尽量选择质地良好而且便于开采的土壤。

4. 气候条件

气候条件主要是指长时间的大气变化，包含气压、日照、气温、降水、风向等。交通枢纽的布局规划需因当地的气候条件不同加以区别对待。如：风向的规律性对机场飞行区的跑道方位的设置至关重要，常年风向比较集中则可以采用单条跑道或平行跑道；而风向季节性的集中则需考虑设置交叉跑道或开口V形的跑道布置。再者，潮汐对港口的选址和作业有重要影响。

2.3 交通枢纽港站布局方法与优化模型

2.3.1 交通枢纽港站布局方法总述

由于交通发生吸引源的分布、交通运输网络特点和自然环境等因素的影响，使得在同样的地域范围和同样的交通运输网络上，布局不同的交通枢纽场站，会导致不同的交通运输效率和社会经济效益。因此，交通枢纽场站的合理布局，是根据对社会经济发展和交通需求的预测结果，利用交通规划和网络优化理论与方法，综合考虑交通发生吸引源的分布情况、交通运输条件以及自然环境等因素，对交通枢纽场站的数量、地理位置、规模与其他枢纽的相互关系进行优化和调整，以实现整个交通枢纽系统的运输效率最大化。

1. 布局规划的主要内容与影响因素

交通枢纽是组织交通运输并保证交通网络畅通的基本条件。交通枢纽港站的合理布局是以整个交通运输系统和社会的经济效益为目标，用系统工程的理论和方法，综合考虑交通发生吸引源的分布情况、交通运输条件以及自然环境等因素，对交通枢纽港站的数量、地理位置、规模和与其他枢纽的相互关系进行优化和调整。

2. 布局规划方法发展概述

目前，交通枢纽港站的布局，通常采用定量计算与定性分析相结合的方法。在规划实践中，人们最早采用了单纯的数学物理模型，如重心法、微分法以及交通运输的效益成本分析法等。随着运筹学、物流学的完善和发展，出现了线性规划、整数规划、混合整数规划等枢纽布局优化的方法。这些方法虽然比数学物理模型更好地反映了交通枢纽的运转机理，更接近于实际情况，但它们仍然是把交通枢纽的布局从交通网络的规划中独立出来。从静态、抽象的角度去计算枢纽港站的布局和各种参数，而且计算参数大多为固定值和经验值，缺乏有效的反馈机制。同时这些方法没有考虑枢纽所处交通网络的动态变化会对枢纽港站布局带来的影响，也无法反映综合交通网络的节点层(即枢纽)与其他层面(路网和路段)的互动关系，因此计算结果可靠性差，通常只能为定性分析提供参考。

在20世纪,交通领域的学者们开始注意到枢纽规划中的这些问题,逐渐尝试把交通规划、交通流理论应用到枢纽的数量与布局计算中,力图反映交通枢纽所在区域交通网络的动态变化特性,从交通枢纽的运转机理和交通枢纽与交通网络之间的动态关系入手,把交通规划的四阶段理论与物流学的物流网点选址模型相结合,运用运筹学的方法,对综合交通枢纽港站布局规划的新模型和新方法进行探索和研究。但这些方法仍处于探索阶段,有待进一步的研究。

3. 港站枢纽布局的常用方法归类

1)专家选择法

专家选择法最常用的有综合因素评价法和层次分析法。这种方法是聘请有专业知识和实际经验的专家,与决策层共同研究,综合考虑社会环境、服务条件、自然条件和经营经济条件等因素,进行反复对比,综合分析,寻求特性和规律,最后确定交通港站或枢纽的中心位置。运用专家选择法的先决条件是必须提供几个备选方案。

2)解析法

解析法是通过数学模型进行交通港站与枢纽的布局规划,这是一种地理重心方法,它根据距离、重心或两者的结合,以港站或枢纽的位置为变量,用代数方法来求解港站或枢纽的坐标。采用这种方法,首先根据问题的特征、外部条件和内在联系建立起数学模型或图解模型,然后对模型求解,获得最佳布局方案。解析方法的特点是能获得精确的最优解,但是这种"最优解"仅仅是对实际问题简化后的数学模型而言的,并非实际问题的"最优解"。同时,在很多种情况下,这种方法对某些复杂问题难以建立恰当的模型,或者由于模型太复杂,使求解相当困难,或要付出高昂的代价。因而这种方法在实际应用中受到一定的限制。

采用解析法建立的模型通常有微积分模型、线性规划模型和整数规划模型等。对某个问题究竟建立什么样的模型,要根据具体分析而定。

3)模拟法

枢纽布局的模拟方法是将实际问题用数学方程和逻辑关系模型表示出来,然后通过模拟计算和逻辑推理确定最佳布局方案。这种方法较之用数学模型找解析解简单。采用这种方法进行枢纽布局时,分析者必须提供预定的各种枢纽组合方案以供分析评价,从中找出最佳组合。因此,决策的效果依赖于分析者预定的组合方案是否接近最佳方案。

4)启发法

启发法是针对模型求解方法而言的,是一种逐次逼近最优解的方法。这种方法对所求得的解进行反复判断、实践修正直至满意为止。启发法的特点是模型简单,需要进行方案组合的个数少,因此便于找出最终答案。此方法虽不能保证得到最优解,但只要处理得当,可获得决策者满意的近似最优解。一般步骤包括:定义一个计算总费用的方法;拟定判别准则;规定方案改选的途径;建立相应的模型;迭代求解。

4. 货运场站布局选址模型与方法

货运交通枢纽布局研究也采用定性分析与定量计算相结合的方法。对于定量计算模型的研究,大致分为3个发展阶段:

第一阶段为单一的数学、物理模型和效益成本分析法;

第二阶段为运筹学模型;

第三阶段是交通规划理论与前两者相结合的港站枢纽优化布局模型。

从宏观层面看,近些年研究货运枢纽选址的方法中,主要分为两类:一是以运输成本最小化为原则;二是以利润水平最大化为原则。

从微观角度看,主要分为两类:一是一元交通枢纽的选址方法,即在规划的枢纽服务范围内只有一个枢纽站点的布局问题,最常用的是重心模型法、微分法;二是多元交通枢纽的选址方法,即在规划的枢纽服务范围内存在多个枢纽站点相互协调配合的布局问题。

货运交通枢纽选址的方法和程序如图 2-14 所示。

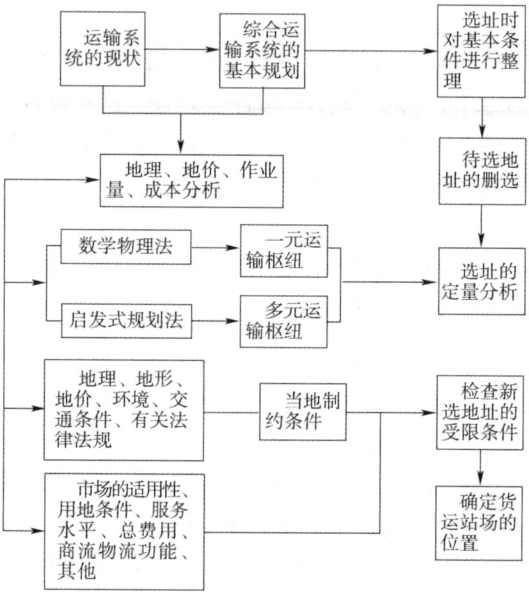

图 2-14　货运交通枢纽选址的方法和程序

5. 客运场站布局选址模型与方法

客运港站与枢纽的合理布局应当以整个运输系统和社会的经济效益作为目标,利用系统工程的理论和办法,综合考虑交通发生吸引源分布情况、交通运输条件利自然环境等因素,对客运交通枢纽的数量、地理位量、规模以及与其他枢纽的相互关系进行优化和调整。客运运输选址考虑因素简单,其模型原理与货运场站类似。

2.3.2　一元交通枢纽场站布局方法

一元交通枢纽场站布局是指在规划的枢纽服务范围内只设置一个站点的布局问题。在实际的交通枢纽中,这种问题并不多,因为一个枢纽通常需要一系列的场站协调工作才能运行。但由于多元枢纽场站布局变量多、约束多,有时为了简化模型,减少计算量,可以把它变换成一元枢纽场站布局问题求解。重心法和微分法就是求解一元枢纽场站布局问题的典型模型。

1. 一元重心法

重心法是一种模拟方法,它将运输系统中的交通发生点和吸引点看成是分布在某一平面范围内的物体系统,各点的交通发生量、吸引量分别看成该点的重量,物体系统的重心就是枢纽场站设置的最佳点,用求几何重心的方法来确定交通枢纽场站的最佳位置。其数学模型如下:

设规划区域内有 n 个交通发生点和吸引点,各点的发生量和吸引量为 W_j,坐标为(x_j, y_j) $(j=1,2,\cdots,n)$。需设置枢纽场站的坐标为(x,y),枢纽系统的运输费用为 C_j。根据平面物体求重心的方法，枢纽场站最佳位置的计算公式如下：

$$\begin{cases} x = \dfrac{\sum_{j=1}^{n} C_j W_j x_j}{\sum_{j=1}^{n} C_j W_j} \\ y = \dfrac{\sum_{j=1}^{n} C_j W_j y_j}{\sum_{j=1}^{n} C_j W_j} \end{cases} \tag{2-1}$$

重心法的特点是方法简单，但它将纵向和横向坐标视为独立的变量，与实际交通系统的情况相去甚远，求出的解往往是不精确的，只能作为交通枢纽场站布局的初步参考。

例 2-1　某城市计划修建货运站，已知该城市有 5 个主要货流发生点（吸引点），各点的货运量及相应的坐标和运费费率见表 2-3。请用重心法求解设立该货运站 P 的最佳方位。

各货流发生点的货运量、费率和坐标　　表 2-3

货流发生点坐标(x,y)	$P_1(3,8)$	$P_2(8,2)$	$P_3(2,5)$	$P_4(6,4)$	$P_5(8,8)$
货运量(t)	2000	3000	2500	1000	1500
运输费率(元/t·km)	0.050	0.050	0.075	0.075	0.075

解：根据已知条件和重心法的计算公式，将计算过程列表 2-4。

重心法的计算过程表　　表 2-4

货流发生点j	货运量W_j(t)	运输费率C_j(元/t·km)	坐标(x,y)		W_jC_j	$W_jC_jx_j$	$W_jC_jy_j$
			x_j	y_j			
P_1	2000	0.05	3	8	100	300	800
P_2	3000	0.05	8	2	150	1200	300
P_3	2500	0.075	2	5	187.5	375	937.5
P_4	1000	0.075	6	4	75	450	300
P_5	1500	0.075	8	8	112.5	900	900
合计					625	3225	3237.5

由公式(2-1)得：$x_0 = 3225/625 = 5.16$；$y_0 = 3237/625 = 5.18$。

所以：货运站 P 的最佳位置 $P(x_0, y_0) = P(5.16, 5.18)$。

2. 微分法

微分法是为了克服重心法的缺点而提出的，它的前提条件与重心法相同，但系统的总费用 F 为：

$$F = \sum_{j=1}^{n} C_j W_j [(x - x_j)^2 + (y - y_j)^2]^{1/2} \tag{2-2}$$

通过对总运费 F 取极小值，即分别令 F 对 x 和 y 的偏微分为零，得到新的极值点。求解公式为：

$$\begin{cases} x = \dfrac{\sum_{j=1}^{n} C_j W_j x_j / [(x - x_j)^2 + (y - y_j)^2]^{\frac{1}{2}}}{\sum_{j=1}^{n} C_j W_j / [(x - x_j)^2 + (y - y_j)^2]^{\frac{1}{2}}} \\ y = \dfrac{\sum_{j=1}^{n} C_j W_j y_j / [(x - x_j)^2 + (y - y_j)^2]^{\frac{1}{2}}}{\sum_{j=1}^{n} C_j W_j / [(x - x_j)^2 + (y - y_j)^2]^{\frac{1}{2}}} \end{cases} \tag{2-3}$$

微分法需要以重心法的结果为初始解,不断迭代。直到前后两次迭代的解误差不超过设定的范围,从而得到最佳结果。虽然它从数学上可以给出交通枢纽场站的具体位置,但这个结果仅仅是数学解,还需要放到实际的交通系统中去进行进一步的调整。

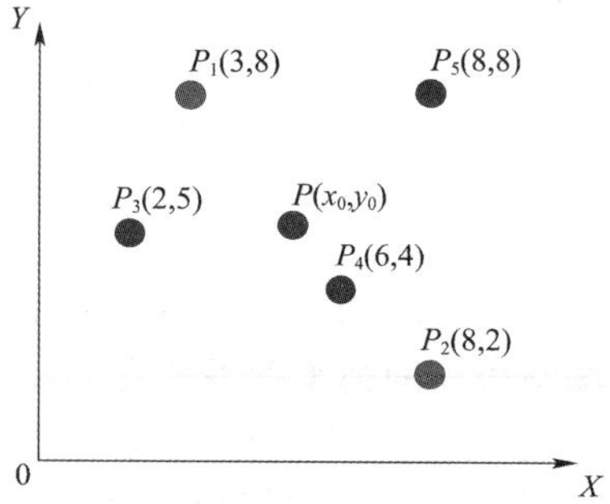

图2-15 发生点与吸引点分布图

例2-2 (续上例)其他条件如例2-1所述,在只考虑运输费用的前提下,请用微分法求解设立货运站 P' 的最佳位置。

解:由例2-1的重心法得微分法的初始值$(x_0,y_0)=(5.16,5.18)$,

第1点到初始点距离 $d_1=\sqrt{(x_1-x_0)^2-(y_1-y_0)^2}=\sqrt{(3-5.16)^2-(8-5.18)^2}=3.57$,其坐标图如图2-15所示。

根据已知条件和微分法的计算公式,将计算过程列表2-5。

微分法的计算过程表 表2-5

货流发生点 j	货运量 W_j (t)	运输费率 C_j (元/t·km)	坐标			$\frac{W_jC_j}{d_j}$	$\frac{W_jC_jx_j}{d_j}$	$\frac{W_jC_jy_j}{d_j}$
			x_j	y_j	d_j			
P_1	2000	0.050	3	8	3.57	28.01	84.03	224.09
P_2	3000	0.050	8	2	4.27	35.13	281.03	70.26
P_3	2500	0.075	2	5	2.99	62.71	125.42	313.55
P_4	1000	0.075	6	4	1.44	52.08	312.50	208.33
P_5	1500	0.075	8	8	4.23	26.60	212.77	212.77
合计						204.53	1015.75	1029.00

由公式(2-3)得:$x_0=1015.75/204.53=4.97$;$y_0=1029.00/204.53=5.03$。

以重心法计算的结果作为初始值,进行多次迭代直至结果在误差允许范围内。

3.成本分析法

成本分析法是在已经具有一个枢纽场站位置的选择集的前提下,以枢纽系统的总成本最小为目标,通过简单的财务计算,比较选择最佳的位置。该方法假设有 n 个交通发生点,分别具有发生量$(W_1,W_2,\cdots,W_n)$,而且用一定准则已经得到 m 个待选场站位置$(P_1,P_2,\cdots,P_n)$,每个场站的建设、运营成本为$(R_1,R_2,\cdots,R_n)$。假设单位吨公里运费相同且为 C,其余运输条件相同,各交通发生点到场站的距离用矩阵 $D\{d_{ij}\}$ $(i=1,2,\cdots,m)$,$(j=1,2,\cdots,n)$表示。则每个待选站点的总费用为:

$$F_i=\sum_{j=1}^{n}d_{ij}C+R_i \quad (i=1,2,\cdots,m) \tag{2-4}$$

计算出每个场站的总费用,从中选择总运输成本最小的点作为最佳的场站选址。

4.一元交通枢纽场站布局方法的缺点及适用性

上述3种方法简单易行,在研究枢纽场站选址方法的早期得到广泛应用,但由于它们是用简化抽象的数学模型模拟枢纽运行机制,在实际运用中具有下述缺点:

(1)在求解过程中都以静态的总费用最小为选优目标,运输费率为固定值,既没有考虑实际的路网结构,也没有考虑客货流在线路上的互相交织混杂对交通流在路网上分配结果的影响。实际上,路网上每个路段的流量不同,其通行时间、运输费用也不同,单一的费率无法反映枢纽运转的实际情况。

(2)重心法和微分法为纯粹的数学解析方法,它求解采用的距离是平面上的几何距离,而实际的交通网络并非如此,往往导致求出的数学解并无实际意义,只能作为下一步分析的最粗略的初始解。

(3)成本分析法实际上只是一个简单的场站选址成本比较法,除了具有上述费用计算的不足外,由于它必须先得到一个待选站点集合,又面临如何合理划分枢纽所在区域的客货流通服务区,如何得到待选站点初始解等问题。

2.3.3　多元交通枢纽场站布局方法

在交通枢纽的货运系统中,由于存在货种的差别,不同货种在枢纽内部流动的费用和对场站布置的要求不同,因此枢纽货运场站的布局比客运场站的布局要复杂,不确定运输也更多。但从区域整体的角度看交通枢纽的布局,可以从货流整体的角度来进行规划,多元枢纽场站布局的模型应运而生。

1.以总成本最低为目标函数的布局模型(混合整数规划模型 MILP)

设在一个供需平衡的系统中有 m 个发生点 $A_i(i=1,2,\cdots,m)$,各点的发生量为 a_i;有 n 个吸引点 $B_j(j=1,2,\cdots,n)$,各点的需求量为 b_j;有 q 个可能设置的备选场站地址 $D_k(k=1,2,\cdots,q)$,如图2-16所示。发生点发生的交通量可以从设置的场站中中转,也可以直接到达吸引点。假定各备选地址设置枢纽场站的基建投资、中转费用和运输费率均为已知,以总成本最低为目标确定枢纽场站布局的最佳方案。

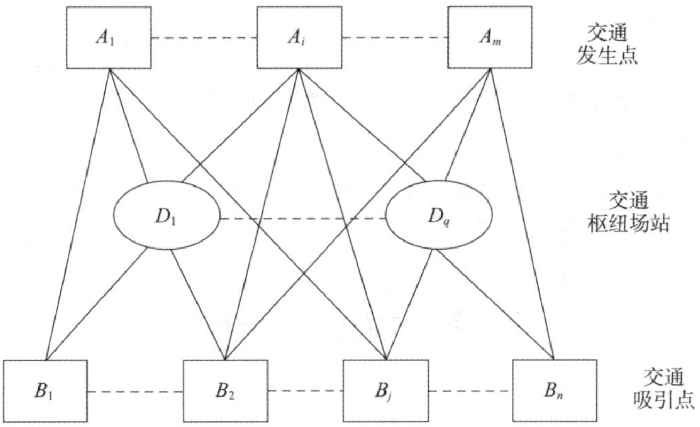

图2-16　多元枢纽场站布局的网络结构示意图

多元枢纽场站布局的数学模型为:

$$\min F=\sum_{i=1}^{m}\sum_{k=1}^{q}C_{ik}X_{ik}+\sum_{k=1}^{q}\sum_{j=1}^{n}C_{kj}Y_{kj}+\sum_{i=1}^{m}\sum_{j=1}^{n}C_{ij}Z_{ij}+\sum_{k=1}^{q}(F_kW_k+C_k\sum_{i=1}^{m}X_{ik}) \tag{2-5}$$

约束方程为：

$$\begin{cases}\sum_{k=1}^{q}X_{ik}+\sum_{j=1}^{m}Z_{ij}\leqslant a_i & (i=1,2,\cdots,m)\\ \sum_{k=1}^{q}Y_{kj}+\sum_{i=1}^{m}Z_{ij}\geqslant b_i & (j=1,2,\cdots,n)\\ \sum_{i=1}^{m}X_{ik}=\sum_{j=1}^{n}Y_{kj} & (k=1,2,\cdots,q)\\ \sum_{i=1}^{m}X_{ik}-\mathrm{M}W_k\leqslant 0\end{cases}$$

$W_k=1$ 表示 k 被选中，$W_k=0$ 表示 k 被淘汰，$X_{ik},Y_{kj},Z_{ij}\geqslant 0$。

式中：X_{ik}——从发生点 i 到备选枢纽场站 k 的交通量；

Y_{kj}——从备选枢纽场站 k 到吸引点 j 的交通量；

Z_{ij}——直接从发生点 i 到达吸引点 j 的交通量；

W_k——备选枢纽场站 k 是否被选中的决策变量；

C_{ik}——从发生点 i 到备选枢纽场站 k 的单位费用；

C_{kj}——从备选枢纽场站 k 到吸引点 j 的单位费用；

C_{ij}——直接从发生点 i 到达吸引点 j 的单位费用；

F_k——备选枢纽场站 k 选中后的基建投资；

C_k——备选枢纽场站 k 中单位交通量的中转费用；

M——一个相当大的正数。

这是一个混合整数规划模型，可以用“分支定界法”求解模型，求得 X_{ik},Y_{kj},Z_{ij} 和 W_k 的值，X_{ik} 表示枢纽场站与发生点的关系，$\sum_{i=1}^{m}X_{ik}$ 决定了该枢纽场站的规模；Y_{kj} 表示了枢纽场站 k 与吸引点的关系，$\sum_{k=1}^{q}W_k$ 为区域内应布局枢纽场站的数目。

该方法在理论上是非常完善的，但仍然是对实际问题的简化，没有考虑枢纽场站规模的限制、建设成本、运营费用的非线性等实际影响因素。即使如此，由于考虑了枢纽场站基本建设投资，出现了 0－1 型整数变量，模型的建立和求解仍然很复杂，因此混合整数规划模型只能用于比较简单的交通网络中。

例 2-3 某市有 A1、A2 两个货运站，由 5 个供货点 B1，…，B5，根据生产的发展和预测，A1、A2 两个站点已经不能满足要求，需另设一货运站，备选地址分别为 A3、A4，问如何选择其中一个最佳站址。根据调查预测，供货点的年供货能力、单位产品购置费及运费的情况见表 2-6。

年供货能力运费及单位产品购置费 表 2-6

货运站	运输费用(元·件$^{-1}$)					年供货能力(件)	购置费用(元·件$^{-1}$)
	B1	B2	B3	B4	B5		
A1	500	300	200	300	200	7000	6500
A2	650	500	380	150	20	5500	6000
A3	150	50	180	650	500	12500	6000
A4	380	500	800	750	800	12500	5700
年运输能力(t)	5000	6000	4000	7000	3000	25000	

解:可以将该问题转化为运输问题:

第一步:假设 A3 是选中的货运站建站地址,将购置费计入后,相应的费用表转化为表 2-7,再用运筹学中运输问题的表上作业法求出最优解,再根据最优解确定总费用。

设站于 A3 时的单位产品购置运输总费用 表 2-7

货运站	运输费用 + 购置费(元)					年供货能力(件)
	B1	B2	B3	B4	B5	
A1	7000	6800	6700	6800	6700	7000
A2	6650	6500	6380	6150	6020	5500
A3	6150	6050	6180	6650	6500	12500
年运输能力(t)	5000	6000	4000	7000	3000	25000

选用最小元素法得到表 2-7 的初始调运方案是:A2—B5,3000t;A3—B2,6000t;A3—B1,5000t;A2—B4,2500t;A3—B3,1500t;A1—B3,2500t;A1—B4,4500t。

用位势法进行检验(计算过程略),所有检验数都是非负,上述方案即为最佳调运法案。

总调运费用是 15710.5 万元。

第二步:假设 A4 是选中的货运站建站地址,将购置费计入后,相应的费用表转化为表 2-8,其他计算过程如第一步,得最佳调运法案是:A2—B5,3000t;A4—B1,5000t;A2—B4,2500t;A4—B2,6000t;A4—B4,1500t;A1—B3,4000t;A1—B4,3000t。

总调运费用是 15791 万元。

设站于 A4 时的单位产品购置运输总费用 表 2-8

货运站	运输费用 + 购置费(元)					年供货能力(件)
	B1	B2	B3	B4	B5	
A1	7000	6800	6700	6800	6700	7000
A2	6650	6500	6380	6150	6020	5500
A4	6080	6200	6500	6450	6500	12500
年运输能力(t)	5000	6000	4000	7000	3000	25000

第三步:比较第一步、第二步所得解的总调运费用,得知 A3 的站址较佳。

2. 以最小出行时间为目标函数的布局模型

在划分交通小区的基础上,对人口和出行时间进行调查。具体为:根据社会经济与交通调查结果可以得出每个小区 $i(i=1,2,\cdots,n)$ 的人口占全市人口的比例,计为 d_i;调查小区 i 到达规划枢纽场站 $k(k-1,2,\cdots,m)$ 的公共交通运行时间,计为 m_{ik}(选取统一的标准,如公共交通工具出租车、公共汽车、小巴士等)。假设城市中有不同方位出行需求的居民是均匀分布在市区内的,则旅客到达枢纽内每个客运站的市内运行时间 t_{ik},则有:

$$t_{ik} = \sum_{i}^{n} d_i m_{ik} \tag{2-6}$$

接着确定出城运行时间,在城市的各个出入口方向分别确定几个点,计算乘客从各个规划枢纽场站 k 到相应出入点 $h(h=1,2,\cdots,r)$ 的运行时间,计为 t_{kh}。其中火车到相应出城口位置的时间按有铁路线和无铁路线分为几十分钟和无穷,取大数值 M 代表无穷。

则乘客从市内出发地到达城市出入口的总花费时间 T_{ih} 为:

$$T_{ih}=t_{ik}+t_{kh}\quad(i=1,2,\cdots,n;k=1,2,\cdots,m)\tag{2-7}$$

最后,建立优化模型。可根据从城市任何一个小区出发经由各个场站到达城市各出入口总的出行时间最小建立枢纽场站优化模型:

目标函数:

$$\min T=\sum_{h=1}^{r}\sum_{k=1}^{m}\sum_{i=1}^{n}T_{ih}C_{kh}\tag{2-8}$$

约束条件:

$$\begin{cases}\sum\limits_{h=1}^{r}C_{kh}\leqslant E_k & (k=1,2,\cdots,m)\\ \sum\limits_{k=1}^{m}C_{kh}\leqslant F_h & (h=1,2,\cdots,r)\\ C_{kh}\geqslant 0\end{cases}$$

式中:T_{ih}——每单元客货从小区经站场到达城市出入口的时间,min;

C_{kh}——发往各出入口方向的客货流量,人次;

E_k——规划枢纽站各个场站生产规模,人次;

F_h——分方向客货流预测结果,人次。

用运筹学理论借助计算机很好求解此非平衡运输问题模型。

2.3.4 交通枢纽港站优化布局模型——两阶段法

上述几种交通枢纽场站布局模型和方法,都是从数学角度进行的分析和建模,未区分不同的交通方式及不同交通方式的枢纽布局。在综合交通枢纽规划中,一方面由于受自然条件的限制,使得铁路车站、港口和机场的选址和布局可以调整的空间比较狭窄,另一方面对综合交通枢纽在中转换乘、运输组织等方面的要求,又使得一体化地考虑综合交通枢纽中各种交通运输场站的布局非常必要。综合交通枢纽规划的最终目的,就是通过合理的交通枢纽场站布局,来引导交通需求者和运营者的微观行为,使之符合综合运输系统社会效益最大化的宏观目标。

解决这一问题的思路是从寻找一个与其他交通方式联系最为密切、可调整余地较大的基本交通方式入手,通过优化这一基本交通方式的枢纽布局,来带动整个综合交通枢纽的优化。5 种交通方式中,公路运输系统作为联系其他交通方式的纽带,其灵活性和可调整性较大,因此可以公路交通枢纽的优化布局为目标,把铁路、水运、航空和管道这几种交通方式的枢纽作为公路站场布局的约束条件,综合考虑交通枢纽布局与交通运输网规划的关系以及城市对外交通网与城市道路网的衔接,用“交通发生地—交通场站”和“交通场站—目的地”的两个阶段来模拟人们对综合交通枢纽的使用,在优化过程中,使公路站场的布局最大限度地保证各种交通方式的有机衔接,从而提高综合交通枢纽的运转效率。

第一个阶段是在公路交通枢纽服务范围内分别从其客、货发生源出发,根据用户平衡原理,选择各自认为最优的路径,到达客、货运站场。这个过程是利用城市交通系统完成的,它与城市内部的交通混合在一起,具备城市交通流的相应特性,因此采用交通规划的四阶段理论来分析各场站在枢纽内部的分布状况和对路段走行时间、运输成本的影响,从而初步确定枢纽的数量和位置。

第二阶段是旅客或货物到达枢纽的有关场站后,由运输企业根据本企业的运营管理情况,按一定的时间、线路和配载方法,把它们运到目的地。两个阶段的连接点就是综合交通枢纽的场站。由于规划者不能控制交通市场供需双方的微观行为,只能通过合理规划和布局枢纽的场站,来达到宏观引导需求者的选择和供给者的运营行为,使整个运输系统达到社会效益最大或者广义费用最小的目标。所以,一个合理布局的公路交通枢纽规划方案,不仅要使不同性质的交通场站衔接方便,还要在枢纽运转过程的两个阶段间起承上启下的作用。

1. 第一阶段模型

第一阶段的模型基于以下两个假设:

假设1:交通需求者对不同交通方式场站的选择,取决于该次出行的距离。

假设2:每个交通场站内部的运营管理已经达到最优状态。

基于以上两个假设,公路交通枢纽站场与其他交通方式场站的中转换乘成本,主要由场站之间的行车时间和费用构成,不考虑旅客或货物在场站内部的等待时间和作业费用。同时,以其他性质的交通场站为重心的发生吸引点与公路交通枢纽站场之间的交通量,主要是它们之间的中转换乘量。此外,交通需求者在选择不同交通性质场站时的方式划分问题,主要根据不同出行距离的比例构成而得到。

在第一阶段,对外交通需求者是利用城市道路来实现从出发地到交通场站的出行,可以采用四阶段交通需求预测法(此处省略计算步骤),分析它们在城市交通网络上的分布特征,并根据交通量分配结果,选择连接路线多、通过交通量大的节点作为第二阶段公路交通枢纽站场布局优化的备选位置集合。

2. 第二阶段模型

得到公路交通枢纽站场的备选集合后,第二阶段的模型采用物流学中求解“物流中心选址”问题的运筹学模型和方法,从备选集合中求解合适的站场位置。由于四阶段交通需求预测法预测的是道路交通量,而与交通站场各项指标关系更为密切的是客、货运的运输量,因此需对综合交通枢纽的总运输量、分交通方式运输量进行预测,进而确定公路交通枢纽组织量、适站量。

第二阶段模型的计算步骤如下:

步骤1:综合交通枢纽交通小区的运输量的发生、吸引预测。调查每个客运、货运交通小区的主要客货源点的分布和现状发生吸引强度,确定小区的客货运输量的发生量和吸引量(不考虑区域内部的出行,客运单位取人次、货运单位取t),来预测各交通小区的客货运发生量和吸引量。

步骤2:确定运输网络。公路交通枢纽转运网络的节点有三类:①转运点。即交通枢纽,由第一阶段得到的站场备选集合构成,其流入量等于流出量;②发生点。由规划区域内部的各小区构成,发生量从第一阶段计算得到;③吸引点。由规划区域外的各大区构成,吸引量从第一阶段计算得到。运输网络的边由各发生点到转运点的城市主干道和由转运点到吸引点的公路主干道组成。

步骤3:确定广义费用矩阵。调查综合交通枢纽所在城市的客货运输市场,综合考虑社会定价和实际运价,确定一个合理的客货运价格函数。根据第一阶段的交通量分配结果,用最短路法计算城市路网上从发生点到转运点之间的走行时间。转运点到吸引点的最短距离取公路主干道的距离。把运输价格与走行时间价格加总,得到每一条路径上的广义费用,作为转运模型优化计算的费用标准。

步骤4:客货运枢纽站场理论位置和规模的计算。以运输成本最小化为目标,总发生量不超过生产规模、总吸引量不小于需求规模、总发生量等于总吸引量为约束条件,利用运输模型的求解方法,从第一阶段得到的备选方案中,选择合适的枢纽站点。

计算的数学模型(运输规划模型)见上述式(2-5)。

此阶段结束后,得到一个综合交通枢纽中的公路主枢纽站场的布局方案。但是,一旦交通网络中出现了新的站场,交通网络的物理结构和交通流分布形态上都可能发生新的改变。而之前的站场优化是基于未设置站场的交通网络进行的,为了切实反映交通网络运行的实际情况,合理诱导客货流的分配,还要返回第一阶段,重新确定增加了站场的交通网络,再分配一次。比较前后两次分配的路段交通流的差异,如未满足评价准则要求,则再循环进行第一、二阶段的计算,直至满足要求。

然而,综合交通枢纽的规划模型和求解毕竟不能完全代表实际情况。因此,应该根据理论计算的结果,在国家宏观政策和上级规划的指导下,结合综合交通枢纽所在区域的实际土地利用情况和交通干道分布情况,对计算得到的场站规划布局方案进行分析调整,最后确定场站的实际布局方案。

2.4 案例:上海市综合客运交通枢纽布局规划

为进一步构筑长江三角洲大都市交通圈,把上海建成“四个中心”和现代化国际大都市,进一步完善网络化、功能性、枢纽型的城市综合交通体系,促进公交优先发展,必须配合城市发展进程,统筹规划,适时建设,建立布局合理、结构完善的综合交通枢纽系统,促进交通、土地资源的合理配置和综合利用。根据上海市委、市政府的部署,在各有关方面的协同配合下,上海市规划局会同市交通局组织编制了《上海市综合客运交通枢纽布局规划》,明确上海市综合客运交通枢纽的总体布局。

上海市综合客运交通枢纽布局规划

2.4.1 规划原则

(1)坚持科学发展观,将先导性和可操作性相结合。按照公交优先发展的要求,预控公共设施资源,以适应长三角区域交通一体化发展的需求、适应上海城乡规划体系建设的需求,适应举办世博会的需求。

(2)坚持以人为本,系统衔接,方便换乘。依托网络完善、站点固定、客运量较大的轨道交通系统,充分发挥轨道交通的运能,提升服务水平。同时要与机场、铁路、高速公路、长途客运以及常规地面公交等其他交通系统保持紧密衔接。

(3)坚持因地制宜,集约节约利用土地。枢纽布局要满足常规公交、静态交通以及其他交通方式发展的必要需求,同时要充分利用现状用地条件,对不同区域提出差别化的布局和选址的要求。

(4)坚持优势互补、条块结合。要依托区县政府,依托市政建设,市区联手推进交通枢纽建设。本次规划以机场、铁路、轨道交通、市域高速公路和干线公路网为基础,综合考虑枢纽的交通方式和规模大小,结合城市功能和城乡规划体系,对全市交通枢纽进行分类梳理。

2.4.2 综合交通枢纽梳理分类和基本布局

本次枢纽布局规划在市域范围内选择了145个枢纽站点,根据枢纽承担的交通功能和规模大小,分为A、B、C、D4类。其中,A类枢纽5处,B类枢纽88处,C类枢纽37处,D类枢纽15处。

1. A类枢纽(5处)

A类枢纽以航空、铁路等大型对外交通设施为主,配套设置轨道交通车站、地面公交站、社会停车场、出租车营运站等市内交通设施,共同形成的大型市内外综合客运交通枢纽。

结合两大机场和铁路客站,全市共形成虹桥综合交通枢纽、浦东国际机场、铁路上海站、铁路上海南站和铁路浦东客站枢纽共5个一体化市内外综合交通换乘枢纽。

2. B类枢纽(88处)

B类枢纽以轨道交通车站为主,结合地面公交站点、出租车营运站、社会停车场和长途客运站等其他交通设施,共同形成的大中型综合客运交通枢纽。

根据不同的客流规模,B类枢纽主要分为两类:

(1)B1类枢纽(15处):是以三线及三线以上轨道交通换乘站为主体的大型枢纽。B1类换乘枢纽地区的规划工作是近年的重点工作之一。汉中路、静安寺、人民广场、世纪大道、徐家汇、虹口体育场等地区的综合交通规划均已完成或基本完成,其余站点将根据轨道交通推进情况和周边用地情况逐步实施。

(2)B2类枢纽(73处):是以一线或二线轨道交通站点为主体的中型枢纽。在本市规划的300余个一线、二线轨道交通站点中,通过综合考虑地面公交始末站、长途客运站、社会停车场库等交通设施的用地需求,对其中有新增用地需求的73个B2类枢纽进行了规划布点。其中19个分布在内环线以内,32个分布在内外环之间,22个结合郊区城镇布置,分布在外环以外。

3. C类枢纽(37处)

C类枢纽以轨道交通、地面公交和机动车换乘为主体的停车换乘(P&R)枢纽。

中心城区用地紧张、交通负荷重,因此规划在外环附近及外环以外、靠近主要公路和轨道交通站点的区域设置大中型社会停车场,提供优惠的停车收费标准和便捷的换乘条件,起到适当截流进城机动车、引导换乘公交的作用,形成37处C类停车换乘枢纽。

规划建议根据需求预测上限控制C类枢纽用地规模,并应根据实际交通需求增长情况,结合轨道交通建设进度和城镇建设阶段,对C类枢纽实行统一规划、分期建设。这包括两层含义:一是结合世博会地区建设,根据轨道交通建设时序,选择37个枢纽中的16个C类枢纽先行实施,如11号线嘉定城北站枢纽、松江客运中心枢纽等;二是每个枢纽地块可根据本身客流增长的不同阶段和地块的实际情况,分期开发建设。

4. D类枢纽(15处)

D类枢纽以多条地面公交换乘站点为主体的小型枢纽。D类枢纽通常是距离轨道交通站点较远的、多条常规公交线始末站集中布局而形成的枢纽,例如:军工路枢纽、南浦大桥枢纽等。这类枢纽根据全市公交线网规划和公交发展导向,结合地区规划统一布局并控制用地。本次规划形成15个D类枢纽,其中8个分布在中心城,7个分布在郊区城镇。

2.4.3 近期建设目标

为便于上海市民出行,形成较为均衡的枢纽布局,同时为2010年上海世博会,缓解中心城区的交通压力,规划部门根据轨道交通的建设进度,结合郊区城镇的建设,规划选择用地条件和建设条件均比较成熟的枢纽列入近期建设计划。

规划“十一五”期间建设完成综合交通枢纽 60 个,其中包括 A 类枢纽 3 个[虹桥综合交通枢纽、浦东国际机场枢纽和铁路上海站枢纽(扩建)],B 类枢纽 36 个,C 类枢纽 16 个,D 类枢纽 5 个。加上已建成的枢纽 24 个,如铁路南站枢纽、人民广场枢纽等,到 2010 年上海市共建成综合交通枢纽 84 个。

思 考 题

1. 规划交通枢纽应考虑哪些影响因素?
2. 什么是交通枢纽的辐射范围?应该如何确定?
3. 如何处理运输网络规划与运输枢纽规划的关系?
4. 交通枢纽的布局如何与城市道路相结合?
5. 布局规划模型方法的分类与应用。

第 3 章　交通流线分析与设计

流线是交通港站、枢纽的设计灵魂，流线设计、组织是否合理，不但影响交通枢纽的作业效率和能力，也直接关系到客运、货运设备的运用及交通枢纽的服务质量和水平。

3.1　流线的定义与描述

3.1.1　流线的定义

国内外的学者从不同角度、不同领域对流线作了定义。具体有：

在研究空气动力学的过程中对流线的定义是：A streamline is a path traced out by a mass particle as it moves with the flow. It is easiest to visualize a streamline if we move along with the body (as opposed to moving with the flow). 中文理解为：流线是大量微粒流动形成的轨迹。相对于移动流，移动物体所形成的是更直观的流线。

而朗文英语辞典对 streamline 的动词解释是：to form something into a smooth shape so that it moves easily through the air or water; to make something work more simply and effectively. 中文理解为：使……成为流线型；使……合理化，使简化。

有学者在讨论流线设计和建筑形态关系中认为：流线是人或物在建筑中流动的轨迹，对建筑平面及空间组合有决定性的影响。其基本功能是保证人流、物流的顺畅、便捷，避免不同流线的相互干扰交叉。

由于交通流与物理学上的气体、液体的流动有类似的特征，上述几个概念从某些方法反映了流线的基本特征。因此，交通流线可定义为：

行人、车船、货物在研究范围内流动的轨迹。或者是：行人、车船、货物在一定范围内集散活动，形成一定的流动过程和流动轨迹，称之为交通流线。

3.1.2　交通流线的描述方法

目前，国内外对交通流线的描述方法主要有两种：流程图表示法和组织图表示法。

(1)流程图表示法：即将旅客(或货物、车辆等)的各种行为流程按照行动的先后顺序用流程图块和连接线表示，如图 3-1 所示。

(2)组织图表示法：是在交通枢纽平面布局图或立体枢纽布局图的基础上将各种旅客(或货物、车辆等)的行为轨迹用线条表示出来，线条箭头的方向代表流线的方向，线条的粗细代表流线的密度，不同的线条类型表示不同的流线种类。如图 3-2、图 3-3 分别为平面流线组织示意图和立体流线组织示意图。

流程图表示法和组织图表示法从不同的角度描述了行人流线的具体情况，但是两种表示方法都有各自的优缺点和适用环境,两种交通流线方法的比较见表 3-1。

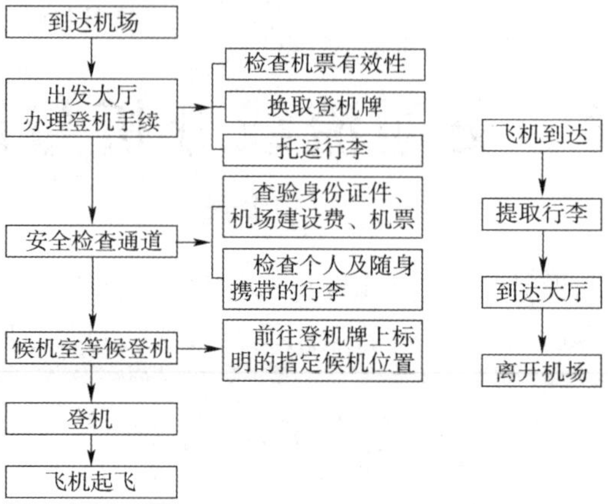

a)机场的国内出发流程　　b)机场的到达流程

图 3-1　流程图表示方法示意图

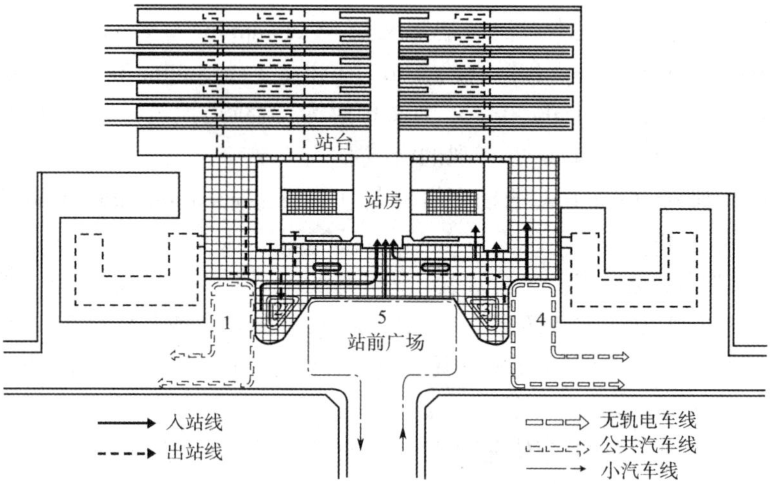

图 3-2　平面流线组织示意图

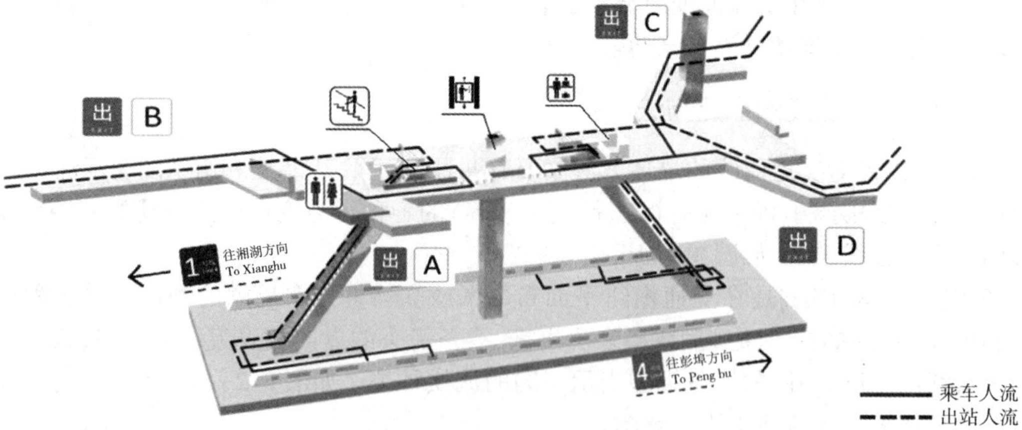

图 3-3　立体流线组织示意图

两种流线表示方法比较　　表 3-1

表示法	优点	缺点	适用环境
流程图表示法	清晰明了地表达了交通枢纽的各组成部分之间的关系，体现了人流在交通枢纽中的行为流程	未体现设施对旅客的影响，并且不容易分析冲突点，以及设施环境对人行走过程的影响	用于分析旅客行为的逻辑顺序，便于按旅客的行为流程进行流线设计和流线组织
组织图表示法	直观地表现了设施的结构以及各流线，便于分析不同流线产生的冲突点	绘制复杂，同样无法体现各种流线特点，设施对旅客的影响及设施环境对人行走过程的影响	用于分析固定设施布置和相关参数对流线导向性作用及流线对固定设施布置的影响

流程图表示法和组织图表示法在流线分析的不同阶段都有应用，描述流线的角度不同使得这两种表示法都能够发挥其技术优点，将二者有机结合起来更有利于透彻地表达流线的相关特征。

上述两种流线的描述方法可以认为是定性的描述方法，此外，目前对流线的描述同样有利用流量、密度和速度基本参数进行定量描述的情况，以行人流线为例：

在行人流基本参数的关系模型中，假设行人流状态是稳态均匀的，行人自由流速度主要受个体特性、出行目的和场所条件的影响。当行人密度逐渐增大时，行人的速度受到行人密度制约，速度、密度和流量呈现相互影响关系。可表示为：

$$q = ku \tag{3-1}$$

式中：q——行人流量，人/m · min；

u——行人速度，m/min；

k——行人密度，人/m^2。

3.2　交通流线分析与设计

交通流线分析是进行流线设计、组织及交通枢纽功能分区、空间布局的基础，同时交通流线的时空特性、需求特性又是配置交通枢纽服务设施的重要依据。

3.2.1　交通流线的种类

交通流线按照流动对象的不同可分为 3 类。

1. 行人（旅客）交通流线

行人交通是以人的体力为基础的最基本的交通方式，是各类交通方式发生的始端和末端的必然形式。行人交通具有速度慢，一般不成队列，运动速度和方式一般不受限制，对距离和安全要求比较敏感等特点。

由于在道路上行人与车辆发生的交通事故较多，为保证行人交通安全，在交通工程中，常采用的交通安全设施有：

（1）人行道：是专供行人行走的道路，一般位于行车道两侧。

（2）人行横道：专供行人横跨路口和路段所设置的人行道。根据横跨方式不同，有人行横道线、人行天桥、人行地道、隧道等形式。

(3)行人交通信号:在主要的交通路口设置专用的交通信号控制器,以确保行人横向过街安全的设施。

(4)安全岛:在较宽的人行横道上(一般大于15m)设置的供行人横穿道路时临时停留的交通设施。

(5)分隔设施:在路面上安设的分隔双向交通及机动车与非机动车、车辆与行人等的简易构造物。

(6)步行街:不准机动车进入,而专供行人步行的街道。步行街一般具有商业性质。

部分设施如图3-4、图3-5所示。

图3-4　人行道、人行横道标识和过街安全岛

图3-5　某十字路口效果图(人行横道、安全岛)

在交通港站与枢纽内部也存在着由于人的走行和流动所形成的行人交通流线,一般称之为旅客交通流线。根据旅客旅行目的、办理手续、客流性质不同可以分为:

(1)进站旅客流线、出站旅客流线,如图3-6、图3-7所示;

(2)普通旅客流线、中转旅客流线、特殊旅客流线、贵宾流线、工作人员流线;

(3)长途旅客流线、短途旅客流线、市郊旅客流线;

(4)国内旅客流线、国际旅客流线;

(5)上行旅客流线、下行旅客流线等。

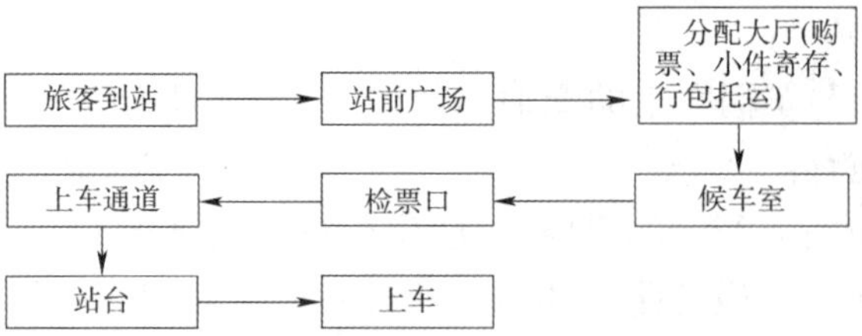

图3-6　客运站普通旅客进站流线

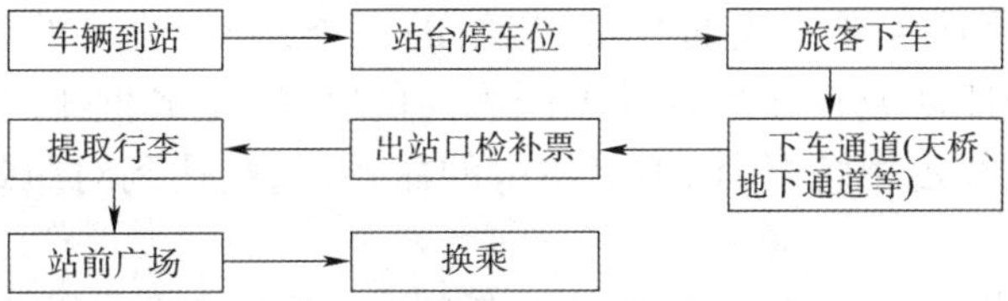

图3-7 客运站普通旅客出站流线

为了保证旅客顺利进出站,避免车站各项作业的相互干扰,可以采用平面分散、立体布局等多种方法合理布置各种旅客流线。相应地也设有旅客平过道、天桥、地道、站内引导、立体多层站房及通道等设施。

2. 车船交通流线

车船交通流线按运载工具对交通道路设施的不同要求可分为以下几种:

(1)道路(公路、城市道路)交通流线。道路交通流线又可分为慢行车辆交通流线和快行车辆交通流线。前者主要指自行车、畜力车和人力车等非机动车辆;后者主要指轻骑、摩托车和汽车等机动车辆。从路面来看,有专为行人用的人行道和专为车辆用的车行道。车行道中有的具有可使机动车辆和非机动车辆分离的物理隔离设施;有的以划线的办法将它们分离,而大部分道路则是机动车与非机动车混行。这种混合交通是我国城市交通流的一大特点。

(2)有轨运输交通流线。有轨运输交通流线又可分为铁路、地铁、轻轨、磁悬浮列车等线路上运行的列车流线。一般各种流线间互不过轨,流线间客流交换通过旅客走行完成。

(3)水路运输交通流线。水路运输交通流线包括各种船舶在航道、港口航行形成的流线。

(4)航空运输交通流线。航空运输交通流线包括各种飞机、飞行器在航路、机场航行形成的流线。

(5)专用道路交通流线。一些道路是专供某种车辆使用的,这样就形成了专用的交通运输流线。如行包交通流线、邮政交通流线等。

3. 货物交通流线

货物交通流线指各种货物在货流中心、货运站等相同或不同运输方式之间转运、换装所形成的货物交通流线。如港口站由铁路卸车的货物到船舶装船的货物流线、到站货物经传送带输送到堆码场的货物流线等。

此外,按照流向的不同可分为单向交通流线(上行、下行流线)、双向交通流线两类。在交通港站与枢纽中,通常按照交通对象的大致去向也将交通流线分为进站(港)流线、出站(港)流线、中转/换乘流线。一般进站(港)流线比较分散、随机;出站(港)流线比较集中、表现出一定的规律性。

3.2.2 交通流线分析

流线分析在交通港站与枢纽建设和优化的过程中起到关键性的作用,流线分析的目标也十分明确,就是为交通港站与枢纽的建设和优化提供技术支持,使其设施布置更加合理。

在交通港站与枢纽中进行流线分析须考虑港站、枢纽的特点,并结合其设施布置和服务能力。流线分析的总体思路是根据流线分析的目标对既定布局方案下的港站或枢纽进行区域划分,分区域统计各类流线的数量、流线的分类,分析流线的静态分布规律。根据港站或枢纽内不同功能区域存在的各种不同去向的客流,生成枢纽内部的行人流线,研究不同功能区域内的流线占用情况,识别枢纽中的瓶颈区域,达到对瓶颈区域进行局部优化的目的。

为了达到流线分析的目标,在进行流线分析时,应当以流线分析的原则为约束,从流线分析的内容入手,细化流线分析步骤,将各种流线参数特征分析透彻。在流线分析时可按照逻辑层、控制层、方法层3个层次综合控制流线分析的步骤和方法。图3-8给出了流线分析的逻辑框架。

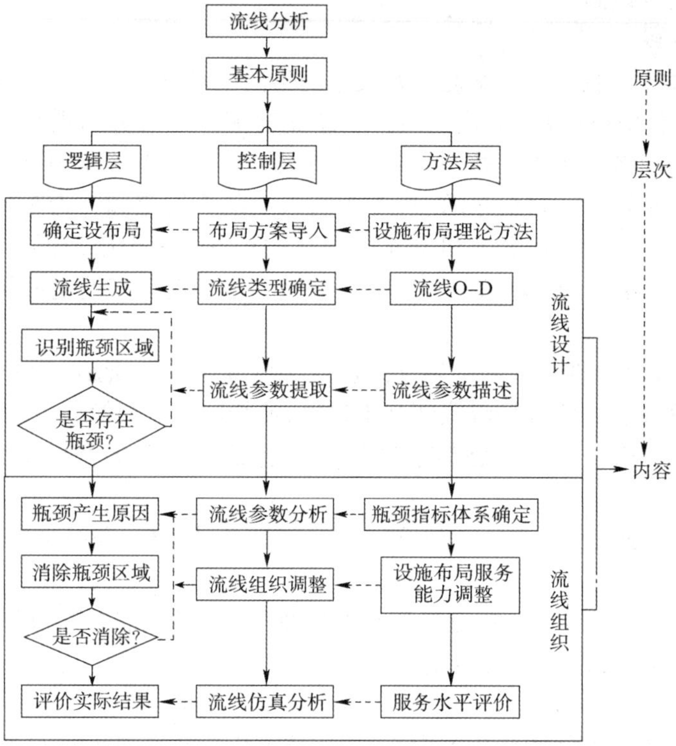

图3-8 流线分析逻辑框架

下面以客运枢纽为例,介绍其流线分析的基本步骤。

现代客运枢纽内的行人流线,由于内部功能的复杂化和旅客出行习惯的转变,合理组织流线,使之畅通而不互相干扰、简捷而不迂回、曲折,是整合行人流线的基本要求。

内部行人流线的组织安排与枢纽内部功能布局、空间组合有着十分密切的联系。实际上,在设计枢纽建筑功能与空间布局的同时,必须考虑流线的组织与安排。从宏观上,要将行人流线的组织与设计结合空间序列、层次及空间结构的安排逐次展开,从微观上看要详尽了解和分析透视各独立功能系统的使用特征和功能间的交叠与联系方式,以保证流线的组织符合人们在枢纽内使用各种功能的行为模式。

有学者在进行城市流线空间连续性设计方法研究时提出城市交通流线分析应该综合考虑“六分”要素,即分量、分时、分形、分流、分离、分层,其目的是达到有效的控制城市流线的连续性和均衡性。该思想对于客运枢纽流线分析同样有重要的借鉴意义。

1. 确定客运枢纽流线类型

对于客运枢纽而言,产生实体流线的主要为行人流线。为了合理设计和组织行人流线,从流线走向将行人流线的类型分为行人进站流线、行人出站流线和行人换乘流线。3 种类型的流线描述了行人流在客运枢纽中的行为轨迹,而针对不同规模和不同服务功能的客运枢纽流线类型的细分还会略有不同。

2. 既定设施布置方案下的流线生成

直观形象地表示出行人流线在客运枢纽中的分布和走向,是流线生成的主要任务,也是行人流线瓶颈识别的基础。如图 3-9 所示,在客运枢纽既定设施布置方案下流线生成的步骤包括:

(1)将各个功能区域中各设施的出入口几何中心记作标记点;红色标记点代表进入标记点,蓝色标记点代表离开标记点。

(2)采用有向线段链接标记点的方式,将各种类型的行人流线按照其行为轨迹在设施布置图中表示出来。

(3)对各种有向线段进行区分,即用不同的颜色代表不同的流线类型,不同的线条粗细代表不同的流线流量。

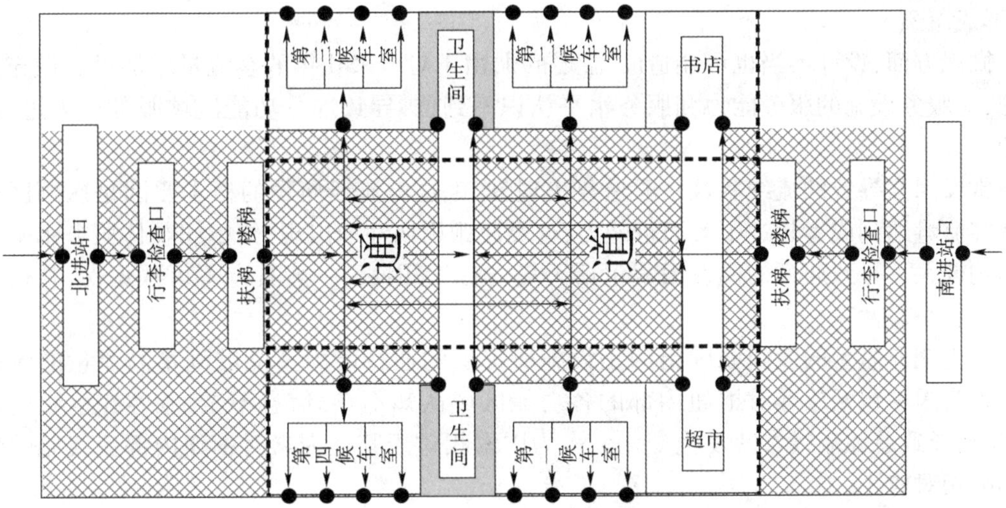

图 3-9　链接标记点形成流线示意图

3. 流线瓶颈识别

流线瓶颈识别是指流线瓶颈区域的识别,其是流线分析的关键步骤。流线瓶颈的识别方法通常有 3 种,即通行能力法、延误法和密度法。

1)通行能力法

通行能力法是将出行路线划分成若干流线段单元,保证在流线段单元内道路的通行能力均衡。计算各流线段单元的通行能力,当通行设施设计通行能力小于实际通行能力时,即可确定设施瓶颈的位置。

2)延误法

延误是判断综合枢纽内行人流线顺畅程度的一个重要参数。从延误的大小还可间接地分析设施的服务能力和服务水平。所以,用延误作为指标进行流线瓶颈识别具有重要的意义。乘客在枢纽内产生延误一般表现为排队、拥挤和等待3种行为。

3)密度法

流线上的行人密度直接反映流线的拥挤程度,所以密度是衡量流线情况的一个有效指标。流线所占用的单位面积内行人越多,则流线越拥挤,设施的服务水平越低,当行人停下来在流线节点处排队时,流线密度最大,此密度称为阻塞密度。以上为用行人流线密度作为指标识别流线瓶颈的逻辑。

4.流线瓶颈的原因分析与消除

形成客运枢纽行人流线瓶颈的原因多种多样,但总的而言,可以将其按4种方法分类:

(1)宏观原因与微观原因;

(2)规划原因与设计原因;

(3)常发因素与偶发因素;

(4)人为原因与设施原因。

宏观原因一般由规划不当导致,与规划原因具有对应性;同样,微观原因与设计原因也是对应的。从宏观规划方面分析,导致客运枢纽内部瓶颈的原因可以概括如下:枢纽结构不合理导致在某些区域人流过于集中,形成瓶颈;流线导向不清晰、不合理导致部分流线段拥挤,形成瓶颈。

微观方面,设计不当也可能造成流线瓶颈,由于对未来几年的客流量增加没有做充分的考虑,对服务设施的服务能力和服务水平认识不到位,导致部分功能区域服务压力过大,形成瓶颈。

常发因素导致的流线瓶颈一般重复出现,产生这类流线瓶颈的根本原因是瓶颈区域处的旅客流量达到或者超过了其通行能力,这类瓶颈周期性地出现,给枢纽整体服务水平带来的影响较大。导致瓶颈的偶发因素包括天气、施工等因素,一般具有不可预见性,其造成的影响也较小。

产生交通瓶颈的设施原因指的是设施所提供的通行能力不能够满足高流量的流线通过。人为因素包括旅客对枢纽内部的各功能区域认知不够,信息不全,旅客在枢纽内部迂回,从而导致总体流线参数发生变化。人为因素相对于其他因素对枢纽内部流线瓶颈形成的影响相对较小。

总体而言,消除客运枢纽中流线的瓶颈可以分为两种方法:一种方法是通过改变设施的服务能力和服务水平来增加各个流线节点的通行能力和减少延误时间,以此来达到消除瓶颈的目的;另一种方法是重新组织和设计流线的分布和走向,即研究流线和设施布置之间的关系,通过调整流线在设施布置中的分布来消除瓶颈区域。

5.流线的仿真分析

对于流线生成、瓶颈识别、诊断、消除等一系列步骤进行之后,其分析优化的效果如何,一般通过流线仿真分析的方法来评价。

流线仿真分析的方法是在计算机上复现瓶颈区域的实际情况,对仿真瓶颈区域情况进行研究和计算。瓶颈区域是随着时间推进,流线流量增长造成的,其形成是个动态过程。在不同的时间段,各个流线的流量都是不同的,根据实际调查的情况,按时段设置至流线仿真模型中,实现流线流量随时间的变化,从而动态地研究瓶颈的产生、发展和消除过程。

运用流线仿真分析的方法分析瓶颈时，由于仿真输出数据的全面性与动态性，基本上可以获得瓶颈研究必需的各种流线参数的定量数据：流量、速度、时间、影响范围等。

3.2.3 流线设计与组织

交通枢纽流线设计是对交通组织的静态规划即对枢纽功能布局的规划，这其中包括在既有枢纽设施布置方案确定的情况下，交通枢纽流线的生成以及在流线生成的情况下确定枢纽内部流线所形成的瓶颈区域。

同样以客运站为例，流线设计一般遵循以下原则：①以旅客流线为主导，避免人流、车流、货物流或行李流等多种流线互相交叉干扰；②从平面或立体上尽可能将各种流线分开设置；③最大限度地缩短旅客在站内的步行距离，避免流线迂回；④尽量避免出站人流拥挤，快速疏散旅客；⑤流线设计要考虑一定的灵活性，满足多种特殊旅客的需求；⑥考虑与其他交通方式（如：地铁、轻轨、主要干道等）的衔接，处理主要人流、车辆流线的分布。

枢纽流线组织是对交通组织的动态规划即对枢纽内部实体流线的组织和优化，这包括分析产生瓶颈区域的原因及提出消除瓶颈区域的相关措施和手段。为了使枢纽内部流线走向合理、简洁、顺畅，对枢纽内部进行流线分析必须要将流线设计和流线组织有机结合。

大型交通综合枢纽的交通流线设计既要解决好与城市道路的连接，又要组织好地下空间的交通流线。枢纽规划区域内道路交通系统布局以加强内部功能组织和便利内外交通联系为原则。采用人车分流的方式，通过上下分层的方式组织车行交通，以避免机动车对地面交通环境的影响。

以上海港国际客运中心（SPICT）为例，效果图、剖面图分别见图3-10、图3-11。上海港国际客运中心于2008年5月投入使用，位于黄浦江的中心地带，西接外滩，南隔黄浦江，与东方明珠遥遥相望，其建造目的是为了满足上海邮轮业日益增长的需求。上海港国际客运中心分成两大部分，西部是客运中心码头，东部是26万m^2的超大型商业开发项目；主要设施包括客运中心、办公大楼、休闲广场和购物中心。客运中心还建有一个18.1万m^2的超大型地下空间，可同时停放1000多辆汽车。

图3-10 上海港国际客运中心效果图

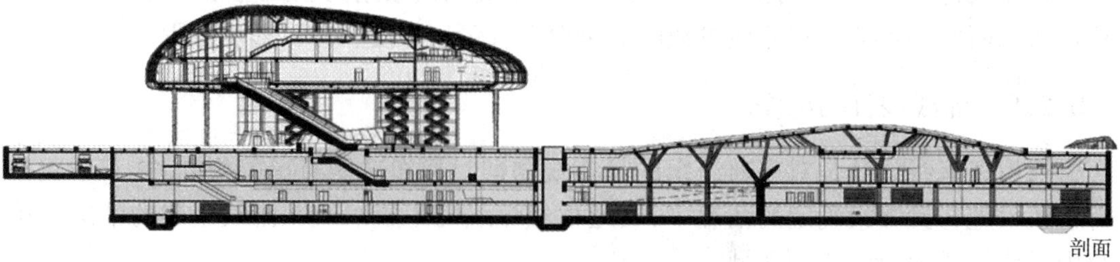

图 3-11 上海港国际客运中心剖面图

该车站主要车流安排在地下二层和三层,严格划分步行与车行的区域,通过干线连接整个基地,设有多个出入口与地面相连,同时通过地下立交组织内部交通系统并布置停车和连接各个建筑物。地面的干道在平时作为步行道提供了每幢建筑的出入方便,在紧急状态下可保障消防车的通行能力,在观光候船楼的四周设置了环形消防车道,并在其北侧按规定设置了消防登高场地,从而创造了安全、安静、舒适的公共空间环境。地面后排建筑北侧设有环道,连接大名路,以利人们出行,同时提供地面的停车场地。

1. 客运站交通流量分析

客运中心交通流量主要由社会车辆、旅游车辆及货车组成,其次是自行车与行人。由于大名路是由西向东的单行道,车辆需经过大名路与高阳路的交叉口进入城市交通网,因此,该路口须使用信号灯控制交通的流量。客运中心范围内设置了7m宽的主车道,贯穿客运中心的建筑群。车道东连高阳路,西通海关大楼,在主车道的中段,设有立体的道路系统,分别有支路连接北面的东大名路及南面货车及旅游车道。连接东大名路的支路,起着分流的作用,减轻对城市主干道的交通压力。总平面布置图见图 3-12。

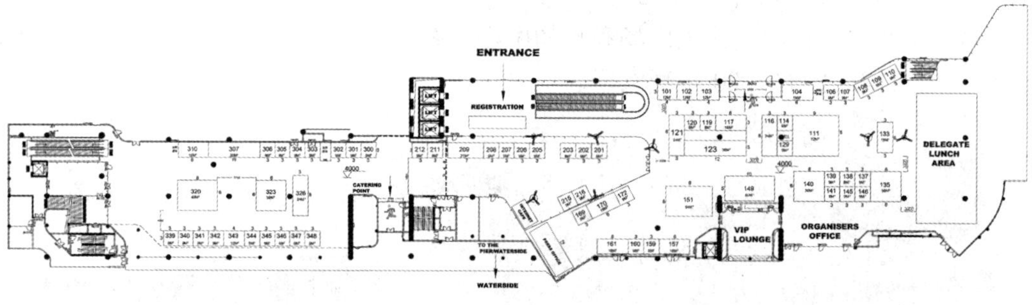

图 3-12 上海港国际客运中心总平面布置图

车辆组织和出入口的设置方面,主要通过4个主要出入口进出客运中心:太平路设两个出入口,分别连接码头和地下室;东大名路设两个出入口,连接上下客区域。客运中心主车道车速定在30km/h,各主要车流各有明确的流线:

(1)社会车辆:大名路西侧入口主要服务于港务办公楼、海关及配套项目使用。大名路西侧入口是车辆进入客运中心商务区的主要路口,其余道路起辅助作用。

(2)旅游车辆:可直接进入地下一层上下客区,采取一定的管理措施后也可允许直接进入码头区域。

(3)货运车辆:货运车流主要是对客轮提供服务与补给,车辆只允许在非高峰时使用太平路进出,其余连接码头的支路仅作紧急状态使用。

(4)行人和自行车:行人沿东大名路上的地面出入口进出客运中心,也可以通过自动扶梯和电梯进入候船大厅,十分方便快捷。自行车停车设在沿大名路上的自行车地面停车场,停车可通过人行坡道前往客运地下中心。员工自行车停车设置在码头区域。

2. 车站的地下交通和空间设计

地下空间的道路交通密切联系地面出入口的位置,西区地下室在太平路和东大名路分别设置独立的出入口与城市干道相连通,同时在地下室的东端设计了连通车道与东区地下室相连。进入客运中心的车辆主要由东大名路的出口进出地下室,道路宽10m,净高4m,可通过豪华的大型客车,并在地下一层设置回转区域可供其回车;从太平路出入口进出的主要是小型车辆,可供出租车通行连接到入境大厅的门口,设有专门的出租车等候区;另有两条6m宽的坡道直接通向地下二层的出境大厅门口,也设有专门的出租车等候区。

由于基地在长度上达850m,地面建筑分区段规划,因此,地下室也是分段设计,分区实施的。为保障地下交通的连续与畅通,各分块的地下室之间采用地下通道进行连接,不仅设置了能相互连通的汽车道,而且设计了地下步行通道来连接检区域和出入境大厅以及连接东大名路地块的地下通道,在较大范围内连成整体性的地下空间。

3. 车站的进出口流线设计

客运中心的地下一层为换票等候大厅,同时又是多功能的空间,最大设计容量可接纳同时停靠的3艘母港邮轮的客流量。它连接公共通廊与出境卫检大厅,在船运间歇期可用作展览或其他商业用途。换票区通过中庭与空中的桥梁,经X光检、安保区、金属测试区,通向边检大厅,边检大厅有等候区及21条出境通道组成,它与登船平台有通道相连,入境游客可通过21条入境边检通道,由卫检区域乘自动扶梯到达位于地下二层的行李大厅。

4. 旅客流线设计

(1)入境:由登船桥进入登船平台(地面一层,21m^2)→经卫检至边检区(地下一层,1200m^2)→经自动扶梯通往行李区(地下二层,2000m^2)→经海关区检查(地下二层,720m^2,红色或绿色通道)→出关接客区(地下二层,1000m^2)→入境。

(2)出境:旅客在候船大厅(地下一层,2500m^2)票检→经联检大厅入口处(地下一层,80m^2)卫检→经安检厅(地下一层,160m^2)安检→经海关厅(地下一层,300m^2)海关→经边检大厅(地下一层,1200m^2)→登船平台(地面)或登船通道经登船桥→离境。

3.3 交通流线疏解

3.3.1 交通流线间的关系

两种交通流线按照流动方向的不同可分为以下两类:

(1)同向交通流线,两条流线的运行方向一致。

(2)对向交通流线,两条流线的运行方向相反。

交通流线按照相互之间的影响和交叉干扰情况,可以分为以下 4 种形式。

(1)平行流线。交通流线之间没有交叉,不占用共同的线路设备,可以同时平行作业。平行流线的实例很多:如道路交通流线中,两支沿平行渠化道路运行的机动车车流流线;铁路交通流线中,沿上下行运行的列车流线,车站内沿平行进路同时办理的两项作业流线。旅客交通流线中,沿天桥进站的旅客流线与沿地道出站的旅客流线。航空交通流线中,沿不同航路飞行的飞机流线相互之间也是平行流线。

(2)会合流线。从两个或两个以上不同方向的交通流汇合成一个方向的交通流线。在同一时间内,互相妨碍,不能同时运行。

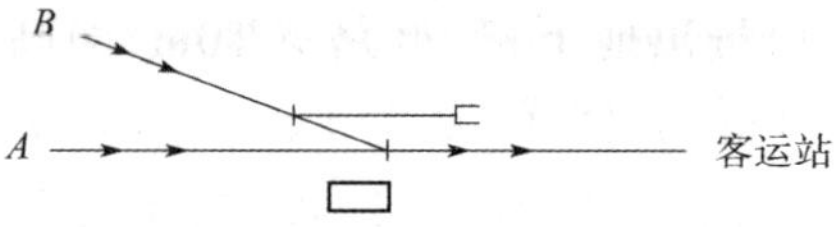

图 3-13　铁路会合线路所示意图

图 3-13 为铁路会合线路所布置示意图。由支线方向到达的列车需要在线路所前一度停车,待主线方向列车通过区间腾空后,方可进入前方线路区间。为了保证直线列车安全停车,防止与主线通过列车发生冲突,一般在支线方向设置安全线。

(3)分歧流线。交通流由一个方向分成两个不同的方向。在同一时间内,一个交通实体只能选择一个方向。

图 3-14 所示为铁路分歧线路所布置示意图。图 3-14a)为由客运站发出的旅客列车经过分歧线路所后,可分别开往 A、B 两方向。图 3-14b)为由衔接线路 A 方向到达的客货列车经过分歧线路所后,旅客列车开往客运站方向,货物列车开往编组站方向。

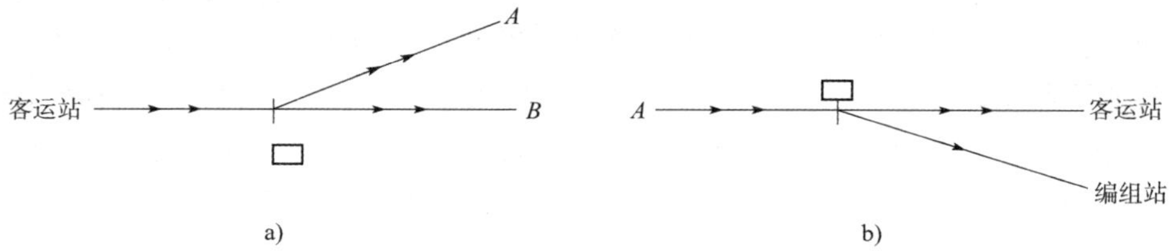

图 3-14　铁路分歧线路所示意图

(4)交叉流线。包括横断与交织,交通流线从两个不同的方向进入交叉点然后按两个不同的方向离开交叉点,这时一个方向的交通流线与另一个方向的交通流线形成交叉。

会合流线、分歧流线和交叉流线中流线间是相互敌对的,不能同时平行作业。实际上,交叉流线是会合流线与分歧流线形式的组合。

流线的会合、分歧、交叉在交通方式之间是大量存在的,如公铁交叉、公水交叉、铁水交叉、铁路轻轨交叉等。流线的会合、分歧、交叉在各种交通流线内部也是大量存在的。

航空飞行中,沿不同航路到达的飞机向同一跑道的降落属于航空流线的汇合,由同一跑道起飞向不同航路飞行属于航空流线的分歧。

图 3-15 所示为公路道路交通车流流线交叉的 4 种基本形式。图 3-15a)为分歧流线,如主线车流分开流入匝道。图 3-15b)为会合流线,如匝道车流进入主线。图 3-15c)为交织流线,如环道车流进、出主线。图 3-15d)为交叉流线,设在两个不同方向行驶的车流,互相交叉运行。

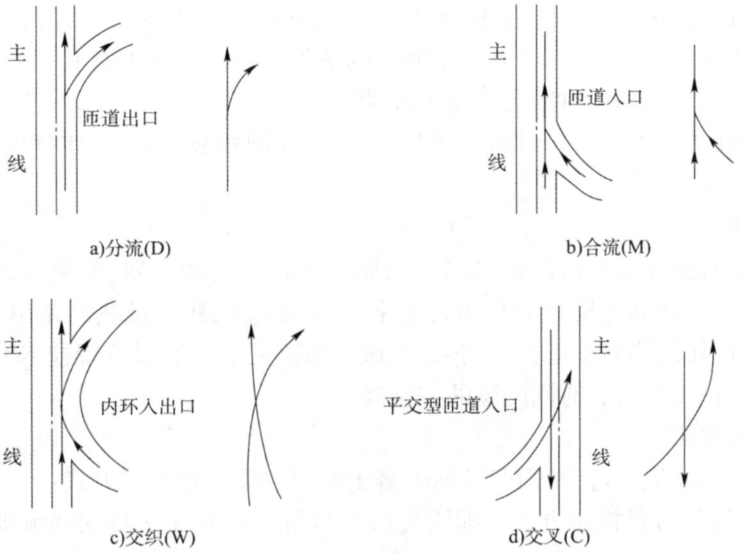

图 3-15　公路道路交通流线交叉图

然而,现实交通运输系统中,流线布置有更多种组合。如出入口的分流、合流按需要可以连续出现,也可把分流、合流相互组合。

公路道路交通流线布置的基本组合形式可以归纳为 16 种,如图 3-16 所示。

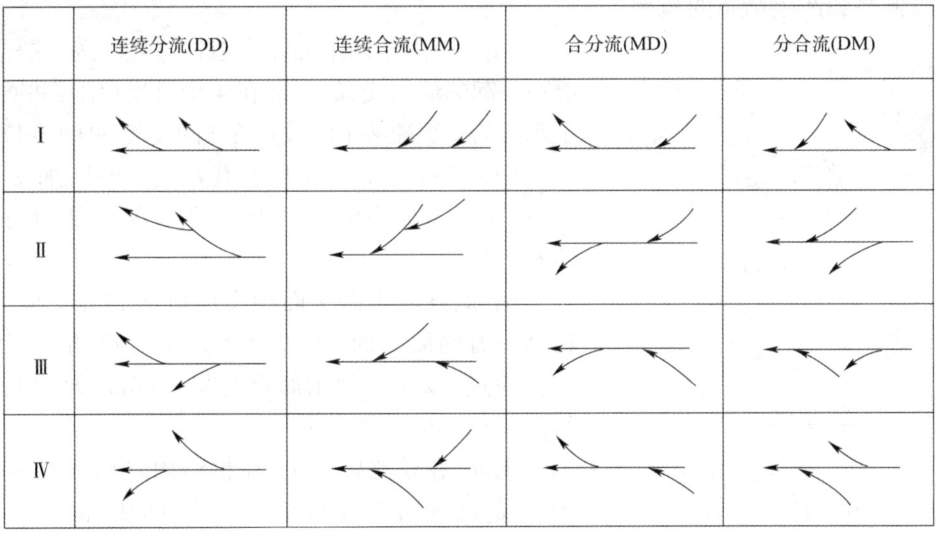

图 3-16　公路道路交通流线布置组合形式

3.3.2　交通流线交叉的疏解

流线交叉点是枢纽内部及外部路网中道路与道路、道路与铁路或道路与其他交通设施产生交叉的地点。一般分为平面交叉点和立体交叉点。对道路而言,交叉点往往是造成交通拥堵、交通事故等的主要原因。所以消除或减少交叉点能有效改善道路通行能力。

在交通流线设计中,为了改进流线交叉的性质,减轻流线交叉的负荷及消除流线交叉所采取的种种措施,通称为交通流线交叉的疏解。根据上述分析,两条流线不交叉,能够平行作业的条件是流线占用的路由点互不相同,表现为同一平面上的平行径路或不同平面上的径路。两条流线相互交叉,但作业时间不冲突的条件是流线径路上有共同的路由点,而作业时间集不重叠,可以通过时间控制,避免流线冲突。

因此,流线冲突可以通过对时间、空间的某一方面调整来疏解,具体分为时间疏解、平面交叉疏解和立体交叉疏解。

1. 时间疏解

时间疏解是对交通对象占用道路的时间加以综合控制和计划,避免对同一路由点的使用发生时间冲突,有计划地通过时段分配使各冲突流线顺利通过共同路由点的各项措施。时间疏解的案例,如铁路列车运行图的采用,城市道路交通中的绿波带技术和理论。航空运输中同一航路飞机飞行前后时间间隔的控制等。

2. 平面交叉疏解

相对于无控制随机走行,平面交叉的疏解主要有以下 3 种疏解方式:

(1)平面交通信号机控制方式。即用交通信号机将相互交叉的交通流加以控制。通过信号控制,提高了进出枢纽的车辆在交叉口的通行速度,避免了无序状态下的相互干扰和堵塞,提高了安全性,随控制方式不同,交通容量都得到一定提高。

(2)平面交叉点分散布置方式。即将原来集中在一个交叉点相互交叉的交通流线通过流线的平面变形,使集中的交叉分散布置在几个交叉点或交织区内,分散交叉点位置,避免了交叉的重叠和产生堵塞的概率。

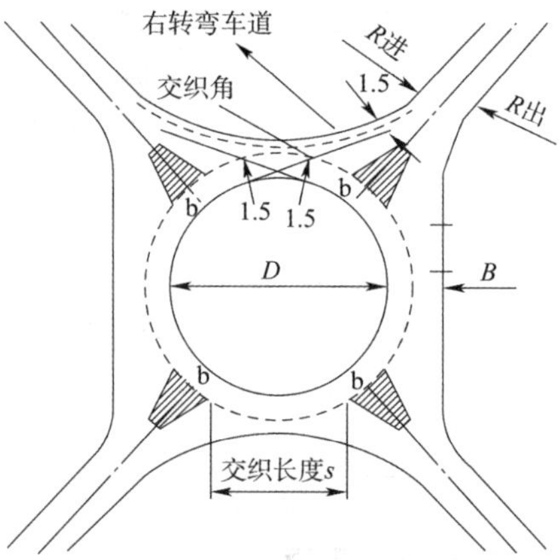

图 3-17 环形交叉路口示意图

例如,在城市两平面相交道口修建环岛,这样就将重叠在一起的流线交叉,分散在 4 个进出口上,并通过环线上车流的交织疏解了两敌对流线的交叉,见图 3-17 所示。

(3)平面交叉点增设通道方式。即增加交叉点通道,避免各方向车流相互干扰,使交叉点能力与相邻路段相适应。

例如,在城市两平面相交道口增加机动车道,以便在某一方向放行时,可以有多条平行机动车流线同时平行通过,以充分利用通行时间,使道口通行能力与相邻路段相适应。

再如,在铁路路网中,在枢纽内除修建连接各方向的干线外,还可以通过增修三线、四线、枢纽迂回线或枢纽环线,使枢纽内线路能力与路网干线能力相适应。

3. 立体交叉疏解

在交叉口范围内,交通流线互相交叉或交织运行之后各自离去。然而这一短暂运行过程中形成的复杂交通状态,使流线速度大大降低,通行能力减小,交通安全严重恶化,往往造成交通堵塞,形成交通瓶颈。为了避免上述不利状况,保持各种交通流顺利而迅速通过交叉口,必须修建立体交叉,使各向车流、人流在不同平面上通过。各行其道,互不干扰,从而显著提高行车、行走速度,增大通行能力,同时保证交通安全。

立体交叉按交通功能不同可以分为以下几种形式:

(1)分离式立体交叉。仅设跨线构造物(跨线桥或地道)一座,使相交流线在空间上分离,上、下道路无匝道连接,不具备各转弯方向的互通功能。这种类型的立交结构简单,一般用于不同种类交通流线疏解,如道路与铁路交叉处、高速公路与其他各级道路交叉处,铁路与轻轨交叉处、人行天桥与道路交叉处等。

(2)互通式立体交叉。不仅设跨线构造物使相交流线在空间上分离,而且上、下道路之间有匝道连通,具备各转弯方向的互通功能。这种类型的立交结构复杂,一般用于同一种交通方式的同类交通流线疏解,如进出交通枢纽各种道路交叉处。

交通枢纽的立体交叉按疏解的交通对象不同可以分为以下几种形式:

(1)行人(旅客)流线与其他流线的立体疏解。主要采用天桥、地道、多层站房等立体疏解形式,如图3-18所示。

(2)进站行人流行、出站行人流线及枢纽内不同方向行人换乘交通流线的立体疏解。主要采用设置立体换乘层面剥离功能区域、设置不同方向的通道、增设多向多数量进出枢纽的出入口、不同进出站交通衔接方式的立体设计,并用多种垂直交通(扶梯、电梯、楼梯等)方式进行立体衔接。

(3)进站车流线与出站车流线的立体疏解。主要采用修建单行高架道路的立体疏解形式。必要时,也可采用地下隧道疏解。

(4)城市轨道交通流线与交通枢纽周边的道路交通流线的立体疏解。两交叉线路互相立体交叉,但不需要设置匝道,采用分离式立交,如图3-19所示。

图3-18　中国广州白云机场人行天桥
(图片来源:民航资源网)

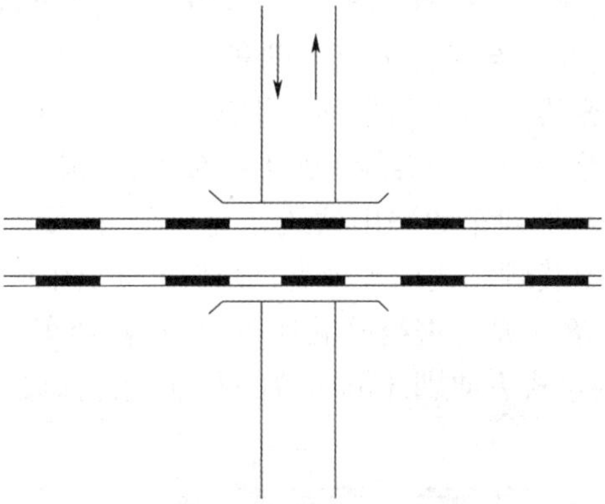

图3-19　公路与铁路立体交叉疏解图

(5)进出枢纽的城市道路交通流线的立体疏解。一般采用互通式立交疏解。

(6)铁路交通流线的立体疏解。铁路枢纽线路采用立体疏解,可把各铁路方向和枢纽内各种专业站连成一个整体,基本上保证列车运行各有其独立的进路,因而通过能力大,安全性高。但是立体疏解占地多,工程费高,进站线路的平、纵断面技术条件差,有时由于跨线桥位置靠近车站,可能限制车站的进一步发展。

当有两条及以上双线铁路相互交叉,需要采取立体疏解布置消除平面交叉时,其立体疏解布置有以下3种方案可供选择:

①按线路别疏解布置。两双线铁路引入枢纽的正线相互位置与区间正线相互位置相同,枢纽一端修建一座跨线桥,可疏解列车进路交叉点4个,如图3-20a)所示。但两端咽喉

各存在着两条线路间的转线车流(两线间的无调中转列车)交叉。如右端咽喉 D 方向接车与 C 往 B 方向的发车进路交叉。C 往 B 方向的发车与 A 往 D 方向的发车进路交叉,左端咽喉也存在着类似的进路交叉。

②按方向别疏解布置。两双线铁路引入枢纽正线的相互位置,按上行与下行方向分区布置,枢纽两端各修建跨线桥一座,每座桥疏解两个列车进路交叉点,如图 3-20b)所示。但两端咽喉仍存在着转线车流交叉。如右端咽喉 A 往 D 方向发车与 C 往 B 方向发车进路交叉,左端咽喉情况类同。当修建 ad 和 cb 联络线后,这种交叉可以消除。

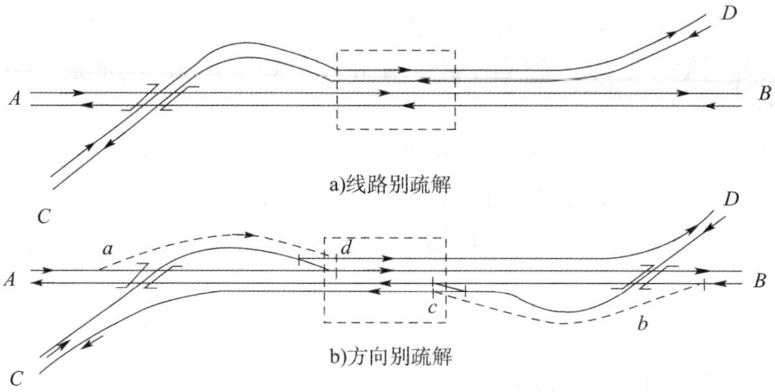

图 3-20　按线路别和方向别枢纽线路立体疏解布置图

③按列车种类别疏解布置。在枢纽内,当旅客列车和货物列车的进、出站线路需要分开设置时,应采用按列车种类别疏解的线路布置方案。根据枢纽内客运站和编组站的相互配列位置,此方案又分为以下两种。

a. 客货并列式列车种类别疏解布置,图 3-21a)。这种疏解布置方案适用于并列式枢纽。其特点是:客运站与编组站并列布置,在外包式方向别疏解布置的基础上,再修建 4 座跨线桥,使客、货列车的进出站线路完全分开,使所有进路交点全部立体疏解。

b. 客货顺列式列车种类别疏解布置,图 3-21b)。这种疏解布置方案适用于顺列式枢纽,其特点是:客运站与编组站顺列布置,旅客列车正线为外包式,货物列车经由枢纽需要通过客运站,在外包式方向别疏解布置的基础上,再修建 4 座跨线桥,以疏解客、货列车的进出站进路。

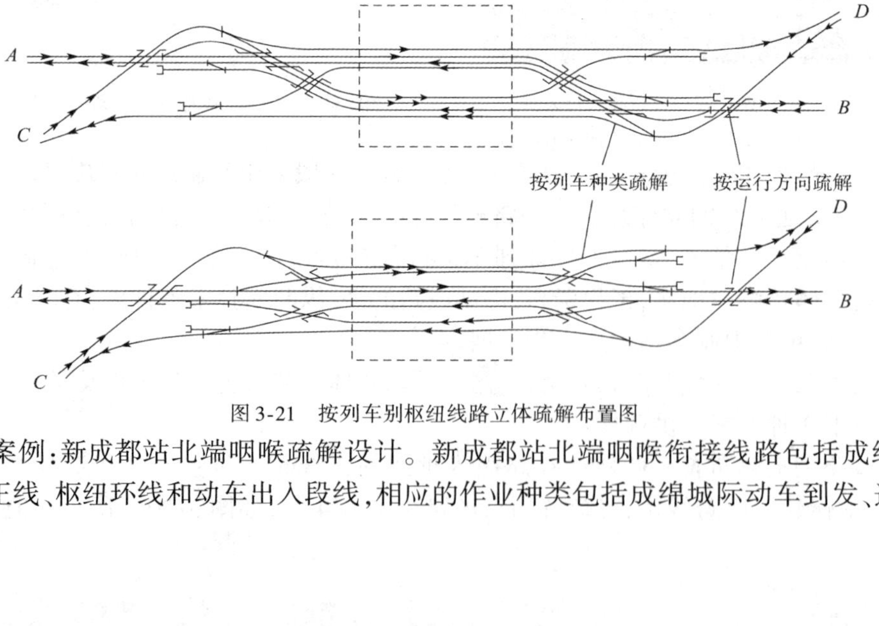

图 3-21　按列车别枢纽线路立体疏解布置图

(7)案例:新成都站北端咽喉疏解设计。新成都站北端咽喉衔接线路包括成绵城际正线、达成正线、枢纽环线和动车出入段线,相应的作业种类包括成绵城际动车到发、达成高速动车到发、达成普速列车到发、环线列车到发、成绵城际动车出入段、达成高速动车出入段、达成普速车底取送、机车出入段、成绵城际动车站前折返等。

为确保到发线使用率，提高车站能力，上述各类作业中无先后次序要求的作业尽可能要求能够同时进行，这就需要车站咽喉提供一定的平行进路满足这一需求。经分析，在达成、城际二场布置方案中，车站北端各类作业中可以同时进行的作业类型组合如下：成绵城际动车到发与成绵、成渝城际动车出入段，成绵城际动车到发与成乐、成渝动车折返，达成列车到发与环线列车到发，达成列车到发与达成动车出入段（普速车底取送、机车出入段），环线列车到发与达成动车（普速车底取送、机车出入段）出入段。

为满足以上作业需求，远期至少 6 条正线，4 条动车（兼机车、车底走行）出入段线，同时为保证成绵接发车与成渝动车组出入段平行作业需要，在城际场咽喉区设计为 6 线；另外考虑为满足两个车场间车流交换需求，设置场间联络线。

由于既有沙河堡站北端站外即为上跨的成渝高速，因此新成都站北端引出线路均需要下穿成渝高速。同时，为了使线路穿过成渝高速后能够尽快拉开间距和高程开始立交疏解，需要咽喉区尽可能缩短。根据设计原则，全站除少数安全线上的道岔外，全部采用 18 号道岔，因此在保证足够的平行进路前提下，咽喉长度控制难度大。

基于上述咽喉设计特点和平行作业需求，北端咽喉布置方案设计如图 3-22 所示。根据车场划分方案，图 3-22 中咽喉设计方案也分为城际场咽喉和达成场咽喉两大部分。其中股道区域正线线间距 5m，到发线线间距 6m；咽喉区域平行线路线间距 5m。

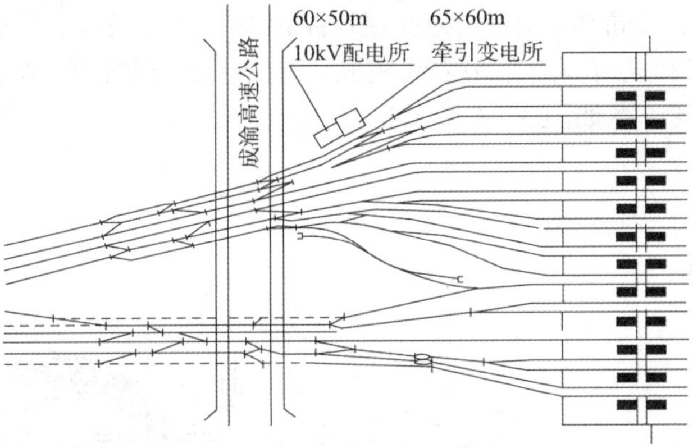

图 3-22　北端咽喉布置设计图

城际场中间紧靠正线两侧各有 3 条到发线直接连通城际正线和动车出入段线，其余到发线直接连通动车出入段线，并通过一组渡线连通城际正线。达成场中间紧靠正线两侧各有 2 条到发线直接连通达成正线和动车出入段线（近期情况，远期为东环线），其余到发线直接连通动车出入段线和东环线，并通过一组渡线连通达成正线。方案中所有股道设计为双进路，道岔和渡线的布置提供的平行进路保证了咽喉区各项作业的要求，同时应尽量减少道岔的数量，缩短各项作业进路及整个咽喉区的长度。北端咽喉全长约 1000m，铺设 18 号道岔 78 组。具体疏解分析如下：

①北端线路引出情况。自新成都站北端咽喉正线出站形成北端疏解区。如图 3-23 所示。

②疏解目标。线路经疏解后相互位置关系为达成正线在最西侧，动车出入段线在最东侧，枢纽环线位于动车出入段线和成绵乐城际正线之间。根据北端线路引出情况和线路经

疏解后相互位置关系可知,需要进行立交疏解的线路为:城际正线、预留枢纽环线和达成正线之间,城际动车出入段左线和城际正线之间,城际动车出入段线、达成动车出入段左线和达成正线之间,城际动车出入段线、达成动车出入段左线和预留枢纽环线之间。

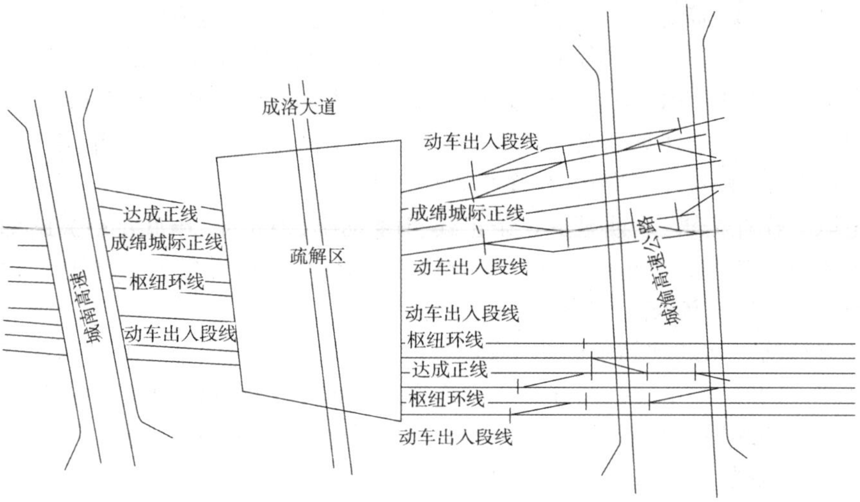

图 3-23 北端咽喉疏解需求

③疏解方案。北端疏解区中,成渝高速公路距离既有沙河堡车站中心 600m,上跨铁路;成洛路距离既有沙河堡车站中心 2.2km,上跨铁路;成南高速公路距离既有沙河堡车站中心 4.4km,上跨铁路,而且其桥墩间距大,为新建铁路预留了通过条件。因此新成都站北端疏解需要在成渝高速公路和成南高速公路之间完成。综合考虑疏解区的地形地貌以及其他城市道路情况,最终的疏解方案如图 3-24 所示。

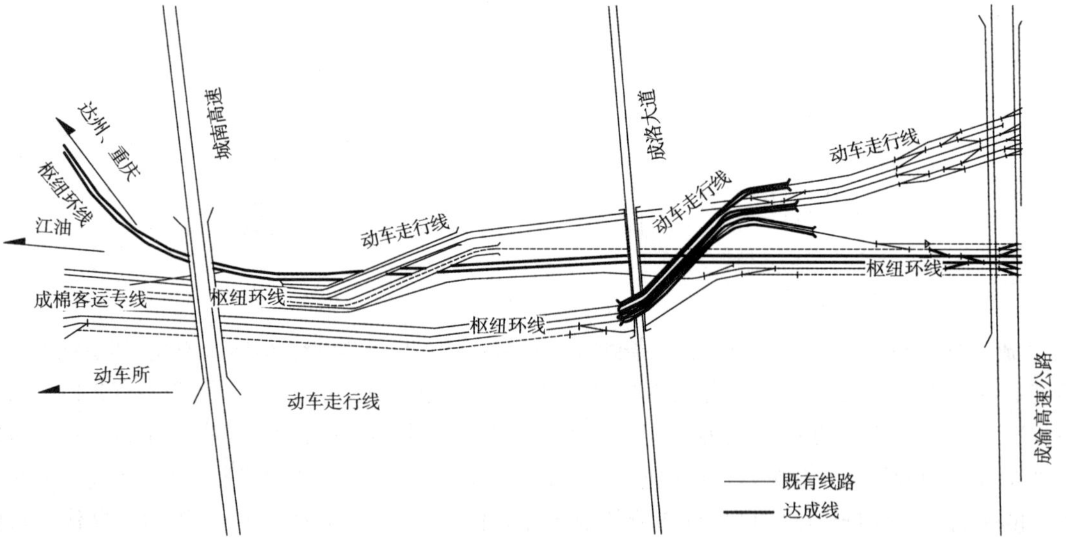

图 3-24 北端咽喉疏解方案

在疏解方案中,城际动车从出入段线出站后即开始以大坡度上坡,城际动车在成洛大道前方跨过城际正线后,与右线并行修建双线桥的方式跨过达成线、枢纽环线和成洛大道,并在桥上设置 12 号交叉渡线 1 组以满足动车出入段和折返需要。达成动车从左线出站后即开始上坡,紧靠城际动车出入段线跨线位置跨过达成线、枢纽环线和成洛大道。成绵城际正线和枢纽环线左线下穿成洛大道后开始上坡,在成洛大道和成南高速中间位置跨过达成线完成北端疏解。

3.4　交通流线的标识布置

一般来说,人在空间中的活动有4个步骤构成:确定方向、选择正确路线、观测沿途路线、确定到达目的地。活动是以物理空间提供的信息为参考进行的。在各种交通枢纽站,设施和标识在整个信息交流过程中直接影响信息交流的效率和出错率。效率高,就是用尽可能短的时间和尽可能少的设备来传递一定数量的信息;出错率低就是使信息传递以后,尽可能准确、不失真地被旅客接收。

根据所处的位置,导向设施分为站内导向设施和站外导向设施。站内导向设施可以归纳为两大方面:一是空间导向设施,即通过建筑手法,对交通枢纽本身的空间布局进行精心设计,使交通枢纽空间达到易于识别和记忆;二是方向诱导标识设施,即通过对各种导向标识的设置与设计,帮助人们在地下地上空间定位定向。站外导向设施主要包括在主要道路设置的指示牌和为换乘客流服务的公交换乘指示牌、停车场布置指示牌等。本节主要介绍导向标识的相关内容。

3.4.1　标识的概念

标识是个体的视觉元素,以特定而明确的图形、文字、色彩等来表示事物、象征事物,达到识别、引导、说明、警告等功能。

根据标识的功能,可以将标识分为6种类型:

1. 识别性标识

表示对象物本身的标识,载明对象物名称,能提供旅客对特定目标的辨识及认知,通常以“点”的方式分布。

2. 引导性标识

将旅客引导至特定目标或方向的标识,大多以线条、线标、箭头指标方式呈现,对环境中的序列性作连续性引导。

3. 方位性标识

将环境或建筑物中相对关系、整体状况及相关设施,以平面图或地图的方向呈现,一般而言多出现于空间入口处、交通节点等地点,以提供使用者大概的整体空间认知。

4. 说明性标识

说明事物的主体的内容、操作方法、相关规范、活动内容及预告。

5. 管制性标识

用以提醒、禁止或管理使用行为的规范及准则,具维系安全及秩序的机能。

6. 装饰性标识

修饰或强调环境中的个别元素,并具有外观美化的功能。

各项标识在枢纽并非单独使用,而是几种标识相互配合以达到引导的作用。一般情况下,在交通枢纽(如车站)空间标识信息中应首先呈现主要的环境信息,以便于旅客(或车主、货主等)明确有关方位、相对位置,再利用引导标识完成联结特定目的地的路径及空间序列,标识出空间名称以明示所处地点。

3.4.2 标识的设置原则

交通枢纽的各类标识,最主要的功能即是引导旅客或货主等参与者。好的标识可以主动地指挥人群的合理流动,而不是被动地等待人们来寻找、发现。因此,标识设置应该满足以下原则:

1. 位置适当

标识系统应该设置在能够被预测和容易看到的位置,以及旅客需要做出方向决定的地方,如出入口、交叉口、楼梯等人流必经之处、通道对面的墙壁以及容易迷路的地方等。

2. 连续性原则

连续性作为形式的重复与延续,加强了人的知觉认知与记忆的程度和深度,所以标识系统应连续地进行设置,使之成为序列,直到旅客等参与者到达目的地,其间不能出现标识视觉盲区。但要注意的是,标识之间距离要适当安排,过大则视线缺乏连贯和序列感,过小会造成视觉过度紧张,可视性差。

3. 一致性原则

标识需设置在一致的位置上,这样旅客不需要搜寻整个空间而只需注视部分固定的区域即可找到方向标识。

4. 安全性原则

为防范突发事件(如火灾等)发生时,旅客等参与者快速有效的疏散,在疏散走道和主要疏散地面上或靠近地面的墙上设置发光疏散指示标识。可以对安全疏散起到很好的辅助作用,更有效地帮助人们在浓烟弥漫的情况下及时识别疏散位置和方向,迅速沿发光疏散指示标志顺利疏散,避免造成伤亡事故。

3.4.3 引导标识的设计要求

引导标识在设计时,应当遵循以下几点基本要求:

1. 醒目性

标识在视觉上一定要醒目,重要的标识要达到对人的视觉有强烈冲击的效果。如简单的标识图形和大面积的背景色,突出标识强烈的视觉效果,有效、快速地抓住人们的注意力,使人们印象深刻、长久难忘。醒目的另外一个方面是标识上的文字、符号等要足够大,以便人们能从一定的距离以外就能看到、读出。

2. 规范化和国际化

用以表达引导性标识信息内容的媒体,如文字、语言、符号等,必须采用国家的规范、标准以及国际惯用的符号等,使人们易于理解和接受,并且不产生混淆。另外,同类标识的设计风格也应保持一致,形成一个较为稳定一致的体系,以免引起人们的误解。同时,考虑到城市的对外交流,应增加英文作为信息传递的媒介。

3. 区别性

引导性标识必须和其他类型的标识相区别,如广告、告示、宣传品、商业标志和其他识别标志等。其设置应体现导向设施的优先地位,在有导向牌的地方,标牌广告要让位于导向牌，以免人们混淆而影响到方位方向的确定；在需要尽快疏散乘客的地方，不宜设置广告。

4. 简单便利

简单是指标识上的词句必须精简、明确，尽可能地去掉可有可无的文字，让人一目了然；便利是指人们在正常流动的情况下就能方便地阅读和理解标识上的内容，而不必停下来驻足细看，从而影响人流的连续移动，造成不必要的人流阻塞。另外，导向设施需要服务于不同年龄段、不同文化层次、不同地域的乘客，其职责就是把最全面、最清晰、最易懂的信息提供给各类对交通枢纽环境不熟悉的人，使其快速准确地找到目的地，最大限度的方便乘客。

地铁标识和定位标识如图 3-25、图 3-26。

图 3-25　地铁标识

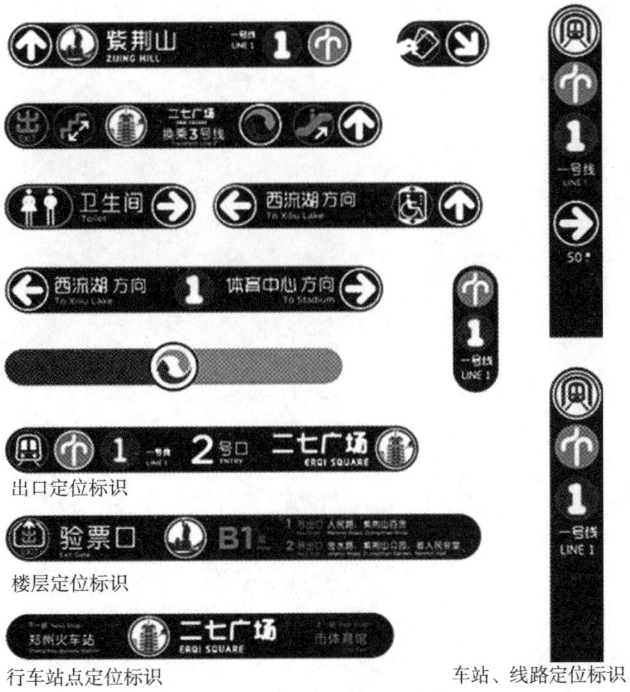

图 3-26　定位标识

思 考 题

1. 何为流线？其描述方法是什么，有何区别？
2. 流线种类有哪些，如何划分？
3. 论述流线分析的作用及步骤。
4. 流线设计要遵循哪些原则？如何进行合理的流线组织？
5. 以某种运输方式为例，阐述流线疏解的方式和具体疏解方法。
6. 以某一具体港站或枢纽为例，绘制其流线布置图。
7. 流线标识的类型及设置原则是什么？

第 4 章　公路站场设计

我国现行的客运站、货运站建设标准主要有:《汽车客运站级别划分和建设要求》(JT 200—2020)、《交通客运站建筑设计规范》(JGJ/T 60—2012)、《车库建筑设计规范》(JGJ 100—2015)、《机械式停车库工程技术规范》(JGJ/T 326—2014)、《汽车库、修车库、停车场设计防火规范》(GB 50067—2014)、《建筑设计防火规范》(GB 50016—2014)、《公路货运站站级标准及建设要求》(JT/T 402—2016)、《集装箱公路中转站站级划分、设备配备及建设要求》(GB/T 12419—2005)等。客运站、货运场站的设计能力和单位生产能力所需面积,在参照现行公路客运站、货运站站级标准和国内外相关站场设计有关参数的同时,还要考虑站场的发展变化趋势,并结合当地实际特点综合确定。随着现代化综合运输的不断发展,客运站建设逐步向集约化、规模化、综合型方向发展,货运站建设逐步与物流园区、物流中心融合。综合客运场站和物流园区(中心)的规模和建设标准,应在现行标准的基础上,用新的观念和发展的眼光在充分论证和科学预测的基础上加以确定。

4.1　汽车客运站设计

客运站布局动画演示

4.1.1　汽车客运站设计基本规定

1. 汽车客运站(Passenger transport station)

汽车客运站具有集散换乘、运输组织、信息服务、辅助服务等功能,是为公众出行和运输经营者提供站务服务的场所,是道路旅客运输网络的节点,是公益性交通基础设施,是培育和发展道路运输市场的载体。

2. 汽车客运站设计常用术语

(1)设计年度平均日旅客发送量(Average daily passenger delivery volume in design year):设计年度车站平均每天始发旅客的数量。

(2)统计年度(Statistical year):车站筹建年度或核定级别年度的前 1 年。

(3)设计年度(Design year):车站建成使用后 10 年内旅客发送量最大的年份。

(4)旅客最高聚集人数(Maximum gather passenger):设计年度中旅客发送量偏高期间,每日最大同时在站旅客人数的平均值。

(5)发车位数(Number of seats of delivery passenger vehicle):车站同一时刻发出客运车辆的车位数。

(6)日发车班次(Average daily depart shifts):设计年度车站平均每日始发客车的数量。

3. 车站类别

1)按车站规模划分

(1)等级站:具有一定规模,可按规定分级的车站;

(2)便捷车站:以停车场为依托,具有集散旅客、停发客运车辆功能的车站;

(3)招呼站:在公路与城市道路沿线,为客运车辆设立的旅客上落点。

2)按车站位置和特点划分

(1)枢纽站:可为两种及两种以上交通方式提供旅客运输服务,且旅客在站内能实现自由换乘的车站;

(2)口岸站:位于边境口岸城镇的车站;

(3)停靠站:为方便城市旅客乘车,在市(城)区设立的具有候车设施和停车位,用于长途客运班车停靠、上下旅客的车站;

(4)港湾站:道路旁具有候车标志、辅道和停车位的旅客上落点。

3)按车站服务方式划分

(1)公用型车站:具有独立法人地位,自主经营,独立核算,全方位为客运经营者和旅客提供站务服务的车站;

(2)自用型车站:隶属于运输企业、主要为自有客车和与本企业有运输协议的经营者提供站务服务的车站。

4. 车站主要功能

(1)运输服务功能;

(2)运输组织功能;

(3)中转、换乘功能;

(4)多式联运功能;

(5)通信、信息功能;

(6)辅助服务功能。

5. 等级车站站址选择

汽车客运站应纳入国土空间规划体系,合理布局。除此之外,还应符合下列原则:

(1)车站应与公路、城市道路、其他运输方式站场有效衔接,方便旅客出行换乘。

(2)车站应避开地质灾害区域。

(3)车站应方便与电力网、给排水网、排污网、通信网等城市公用工程网系衔接。

(4)车站应集约节约用地,宜综合、立体开发。

(5)车站应留有发展余地。

6. 站级划分

以设施与设备配置、日发量为依据,等级车站从高到低依次分为一级车站、二级车站、三级车站。

1)一级车站

设施和设备符合表4-1和表4-2中一级车站配置要求,且具备下列条件之一:

(1)日发量在5000人次以上的车站;

(2)日发量在2000人次及以上的旅游车站、国际车站、综合客运枢纽内的车站。

2)二级车站

设施和设备符合表4-1和表4-2中二级车站配置要求,且具备下列条件之一:

(1)日发量在2000人次以上,不足5000人次的车站;

(2)日发量在1000人次及以上,不足2000人次的旅游车站、国际车站、综合客运枢纽内的车站。

3)三级车站

设施和设备符合表4-1和表4-2中三级车站配置要求,日发量在300人次以上,不足2000人次的车站。

4)便捷车站

设施和设备符合表4-1和表4-2中便捷车站配置要求的车站。

5)招呼站

设施和设备不符合表4-1和表4-2中便捷车站配置要求,具有等候标志和候车设施的车站。

汽车客运站设施配置表　　表4-1

设施类别与名称				一级车站	二级车站	三级车站	便捷车站
场地设施		换乘设施	公交停靠站	●	●	●	◎
			出租汽车停靠点	●	●	●	—
			社会车辆停靠点	●	◎	◎	—
			非机动车停车场	●	◎	◎	◎
		站前广场		●	◎	◎	—
		停车场(库)		●	●	●	●
		发车位		●	●	●	◎
建筑设施	站房	站务用房	候车厅(室)	●	●	●	●
			母婴候车室(区)	●	●	◎	—
			售票处(厅)	●	●	●	◎
			综合服务处	●	●	◎	—
			小件(行包)服务处	●	●	◎	◎
			治安室	●	●	◎	◎
			医疗救护室	◎	◎	◎	—
			饮水处	●	●	◎	◎
			盥洗室与旅客厕所	●	●	●	●
			无障碍设施	●	●	●	●
			旅游服务处	●	◎	◎	—
			站务员室	●	●	◎	—
			调度室	●	●	◎	—
			智能化系统用房	●	●	◎	—
			驾乘休息室	●	●	●	◎
			进、出站检查室	●	●	●	●
		办公用房		●	●	◎	◎
	辅助用房	生产辅助用房	车辆安全例检台	●	●	◎	◎
			车辆清洁、清洗处	●	◎	◎	—
			车辆维修处	◎	◎	◎	—
		生活辅助用房	驾乘公寓	◎	◎	—	—
			商业服务设施	●	●	◎	—

注:"●"表示应配置;"◎"表示视情配置;"—"表示不作要求。

汽车客运站设备配置表　　表4-2

设备名称		一级车站	二级车站	三级车站	便捷车站
服务设备	售票检票设备	●	●	●	◎
	候车服务设备	●	●	●	●
	车辆清洁清洗设备	●	◎	—	—
	小件(行包)搬运与便民设备	●	●	◎	◎
	广播通信设备	●	●	◎	◎
	宣传告示设备	●	●	●	●
	采暖/制冷设备	●	●	◎	—
安全设备	安全检查设备	●	●	●	●
	安全监控设备	●	●	◎	◎
	安全应急设备	●	●	●	●
信息网络设备	网络售、取票设备	●	●	◎	—
	验票检票信息设备	●	◎	◎	—
	车辆调度与管理设备	●	◎	—	—

注:"●"表示应配置;"◎"表示视情配置;"—"表示不作要求。

4.1.2 汽车客运站建设要求

1. 总体要求

汽车客运站占地面积、设施、设备应符合相应站级的建设要求。车站建设应坚持布局合理、衔接顺畅、服务便捷、智能化等原则。标志和标线应符合《道路交通标志和标线》(GB 5768)的有关规定,应明示军人优先服务标志。设施和设备配置应满足车站生产规模的要求。位于乡镇、建制村的车站,宜与物流、邮政、商贸、供销等服务业共享站点资源。综合客运枢纽内的车站应符合《综合客运枢纽换乘区域设施设备配置要求》(JT/T 1066—2016)、《综合客运枢纽通用要求》(JT/T 1067—2016)的有关规定,宜与其他交通运输方式的场站共享站前广场、换乘区、候车区、售票区、停车区等设施和设备。旅客与车辆进、出站通道应满足客流高峰期交通组织与应急疏散的需要。一级、二级车站应设置2个及以上安全通道和疏散口。安全设施和设备的配置应满足《建筑设计防火规范(2018年版)》(GB 50016—2014)、《汽车库、修车库、停车场设计防火规范》(GB 50067—2014)、《安全防范工程技术标准》(GB 50348—2018)的有关规定。环境保护与绿化美化应满足《公共建筑节能设计标准》(GB 50189—2015)的有关规定,满足绿色建筑的相关要求。

2. 设施、设备配置要求

1)设施配置要求

车站设施分为场地设施和建筑设施两大类,各级车站设施配置要求见表4-1。公交停靠站、出租汽车停靠点应满足《城市道路公共交通站、场、厂工程设计规范》(CJJ/T 15—2011)的有关规定,社会车辆停靠点宜按照出租汽车停靠点设置,公交首末站与公交枢纽站宜按照《城市公共汽电车场站配置规范》(JT/T 1202—2018)的要求设置或预留场所。非机动车停车场应满足《城市停车规划规范》(GB/T 51149—2016)的有关规定,应分区停放各类非机动车。站前广场应为连续开阔区域且明确分区,应满足客流高峰时作为备用站房设置临时座椅、雨篷等的需要。停车场(库)宜分组设置车辆停放区,电动汽车停车设施应满足《电动汽车充电站设计规范》(GB 50966—2014)的有关规定。一级、二级车站应分别设置进、出站口。商业服务设施应不妨碍旅客活动与行包移动,应不对车站标识产生视觉干扰。实名制管理客运线路的车站,应配置开具旅客临时身份证明的场所。

2)设备配置要求

车站设备分为服务设备、安全设备和信息网络设备三类,各类设备配置要求见表4-2。车站可按照实际需要配置设备,设备配置应适用、可靠、经济。设备数量与类别应根据车站生产规模和设备作业量确定,宜选用国家定型的标准设备。安全检查设备应满足行包安全检查、车辆安全检查工作需要。安全监控设备应在运营时段覆盖站前广场、售票厅、候车厅、发车位、停车场等主要公共区域。安全应急设备应满足消防安全管理等工作需要。售、取票信息设备应满足网络查询、预订、售票、取票以及信息传递、存储、处理等要求。车辆调度与管理设备应满足车辆到站、报班、发班、销班、停车、安检等信息化管理的要求。车站宜建立发布运营线路、班次、票价、余座等票务信息以及营运班次变动与变更的信息化平台。

3. 设施规模确定

车站占地面积按每100人次日发量指标进行核定,且不低于表4-3所列指标的计算值,规模较小的便捷车站占地面积不应小于2000m^2。

车站占地面积指标(单位:m^2/百人次) 表4-3

设备名称	一级车站	二级车站	三级车站
占地面积	360.00	400.00	500.00

4. 车站规模指标的确定方法

车站规模指标包括设计年度平均日旅客发送量(日发量)、旅客最高聚集人数、发车班次、发车位数等。

1)设计年度平均日旅客发送量(日发量)

设计年度平均日旅客发送量(日发量)是反映车站建设规模和生产能力的重要指标,也是确定各类设施规模和评定站级的主要依据。确定设计年度平均日旅客发送量时应遵循以下原则:符合规模经济原则,即坚持车站规模收益递增原则,使车站建设规模适度;满足所在地社会经济长远发展规划和社会需求;选用适当的预测方法,使预测值与实际情况偏差最小。

根据车站服务区域道路旅客运输发展规律,选择适当的预测方法和预测模型进行预测分析。最后采用定量计算与定性分析相结合方法,确定设计年度平均日旅客发送量。具体预测方法有:

(1)定量预测方法。主要有增长率统计法、回归分析法、指数平滑法、弹性系数法和灰色模型等。预测方法和常用模型可按表4-4选取。

(2)定性预测方法。主要有专家调查法、交叉影响法、类比法、比例法等。

(3)综合预测法:对同一预测对象采用多种预测方法,并对预测结果分别赋予一定的权重 w_i,综合预测值的计算公式为:

$$Y = \sum w_i \times Y_i \tag{4-1}$$

式中:Y——综合预测值,即经组合处理后的最终预测值;

Y_i——第 i 种预测方法获得的预测值;

w_i——第 i 种预测方法赋予的权重系数，$\sum w_i = 1$。

2）旅客最高聚集人数

（1）根据设计年度平均日旅客发送量计算

根据设计年度平均日旅客发送量，旅客最高聚集人数可通过下式计算：

$$D = aF \tag{4-2}$$

式中：D——旅客最高聚集人数，人；

F——设计年度平均日旅客发送量，人次；

a——计算百分比，其大小可按表4-5选取。

预测方法和常用模型 表4-4

预测方法		数学模型形式	字母含义
增长率统计法		$y_t = y_0(1+r)^t$ $r = \left(\sqrt[n]{\dfrac{y_0}{y_{t-1}}} - 1\right) \times 100\%$	n——统计期年数； y_0——基年统计值； y_t——t 年预测值； y_{t-1}——$t-1$ 年统计值
回归分析法	一元回归	$y = a + bx$	y——预测对象； x——预测变量； a、b——回归系数
	多元回归	$y = b_0 + b_1x_1 + b_2x_2 + \ldots + b_nx_n$	x_1、x_2、…、x_n——与不相关的各个预测变量； b_0、b_1、b_2…、b_n——回归系数
移动平均法	一次移动	$M_{t-1}^{[1]} = \dfrac{1}{n}(y_{t-1} + y_{t-2} + \ldots + y_{t-n})$ $M_T^{[1]} = M_{t-1}^{[1]} + \dfrac{1}{n}(y_t - y_{t-n})$	$M_{t-1}^{[1]}$——第 t 次周期的一次移动平均值； $M_t^{[2]}$——第 t 周期的二次移动平均值； y_t——预测对象时间序列数据； n——计算移动平均值所取的数据个数； $\hat{y}_{t+T}$——第 $t+T$ 周期的预测值； a_t——预测模型的截距； b_t——预测模型的斜率
	二次移动	$M_t^{[2]} = M_{t-1}^{[2]} + \dfrac{1}{n}(M_t^{[1]} - M_{t-n}^{[1]})$ $\hat{y}_{t+T} = a_t + b_tT$	
指数平滑法	一次指数平滑	$s_t^{[1]} = ay_t + (1-a)s_{t-1}^{[1]}$	y_t——预测对象在第 t 年的统计值； a——权系数，一般在0.01～0.3之间，可由经验给出，当历史数据发展平缓时取高值，反之取低值； $S_{t-1}^{[1]}$——第 $t-1$ 年的一次平滑值； $S_t^{[1]}$，$S_t^{[2]}$——第 t 年一次、二次平滑值； a_t——预测模型的截距； b_t——预测模型的斜率，即每周期预测值的变化量
	二次指数平滑	$S_t^{[2]} = aS_t^{[1]} + (1-a)S_{t-1}^{[2]}$ $\hat{y}_{t+T} = a_t + b_tT$ $a_t = 2S_t^{[1]} - S_t^{[2]}$ $b_t = \dfrac{a}{1-a}(S_t^{[1]} - S_t^{[2]})$	

续上表

预测方法	数学模型形式	字母含义
弹性系数	$y_t = y_0\ (1+i)^t$ $i = E_S q = \frac{i^t}{q^t} q$	y_t——未来第 t 年预测值； y_0——基年统计值； t——预测期年数； i^t——统计期增长率； q^t, q——分别为类比变量基期和预测期年均增长率(%)
灰色预测	$GM(1,1)$模型： $\frac{dx^{(1)}}{dt} + ax^{(1)} = u$ $\hat{x}^{(1)}(t+1) = [x^{(0)}(1) - u/a]e^{-ak} + u/a$	$\hat{x}(t+1)$——表示预测计算值； t——为时间序列； u——灰变量的发展态势反映量； a——灰作用量

计算百分比的选取 表 4-5

车站级别	日发量(人次)	计算百分比(%)
一级车站	5000 及以上	10 ~ 8
二级车站	2000 ~ 4999	12 ~ 10
三级车站	300 ~ 1999	20 ~ 12
便捷车站	300 以下	30 ~ 20

(2)根据同期发车数量计算。根据同期发车数量，旅客最高聚集人数可通过下式计算：

$$D = kpM \tag{4-3}$$

式中：M——设计年度车站一次最大发车数量(即发车位数)，辆；

p——客车平均定员人数，人/辆；

k——增设系数，一般取 1.5 ~ 2.5。

3)日均发车班次

日均发车班次可按下式计算求得：

$$N = \beta \frac{F(1-\xi)}{P\mu} \tag{4-4}$$

式中：N——日均发车班次，班次；

β——不均衡系数，一般取 1.1 ~ 1.3；

ξ——过站车载乘率，指过站客车载客量与车站平均日发量之比；

P——客车平均定员，人/辆；

μ——始发车合理乘载率，%。

4)发车位数

发车位数可按下式计算求得：

$$M = \frac{D(1-\xi)k}{np\mu} \tag{4-5}$$

式中：M——发车位数，个；

k——考虑到达客车和进站客车停靠需增加车位的系数，即增设系数，一般取 1.2；

n——营业时间内平均每小时发车次数，班次。

5. 汽车客运站主要设施规模确定方法

汽车客运站是具有接、发客运班车,组织旅客上下车、候车,为客运班车提供清洁、检测、维修服务等功能的场所。为确保旅客安全、顺畅、舒适地出行,必须配备相应规模的服务设施,其主要设施包括:站前广场、停车场、发车位、站房和辅助设施,这些设施规模的确定方法见表4-6。

车站主要设施规模量化方法　　表4-6

设施名称		量化方法
站前广场		按旅客最高聚集人数计算,每人所需面积按1.0~1.5m² 取值
停车场		停车场的最大容量按同期发车量的5倍计算,单车占用面积按客车投影面积的3.5倍计算,即:停车场面积=17.5×发车位数×客车投影面积
发车位		发车位面积根据发车位数,每个发车位占用面积按客车投影面积的4.0倍计算。即:发车位面积=4.0×发车位数×客车投影面积
站房	候车厅	候车厅面积=1.0~1.5m²/人×设计年度旅客最高聚集人数
	重点旅客候车室	重点旅客候车室视实际需要设置,但总面积不应超过候车厅面积的1/3
	售票厅	售票厅面积=购票室面积+售票室面积,其中: 购票室面积=20.0m²/窗口×售票窗口数; 售票室面积=6.0m²/窗口×(售票窗口数-自动售票机数)+15.0m²; 售票窗口数=旅客最高聚集人数/每窗口每小时售票张数; 一般情况下,采用人工售票每窗口每小时售票100张,采用微机售票每窗口每小时的售票数可适当增加,并增设20.0m² 的总控室
	行包托运处	行包托运处面积=托运厅面积+受理作业室面积+行包库房面积,其中: 托运厅面积=25.0m²/托运单元×托运单元数; 受理作业室面积=20.0m²/托运单元×托运单元数; 行包库房面积=0.1m²/人×设计年度旅客最高聚集人数+15.0m²; 托运单元数:一级车站2~4个;二级车站2个;三、四级车站1个
	行包提取处	行包提取处面积按托运处面积的30%~50%计算
	综合服务处	服务内容包括问讯、小件寄存、邮电通讯、失物招领、信息服务等; 综合服务处面积=设计年度平均日旅客发送量×0.02m²
	站务员室	站务员室面积=2.0m²/人×当班站务员人数+15.0m²
	驾乘休息室	驾乘休息室面积=3.0×发车位数(m²)
	调度室	一级车站为20.0~50.0m²;二级车站为15.0~30.0m²;三级车站为10.0~20.0m²
	治安室	治安值勤室面积按10.0~20.0m² 选取
	进、出站检查室	进、出站检查室分别按10.0~20.0m² 选取
	广播室	广播室面积按10.0~20.0m² 选取
	医疗救护室	医疗救护室面积按10.0~20.0m² 选取
	饮水处	饮水处面积按10.0~30.0m² 取值
	旅客厕所(含盥洗室)	男厕:1.2m²/人×(4%~6%)×设计年度旅客最高聚集人数+15.0m²; 女厕:2.0m²/人×(4%~6%)×设计年度旅客最高聚集人数+15.0m²; 一级车站、二级车站、旅游车站和国际车站应分别计算盥洗室面积,独立设置的盥洗室面积按10.0m²~30.0m² 取值。严寒和寒冷地区车站的盥洗室面积,宜满足设置热水供应系统的需要
	智能化系统用房	智能化系统用房视车站智能化水平和实际需要确定
	办公用房	办公用房视车站机构设置情况和实际需要确定

续上表

设施名称		量化方法
辅助设施	汽车安全检验台(沟、室)	汽车安全检验台(沟、室)面积根据检测项目与检测方式,按每个台位80.0~120.0m^{2}计算
	汽车尾气测试室	汽车尾气测试室面积视情况选取;按每台位80.0~120.0m^2
	车辆清洁、清洗处	车辆清洁、清洗处面积根据洗车方式和污水处理与回收系统的形式,按90~120m^2/个计算
	驾乘公寓	驾乘公寓面积按日均发车班次,每10班次按20.0m^{2}计算,即: 驾乘公寓面积=2.0×日发车班次数 m^2

6. 车站设备及配置要求

1)车站设备类别

车站设备包括基本设备和智能化系统设备。

车站基本设备包括售票设备(包括微机售票系统设备、售票员办公桌椅、钱箱、票架、隔离栏等)、候车室设备(包括座椅、母婴床、班次牌、检票隔离栏等)、行包安全检查设备、汽车尾气排放测试设备、安全消防设备、清洁清洗设备、广播通信设备、行包搬运与便民设备、采暖或空调设备、办公设备、宣传告示设备(包括班次时刻表、里程票价表、行包价目表、运营线路图、旅客须知、禁运限运物品宣传图、公告牌等)等。

智能化系统设备包括微机售票系统设备、生产与管理系统(包括车辆调度系统、车辆报班系统、车辆缴费系统、车辆销班系统等)设备、自动化办公系统(包括办公系统和财务管理系统)设备、监控设备和电子显示(包括售票厅显示系统和候车厅显示系统)设备等。

2)车站设备配置原则

(1)适用性。设备要适应车站工艺和作业特点,具有灵活性、机动性、作业连续性及"一机多用、多机联用"的可能性等。

(2)可靠性。设备寿命周期长,安全可靠、作业质量高,易于维修。

(3)通用性。设备系统通用,兼容,易于实现内外对接。

(4)经济性。设备系统投资少,能源消耗小,使用成本低。

(5)有效性。设备作业能力与其作业量相适应,利用率及劳动生产率高。

(6)可行性。易于安装调试,操作简便,技术要求低。

(7)先进性。设备的机械化、自动化程度高,可明显改善作业环境与作业条件,提高工效。

3)车站设备配置基本要求

车站设备的数量与类别应根据车站生产能力和作业量的大小确定,主要设备尽可能地选用国家定型的标准设备。主要基本设备的配置要求见表4-7,智能化系统设备视车站实际情况按需配置。

车站基本设备的配置要求 表4-7

设备名称	基本要求
行包安全检查设备	能在不开包情况下准确查出乘客携带的危险品; 可查行李最大尺寸(宽×高):900mm×800mm
汽车尾气排放测试设备	可快速、准确地测定汽车尾气排放是否超标

续上表

设备名称	基本要求
微机售票系统设备	能迅速、准确地为旅客提供票务查询,预定、售票服务; 满足远程售票作业及联网对接要求; 方便相关票务信息的传递、交换、存储、处理与统计
安全消防设备	设备配置齐全、有效;符合国家安全消防的有关规范及规定
宣传告示设备	设备配置齐全、有效、醒目、美观大方;一级、二级车站应以电子显示方式清晰流动显示
行包搬运与便民设备	能实现轻快、便捷、安全的搬运作业;便民设备要与车站工艺流程相匹配、轻巧、方便旅客使用
生产管理系统设备	能够实现客车到站、报站、发班、销班、停车、检验等一体化管理

4.1.3 案例:江门汽车站规划设计

1. 江门汽车站简介

江门汽车总站新站按国家交通部一级客运站标准兴建,是江门市政府规划的公路主枢纽客运站,地处江门市北郊新城开发区,在北环路与建设二路交汇处。车站以长途运输为主,班线覆盖了湘、桂、闽、赣、川、渝、黔、鄂、豫、琼等10省市及广东省各主要城市,运营线路实现长短结合、城乡结合的网络化战略布局,基本实现了交通部提出的长途班车直达化、短途班车公交化的要求。

新汽车总站占地面积12万m^2、停车场面积2.8万m^2、站前广场面积2.6万m^2、客运大楼建筑面积1.5万m^2,楼高二层,设计日发班车2000班次(不含公交车),日客流量3.5万人次,投入资金9506万元,可满足江门市未来20~30年的客运发展需要。该站的设计规模已远远超过《中华人民共和国交通行业标准》对《汽车客运站级别划分和建设要求》中一级客运站日客运量10000人次以上的划分。设计时不仅对现有的设计资料进行研究分析,而且对其发展趋势进行预测,并以此为依据进行总体布局、交通组织、站型设计构思。

江门汽车总站新站设计新颖,富有现代气息,站内设施先进,科技含量高。候车大厅设有先进LED的全彩大型显示屏,自动调节光线亮度,实时发布班车信息,拥有先进的电脑售票、检票系统和全天候电脑监视系统。旅客除了可联网购票外,还可以利用手机通过网上购买电子车票,凭车站给予的二维码检票后通过专门的绿色通道进入豪华候车室。新汽车总站候车大厅面积达3300m^2,有旅客候车座位1332个,空间开阔明亮,与发车位相对应,使旅客能用最短的时间到达各自的候车区域,客运大楼中间为普通班车候车厅,左侧为豪华班车候车厅,右侧为专门为母婴和残疾人士设计的重点旅客候车厅,并设有医务室。为让重点旅客享受到更优质的服务,在候车大厅内安排客运服务员提供乘车指引、送客上车的"一条龙"服务。大厅两侧共设置了24个联网售票窗口。大厅后面是检票站台及发车场,站台共设有一字排列的28个条形码电子检票口,同时承担超过50条线路的检票工作。发车场设有45个大型客车发车位,沿客运大楼候车大厅外廊道布置。公交车站广场占地面积4800m^2,内设多条线路的公交车站,公交车站和候车大厅之间还建有风雨走廊,方便乘客往返候车大厅和公交车站间。

2. 总平面规划设计

1)规划原则

(1)体现"以人为本"的宗旨,在用地布局、路网规划、空间组织、建筑布置、建筑造型和环境设计的过程中应充分考虑使用者的要求。

(2)"因地制宜"的原则。充分利用该地区的区位特点及环境景观资源,创造优美的候车环境。

(3)注重城市设计的原则。由于该地区位于重要的交通节点,在城市中的地位较为重要,因此站点的设计应服从城市整体空间的规划,同时也要创造出具有特色的城市空间。

2)总体布局与流线组织

客运站规模大、功能复杂、人流量大,如何使旅客利用各种交通工具方便快捷地到达、离开站场以及如何使各区连接顺畅流线合理,是设计现代交通建筑首先要解决的问题。总体布局如图 4-1 所示。

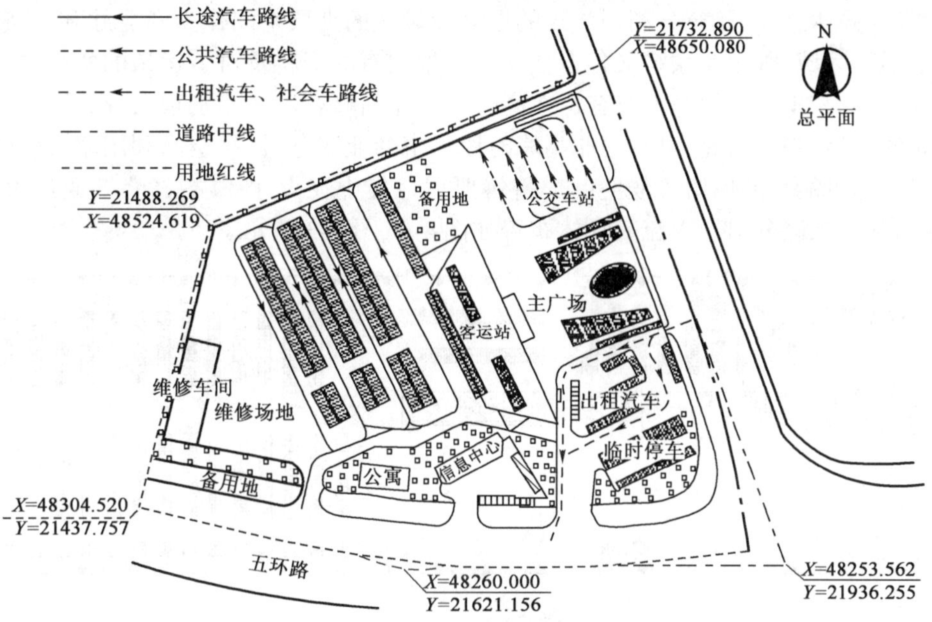

图 4-1　江门汽车站布局图

(1)功能分区。在设计中根据不同的使用要求进行功能分区:一是由客运主站房、公交到站、社会车辆及出租车停车场、站前广场等组成的主站房区;二是客运调度指挥中心区;三是由驻车场、附属用房组成的长途汽车活动区;规划将主站房设于用地中部,其东北为公交车场、东南为出租车及社会车辆停车场,另设出租车停靠线。

(2)交通组织。公交车经江沙路从基地北侧进入站场接送旅客并自基地东侧离开站场。旅客从主站房至公交到发站步行距离最近 40m,最远 100m。

出租车、社会车辆流线:车辆经江沙路从东侧进入站前区接送旅客,自东向西穿过基地南侧单行线,经南边五环路通往市区。为送客的出租车、社会车辆设有长 80m 的落客岸线,可同时停车 12 辆。站前广场南侧设有出租车和社会车辆停车场,共有 180 个小汽车停车位。

站前广场进深 60m、宽 70m,紧接主要进站口。

此外来车站公务的其他车辆经五环路从基地南侧进出调度指挥中心区。

(3)环境设计。基地建筑尽量沿江沙路和五环路展开,使建筑获得良好的视野,主入口广场在满足交通要求的同时,适当装点水体绿化美化环境,体现"以人为本"的时代精神。长途车驻车场区是比较嘈杂的区域,在调度指挥中心、司售综合服务楼与长途车驻车场之间布置绿化园林,可以减少噪声干扰,使调度指挥中心区和司乘休息区能获得良好的环境。

3. 平面设计

现代社会的高速发展,使客运站在城市中的作用不断变化和多元化,客运站的运营方式、管理手段也不断革新。因此,这类建筑使用的灵活性和可改造性必须满足不断变化的实际需求就显得十分重要。这是平面设计的一个出发点。

1)主站房平面设计

主站房选用柱网尺寸 8m × 12m 和 118m × 6m,总面宽 160m,进深 30m,建筑面积 $6192m^2$。设计中将主站房前半部分用作进站大厅,这个大厅包括 4 项内容,即进站大厅、售票大厅、旅客等候休息厅,及充分利用建筑的层高而设置的夹层空间作为商业厅和快餐厅。各部分位于不同区域,既相互联系又各自独立。根据现有的资料及对客运站的实际调查,将售票窗口数量设为 24 个。长途汽车客运在高峰期和非高峰客流量差别很大,高峰期客流量通常为平时的 2 倍左右,为此,可利用非高峰时段从事商业服务,提高空间利用率,而在旅客高峰期则提供尽可能大的停留等候空间。将售票窗口集中在大厅一端,高峰期通过设置灵活隔断、导向标志来区分引导人流。具体布置如图 4-2、图 4-3 所示。

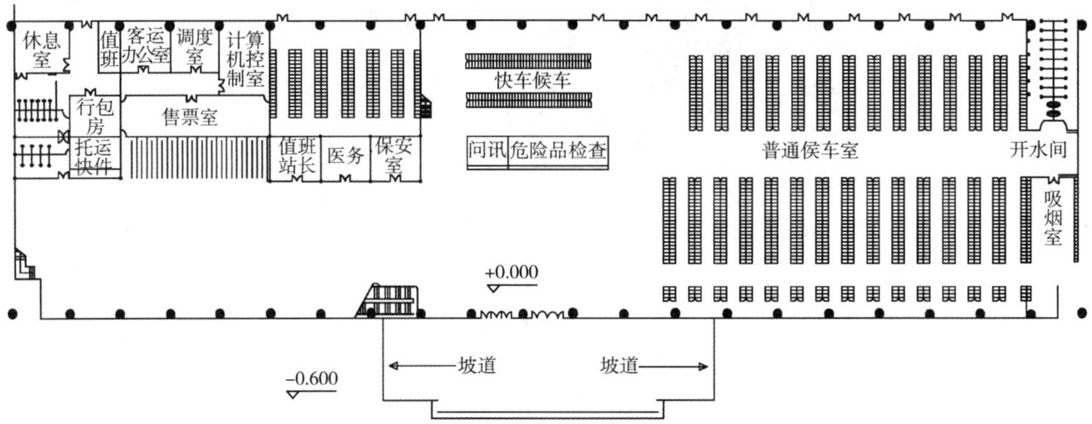

图 4-2 客运主站房首层平面图(单位:m)

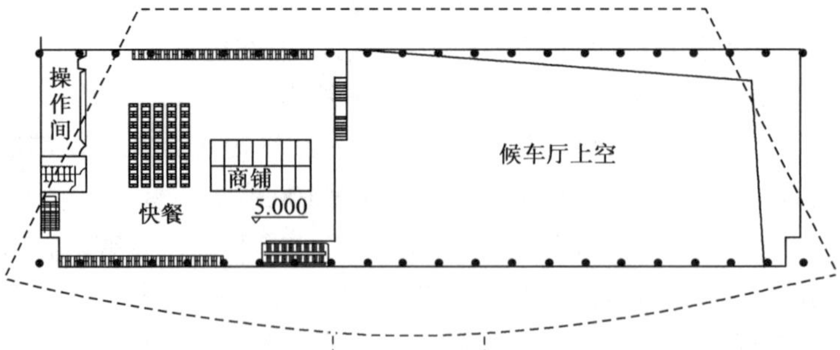

图 4-3 客运主站房夹层平面(单位:m)

2）到发车位设计

在到发车位的设计中，根据设计资料营运时间按每日12h计算，每个发车位按每h发车2个班次计算，则站场宜设发车位38个，而根据实际情况设45个发车位，另设10个到站车位，并将到、发车位连续地设置，在两者之间不做固定分隔，站房外也不另设落客区，这样有利于根据到发车情况灵活调整到、发车数量，而且可将出站厅与进站厅连通，方便旅客中转换乘，减少旅客行走路程，充分体现现代建筑灵活性、适应性的特点。

3）客运指挥调度中心

客运指挥调度中心选用柱网尺寸8m×8m，建筑面积6580m^2，位于用地转角处南侧，共7层，其中1~5层为站务管理办公室、驻站公司办公室6~7层为江门市公路运输管理信息中心。在2层设有走廊直接与主站房相连，便于内部工作人员联系。

4）司助公寓综合楼

司助公寓综合楼选用柱网尺寸4m×8m，建筑面积2545m^2，布置在用地南边，与指挥调度中心相连，共4层，首层设厨房、餐厅，餐厅临五环路，便于对内、外开放提高经营灵活性。2~3层为司助休息用房，共70个标准间。

5）附属用房

维修、安检等附属用房安排在用地的西南侧，单层建筑，约1000m^2。

4. 建筑空间及造型设计

1）空间设计

建筑空间作为一种客体存在，具有物质和社会的双重属性，其物质属性主要表现在它是以一定的形状、大小、方位、色彩、肌理和相互间的组配关系等可感现象存在于物理世界之中，是一种信息的载体。不同的建筑往往具有不同的空间形式，应采用多种建筑设计手法进行空间组合来创造特有空间形态满足功能需求。本设计充分利用主站房10m的层高，在售票厅上方设置夹层空间，安排配套商业服务功能，满足现代交通建筑多元化的需求，同时，空间上也产生了高低、大小的错落对比，加之在主站房顶设置天窗，将自然光引入室内从而产生丰富的光影效果，使商业空间亲切宜人，候车空间宽阔而不压抑。在室外，利用调度指挥中心与主站房之间的空间连廊，恰到好处地将两者合为一体，并巧妙地将交通广场、行政广场渗透到建筑群中，丰富了街道转角处的空间形态。

2）造型设计

建筑的整体造型是点、线、面、体在空间的凝结和集聚，并以某种形态表达一种有活力的、运动的、符合逻辑的秩序。正是基于此，本设计考虑到站场基地东侧为40m宽的江沙路，南面为50m宽的五环路，站场环境视野十分开阔的特点，将主站房的屋盖尽量水平延伸并与信息中心垂直的钟塔形成面与线、水平与垂直的对比效果，沿江沙路形成简洁明快的柱列，使整体形态充满韵律和节奏感。柱顶的伞状钢撑，使屋面更为轻巧舒展。巨大波浪状的飘篷，具有极强的标志引导性，突出侧墙的屋面板、两端的角柱及其上部屋盖的圆洞，打破对称建筑的呆板，明快而有趣味性。

同时，设计中还力求将技术与形式融合，大胆采用现代科技和材料，充分利用光、玻璃、金属等构成元素来创造一个流畅明快、简洁大方的“都市之门”，体现了时代精神，实现了交通运输行业在诸行业中的特殊印象。

4.2 汽车货运站设计

4.2.1 汽车货运站设计基本规定

1. 汽车货运站设计常用术语

(1)货物吞吐量度(handling capacity of freight):报告期内,货运站年发出与到达的货物数量。包括中转、收、发量的总和。计量单位:t。

(2)换算货物吞吐量(equivalent handling capacity of freight):指把各类货物吞吐量换算为普通货物吞吐量后所得的吞吐量计算值。计量单位:t。

(3)设计年度(design year):预计货运站生产规模达到设计规模的年度。

(4)日均货物最大受理量(max operative volume of average daily freight):在货物受理偏高期内,平均每日的货物受理量。以一年的日均货物受理量乘日均货物受理量系数求得。

(5)货物平均堆存期(average duration of stock freight):报告期内每吨货物自进库场开始至出库为止所堆存的平均时间。

(6)仓储(stock):货物验收入库、保管保养及发放出库的工艺过程。

(7)仓储面积(employment area of stock)指存放货物区域所占面积之和,其中仓储面积为库存面积减去外墙及固定设施所占面积后的剩余面积。计量单位:m^2。

(8)仓储有效面积(effective area of stock):指仓储面积扣除必需的通道、墙距的面积后所剩余的面积。计量单位:m^2。

(9)面积利用系数(utilization coefficient of area)仓储有效面积与仓储面积之比。

(10)高架库(pallet warehouse):利用高层货架及托盘储存货物的库房。

2. 汽车货运站主要业务功能

(1)运输组织功能;

(2)中转和装卸储运功能;

(3)中介代理功能;

(4)通信信息功能;

(5)辅助服务功能。

3. 汽车货运站站址选择原则和步骤

汽车货运站站址应符合公路主枢纽总体布局规划和所在地区货运站(场)发展规划。若尚无上述规划,选址时则须遵循下列原则和步骤。

1)站址选择原则

(1)符合城镇总体布局规划;

(2)与综合运输网合理衔接,便于组织多式联运;

(3)靠近较大货源点,并适应服务区域内的货运需求;

(4)尽量利用现有设施,并留有发展余地;

(5)具备良好的给排水、电力、道路、通讯等条件;

(6)具备良好的地质条件。

2)站址选择步骤

(1)收集城镇、路网、国土等有关规划和运输统计、站区内水文地质等有关资料;

(2)确定汽车货运的服务范围和功能;

(3)测算设计年度货运站的生产规模和占地面积;

(4)根据站址选择原则,提出若干货运站站址备选方案;

(5)对备选站址进行现场勘查;

(6)经方案比选,确定货运站站址。

4. 汽车货运站站内布局原则

(1)根据货运站的功能和生产规模统一布局,并结合货运业务的实际情况突出重点,分期实施。在布局中要优先考虑生产区域,重点是确保库、场位置。分期实施的建设项目,应考虑分期建设过程中相互的衔接要求。

(2)与现有设施的改造利用相结合,减少用地和节约投资。

(3)按货运业务不同,分区设置相应设施,并具有合理生产关系,生产设施、设备要符合生产工艺的要求。危险货物的储存与作业应在相对独立的专门区域内进行。

(4)站内道路统一规划,合理使用,使站内车流、货流、机械流、人流便捷通畅,互不干扰。

(5)符合国家和当地政府现行的安全、消防、环保等有关规定。

5. 汽车货运站站级划分

汽车货运站站级划分的主要依据是年换算货物吞吐量。划分标准见表4-8。

汽车货运站站级划分标准　　表4-8

站　级	换算货物吞吐(t)	站　级	换算货物吞吐(t)
一级	$\geqslant 600 \times 10^3$	三级	$150 \times 10^3 \sim 300 \times 10^3$
二级	$300 \times 10^3 \sim 600 \times 10^3$	四级	$< 150 \times 10^3$

货运站各类货物吞吐量折算成换算货物吞吐量的方法见式(4-6)。各类货物吞吐量换算系数见表4-9。

$$Q_n = \sum_{i=1}^{n} \lambda_i Q_i \tag{4-6}$$

式中:Q_n——货运站换算货物吞吐量,t;

λ_i——第 i 种货物吞吐量,t;

Q_i——第 i 种货物吞吐量换算系数;

n——货物类别数。

各类货物吞吐量换算系数　　表4-9

类　别　Q_i	换算系数 λ_i	类　别　Q_i	换算系数 λ_i
快速货运	1.3	配送	0.2
零担货物	1.25	包装	0.5～0.25
集装箱拼箱货	1.25	半成品加工	0.2～0.5
仓储	1.0		

4.2.2　汽车货运站设施构成和建设要求

1. 汽车货运站设施和建设要求

汽车货运站设施包括生产设施、生产辅助设施和生活服务设施。其设施构成应根据货运站的业务范围和规模而定。汽车货运站主要生产设施构成如图4-4所示。

1)业务办公设施

业务办公设施主要包括货运站站房、生产调度办公室和信息管理中心。有国际运输业务的货运站,可设置由海关、检疫、商检、商务等部门的国际联运代理业务办公室。货运站站房由业务人员工作间和货主办理货物托运或仓储受理手续、提货手续的场所构成。信息管理中心由放置信息管理硬件系统的机房与工作人员的办公场所和供信息发布及用户查询的场所构成。业务办公设施的设置要方便货主,货物受理处业务人员工作间和联合办公室应按作业流程设置,货物受理处与仓库的距离应短捷。

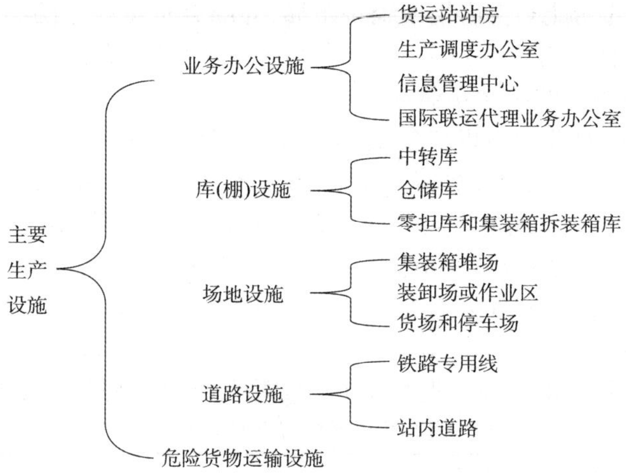

图4-4　汽车货运站主要生产设施构成

2)库(棚)设施

库(棚)设施包括中转库、零担库、集装箱拆装箱库、仓储库,分别用作货物的短期存放、集装箱拆装作业和货主待收或待发货物仓储;货棚则用于堆放不便进库但又不宜露天存放的零担或仓储货物。

(1)中转库。中转库为中转货物集中、分拣、换装、发货的场所。其配置应符合:①中转、换装作业量大的一级、二级货运站,可设置具有监控、传送、分拣设备的中转库。中转作用量小的三级以下货运站,可用相应仓库内的一定区域作为理货场地,不设中转库。②具有铁路专用线的货运站,中转库一侧设铁路装卸站台,宽度不小于13.5m;另一侧或多侧设汽车装卸站台,站台高度1.2~1.3m,宽度不小于3m。

(2)仓储库。其配置应符合:①按建筑层数,仓储库可分为单层和多层仓储库。存放外形尺寸较小,单件重量较轻货物的仓储库可建成高架库。为适应各种外形尺寸货物的存放,高架库与单层连接成建筑群体。②仓储库的仓储面积日均仓储货物最大吞吐量计算。③多层仓储库的楼梯及货梯的位置应处于中央部位,储存货物出入库的水平运输距离应不大于30m。一幢仓储库设置两台货梯时,应集中布置,货梯多余两台时,应分两处设置。多层仓储库除设主楼梯外,还应设置疏散楼梯。

(3)零担库和集装箱拆装箱库。零担库和集装箱拆装箱库应建成高站台仓库,站台宽度不少于3m,高度取1.2~1.3m,两端设置斜坡,并装设货物装卸升降台。

(4)仓库内货位宽度取2.5~3m,货位间隔和操作通道宽度根据货物装卸方式和所用机械的型号、规格而定。

(5)仓库的进、出仓门数按每一仓门日均货物吞吐量30~50t设置。仓门设置方式根据仓库吞吐量大小而定,吞吐量较大仓库的进、出仓门可双向设置或分开设置,仓门宽度不小于2.5m。

(6)仓库的窗地面积比宜为1:10~1:18。窗功能以采光为主的仓库,采用固定窗,窗地面积比取较大值,窗功能以通风为主的仓库,采用中悬窗,窗地面积比取较小值。

(7)货棚与零担库和仓储库的面积比取1:4~1:5,其货位宽度、间隔和操作通道宽度应符合相关规定。

(8)各类仓库应分区设置,并以道路衔接保持良好作业联系。零担货棚和仓储货棚应与相应仓库位于同一区域。

3)场地设施

场地设施主要包括集装箱堆场、装卸场或作业区、货场和停车场。

(1)集装箱堆场。其配置应符合:①集装箱堆场应靠近装箱作业区,并与站内主要通道衔接。②场地强度应满足集装箱堆码需要,并有一定坡度以利排水。③堆存量较大的集装箱堆场应划分空、重箱及冷藏箱、危险品堆存区。

(2)装卸(作业)场。其配置应符合:①各类仓库、货场、铁路专用线一侧或两侧应设置装卸(作业)场,并与主要道路衔接。②铁路专用线装卸场宽度不宜小于13.5m,汽车装卸货场宽度应满足车辆调头、装卸作业要求,其面积计算见相关标准。③装卸(作业)场荷载设计值应满足装卸作业和车辆行驶的承载要求。

(3)货场。其配置应符合:①货场应与仓储库一同位于仓储作业区内。②货场面层应根据货物性质、荷载、水文地质等因素和就地取材原则,通过技术经济比较确定。③货场排水应与站区总体排水系统衔接。货场应采用有组织排水,其竖向布置尽可能成龟背式向四周分散排水。较小货场也可设计成坡向一侧或坡向两侧,排水沟置于汇水线上。

(4)停车场。其配置应符合:①停车场可集中设置,也可在不同作业区域内分别设置,站内自备车辆和外来车辆应分区停放。②停车场宜临近装卸(作业)场布置。

4)道路设施

道路设施包括铁路专用线和站内道路。在临近铁路线并有较大公铁联运作业量的一级、二级汽车货运站,可引设铁路专用线。三级、四级货运站或无条件的货运站可不设置。站内道路应采用无交叉的环行行驶路线。

5)危险货物运输设施

危险货物运输设施的建设,在选址、布局、结构、功能等方面,既要适应危险货物运输的技术条件、生产安全要求,又必须符合环境保护、消防安全、劳动保护、交通管理等方面的规定。

6)生产辅助和生产服务设施

生产辅助和生活服务设施应按需设置。生产辅助设施主要包括维修维护设施、动力设施、供水供热设施、环保设施等。生活服务设施主要包括食宿设施和其他服务设施。

2. 汽车货运站设施面积确定

1)货运站站房面积计算公式为:

$$A_1 = A_2 + A_3 \tag{4-7}$$

式中：A_1——货运站站房面积，m^2；

A_2——货物受理处面积，m^2；

A_3——提货处面积，m^2。

(1)货物受理处面积计算公式为：

$$\begin{cases}A_2 = A_4 + A_5 \\ A_4 = R_1 \times a_1 \\ A_5 = 1.20 \times D_m\end{cases} \tag{4-8}$$

式中：A_4——受理处工作间面积，m^2；

A_5——办理受理手续、货物临时堆放场所，m^2；

R_1——受理处业务人员数，人；

a_1——每人需面积，取4～6 m^2；

D_m——日均货物最大受理量，t/d。

(2)提货处面积计算公式为：

$$\begin{cases}A_3 = A_6 + A_7 \\ A_6 = R_2 \times a_2 \\ A_7 = 1/2 \times A_6\end{cases} \tag{4-9}$$

式中：A_6——提货处工作间面积，m^2；

R_2——提货处业务人员数；

A_7——办理时提货手续场所面积，m^2；

a_2——每人需要面积，取8～10m^2。

(3)生产调度及联合办公室面积：

$$A_8 = R_3 \times a_2 \tag{4-10}$$

式中：A_8——生产调度或联合办公室面积，m^2；

R_3——生产调度或联合办公人员数。

2)库(棚)面积。

(1)中转库面积计算公式为：

$$A_9 = \frac{Q_1 \times T_1 \times K_1 \times a_3}{f_1} \tag{4-11}$$

式中：A_9——中转库面积，m^2；

Q_1——日均中转货物最大吞吐量，t/d；

K_1——入库系数，取0.5～0.7；

T_1——中转储存期，取1～2d；

a_3——平均每吨货物占地面积，取2～3m^2/t；

f_1——面积利用系数，一般取0.5～0.6。

(2)仓储库(棚)面积计算公式为：

$$A_{10} = \frac{Q_2 \times T_2 \times K_1 \times a_4}{f_2} \tag{4-12}$$

$$A_{11} = (0.2 \sim 0.25)A_{10} \tag{4-13}$$

式中：A_{10}——仓储库仓储面积，m^2；

Q_2——日均仓储货物最大吞吐量，t/d；

T_2——货物平均储存期，取 7～9d；

a_4——平均每吨货物占地面积，根据仓储货物各类、堆码高度确定，对单层仓储库取 1.5～2.5 m^2/t；

f_2——面积利用系数，一般取 0.6～0.75。

A_{11}——仓储货棚面积，m^2。

3）场地设施。

（1）货场面积计算公式为：

$$\begin{cases} A_{12} = A_{13} + A_{14} \\ A_{13} = \dfrac{Q_1 \times T_1 \times K_2 \times a_5}{f_1} \\ A_{14} = \dfrac{Q_2 \times T_2 \times K_2 \times a_5}{f_2} \end{cases} \tag{4-14}$$

式中：A_{12}——货场面积，m^2；

A_{13}——中转货场面积 m^2；

A_{14}——仓储货场面积 m^2；

K_2——入场系数，取 0.3～0.5；

a_5——平均每吨货物占地面积，取 0.8～1.2m^2/t。

（2）装卸（作业）场面积计算公式。

单面作业装卸（作业）场计算公式为：

$$A_{15} = 2 \times L \times L_t \tag{4-15}$$

式中：A_{15}——单面作业装卸（作业）场面积，m^2；

L——仓库总长度，m；

L_t——运输车辆长度，m。

双面作业装卸（作业）场计算公式为：

$$A_{16} = 2 \times A_{15} \tag{4-16}$$

（3）停车场面积计算公式为：

$$A_{17} = 3 \times N \times F \tag{4-17}$$

式中：A_{17}——停车场面积，m^2；

N——日停车数量，辆；

F——车辆投影面积，m^2。

3. 设备配置

1）运输车辆

货运站应根据需要配置用于货物配送和装卸搬运工作的运输车辆。其车辆类型应根据运输方式、货物种类合理选择。

2）装卸机械

汽车货运站装卸机械包括货场和仓库装卸机械，集装箱堆场和作业区装卸机械等。其配置应符合：①高架库房宜采用载重不大于 0.5t 的货格，单幢库房内货格数量宜在 3000～7000 个以内。②货架层数不超过六层，高度 5～7m 内的高架库房，宜采用高位叉车存取货物；超过六层或货架高度超过 7m 时，宜采用巷道堆垛机。较大作业量高架库是储货区与装卸区间可采用皮带输送机。③一级、二级货运站的中转库可根据作业需要设置监控、传送、分拣设备。

装卸机械的数量应根据装卸工作和采用的装卸工艺方案确定。仓库、货场装卸机械数量按下列公式计算:

$$N_h = \frac{Q \times K_3}{J_h \times t} \tag{4-18}$$

式中:N_h——仓库或货场装卸机械数量,台;

Q——仓库或货场日均货物最大吞吐量,t;

K_3——不平衡系数,一般取1.5~1.8;

J_h——装卸机械工作能力,t/h;

t——日工作小时数,h/d。

3)计量设备

货运站应配备检定合格的计量设备或器具。一级、二级货运站应设置电子自动计量设备,各种电子自动计量设备均应并入货运站计算机网络或预留接口。

4)管理系统

一级、二级货运站应设置管理和信息系统。包括:计算机监控系统、无线、有线通讯系统,站内和站间计算机网络系统,信息显示系统等。

5)维修设备

一级、二级货运站应根据车辆、装卸机械和集装箱的维修工作量配备符合其工艺要求的清洁和维修设备。

6)安全、消防设备

汽车货运站安全,消防设备的配备应符合国家有关标准、规范的规定。

4.2.3 货运站规模确定方法与案例分析

公路货运站场规模的确定,需分析城市的经济区域和经济发展规划以及城市交通运输和交通基础设施的有关资料,在对货运站服务范围和主要辐射方向的货运量、流向及已有货运站设施进行实际调查的基础上进行科学预测。

1. 公路货运站场规模确定方法

公路货运站场规模的确定在它的规划过程中占有重要的地位,其规模的确定是一个多因素影响的过程,比如货物处理总量、所处货运网络的位置、市场需求量、作业效率、用地要求、服务范围、规模经济等,以上这些内部及外部影响因素,使得公路货运站场规模的确定很难有一个严格和统一的标准。所以,在确定其规模的过程中,要遵循一定的原则:

(1)与区域社会经济发展相适应的原则。利用服务区域内各行业的统计数据,对货运现状和发展趋势进行定性、定量分析和预测,分析区域内货物的流量、流向、分布和结构,为确定公路货运站场的合理规模提供科学依据。

(2)与市场需求相协调的原则。市场需求的大小直接决定了公路货运站场的规模。每个公路货运站场都有自己合理的服务半径和经济区域,货运站场就是要在降低运输成本、提高运输效率的基础上最大限度地满足服务区域内的市场需求。

(3)与城市总体规划相协调的原则。在确定公路货运站场规模时,必须顺应城市产业结构调整和空间布局的变化需要,与城市功能定位和远景发展目标相协调。

1)确定区域货运站场建设总规模

区域货运站场建设的总规模主要受公路货运量、货运适站系数、单位生产能力和用地参数等因素影响,若每年的作业天数按 360 d 计,则总规模为:

$$S = P \times i_1 \times i_2 \times \frac{\alpha}{360} \tag{4-19}$$

式中:S——区域货运站场建设总面积,$10^4 m^2$;

P——预测规划目标年份的全社会货运总量,$10^4 t$;

i_1——规划目标年份公路货运量占全社会货运总量的比例;

i_2——规划目标年份货运适站系数;

α——单位生产能力和用地参数,一般 α 取 20 ~40 m^2/ t。

(1)规划目标年份的全社会货运总量 p 的预测。规划目标年份全社会货运总量的预测主要是在对现状和未来发展趋势进行分析研究的基础上,参考该地区相关经济、产业、城市规划的思路,根据历年统计数据进行回归分析,根据其发展趋势选择适当回归模型。在模型预测的基础上,考虑到各地区历史、地理、经济等条件的不同,结合专家意见对预测结果进行适当调整,得到最终预测值。可采用定量和定性相结合的预测方法。常用的定量方法有一元线性回归、多元线性回归、弹性系数法、灰色预测模型、货运强度法等。在定量预测的基础上,借助专家调查法的预测结果进行定性的协调和平衡,使近期、远期预测结果合理统一。

(2)规划目标年份公路货运量占全社会货运总量的比例 i_1 的预测。公路货运量占全社会货运总量比例的预测就是预测各种运输方式在综合货运中所占的比例。货物运输主要涉及公路、水路、铁路、航空 4 种运输方式(管道运输忽略不计)。在确定一个地区未来货物运输结构时,主要是在分析研究该地区过去交通运输发展及各运输方式分担量与社会经济发展状况的基础上,结合未来的发展趋势,充分考虑该地区的特点加以确定。

可采用模型预测和专家意见相结合的预测方法,一般是利用该地区历年货运方式承担货运比重数据建立灰色预测模型,然后结合专家的意见,得到规划目标年份的综合货运结构预测结果。

(3)规划目标年份货运适站系数 i_2 的取值。通过对规划区域内现有的货运企业和货运站场进行问卷和走访调查,可以得出规划区域内的现存公路货运适站量,从而得出规划区域内的现存货运适站系数,然后结合国内同等城市的相关资料和有关专家的意见,考虑规划城市各特征年的发展特点,对规划目标年份的货运适站系数做一个适当的取值。一般来说,经济总量大、市场化程度高的地区,由于受第三方物流企业和物流配送中心等的影响,货运适站系数的取值较小,如长江三角洲、珠江三角洲地区;反之,取值较大。

2)规划货运站场的数量

在货运站场规划中,如何确定货运站场的数量,并没有统一的模式和严格的标准。公路货运站场数量是伴随着货运站场的规划布局而确定的。货运站场规划布局应遵循综合交通结点原则、整合现有资源原则、环境合理性原则、整体规划与分步实施原则、适当超前原则、统一规划原则等,规划布局和站场数量要能够与区域的产业发展布局、交通网络格局、城市发展规划、土地利用规划、行政区划等相协调,能够满足区域社会经济发展和货运战略需求。不同的区域和城市,有着不同的货运站场规划布局,规划货运站场的数量也有所不同。一般可以按照划分好的区域经济组团来确定货运站场的数量,最好是依据自然行政区划来确定。

3)确定各个货运站场的规模

单个货运站场的规模一般受货物处理总量、所处货运网络的位置、市场需求量、服务范围等因素影响,而这些因素归根结底又可以由所服务区域的第一产业和第二产业国内生产总值反映出来。因此,可以由各服务区域的第一产业和第二产业国内生产总值来确定各个货运站场的规模。

在确定了货运站的数量之后,依据主枢纽规划编制年限的城市总体规划图,对各个货运站场进行服务区域范围划分。在各自的服务区域内,预测规划目标年份第一产业和第二产业国内生产总值,然后根据各服务区域的规划目标年份第一产业和第二产业国内生产总值占整个规划区域规划目标年份总的第一产业和第二产业国内生产总值的比重来确定各个货运站场的规模。需要指出的是,在第一产业比较发达的地区,所生产出来的农副产品一般大部分要销往外地,而在第一产业欠发达地区,所生产出来的农副产品很大部分要在内部消化掉。因此,对于不同的地区,第一产业国内生产总值的权重系数是不一样的,一般取0.5~1.0。由此得到各货运站场的规模计算公式为:

$$S_i = \frac{S \times T_i}{\sum_{i=1}^{n} T_i} \quad (\text{其中 } T_i = A_i \times L_i + B_i) \tag{4-20}$$

式中:S_i——第 i 个货运站场的建设面积,$10^4 m^2$;

T_i——第 i 个货运站场服务区域的规划目标年份第一产业和第二产业国内生产总值,万元;

A_i——第 i 个货运站场服务区域的规划目标年份第一产业国内生产总值,万元;

B_i——第 i 个货运站场服务区域的规划目标年份第二产业国内生产总值,万元;

L_i——第 i 个货运站场服务区域的规划目标年份第一产业国内生产总值权重系数;

n——货运站场的规划数量,个。

2. 某市货运站场规模确定实例

某市地处广(州)佛(山)都市圈的核心,在珠江三角洲地区的交通地位非常重要。作为其所在地区经济发展的龙头,该市在整个珠江三角洲的经济集聚能力必将随着广佛都市圈建设的加快而增强,这同时也对该市的交通基础设施提出了更高要求。长期以来,该市货运站场数量短缺,总体规模不足,缺乏专用站场。现有站场布局不合理,周边交通组织混乱,给城市内部日常交通带来影响。这些极大地缩小了货流的运行空间,增加了运行时间,浪费了宝贵的城市用地。为了改善这种状况,需进行货运站场规模设计。

1)确定货运站场建设总规模

根据该市综合货运量历史发展状况,在综合货运量预测中着重考虑长期趋势的变化,采用以弹性系数、回归分析法为主,灰色预测方法为辅的预测方法,得到该市2020年的综合货运量为22303万t。

根据历年货运方式承担货运比重数据建立灰色预测模型,得到该市2020年公路货运量所占的比重为70.6%。调查得知,该市2005年公路货运适站系数为3.17%,考虑该市各特征年货运的发展特点，结合国内同等城市的相关资料和有关专家意见，取2020年公路货运适站系数为2.8%。

根据该市的实际情况，a取20 m^2/t，然后在上述预测结果的基础上用式(4-19)计算该市的货运站场建设总规模。

某市货运站场规划建设总规模：

$S = P \times i_1 \times i_2 \times a/360 = 22303 \times 70.6\% \times 2.8\%/20 = 24.5(hm^2)$

2)规划货运站场的数量

该市下辖6个镇和2个街道办事处，每个镇和街道办事处的生产制造业都很发达，对货物运输都有巨大的需求。为了满足这一需求，同时与该市的城镇总体规划相符，在每个镇和街道办事处都规划了一个货运站场，即一共规划了8个货运站场。

3)确定各个货运站场的规模

由于每个镇和街道办事处都规划了一个货运站场，所以每个货运站场的服务区域就是其所在的镇或街道办事处。计算各个货运站场规模所需要的第一产业和第二产业国内生产总值见表4-10。

某市2020年主要社会经济指标　　表4-10

辖　区	地区生产总值(亿元)			
	第一产业	第二产业	第三产业	合计
镇1	4.16	248.18	166.58	418.92
镇2	7.82	286.89	258.43	553.14
镇3	16.33	339.11	112.89	468.33
镇4	10.37	183.42	63.65	257.44
镇5	8.35	115.79	77.21	201.35
镇6	8.38	89.84	52.09	150.31
街道1	3.33	74.11	39.01	116.45
街道2	10.53	156.1	117.44	284.07

由于该市每个镇和街道办事处的第一产业都比较落后，所以第一产业国内生产总值权重系数取0.5。将表4-10中的数据和权重系数代入式(4-20)进行计算，得到各个货运站场的规模如表4-11。

各区域货运站场规模　　表4-11

名　称	站场级别	占地面积(m^2)
货运站1	一级	40002
货运站2	一级	46800
货运站3	一级	55887
货运站4	二级	30002
货运站5	二级	19170
货运站6	二级	14917
货运站7	二级	12155
货运站8	二级	26067
合计		245000

4.2.4 案例:哈尔滨市龙运物流园区规划设计

1.规划的历史背景

1993年1月,交通部从我国交通运输发展的实际情况出发,在发展以综合运输体系为主轴的交通运输业总方针的指导下,“统筹规划、条块结合、分级负责、联合建网”,建设公路主骨架、水运主通道、港站主枢纽和交通支持系统(简称“三主一支持”)的长远规划设想,制定并下发了《全国公路主枢纽布局规划》,哈尔滨市纳入了国家公路主枢纽系统。1996年,黑龙江省又编制了《哈尔滨公路主枢纽系统总体布局规划》,确定建设由哈尔滨公路主枢纽和齐齐哈尔、牡丹江、佳木斯、绥化4个公路枢纽组成的对内服务全省、对外联系全国的黑龙江省公路主枢纽系统。

规划中的京哈货运站(2002年10月更名为龙运物流园),主要是考虑依托干线公路,负责沿北京至哈尔滨公路(G102)至关内方向货流的组织,开展全方位的综合物流服务业务。

黑龙江省的总体物流体系分为3个层次:第1层次是黑龙江省物流网络的构建;第2层次是哈尔滨市物流网络的构建;第3层次是重点园区——哈尔滨龙运物流园区的规划。现代物流网络建设主要是建设两个网络。即一个是物流信息网,一个是物流实体网。

黑龙江物流实体网络是在公路主枢纽系统的基础上,连接水运网络体系口岸节点,以哈尔滨龙运物流网络系统为中心,以齐齐哈尔、牡丹江、佳木斯、绥化物流中心为骨干结点,通过公路运输网、水运运输网、铁路运输网、航空运输网联结其他各地市和各县市的货运站及社会物流资源,以资产联结、业务协作及信息共享等手段,构架成为一个区域性宏观综合开放的物流资源网。

2.哈尔滨市在黑龙江省物流战略体系中的地位

1)哈尔滨是黑龙江省的经济中心

哈尔滨是我国最北方黑龙江省的省会,是黑龙江省的政治、经济、文化中心,全市生产总值接近黑龙江全省的1/3,也是国内著名的老工业基地之一,是东三省区域重要的工业和商业城市。

2)哈尔滨是黑龙江省的交通枢纽和物资集散中心

(1)哈尔滨交通方便,水、陆、空四通八达。哈尔滨位于黑龙江省西南部、松嫩平原东端,处在京哈、绥滨、滨州、滨北、拉滨五大铁路干线及国道主干线同江至三亚公路、绥芬河至满洲里公路、国道黑河至大连公路、哈尔滨至伊春公路交会处。哈尔滨火车站是我国集结铁路干线最多的车站之一。在全国交通主枢纽规划中,哈尔滨公路主枢纽是全国45个公路主枢纽之一。

哈尔滨太平国际机场是全国大型机场之一,也是重要的国际航空港。松花江是中国内河通航的第三大河流,哈尔滨港则是这条江上的最大中心港,是我国北方最大的内河主枢纽港。

经过50多年的建设和发展,哈尔滨已初步形成了四通八达的立体交通运输网,是全国主要交通枢纽之一,也是欧亚大陆和空中走廊的重要枢纽。

(2)哈尔滨是黑龙江省的物资集散中心。优越的地理位置,便利的交通条件,使哈尔滨成为中国东北北部的物资集散地和经济商业贸易中心。

黑龙江省内货物运输以公路为主。黑龙江省外货物一般先运输到哈尔滨市,再进行分拨或者交易,向省内其他地区配送转移。主要货种是家电、服装、陶瓷建材等消费品。

3. 龙运物流园区的业务量预测

1）预测过程

预测过程如图 4-5 所示。

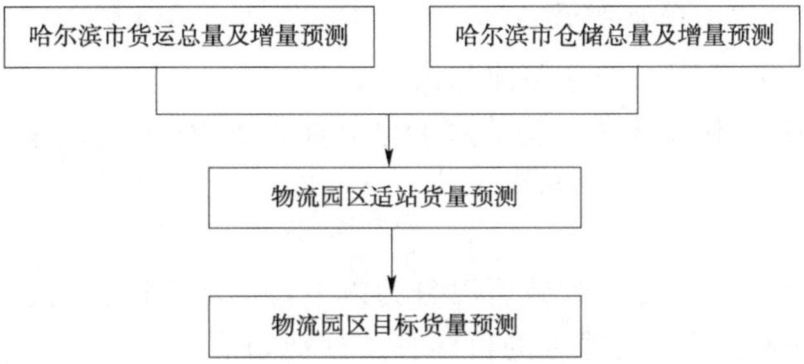

图 4-5　目标货量预测流程图

2）哈尔滨市公路货运总量及增量预测

（1）历史数据。预测历史数据如表 4-12 所示。

GDP 与货运量统计表　　表 4-12

年份	1996	1997	1998	1999	2000	2001	2002
GDP（亿元）	677.39	746.2	816.16	883.29	1002.73	1120.11	1232.12
货运量（万 t）	5507	5640.5	5794.2	6177.3	6757	7388	7440

（2）增量预测。货运增量的预测方法和结果如表 4-13 所示。

货运增量预测表　　表 4-13

预 测 方 法	回归分析法	平均发展速度法	弹性系数法
预测说明	$Y=3146.567+3.4846X$ 式中：X——国民生产总值，单位：亿元； Y——货运量，单位：万 t	以 1996—2002 年中全市平均货运增长速度 5.2% 为依据	以 1996—2002 年货运量相对于 GDP 的增长速度作为货运弹性，弹性系数为 0.495
2010 年公路货运量（万 t）	11720	11218	10528

经过综合分析，将 2010 年公路货运量预测值确定为 11150 万 t。

3）龙运物流园适站量及目标货量

根据省交通厅所做的全省公路 OD 调查数据分析报告，在哈尔滨公路货运总量中适合进入物流园区的杂货占 12.41%，轻工医药产品和日用工业品占 9.46%。

根据哈尔滨市物流规划，在哈尔滨市规划的五个物流园区中龙运物流园区居龙头地位，是哈尔滨市乃至黑龙江省与国内其他省市间的公路运输物资流通的骨干节点。综合各方面因素，将龙运物流园区的公路货物适站分配系数定为 0.45。

2010 年龙运物流园区的适站量为 1100 万 t。其中轻工、日化、食品、家电、机械、农产品等高附加值产品为目标货物。

4）龙运物流园的仓储量预测

（1）比例外推法。哈尔滨全市仓储面积 103.81 万 m^2，龙运物流园区与全市仓储利用率同为 80%，2002 年公路货运量占总货运量的 83.53%。

预测 2010 年全市新增仓储量 22.50 万 m^2，龙运物流园的仓储面积为 10.12 万 m^2。

(2)平均周转法。假定龙运物流园区适站量的 30% 有存储的需求，平均存储期 7d，仓库有效仓储面积 70%，平均出租利用率 80%，单位面积存储货物 1 吨。

预测 2010 年龙运物流园区的仓储面积为 11.28 万 m^2。

(3)综合分析，预测 2010 年龙运物流园的仓储面积为 10.7 万 m^2。

4. 龙运物流园区功能区域设施规划设计

1)园内功能区划分

按照规划目标，园区在功能上大致可以分为以下几个功能区：分拨配送区、配载区、工业区、交易区、综合服务区。各个功能区的目标客户分别如下：

(1)分拨配送区。产品向省内分销的外地制造业，如家电(海尔、长虹、康佳)、家具、汽车、日用品、医药、加工食品、饮品等；零售业，主要是省内连锁零售企业(中央红、黑天鹅)向各县市加盟店和分店进行分拨配送，另外，当省外(三联、大商、联华)和国际(沃尔玛、家乐福)的连锁零售业在黑龙江达到一定规模的时候，也需要建立分拨配送中心。

(2)配载区。第三方物流公司、快运公司、空车配货公司、运输公司。

(3)工业区。汽车、电子等生产企业。

(4)交易区。

①区域性的批发市场：主要经营纺织品、服装、鞋帽、汽车和摩托车及其配件等的企业；

②地区性的批发市场：主要经营食品、饮料、烟草、五金交电、化工、金属材料等企业；

③中俄贸易区：对中俄双方有进出口贸易的生产企业和贸易企业；

④专业仓储型超市：主要经营家具、建材装饰材料等。

(5)综合服务区。

①汽车修理厂：为园区汽车提供维修服务；

②加油站、小型零售商店。

2)园区功能区域规划示意图

(1)园区功能区域规划示意图如图 4-6 所示。

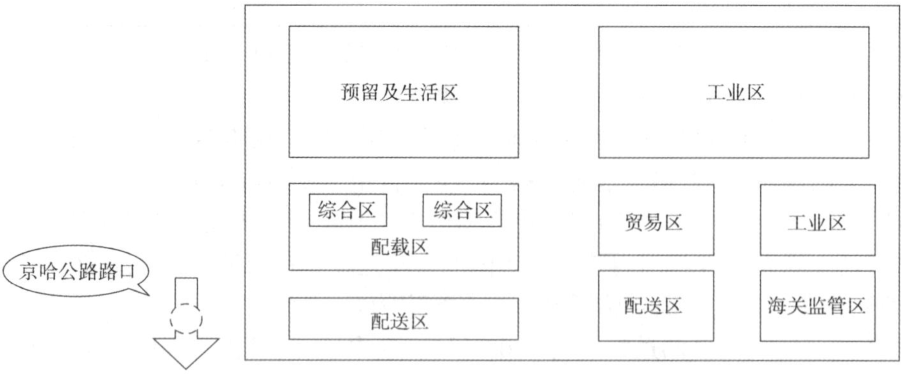

图 4-6　园区功能区域规划示意图

(2)园区功能区域规划总平面图如图 4-7 所示。

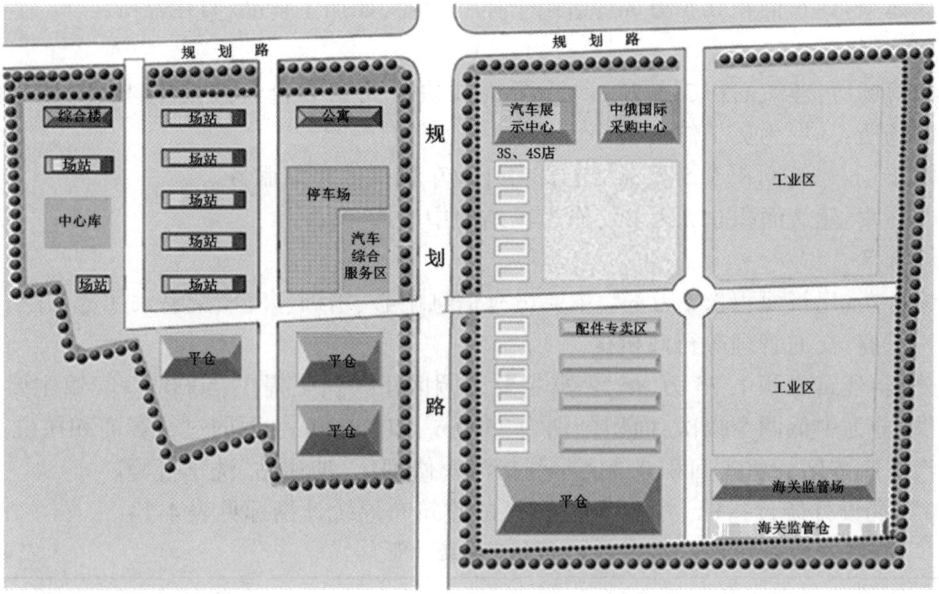

图4-7　龙运物流园区总平面图

(3)园区功能区域规划交通流导向图如图4-8所示。

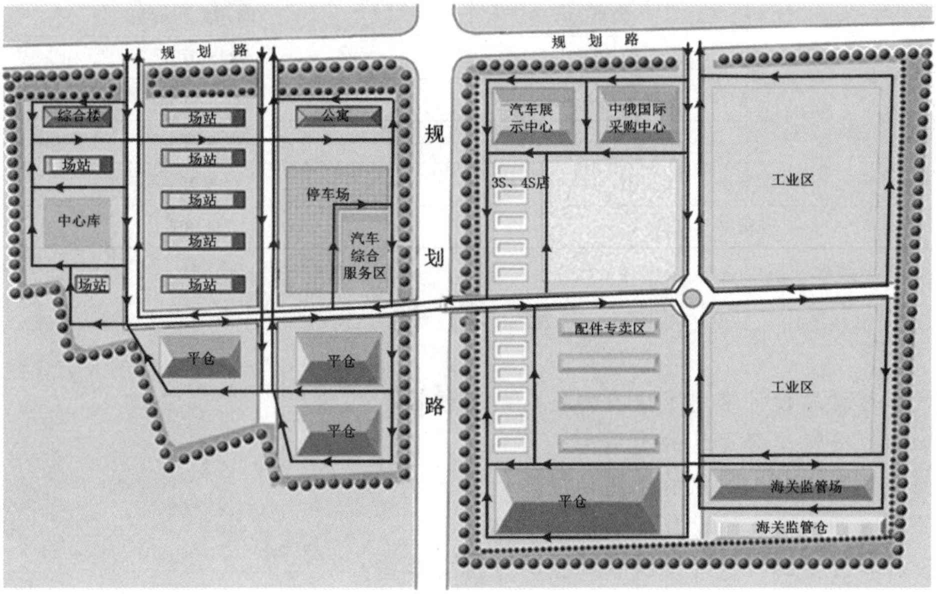

图4-8　龙运物流园区交通流向图

3)园内各功能区建设规模

(1)园区工程主要建设项目规模及用途。

①配送区。

a.平仓:建筑面积8万m^2,主要面向外地生产厂家产品的RDC、省内连锁商业的RDC及本市制造业的零部件中心库。

b. 立体仓:建筑面积 0.5 万 m^2,适用于连锁商业,如加工食品,日用品等。

②配载区。

a. 经营场所:建筑面积 3.5 万 m^2,主要面向快运及 3PL 企业,两层结构,一层为经营和临时仓储场所,一层为员工住宿用。

b. 停车场:建筑面积 3.5 万 m^2,主要为外地车辆提供停靠服务。

c. 中心库:建筑面积 0.5 万 m^2,作为场站的中心库。

③综合区。

a. 综合楼:建筑面积 3.2 万 m^2,主要设有信息中心、培训、办公、交易大厅等,并引入了海关、银行、工商、交通管理等行政机构。

b. 公寓:建筑面积 1.75 万 m^2,公寓主要为园区正式员工提供,5000m^2;宾馆主要为短期客户提供,分为中低两个档次,面积分别为 2500m^2 和 10000m^2,面向过往客商和司机。

④汽车服务区。建筑面积 0.3 万 m^2,指汽车修理厂、加油站、洗车行等。

(2)布局设计统计指标。龙运物流园区的建筑布局统计指标见表 4-14。

建筑布局统计值 表 4-14

总用地		51 万 m^2
总建筑面积		17.75 万 m^2
其中	综合楼	3.2 万 m^2
	公寓	1.75 万 m^2
	配送区	8.5 万 m^2
	汽车服务区	0.3 万 m^2
	经营场所	3.5 万 m^2
	中心库	0.5 万 m^2
容积率		34.8%

思 考 题

1. 汽车客运站设计常用术语有哪些?如何理解。
2. 如何划分汽车客运站的类别?
3. 简要说明汽车客运站的主要功能。
4. 简要说明汽车客运站建设的基本要求。
5. 设计年度平均日旅客发送量的预测方法有哪些?
6. 简要说明汽车客运站设备配置的原则。
7. 汽车货运站设计的常用术语有哪些?
8. 说明汽车货运站站址选择的原则和步骤。
9. 说明汽车货运站站房面积的计算方法。

第5章　铁路站场设计

5.1　铁路客运站设计

在客流较大的城市，专门办理客运作业的车站称为客运站。客运站是旅客运输的基本安生单位。它的主要任务是组织旅客安全、迅速、准确、方便地上车、下车；办理行包、邮件的装卸搬运；组织旅客列车安全、正点到发和客车车底取送；为旅客提供舒适的服务条件。

5.1.1　铁路客运站作业、设备和分类

1.铁路客运站作业

1）客运服务作业

客运服务作业包括旅客上下车、候车、问询、小件寄存，以及对旅客文化、饮食、住宿、购物和卫生方面的服务等。

2）客运业务

客运业务包括客票发售、行包承运、装卸、保管和交付，邮件装卸和搬运等。

3）技术作业

按列车种类不同，客运站办理下述技术作业：

（1）始发、终到列车。包括列车接发、机车摘挂、列车技术检查、车底取送、个别客车甩挂以及餐车整备等。

（2）通过列车。包括列车接发、机车换挂或整备、列车技术检查、客车上水。个别情况下还办理个别客车甩挂，变更列车运行方向，办理餐车供应及上燃料等作业。

（3）市郊（通勤）列车。包括列车接发、机车摘挂、列车技术检查及车底取送等。

（4）在某些客运站还办理少量货物列车的到发和通过作业。

2.铁路客运站设备

（1）站房，站房是客运站的主体，包括为旅客服务的各种房屋（售票厅、候车厅、行包房等）、技术办公房屋（运转室、站长室、公安室等）以及职工生活用房等。

（2）站场，站场是办理客运技术作业的地方，包括线路（到发线、机车走行线、车辆停留线）、站台、雨棚、跨线设备等。

（3）站前广场，是客运站与城市的结合部，包括旅客活动地带、停车场、旅客服务设施、绿化带等。

3.铁路客运站分类

1）按客运量和技术作业量大小分类

按上述条件，并考虑政治、经济、文化及在铁路网上的地位等条件客运站可分为特等站、一等站、二等站、三等及其以下车站。三等及其以下车站一般为无始发、终到旅客列车的客货运站。

2)按其线路布置图型分类

(1)通过式客运站。通过式客运站的特点是正线和到发线两端均连通区间,具有两个列车到发的咽喉区,站房设在线路一侧或设跨越线路的高架候车室,基本站台与中间站台用地道(天桥)相连,客运站与客车整备所和客运机务段纵列配置。单线或改建客运站能力满足需要时,亦可采用横列配置。如图5-1所示。

优点:车站有两个咽喉区,能分担接发列车的作业,使车站的客车车底取送及客机出入段与接发列车的交叉干扰减少,通过能力大;到发线使用机动灵活,办理始发、终到及通过列车作业都很适用,特别对通过列车作业更为方便;此外,便于组织旅客进出站和行包搬运,相互干扰较尽端式车站小,旅客走行距离较短,改新建客运站一般应按通过式站型设计。

缺点:一般不易伸入市区,旅客乘车较为不便,与城市道路干扰较大;站坪较尽头式为长,要设旅客跨线设备,增加投资,旅客进出站上下车需克服高程。

综上所述,这种类型的客运站,具有较大的优越性,因此,客运站一般按通过式站型设计。

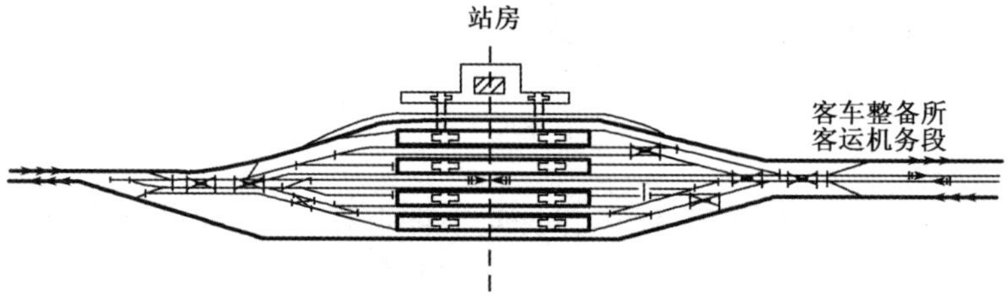

a)客车整备所与客运机务段在站房对侧正线中穿的通过式客运站

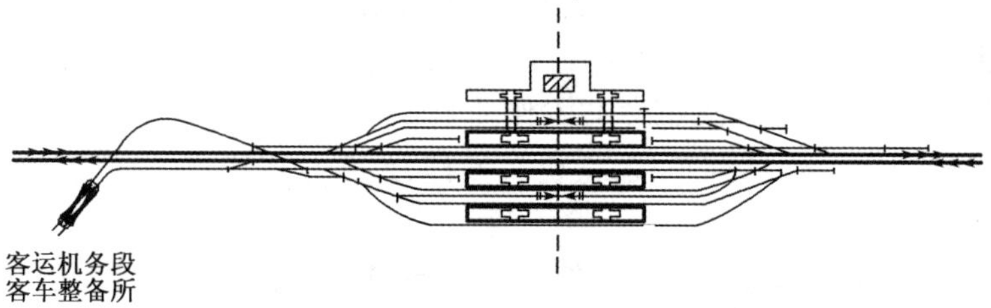

b)客车整备所与客运机务段在两正线间的通过式客运站

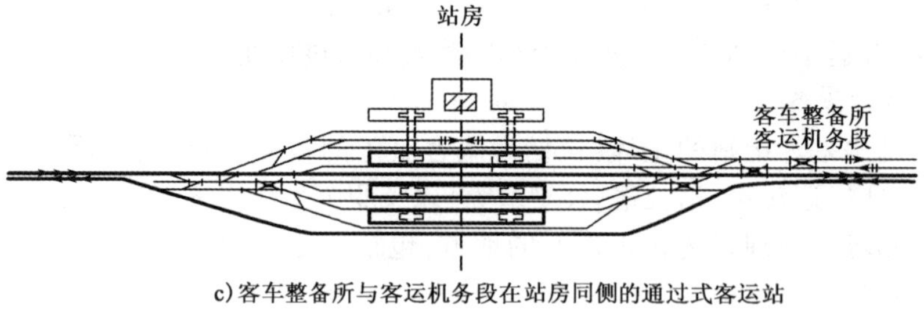

c)客车整备所与客运机务段在站房同侧的通过式客运站

图5-1 通过式客运站布置图

(2)尽端式客运站。尽端式客运站的特点是到发线是尽头式的,站房设在到发线的一端或一侧,如图5-2所示。

优点:客运站比较容易伸入市区,与城市道路干扰较小,旅客乘车方便,可减轻城市交通负担;旅客出入站可不必跨越线路。

缺点:全部列车到发、客车车底取送及客机出入段等作业均集中在一个咽喉区进行,交叉干扰大，影响车站通过能力；对通过列车的换挂机车及变更运行方向等作业较为困难；列车接入尽头线时速度较低；旅客进出站定行距离较长，并与行包搬运交叉干扰较大；而客运工作的特点是接发列车时间比较集中，因此，上述缺点更为严重，同时，当客运站旅客列车到发线数量较多时，由于铺设的机车走行线数量较多，占地和铺轨数量随之增大。因此，一般新建客运站不宜采用。仅在以始发终到旅客列车为主的客运站，如采用通过式站型将引起巨大工程或当地形条件不允许时，方可采用尽头式站型。

为了减轻咽喉区交叉干扰，提高通过能力，使旅客列车的接发与客车车底的取送及客机出入段分别在车站两端咽喉区办理和便于组织旅客和行包流线，结合城市规划和地形地质条件，尽头式客运站可将旅客站房设在线路一侧，而将客车整备所和客运机务段配置在车站进站线路引入的另一端，此时，客运站的两端均成了贯通的咽喉区。

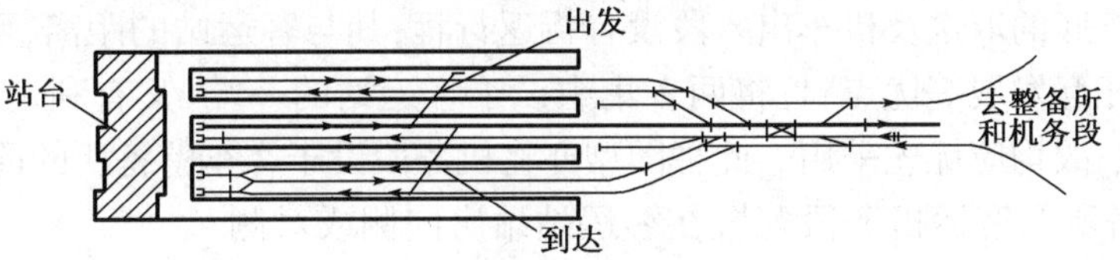

图5-2　尽端式客运站布置图

(3)混合式客运站。混合式客运站如图5-3所示，其线路布置由通过式车场和尽端式的尽头线车场所组成，通过式车场主要用于接发长途大编组通过列车，尽头线车场可用于接发市郊、小编组及其他的始发、终到列车。其中图5-3a)的尽头线车场直接与通过正线连接，图5-3b)的尽头线车场与另一引入方向正线连接。

图5-3a)的优点是只有当某个方向有市郊及小编组列车时，设置部分尽头线，可节省投资和用地，市郊及小编组旅客列车进出站便捷，且与长途大编组旅客流线分离、互不干扰。

图5-3b)除上述优点外，具有作为另一引入方向线路的尽端式客运站使用的特点。此类图型适合另一引入方向开行市郊及小编组列车的始发、终到列车多或受地形条件限制、拆迁工程大、改建困难，并结合既有设备的充分利用，可将既有通过式客运站扩建为混合式站型。必要时视咽喉能力情况修建疏解线接通客车整备所和机务段(如图5-3中虚线所示)。

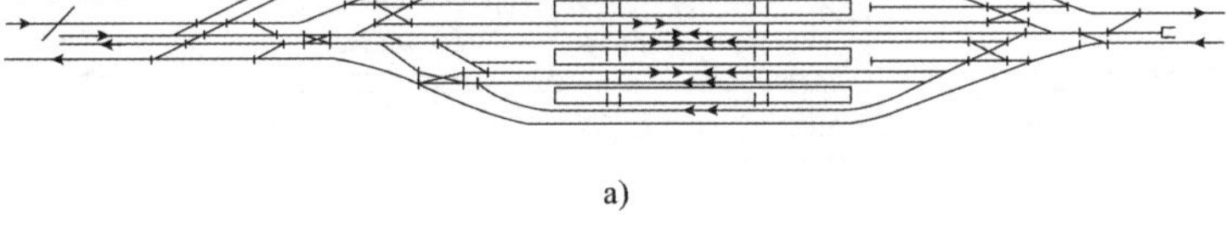

a)

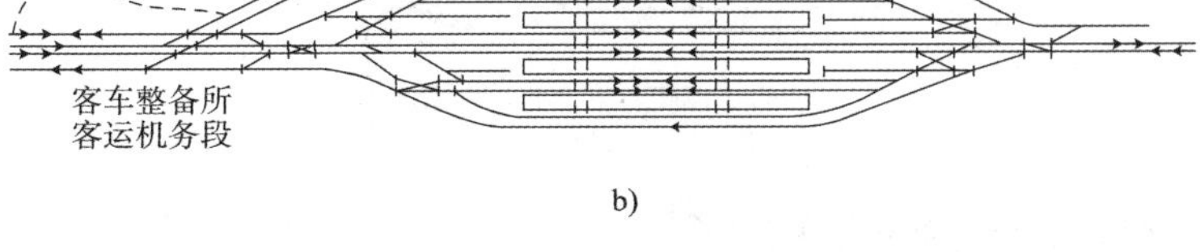

b)

图5-3　混合式客运站布置图

5.1.2 客运站与客车整备所等设施的相互位置

在通过式的客运站(或混合式的通过场)上,客运站、客车整备所和客运机务段的相互配置是否合理,对客、货列车到发、客车车底取送、机车出入段等作业是否便捷,对客运站咽喉区通过能力的大小及未来的发展有直接的影响,因此合理确定客运站与客车整备所及客运机务段的相互配置位置,是客运站设计中的重要环节。

1. 客运站与客车整备所及客运机务段纵列配置

客运站与客车整备所及客运机务段纵列配置时,有客车整备所及机务段同设于客运站一端的站房同侧、对侧和两正线间以及客运站两端的站房同侧、对侧和两正线间等多种组合。

首先,客运站与客车整备所及客运机务段纵列配置具有客运站咽喉区的进路交叉较少,通过能力大,客车车底的取送及机车出入段没有折返行程,其与客运站的距离,可远可近,便于利用地形,不影响相互发展等优点,且将两者集中设于客运站的一端,又有利走行线的兼用和生活区集中等优点,故均应优先采用。此种图型亦将机务段设于客车整备所的前方靠近客运站。

1)客车整备所及客运机务段配置在客运站站房同侧或对侧

如图5-4a),客车整备所及客运机务段应配置在客运站到发列车较少的同侧,具有客车车底取送及客机出入段在单线时不必跨越正线,客、货列车的交叉干扰少,一条正线远离站房,职工出入段比较安全,用地及工程投资小等优点;双线时具有单线的部分优点,其主要缺点是上行客运机车出入段及客车车底取送与下行货车通过交叉,如两条正线中穿时则交叉更为严重,随着正线通过列车的增加,则有在对侧增设机走线跨越正线的可能。因此,对该类图型要留有发展的余地。

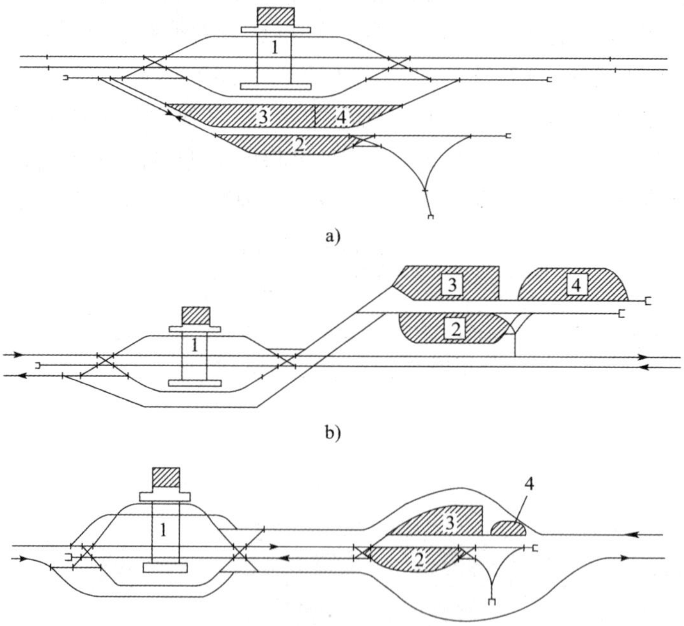

c)

图5-4 客运站、客车整备所、客运机务段和车辆段的相互位置
1-客运站;2-机务段;3-客车整备所;4-客车车辆段

2)客车整备所及客运机务段分别配置在客运站的两端

如图5-4b),将客车整备所及客运机务段分设在客运站的两端的主要缺点与集中设置的优点相反。其适用范围为:

(1)地形、地质等条件不允许集中于一端;

(2)在大型客运站上,为平衡两端咽喉区的能力;

(3)有多线引入的客运站,为避免增加咽喉区的平行进路而增加站坪长度,并受到建筑物等的限制。

3)客车整备所及客运机务段与客运站纵列配置在两正线间的一端

如图5-4c),由于一端的两正线单绕距离长,不仅恶化正线的平面条件,还要增加用地及工程投资等,但它能最大限度地减少对正线的干扰,因此,它适合与正线通过货物列车较多,始发、终到客车对数多和有大量通过客车的机车交路在此的繁忙干线的大型客运站。

2. 客运站与客车整备所及客运机务段横列配置

客车整备所及客运机务段与客运站横列配置在站房对侧,此图型虽有设备集中的特点,但存在段、所间的作业干扰大,影响相互发展等主要缺点。因此,它适合与受地形、地质及建筑物等的限制,改建中为充分利用既有设备,且无较大发展的单线一般客运站。

5.1.3　旅客站台

为保证旅客上、下车的安全和便利,加快旅客的乘降速度,缩短行包、邮件的装卸时间,在办理旅客乘降的车站和乘降所,均应设置旅客站台。

1. 旅客站台的数量及位置

旅客站台的数量及位置应与站房、旅客列车到发线的布置相适应,站台与线路的相互位置如图5-5所示。每两站台之间设一条到发线[图5-5a)、b)],能保证旅客由一个站台下车的同时另一个站台的旅客上车,加快旅客上、下车时间。但当旅客到发线较多时,站台增多,占地面积大,对列检作业及更换枕木不方便,站台利用率也低。每两站台之间设两条到发线[图5-5c)、d)],可克服上述缺点,是一种作广泛的布置形式。两站台之间布置三条到发线[图5-5e)、f)],再通过式客运站上,中间一条用作列车通过或机车走行,在尽端式客运站上,中间一条仅用作机车走行。

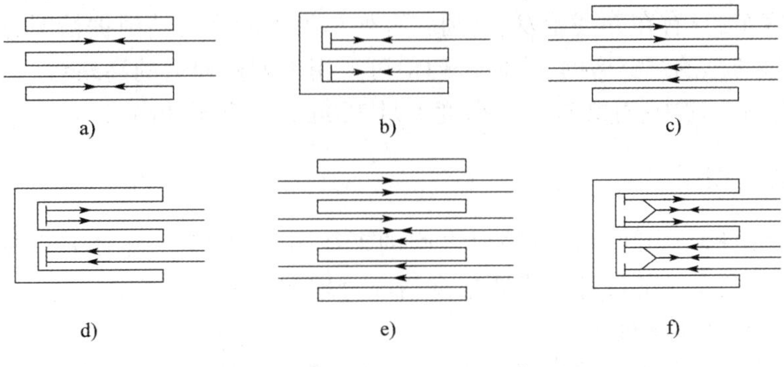

图5-5　旅客站台与到发线相互位置图

2. 客运站的旅客站台长度

客运站的旅客站台长度应按550m设置;改建客运站,在特别困难条件下,个别站台可采用

400m,接发短途和市郊旅客列车的旅客站台长度按短途和市郊旅客列车的实际长度确定。采用尽头线的尽端式客运站的站台长度可按规定增加机车长度和供机车出入的安全距离。

其他车站的旅客站台长度,应按近期客流量和具体情况确定,但不宜短于300m(约11辆车厢能停靠站台),在人烟稀少地区或客流量较少的车站和乘降所,可采用与站房基坪等长的站台长度。

3. 旅客站台的宽度

旅客站台的宽度应根据站台两侧同时停靠客车时的最大一次上下车人数、行包、邮件运输工具的类型、售货车和旅客购物时所需的宽度、车站绿化和站台上设置的天桥、地道、行车室、列检所、售货亭、行包邮件房等建筑物的尺寸确定,见表5-1。

旅客站台最小宽度(单位:m)　　表5-1

站房规模(人)	站房范围以内基本站台	设置天桥、地道		设雨棚	不设天桥、地道、雨棚	
		单斜道	双斜道		单线	双线
50~400	8~12				4.0	5.0
400~1000	12~20	9.0	8.5	6.0		
1000~2000	12~20		10.5			
2000~10000	20~25		11.5			

注:1. 当中间站的中间站台设于到发线外侧时,可适当减少;困难条件下,站房范围内的基本站台宽度不应小于6m;
2. 客运站的分配站台宽度,宜采用15~25m,中间站台一般不设天桥、地道,但直接连通分配站台,行包装卸干扰旅客通行,其宽度应按设置天桥、地道的宽度选用。

4. 旅客站台的高度

旅客站台的高度根据站台面高出相邻线路轨顶面的高度有3种:

(1)低站台:高出轨面300mm,站台面在客车车厢阶梯最低踏步以下,适用于通行超限货物列车的线路旁。

(2)普通站台:站台面与车厢阶梯最低踏步基本相平,无超限货物列车通过的线路旁均应采用。

(3)高站台:高站台的高度为1250mm,站台面与客车车厢底面基本等高,便于旅客上、下车,但不便于列检作业,临靠站台的线路不能通行超限货物列车,旅客列车不能高速行驶,不能停靠双层客车,只有在办理始发、终到旅客列车为主的客运站根据情况方可采用。当需要用在办理通过列车的线路旁时,为便于列检可采用带列检通道的高站台。

(4)在既有站改建中、对既有站台高度不足300mm者宜于加高。

5.1.4 跨线设备

跨线设备是站房与中间站台或站台之间的来往通道,跨线设备对车站内的流线组织起着重要作用,在各类车站的设计中需要根据情况合理配置跨线设备。

1. 跨线设备的设置原则

(1)跨线设备的设置应根据车站站型、客流量、客流性质及站台、站房、站前广场相互位置等因素确定。

(2)跨线设备的类型、数量和位置对车站的流线组织起着重要的作用尤其在大量旅客上下车和进出站时,跨线设备就成为人流疏散过程中的控制地段,其流线应分开,进出站跨线设备分设。并应在客运站旅客跨线设备及高架候车室通往各站台的出入口设置方便老、弱、残旅客使用的坡道及电梯,以达到合理的流线组织、保证旅客通行,上下车和行包、邮件搬运,装卸作业的安全与便利。

(3)跨线设备按其与站内线路交叉关系可分为天桥、地道和平过道;按其用途可分为供旅客使用的跨线设备和供行包搬运使用的跨线设备。

(4)跨线设备的配置应根据客运站站型和客流大小,客流性质以及站台、站房及站前广场的相互位置等因素综合考虑,以达到合理的流线组织,保证旅客通行、上下车和行包、邮件搬运、装卸作业的安全与便利。

2.跨线设备的选用及相关要求

1)跨线设备的选用

客运量较大的通过式车站的旅客跨线设备,应选用立交跨线的天桥或地道,客运量较小的车站可采用平过道。

天桥或地道的选用主要取决于地形、车站与广场之间的地势高差、站房的布置、工程地质条件等因素。

地道与天桥相比较虽造价较高,受工程地质条件影响较大,通风及采光条件较差的缺点,但具有旅客升降高度小,出入口占用站台面积小,车站瞭望条件好,不妨碍市容、站容,不受气候条件影响等突出优点。因此,设计时应优先选用地道。但线上式站房则应选用天桥。

2)跨线设备的设置要求

(1)旅客人行天桥和地道。旅客人行天桥、地道设在旅客上下车人数和行包、邮件较多且其通路经常被列车或吊车所阻的车站上。天桥、地道的设置,应优先选用地道。天桥和地道的设置应使旅客通行和行包、邮件搬运便利和减少交叉干扰。天桥、地道的数量和宽度,应根据客流量和行包、邮件量确定。具体规定如下:

①当站房规模在3000人以下时不应少于1处,站房规模在3000人及以上至10000人以下时不应少于2处,站房规模在10000人及以上时不应少于3处;设有高架跨线候车室时,天桥或地道不应少于1处。如客流、行包和邮件数量都很大时,可设置行包、邮件地道1~2处。

②当站房规模为3000人及以上时,不应小于8m,当站房规模为3000人以下时不应小于6m,行包、邮件地道不应小于5.2m。

③旅客地道净高不应小于2.5m;行包、邮件地道不应小于3m。

旅客天桥、地道通向各站台宜设双向出入口,其宽度:大型客运站不应小于4m,客运站不应小于3.5m;其他站双向出入口宽度不应小于2.5m,单向出入口不应小于3m。

行包、邮件地道通向各站台应设单向出入口,其宽度不应小于4.5m,当条件所限且出入口处有交通指示保证是,其宽度不应小于3.5m。

旅客人行天桥和地道应设在位于大中城市旅客上下车人数较多,其通路经常被其他列车或调车所阻的通过式车站上。

天桥和地道的设置位置应方便旅客通行和减少与行包、邮件搬运相互间的交叉干扰;天桥和地道的入口应与进出站检票口和站前广场的位置相配合。

设1处天桥或地道时,其位置如图5-6所示,宜设在进出站检票口之间。

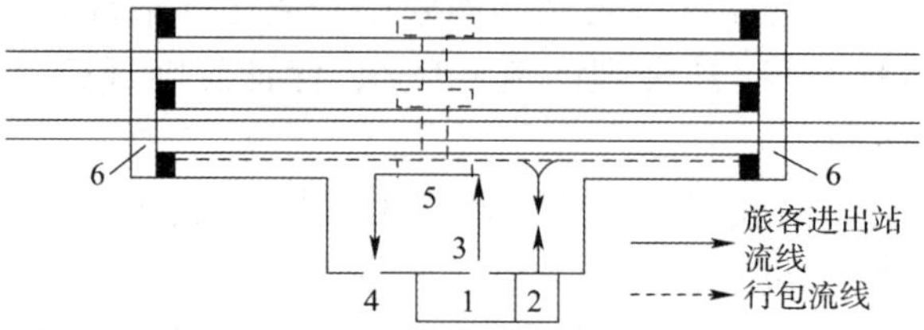

图5-6　其他车站跨线设备设置示意图

1-站房;2-行包房;3-进站检票口; 4-出站检票口;5-跨线设备;6-平过道

设2处时宜分别靠近进站和出站检票口附近,如图5-7所示,也可将进出站的天桥和地道分别与站房及出站检票口相连,以便进出站旅客分开使用。

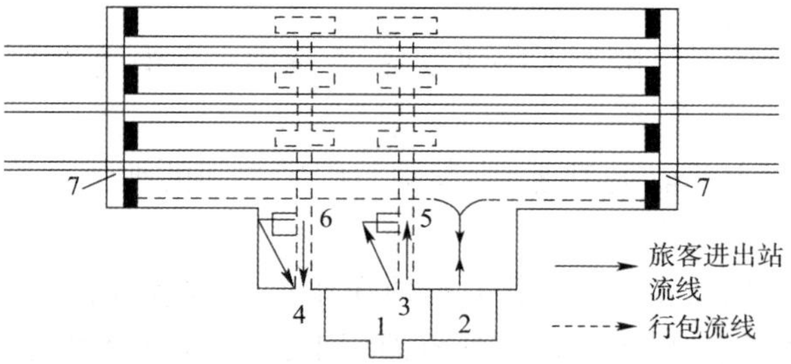

图5-7　一般客运站跨线设备设置示意图

1-站房;2-行包房;3-进站检票口; 4-出站检票口;5-进站跨线设备;6-出站跨线设备;7-平过道

设3处的大型客运站,长短途、市郊旅客均多,应设置长短途和市郊旅客的进站通道,如图5-8所示。

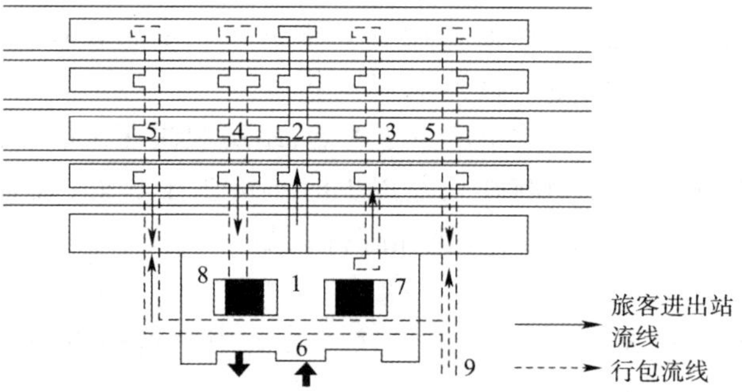

图5-8　大型客运站跨线设备示意图

1-站房;2-进站高架通廊;3-市郊进站地道;4-出站地道;5-行邮地道;6-纵向行邮地道; 7-发送行包房;8-到达行包房;9-通邮政大楼

长途和短途旅客由高架通廊进站上车,市郊旅客由地道进入站台,出站旅客则由另一地道出站,形成合理的旅客流线,避免客流交叉。

(2)行包、邮件地道。大型客运站的行包、邮件数量较大时,为了使人流和行包流分开,应设专用的行邮地道,以消除站台上行包、邮件搬运与旅客的交叉干扰,缩短作业时间,确保车站作业的安全。

地道的设置位置应与行包房配合设在旅客地道的外侧,当设有2个行邮地道时应将两端的行邮地道用纵向地道连接,可将行包地道或专设的邮件地道与邮政大楼相联系,邮件可直接由邮政转运站运送。

(3)人行平过道。人行平过道跨线距离短，不占用站台，不遮挡视线，造价低，适用于客运量较小的客运站及有旅客乘降的其他车站。

在客运量较小的通过式客运站及有旅客乘降的其他车站上，供旅客和运转人员使用的平过道布置在站台的中部接近进出站检票口处，如图5-9所示。

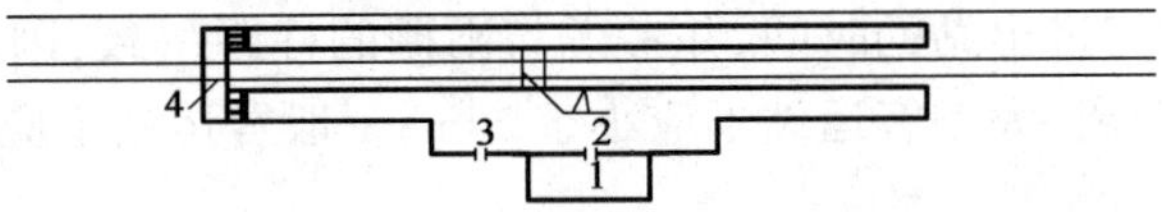

图5-9　通过式客运站及其他车站平过道设置示意图

1-站房；2-进站检票口；3-出站检票口；4-平过道

大型客运站应设专供运转人员和食品收活车用平过道，设于运转室附近和站台端部。

(4)行包邮件平过道。在一般通过式客运站上，供搬运行包使用的平过道设在站台的两端。行包搬运有两端平过道之中间站台可形成由行包房经基本站台两端至中间站台的2条流线，便于行包搬运。

在尽端式客运站上，由于旅客进出站及行包搬运均通过分配站台至中间站台，分配站台上交叉干扰大，因此搬运行包用的平过道应设在咽喉区的站台端部，行包房可设在站房一侧或分别在两侧设置到达和发送行包房。

3. 跨线设备与站台的平面布置

跨线设备根据其功能要求，必须按相应的最小尺寸设置，设计时除最小宽度和最小净高度按表5-2所列尺寸选用外，其与站台相关的地道、天桥的出入口宽度以及地道、天桥出入口距建筑物外缘的距离，可按下列规定及表5-3、表5-4所列宽度设置。

当旅客站台上设有天桥、地道的出入口、房屋和其他建筑物时，其边缘至站台边缘的距离，客运站不应小于3m；其他站不应小于2.5m。改建在困难条件下，天桥、地道出入口的其中一侧距离可减至2m；柱类建筑物到站台边缘的距离不应小于1.5m。

跨线设备最小宽度和最小净高度(单位：m)　　表5-2

名称	旅客地道、天桥			行包地道	人行平过道	行包平过道		
	大型客运站	一般客运站	其他站			客运站	其他站机动车辆	其他站非机动车辆
最小宽度	6.0	4.0~5.0	3.0	5.2	1.5	5.0	3.5	2.5
最小净高度	2.5(3.0)			3.0				

地道、天桥出入口最小宽度(单位：m)　　表5-3

名称	大型客运站	一般客运站	其他站	
			双向	单向
宽度	4.0	3.5	2.5	3.0

地道、天桥出入口距建筑物外缘的最小距离(单位:m)　　表 5-4

名称	大型客运站	一般客运站	其他站
基本站台	7.0	5.0	4.0
中间站台	12.0	9.0	6.0

为了避免进出站,上下车旅客流线间的相互交叉干扰,做到流线在平面上分开,保证旅客流线的畅通,缩短旅客进出站的时间,并考虑与雨棚的柱距一致,因此两地道(天桥)或地道与天桥出入口间的距离,大型客运站不应小于 24m;一般客运站不应小于 18m。

5.1.5 旅客站房及站前广场

1. 旅客站房

旅客站房是旅客办理购票、托取行包以及候车的场所,是站前广场与站场相连接的中枢。旅客站房的设计,应按照客运量的大小、客流特点、线路布置、地形高差、地质条件及城镇规划等因素,合理组织各种流线。为旅客服务的各项设施,布置应紧凑合理,避免干扰,并力求减少旅客的多余走行。

1)旅客站房的分类

旅客站房规模以旅客最高聚集人数(H)为主要划分依据,旅客最高聚集人数是指全年上车旅客最多月份中,平均一昼夜内候车厅(室)内瞬时出现的候车旅客人数。

根据规定站房规模分如下 4 类:

$50 \leqslant H < 400$ 人及以下为小型站房;

$400 \leqslant H < 1500$ 人为中型站房;

$1500 \leqslant H < 4000$ 人为大型站房;

4000 人及以上为特大型站房。

2)旅客站房的位置

(1)旅客站房的位置应与城镇规划、车站总位置相配合。通过式客运站,旅客站房一般应设于线路靠居民区一侧。尽端式客运站,旅客站房一般设于站台线尽端;但当客流量很大,分配站台上交叉严重,城市规划和地形等条件亦允许时,亦可将旅客站房设于线路一侧。

(2)旅客站房应尽量设在车站的中部,如因城市规划和地形地质条件的需要时,可作适当的偏移。

(3)旅客站房、行包房及其他服务于旅客的较大建筑物,当布置在线路一侧时,与最近线路的距离,在客流量较大的客运站一般可为 20 ~ 25m;中间站一般不小于 15m,如地形困难,也可采用较小距离,但应保证旅客基本站台所需的宽度。

3)旅客站房与站前广场、站台的断面关系

站前广场、站房与站台,可根据当地具体条件设在不同的高程上,以力求节省工程量,并使旅客从站房由地道或天桥到站台的升降高度最小。

站房与站前广场的断面关系,通常有两种形式;一种是广场高程与站房基地高程基本布置在一个水平上或相差很小,如图 5-10a);另一种是广场高程低于站房某地高程如图 5-10b)。

站房与站台的断面关系可分为线平式、线上式和线下式,各种断面关系的布置特征如图 5-11所示。

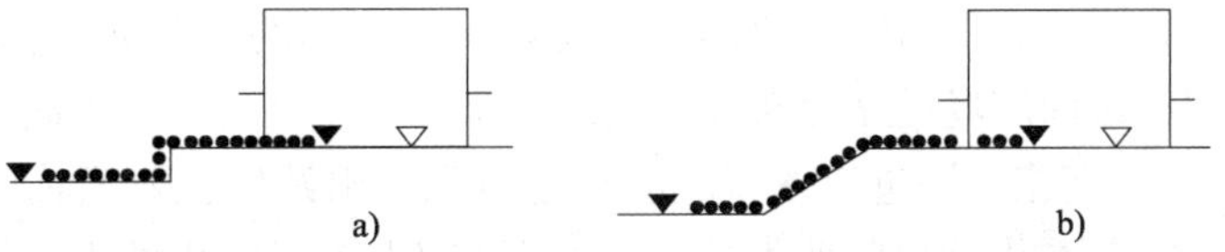

图 5-10　站台与广场断面关系示意图

▽-站房基地高程；▼-广场地面高程

线平式：站房地面高程与站台面高程相差很小或相同。

线上式：站房地面高程高于站台面高程。

线下式：站房地面高程低于站台面高程。

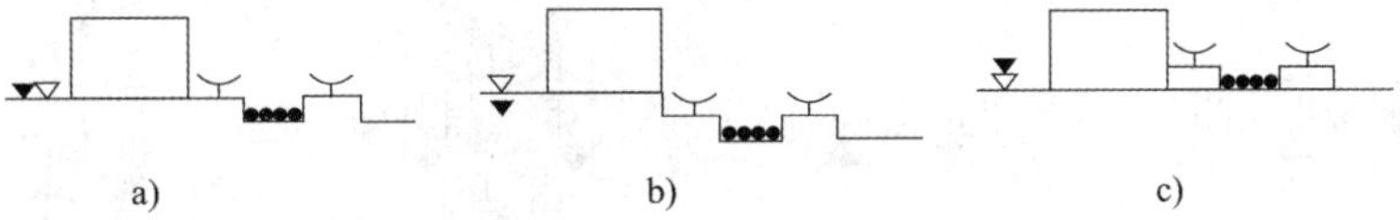

图 5-11　站房与站台关系图

▽-站房基地高程；▼-站台面高程

目前在有些大型客运站已采用高架跨线候车室，即将候车室建于客运车场上方，正中设置中央通廊旅客由此进入各候车室候车，各候车室设置检票口、阶梯和自动扶梯与各站台相连通，旅客由候车室检票口经由阶梯下到站台上车，如图 5-12 所示。

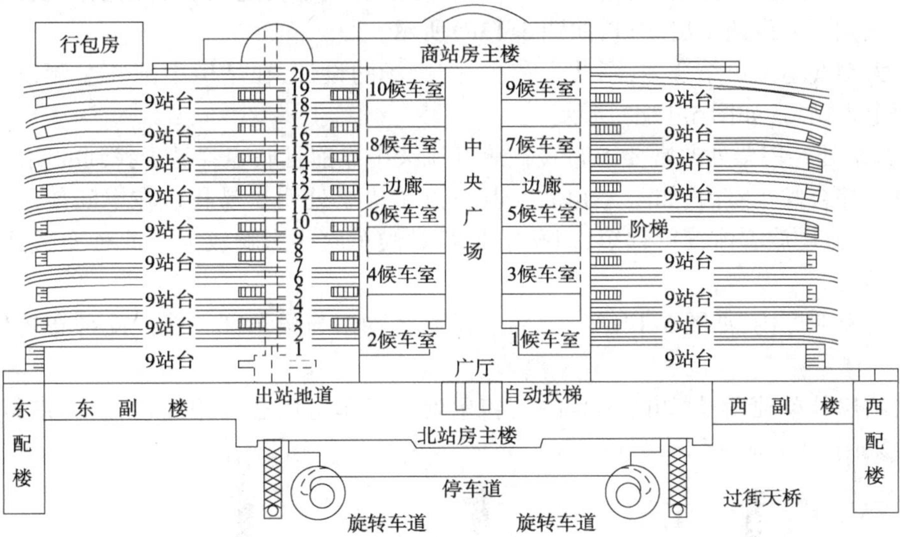

图 5-12　大型客运站高架候车室示意图

这种布置形式，可节省用地，有利于进出站旅客流线立体疏解，缩短旅客上车行程，旅客上车十分方便，是兼跨线和候车双重功能的布置形式，也是大型客运站宜优先选用的布置形式。

4）客运站房的合理布置

客运站房的布置应根据站房的等级、类型、服务旅客的性质以及车站工作量等因素来确定。小型站房比较简单，大中型以上站房一般应具有以下三类房屋：①客运用房。客运用房由候车部分（各种候车室）、营业部分（售票厅、行包房、小件寄存处、问询处、服务处等）、交通联系部分（广厅、过厅、进出站口）三部分组成；②技术办公室。技术办公房屋包括运转室、信号楼、站长室、问询处、广播室、电视监督室、公安室以及各生产段办公室等；③职工生活用房。

(1)站房的出口和入口。站房的主要出入口是站房与广场的结合部,是进、出站旅客流线的起、讫点,其位置应根据站前广场道路分布和交通组织来确定。站房入口要面临广场,并靠近公共交通车辆到站的停车场,使旅客一进广场就能明显地看到。出站口也要面临广场,并靠近公共车辆离站的停车场。入站口与出站口间要保持一定的距离,以避免进、出站人流相互干扰。

站房出、入口布置形式由以下几种:

①入口设在站房中部或偏右部,出口设在站房左侧或偏左部,以便利交通车辆右侧行驶,如图5-13a)、b)所示:

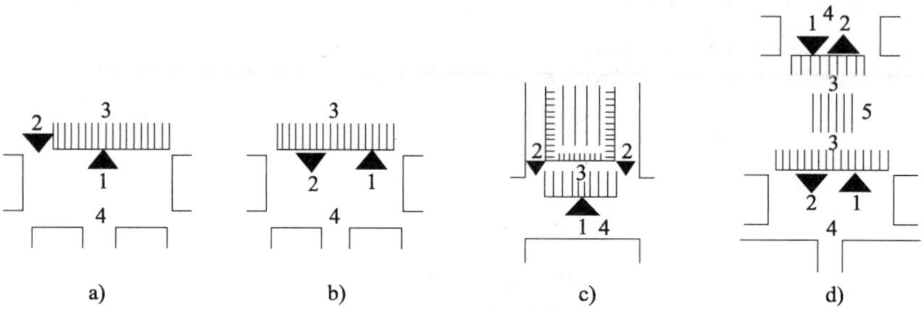

图5-13 站房进、出口布置示意图

1-入口;2-出口;3-站房;4-广场;5-高架候车室

②到发线按线路别使用时,尽端式客运站,可结合城市交通组织和站前广场设计,在站房的正面或侧面分设两个出站口,如图5-13c)所示。

③特大型客运站可结合主,副站房和主、副广场的设计,在站房中部和左侧设置两个出站口和两个入站口,如图5-13d)所示。

(2)售票处。售票处通常要求布置在旅客流线中靠前且旅客容易于找到的明显地方。

①设在综合候车室内,如图5-14a)。其特点是售票处明显易找。在空间使用上具有较大的灵活机动性,旅客流线行程短,但购票旅客对候车旅客影响较大。此种布置适用于中、小型客运站房。

②设在营业厅内,如图5-14b)。其特点是旅客购票与候车部干扰。此种布置使用与中型站房。

③在站房外单独设置,如图5-14c)。售票处于候车室用通廊相连接,旅客走行流程长,一般较少采用。

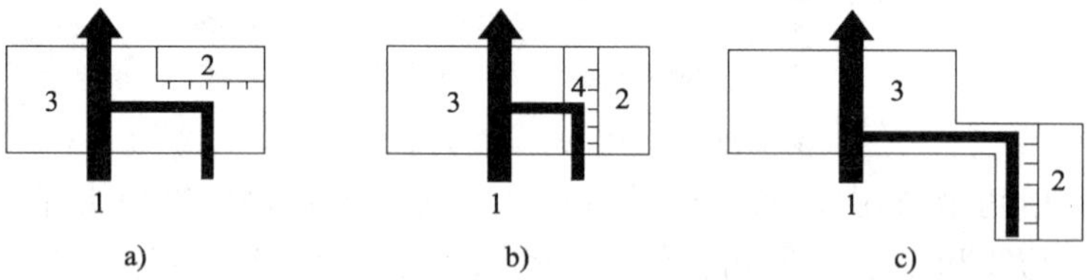

图5-14 售票处在站房中的位置示意图

1-旅客进站流线;2-售票室;3-候车室;4-营业厅

在市郊旅客较多的客运站,可在检票口附近设置独立的售票处。在中转旅客较多的车站,可在站台上或出口处设中转签票处。

(3)行包房。行包房的位置应与旅客托、取行包的顺序及行包流线紧密结合,尽量减少与其他流线的交叉。行包房的位置还应与站房的候车室、站台和广场取的有机联系,与跨线设备及行包运输方式取得密切配合。

①设一个行包房兼办托运河提取业务,根据其不同设置位置又有以下两种形式:

a.设在旅客进、出站流线之间,见图5-15a)。其特点是旅客上车前托运行包和出站后提取行包的流程较短。但旅客出站流线、行包托取流线和行包专用车辆流线集中,容易堵塞,不利安全,同时也不利于设置室外行包堆放场,故只适用中小型站房。

b.设置在站房的右侧或左侧,见图5-15b)、c)。其特点是旅客流线、行包流线和车辆流线间干扰较少,便于设置室外行包堆放场。图5-15b)对来站托运行包的旅客比较方便;图5-15c)对离站提取行包的旅客比较方便。但图5-15b)旅客出站后立即提取行包与进站旅客流线交叉;图5-15c)旅客来站托运行包与出站旅客流线交叉。由于出站后立即提取行包的旅客较少,故大中型客运站设置一个行包房时,宜采用图5-15b)的布置。

②设两个行包房分别办理托运和提取业务,见图5-15d)。发送行包房布置在站房左侧,到达行包房布置在站房右侧。这种布置既方便了进、出站旅客托、取行包,又避免了旅客流线与行包流线的互相干扰。但这种布置对行包仓库利用不灵活,管理人员需增加,行包搬运不便。这种布置适用于大型或特大型站房。

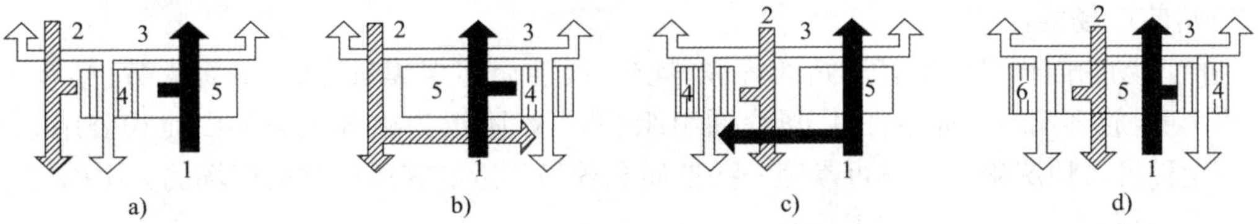

图5-15　行包房在站房中位置示意图

1-进站旅客流线;2-出站旅客流线;3-行包流线;4-托取行包房;5-站房;6-到达行包房

大型及以上站房的行包房宜设在地下或多层行包库内,各层间采用垂直升降机和皮带搬运设施搬运行李。中转行包量较大时,宜单独设置中转行包房。

(4)候车室。候车室是旅客候车和排队检票进站的场所,占用站房的面积最大。根据站房规模、客流量大小和布局不同,候车室的布置方式分为以下两种:

①集中候车方式。其特点是候车与营业厅合设于一个统一空间内,形成综合候车室,如图5-14a)所示。其优点是站房面积使用灵活,利用率高,旅客办理各种手续和候车地点一目了然。其缺点是党候车人数过多时,售票、托运行包与候车混杂,秩序容易混乱,只适用于中小型站房。

②分线候车方式。其特点是候车与营业厅分开布置。根据旅客的性质和客流方向等特点,分别设置普通候车室(南方、北方)、母子候车室、软席候车室、贵宾候车室、市郊旅客候车室等。适用于客流量大、旅客性质复杂的大型以上站房。

2.站前广场

站前广场是铁路车站与城市交通的结合部,是联系铁路与城市交通的纽带,是客流、车流和行包流的集散点。

1)站前广场的布置要求

站前广场的设置应根据客流量的大小、性质、旅客站房的规模及布置形式,结合城市规划、道路布局、交通条件、绿化要求、地形等统一规划,远近结合,合理确定广场面积、位置及布置。使站前广场与站房进出口取得有机联系,缩短旅客进、出站走行距离,达到广场内各种流线合理,减少或避免各种车流与人流和行包流的交叉干扰,保证广场各项设施应用的功能。设计时合理分配广场内车道、人行道、停车站、场合广场的面积,形成合理的空间比例。

2)站前广场组成部分

站前广场一般由下列4部分组成:

(1)站房平台。各型站房建筑的室外部分均设有向城市方向延伸一定宽度的平台,此平台具有联系站房各个部位、方便旅客办理各项旅行手续的功能,并与进出站口和旅客活动地带及人行通道连接,起到连接站房与车站广场的作用。

(2)旅客车站专用场地。旅客车站由于人员流动、车辆流动的密集程度及频率远高于其他公共建筑,为便于使用及管理,维护车站良好秩序以保障旅客及车辆安全,需要有专用的室外集散场地,此专用场地由旅客活动地带、人行通道、车行道、停车场组成。

(3)公共交通站点。多数旅客到站、离站均以各类公共交通车辆为主要代步工具,此类站点通常主要根据公交线路的设置情况,以起、终点站的形式常设于车站广场。

(4)绿化与景观用地。绿化与景观除美化车站环境外,绿化还能减轻广场噪声及太阳辐射,改善环境。结合车站环境设置的建筑小品、座椅、风雨亭、廊道等可以为旅客提供方便。

3)站前广场的面积

站前广场的面积可依据客运站的等级、规模、设计旅客聚集量、到发旅客人数、接客人数、预售票制度、旅客疏运交通条件、广场交通组织、客运站附近为旅客服务的商业和公用服务性设施齐全程度等情况确定。亦可参照一些性质和规格相近的客运站站前广场的大小确定。

站前广场面积的选择可参考表5-5。

站前广场用地面积 表5-5

站房规模	最高聚集人数(人)	站前广场用地面积(m^2)	注
特大型站	4000以上	20000~30000	最大可达40000~50000m^2
大型站及有特殊意义的客流量较大的中型站	1500~4000	10000~20000	—
中型站	400~1500	3000~10000	—
小型站	200~400	1500~3000	—
	200以下	600~1500	—

注:此表摘自《铁路旅客车站建筑设计规范》的"条文说明"。

5.1.6 客运整备所

为保持客车技术状态,在配属有大量旅客列车车底的始发、终到站,或有大量长途旅客列车的折返站,以及有大量市郊旅客列车的始发、终到站上应设置客车整备所,以便对客车进行技术整备和客运整备作业。客车整备所也称客车技术整备站(简称客技站)。

1. 客车整备所得作业方式

1)定位作业

客车车底送到后,除改编作业外,技术整备、客运整备及等待送往客运站等作业都在一条整备线上进行,并尽可能平行作业。与移位方式比较,它的主要优点是调车作业少;易于组织平行作业;作业集中,管理方便,工具、人员可集中使用;车场少、占地面积少,节约投资。其缺点是各项作业都在一条整备线上进行,互相干扰;车底取送与调车作业也有干扰;除备用车停留线外，各条线都要设置相应的有关设备（如管道、排水、硬化地面、检查沟等），当需设置整备库时，有关设备增加更多；部分整备线的间距要考虑同时通行两三辆汽车或电瓶车的需要，间距要求加宽。

2）移位作业

客车车底送到后，按照作业顺序，分别在到发场进行客运整备，在整备场（库）进行技术整备。其优缺点与定位作业相反。

客车整备所的作业方式应根据整备车底的数量、车底整备作业的干扰情况以及当地地形等情况予以选择。

2. 客车整备所的设备

1）线路

（1）到达线用于办理由客运站到整备所的接车、车底内部清扫等客运设备作业，以及个别车辆改编作业。移位作业时应单独设置。

（2）整备线用于进行车底的技术检查、不摘挂修理、车电检查等技术整备作业。定位作业时兼办客运整理、车底停留到发作业。

（3）备用车停留线供备用车（包括替换检修车、临时列车、公务车、试验车等）停留用。

（4）出发线供送往客运站待发车底停留用。移位作业时应单独设置或与到达线合并设置。

（5）其他线包括洗车机线、临修线、消毒库线、机车走行线和牵出线等。

2）客车外部清洗设备

客车外部清洗是指清洗车辆外皮的洗车机。定位作业时宜设在整备所入口的前方；移位作业时宜设在到达场与整备库（棚）的连线上。

3）客车整备库（棚）

冬季室外温度在 -22℃ 以下的地区应设客车整备库，其他地区也可设整备库（棚）。库或棚的线路数一般按整备线的 50% 设计。

4）消毒设备

客车消毒可在露天消毒线上进行，必要时设消毒库。消毒线宜采用尽端式，其设置地点应符合卫生标准要求。消毒设备应根据需要设置。

5）其他设备

其他设备包括车底转向设备、洗烫卧具的洗衣房、供应餐车的餐料库以及技术办公房屋等。

3. 客车整备所布置图

1）定位作业布置图

定位作业布置图的车场为横列式布置，如图 5-16a）所示，在到发兼整备场的一侧设有备用车停留场，另一侧设车辆段，对个别车的摘挂作业比较方便。洗车机设在整备所入口处，可谓检修车底创造良好的卫生条件。

2）移位作业布置图

移位作业布置图的到达场、出发场与整备场纵列布置，如图 5-16b）所示，可保证车底整备作业流水进行。

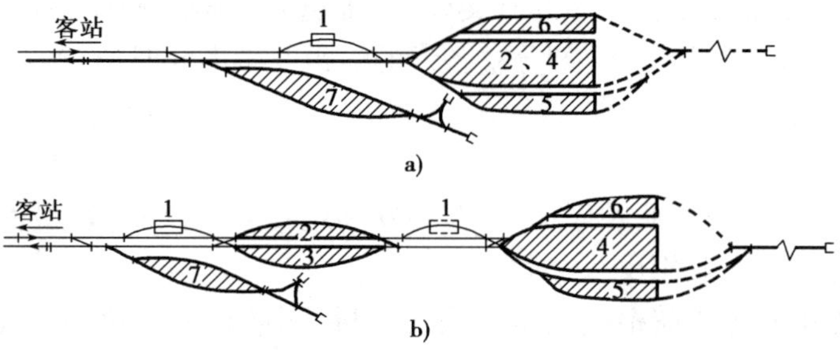

图 5-16　客车整备所布置图

1-洗衣机;2-客运整备所;3-出发场;4-车辆技术整备场;5-车辆段;6-备用车停留场;7-机务段

客车整备所布置图的选择决定于整备车底的数量、用地及其他条件。当整备工作量较小时,可采用定位作业布置图;当整备工作量较大且用地允许时,也可采用移位作业布置图。

客运站与整备所纵列配置时,站、所联络线数量应根据如所整备车底数、出入段机车次数、整备所布置形式、调车工作量以及站、所间距离远近等因素确定,一般设一条能力受控制时可设两条。

5.1.7　高速铁路车站

1. 高速站与既有站分设的布置图

根据技术作业性质的不同,高速铁路车站可分为越行站、中间站、始发终到站和通过站。

1)高速越行站

高速越行站的主要作业是办理中速旅客列车待避高速旅客列车。图 5-17 为高速越行站布置图,正线Ⅰ、Ⅱ办理高速列车通过,到发线 3、4 办理中速列车待避。

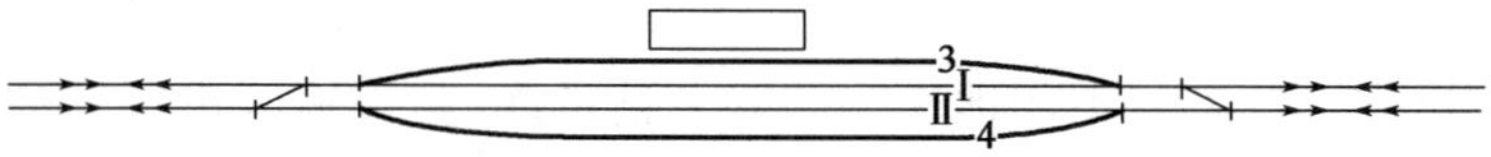

图 5-17　高速铁路越行站布置图

2)高速中间站

高速中间站主要办理高速和中速旅客列车停站或不停站通过、中速旅客列车待避高速旅客列车、少量高速旅客列车夜间折返停留以及停战旅客列车的客运业务。其布置图有对应式[图 5-18a)]和岛式[图 5-18b)]两种。

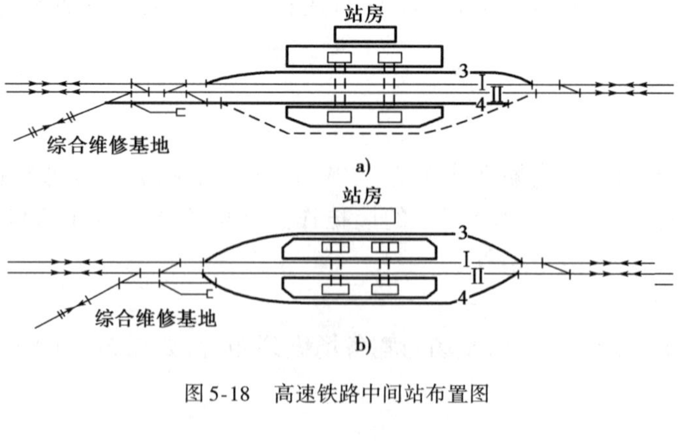

图 5-18　高速铁路中间站布置图

3）始发站、终到站

始发车站、终到车站设于高速铁路的起点和终点，主要办理高速旅客列车的客运业务，高速旅客列车的始发、终到、动车组取送和折返作业以及动车组的整备、检修作业。

图5-19所示为新建的高速始发、终到站布置图，由于没有不停站的高速旅客列车通过，正线可靠近站台，并作为到发线使用。

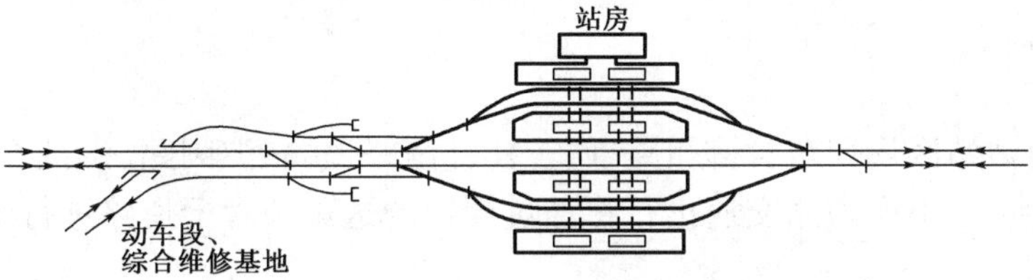

图5-19　高速铁路始发站、终到站布置图

4）高速通过站

高速通过站设于高速铁路沿线大、中城市，一般都与普通铁路接轨，主要办理高中速旅客列车的客运业务和旅客换乘，高中速旅客列车的通过作业，部分高速列车的始发、终到作业以及高速动车组的整备、检修作业。新建的高速通过站布置图与上述始发、终到站或中间站基本相同。

2. 高速站与既有站合的布置图

为充分利用既有客运站的设备，方便旅客换乘，可采用高速铁路车站与既有客运站合设的布置方案。高速站与既有站合设时，客运站场一般应按高速列车车场和中速列车车场分开设计，在中速列车需上下高速线运行的车站，高速车场与中速车场之间应利用渡线或具有立交疏解设备的联络线互相联通。

1）高速车场与既有站在同一平面并列合设

图5-20a）为高速线与既有线并行引入既有客运站，将靠近既有站至站房一侧的既有线改建为高速列车到发场，新建副站房，并在该侧扩建普通列车到发场。图5-20b）为既有车场一侧扩建高速车场，专供接发高速列车，既有车场供接发中速列车或普通列车。

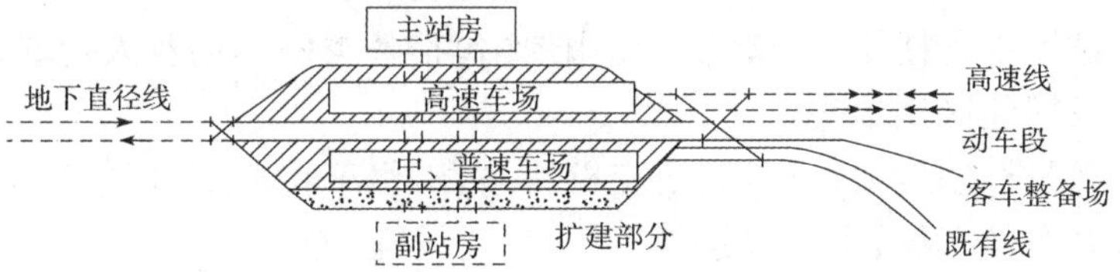

a)

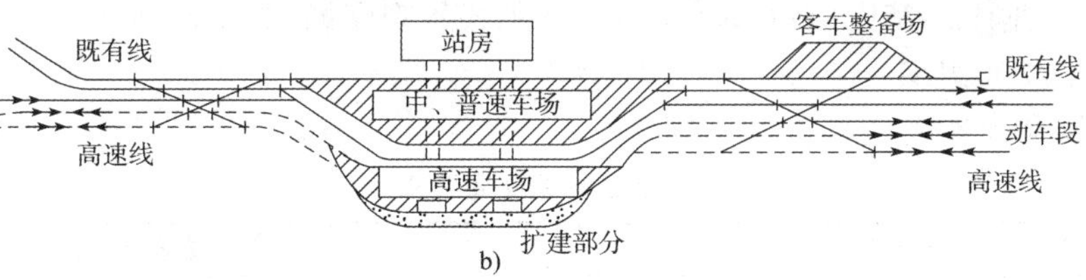

b)

图5-20　高速车场与既有车场在同一平面并列和设布置图

2）既有站上方设高架高速车场

若高速线高架引入既有站，可在其上方设高架高速车场，接发高速列车和普通线通过本站的中速列车。既有站接发其他旅客列车。

3)既有站下方设地下高速车场

若高速线从地下引入,可在既有站地下新建高速车场,既有站与高速车场的作用与在既有站上方设高架高速车场相同。

5.1.8 案例:上海南站设计

1. 总体规划

1)规划范围

上海铁路南站站区规划东自柳州路,西至桂林南路,北靠沪闵路,南抵石龙路,规划总面积约60hm^2(公顷)。上海南站交通出行将通过周边的这4条骨干道路进行疏散。

2)规划内容

主要规划内容如下:

(1)铁路站场:铁路站线13条(其中旅客列车到发线11条),旅客站台6座。

(2)旅客候车室、行包房、售票房、办公等有关铁路业务用房,总建筑面积为60780m^2。

(3)邮政转运站用地约10800m^2。

(4)长途客运站用地约21600m^2;公交枢纽站:北广场设6条线路,用地约5000m^2,南广场设4条线路,用地约3000m^2;市郊站用地约5000m^2;出租车停车场:北广场6000m^2,南广场4000m^2;非机动车停车场2500m^2,南广场2000m^2。

(5)旅客地下通道:铁路出站地道2条,联系南北广场公共地下通道1条。

(6)行包和邮政地道各1条,并分别与行包、邮政大楼相同。

2. 站前广场交通组织方案

1)总体方案

上海南站地区规划将建成以铁路南站为主的铁路、轨道交通、轨道交通与城市公交的综合换乘枢纽中心,是上海西南地区的主要门户。铁路南站地区周边规划的主要城市道路有沪闵路、桂林南路、柳州路及石龙路,这几条道路构成该地区基本骨架,该地区内规划主要为南站站场用地、站屋综合楼用地、南北广场用地(包括各类停车场及人行绿化广场)、行包、邮政、长途汽车站及居住区用地等。

北广场内布置设施有:人行广场、公交枢纽站、出租车候车站、行包转运中心、邮政支局、地下停车库、大客车停车场、下承式景观广场、绿化设施。

南广场内布置设施有:人行广场、公交枢纽站、出租车候车站、长途汽车站、郊区汽车站、邮政转运中心、地下停车库、自行车停车场、下承式景观广场、绿化设施。

2)广场的交通组织

南站站屋交通构成见表5-6。

南站站屋交通要求　　表5-6

功能层高程	交通流组织
+9.800	出租、自备车进站到达层
±0.000	公交车、长途汽车、大客车停车、出租车等候、非机动车、换乘、行人进车站站屋
-6.000～-7.000	出租车出发、地下换乘、车库、行人通道

广场交通组成元素如下：

交通组成：①以火车站为目的地交通；②周围居民。

出行方式：①公交车；②轨道；③出租车；④私车；⑤公车；⑥自行车；⑦集体包车；⑧行走；⑨应急救护等。

交通形态：①移动车；②静态停车。

3. 客货运量的预测及分析

1）上海铁路南站旅客发送量及最高聚集人数预测

通过采用乘车系数法、递增率法，预测上海南站旅客发送量为1500万人次，最高聚集人数6000人次，见表5-7。

上海枢纽客站旅客发送量及最高聚集人数 表5-7

站名	发送人数（万人次）				最高聚集人数（人次）
	1999年	2000年	2008年	2013年	2013年
上海	2478	2595	2700	3000	12000
上海南	128	105	1270	1500	6000
浦东	—	—	—	300	2000
上海西	118	145	200	200	1000
市郊	—	—	180	200	1000
总计	2733	2845	4350	5200	22000

2）旅客列车对数及径路

2000年上海铁路枢纽办理旅客列车85对（不含市郊），其中通过18对，始发终到67对。2008年枢纽办理旅客列车143对（不含市郊），其中通过21对，始发终到122对。2013年枢纽办理旅客列车181对（不含市郊），其中通过23对，始发终到158对。

4. 客运车场

1）站场布置

上海铁路南站为尽端式客运站，沪杭复线和规划的客运专线在车站西端引入。车站采用客运车场与机辆段设施纵列，机辆设施相间并列的总体布置方案，至新龙华站的沪杭老线在客站南侧通过，并通过客站西咽喉1组12号单开道岔与沪杭下行线相连。

车站客运车场设有旅客列车到发线11条，机走线1条，货车联络正线1条，个别车辆停留线3条，550m×15m×1.2m基本站台1座，550m×12m×1.2m中间站台4座，550m×12m×0.5m中间站台1座，并采用2台夹2线（不含机走线）的布置形式。

2）地道

客运车场范围内，设有125m×8m×3.5m东旅客出站地道2座（其中东旅客地道与南北广场自由通道合并设置，为单向出入口），125m×14m×3.5m的西旅客地道1座（为双向出入口），125m×5.2m×3.2m设备管线通道1座（两层）。

3）站台无柱雨棚

上海南站无柱站台雨棚位于圆形站房东西两侧、雨棚局部伸入站房底部与站房圆弧相接。雨棚总覆盖面积4.3万m^2（屋面投影面积约3.0万m^2）。

雨棚与站台同长，东侧雨棚沿股道方向长度约240m，西侧雨棚约120m；雨棚垂直股道方向起拱,整体呈波浪形。雨棚柱设在股道间,纵向柱距18m,横向跨度20.5~25.5m不等。雨棚上部结构纵、横向均采用双桁架(倒三角形的空间管桁架形式),屋面部分仅在站台上部设盖,股道间无盖。

5. 客车整备设施

因受地形限制,上海南运用所检查库与存车场呈横列式布置。利用新龙华编组站北侧股道设置一座动车组及客车外皮洗刷库,并与最南侧一股客运整备线连通。

在与上海南站的连接咽喉处设置一套轮对踏面检测装置。各种检测车间和其他生产辅助房屋(如立体仓库、客运整备间等)均设在检查库边跨边。

运用所内道路按中心干道、主干道、次干道成环形布置,以满足人流、物流和消防要求。

6. 流线组织

1)旅客出发流线

(1)机动车:出租车、社会车辆和团体大巴在9.9m高程环形平台下客,车辆可沿坡道下至南北广场疏散,或沿高架匝道通往沪闵高架路。部分社会车辆可在地下车库下客停泊。

(2)轨道交通:乘坐3条轨道交通到来的旅客可从南北地下换乘大厅进入主站屋。

(3)其他:步行、自行车,包括公交、近郊、长途汽车在南北广场下客,均可经南北广场联系地道进站或在地面高程沿步行道进入主站屋。

2)旅客到达流线

(1)出租车:在南北地下换乘敞厅外侧下沉广场设出租车上客区,沿坡道通向地面广场。

(2)社会车辆:旅客从地下出站大厅下至南北地下车库上客,部分社会车辆也可从车库上至下沉广场上客区接站,沿坡道通向地面广场,离开站区。

(3)轨道交通:旅客从南北地下换乘敞厅直接进入各条轨道交通站厅层,快速疏散。

(4)其他:旅客从地下出站大厅经南北广场联系地道换乘公交、近郊、长途汽车等其他交通工具离站,或上至0.0m高程步行进入广场。

3)贵宾流线

贵宾车辆从站屋东西两侧地面道路直接驶入基本站台,基本站台设贵宾停车位。贵宾车辆也可在9.9m高程平台下客,乘专用电梯直达底层贵宾候车室。

4)货运流线

行包托取在基地西侧及北侧的行包广场,设置车道及停车、装卸泊位。

站屋后勤货运出入口设在主站屋西北侧,并设置部分公安车位。

5.1.9 案例:杭州东站设计

杭州车站设计

1. 总体规划

1)规划范围

杭州东站位于杭州市彭埠镇,距市中心7.5km,是"沪杭、浙赣、宣杭、萧甬"4条铁路干线的交汇处。总用地面积40公顷,总建筑面积100万m^2。站区周边道路主要由东侧沪杭高速公路、南侧艮山西路(城市快速路)、西侧秋石路(城市快速路)和德胜路(城市快速路)组成,这4条骨架路网合围承担着站区与外围的交通联系。杭州东站交通出行将通过周边的这4条骨干道路进行疏散。

杭州东站分五层结构，地上两层，占地约 35 万 m^2，地下 3 层，占地约 65 万 m^2。其中地上一层车站台层；地上二层为出发层，地下一层为出站层，地下二、三层分别是地铁 1 号线与 4 号线的进站层和站台层。

2)规划内容

主要规划内容如下：

(1)地上一层：铁路站场：铁路站线 30 条，旅客站台 15 座，共有 28 个检票口。

(2)地上二层：候车厅设有两个夹层，夹层下方设有办公室和洗手间、咨询服务等功能，夹层上方是商业区域。候车厅设有 3 个售票厅，共计有 12 个人工售票窗口和 51 台自动售票机分布在候车层的南北两侧。

(3)地下一层：出站厅、联系通道以及设备和商业用房，包含国铁与地铁、磁浮、长途、公交、出租车等各类城市交通换乘。出站大厅南北两侧预留了出租车候客区，东西广场设立公交车换乘点。东广场占地 123000m^2，西广场占地 200000m^2。

(4)公交车站：东广场设 10 条线路，用地约 14328m^2，西广场设 12 条线路，用地约 15333m^2；市域短途汽车站用地约 11082m^2；旅游大巴停车场用地约 11072m^2；出租车停车场：东广场设 266 个车位，用地约 11931m^2，西广场设 196 个车位，用地约 8749m^2；社会车停车场：东广场设 1867 个停车位，用地约 60364m^2，西广场设 1504 个停车位，用地约 82705m^2；非机动车停车场：东广场设 2648 个，用地约 4767m^2，西广场设 3777 个，用地约 6800m^2。

2. 站前广场交通组织方案

1)总体方案

杭州东站是汇集高速铁路、普速铁路、专线、地铁、公交等多种交通方式和配套服务设施于一体课实现立体无缝交通换乘的铁路车站，是中国大型铁路枢纽站之一，也是亚洲最大交通枢纽之一。杭州东站广场总规划用地 40hm^2，规划总建筑面积约 90m^2，为杭州东站站场用地，站屋综合楼用地、东西广场用地(包括各类停车场及人行绿化广场)、居民区等用地。

主体站房对称布置在铁路站台中心线上。西广场接壤杭州主城区，是联结市区交通的重要枢纽；东广场紧邻新城区，是开拓新城的纽带。

西广场内布置设施有：步行广场、交通枢纽站、停车场、旅游集散中心以及贵宾停车场，绿化设施、餐饮便利店等；

东广场内布置设施有：步行广场、交通枢纽站、停车场、长途车以及大巴车停车场、市域短途车场、绿化设施、餐饮便利店等。

2)广场的交通组织

杭州东站站屋交通构成见表 5-8。

东站站屋交通要求　　表 5-8

功能层高程	功　能　层	交通流组织
+10.000	地上 2 层(出发层)	出租、自备车进站到达层
±0.000	地上一层(站台层)	公交、长途汽车、大客车停车、非机动车
-10.250 (杭州东站及其站前广场综合体建筑项目介绍)	地下一层(出站层)	出租车等候、地下换乘、车库、行人通道

广场交通组成元素如下：

交通组成：①以火车站为目的地交通；②周围居民。

出行方式：①公交；②轨道；③出租车；④私车；⑤公车；⑥自行车；⑦集体包车；⑧行走；⑨应急救护等。

交通形态：①移动车；②静态停车。

3. 客运量情况

杭州东站旅客(客运量)情况见表5-9。

杭州枢纽客站旅客客运量 表5-9

站名	发送人数(万人次)		
	2015年	2016年	2017年
杭州	1254.84	1004.69	1025.74
杭州东	3957.90	4834.73	5600.31
总计	5212.74	5839.42	6626.05

4. 客运车场

1)站场布置

杭州东站车站客运车场设有旅客列车到发线30条，宁杭甬场7台13线，站台编号为1至13号、沪杭长场6台12线，站台编号为14至25号、普速场2台5线，站台编号为26、27、28，另外在普速车场东面还规划预留沪杭磁悬浮3台4线。

2)站台无柱雨棚

杭州东站站台雨棚属于大跨度空间钢结构，采用纵横交叉的钢管桁架结构形式，建筑面积为7.39万m^2。

雨棚包括镜像对称的A，B两个单元，分置于主站房的南北两侧。每个单元的纵向长度(垂直于轨道方向)为330.1m，宽度(顺轨道方向)为101.7m(较窄部分)和125.6m(较宽部分)雨棚覆盖宁甬场、沪杭长场和普速车场的15个站台。结构为圆管和格构柱支承的双向钢管桁架结构。钢管柱头分叉节点采用铸钢节点。

5. 流线组织

1)旅客出发流线

杭州车站采用高架候车，“上进下出”的旅客流线设计，立体交通组织方式。将车站空间划分为高架候车层、站台层、地下出站层3个部分。充分考虑旅客在站房进站、出站，换乘等行为模式，合理组织旅客在站房内的流线。弱化等候空间，强调高效换乘，充分利用站场地下的空间并以此作为出站和连接东西两个广场的节点，与城市交融紧密结合、无缝衔接，使旅客换乘明确方便。

机动车：出租车、社会车辆和团体大巴可通过站屋南北两侧高架直接到达8m高程出发大厅。部分社会车辆可在地下车库下客停泊。

轨道交通：乘坐地铁1号线、4号线到来的旅客可从地下三层同台换乘进入二层出发大厅。

其他：步行、自行车，包括公交、近郊、长途汽车到达车站地下一层，通过自动扶梯进入二层出发大厅。

2)旅客到达流线

出租车:旅客下至地下一层出站层,在出站大厅南北两侧设有出租车候车点,可乘车离站。

社会车辆:旅客从地上一层出站厅下至地下车库,旅客可直接入库乘车,部分社会车也可从地上二层南北两侧高架平台出站区接站,沿高架桥离开站区。

轨道交通:旅客从地上一层下至地下一层出站层换乘至地下二层进入各条轨道交通站厅层,快速疏散。

其他:旅客从地上一层下至地下一层出站层前往东广场换乘公交、近郊、长途汽车等其他交通工具离站。游客也可在地下一层前往西侧前广场游船码头,乘船离站。

5.2 铁路货场与货运站设计

专门办理货物装卸作业的车站,以及专门办理货物联运或换装的车站,称之为货运站。货场是办理货物承运、保管、装卸和交付作业的一个生产车间,也是铁路与其他运输工具相衔接的场所。货场是铁路货物运输生产过程起始和终止的地点,是铁路货物运输营业的窗口。因此,在货运站都设有货场。

5.2.1 货场作业、设备和分类

1. 货场的作业

货场的作业主要办理货物的承接、保管、装卸和交付。

2. 货场的主要设备

为了完成各项货运作业,货场应具有一定的技术设备。根据货场货运作业的特点和货运量的大小,以及办理货物的种类,货场内应设置下列设备:

(1)配线:包括货场装卸线、存车线、牵出线、轨道衡线等。

(2)场库设备:包括堆货场、货物站台、雨棚、仓库等。

(3)装卸机械及检修设备。

(4)道路及排水设备。

(5)检斤设备:包括磅秤、汽车衡(地磅)、轨道衡、电子秤等。

(6)货场用具:包括装卸作业和保管货物所需的各种用具。如跳板、防湿枕木、防湿篷布等。

(7)房舍:包括货运室、装卸工人休息室、门卫室及其他生产和生活用房。大中型货物还应设置围墙。

此外,在货场内还应设置有足够亮度的照明设备;还应设置通讯设备和消防设备。有些货场区域内还有装卸机械和衡器修配厂以及篷布修理所等。

3. 货场分类

为了便于货场的设置和管理,根据货场内办理的货物品类、货运组织可以对货场进行不同的划分。

1)按办理货物品类货场可分为:

(1)综合性货场:办理多种品类货物作业者,称为综合性货场。

综合性货场根据年货运量(不包括铁路专用线线货运量)和所在城市的政治、经济等因

素,可分为大型、中型、小型货场,见表5-10。

综合性货场类型　　表5-10

货场类别	类型	年货运量(10^4t)	货场所在地
综合型货场	小型货场	30以下	一般中间站所在地
	中型货场	30~100	大、中城市所在地
	大型货场	100以上	

(2)专业性货场:办理一种或两种品类大宗货物作业者,称为专业性货场。

2)按货运组织货场可分为:

(1)整车货场:专门办理整车到发作业的货场;

(2)零担货场:专门办理零担货物作业的货场,可分为到发零担货场、中转零担货场及到发与中转零担货场;

(3)混合货场:办理整车零担及集装箱作业的货场。

3)按货物品类分为:

危险货物货场、散堆装货物货场、液体货物货场和集装箱货场等。

5.2.2　货场场库设备

货场场库设备包括堆货场、货物站台、货棚、雨棚及仓库等设备。

1.堆货场

堆货场是用来存放不怕湿的散堆装货物、粗杂品、集装箱和阔大货物的场地。堆货场可以建平货位堆货场或低货位堆货场两种基本类型。

1)平货位堆货场

平货位堆货场地面一般与路基面高度相同。为了便于排水,其地面横向应做成2‰~4‰的单面或双面斜坡。为了使货物不受污损以及便于装卸和搬运机械作业,场地地面应以块石、沥青或混凝土铺砌。

堆货场的宽度及场地布置应根据货运量、货物种类、装卸机械类型、货位布置形式、货位排数及货位宽度等来确定。

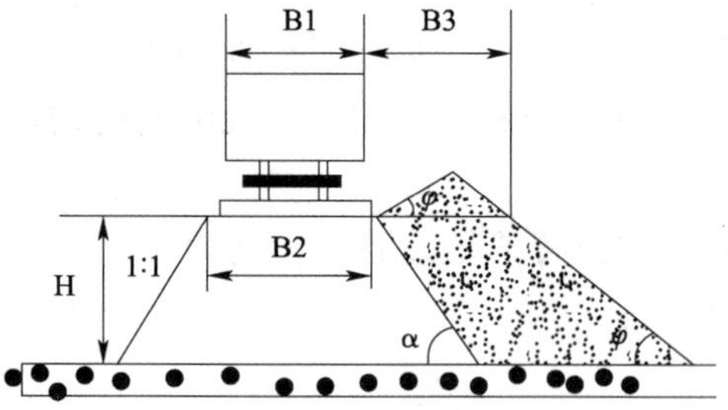

图5-21　斜坡式低货位示意图

B1-车辆宽度;B2-路基宽度;B3-货物卸下后在路基面水平线上最外边至车辆边缘的距离;α-路基边坡倾斜角;φ-货物内摩擦角;H-货位深度

2)低货位堆货场

低货位堆货场地面低于路肩1.5m以上,通常简称为低货位。适合于散堆装货物的卸车作业。使用低货位卸车可以减轻劳动强度,提高卸车效率,增大货位容量。

(1)低货位堆货场可分为斜坡式和直壁式两种。

①斜坡式低货位比直壁式投资少,修建容易,但容量较小,占地较多,在地形条件允许时或利用既有装卸线的路基修建时可以采用,如图5-21所示。

②直壁式低货位,或称高架线,多采用装配式钢筋混凝土结构,适用于货运量较大的货场,如图5-22所示。

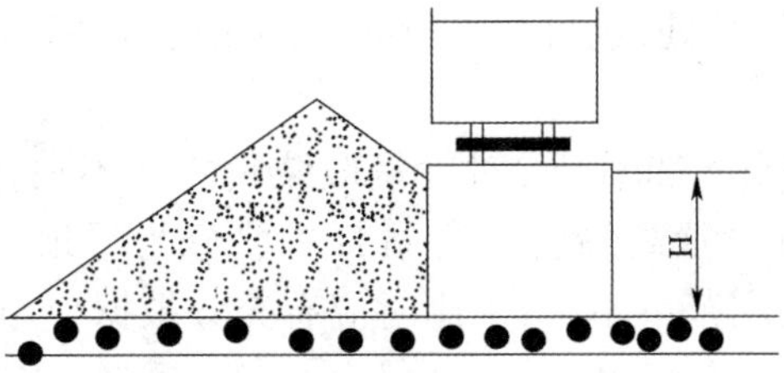

图 5-22　直壁式低货位示意图

(2)低货位的深度。低货位的深度是指线路路肩至场地地面间的距离。它与到达货物的运量、货物种类、每天卸车次数及货位周转时间等因素有关。在货场内的低货位不宜过深,一般可采用 1.5 ~ 2.5m。

(3)低货位的长度。低货位的长度应根据货运量、货位深度及一次作业车数来确定,一般不小于平均一次送车的车组长度,也可按半列或一个列车的长度设置。

(4)路基宽度及斜坡式低货位路基边坡。为了使卸下的货物不致留存路肩上而影响行车及增加清道作业,路基宽度最好不要大于车辆的宽度,但也不宜过窄,斜坡式货位一般可采用 3.0 ~ 3.2m,直壁式可采用 2.7m。

为了保证货物能顺利地滑到路基坡脚下,斜坡式低货位的路基边坡应大于货场内摩擦角,一般可采用 1∶1 的边坡。

2. 货物站台

货物站台是用来存放不怕风、雨、雪及阳光等自然条件影响的货物,及表面高出轨顶 1.1m以上的建筑物。按其结构形式分为普通货物站台、尽端式站台和高站台 3 种类型。

1)普通货物站台

普通货物站台是指站台面距轨顶高 1.1m 的站台。其高度与货车地板高度相同;靠场地一侧应适应汽车地板高度,根据具体情况宜高出地面 1.1 ~ 1.3m。

站台的长度可根据需要确定。站台的宽度,可根据货物品种、作业量、作业性质、装卸搬运机械设备及站台上设置仓库等情况确定。一般露天站台其宽度不宜小于 12m。零担中转站台其宽度以 20 ~ 40m 为宜。

2)尽端式站台

为了装卸能自行移动的货物(汽车、军用装备车辆、拖拉机等)应设置尽端式站台,如图 5-23所示。

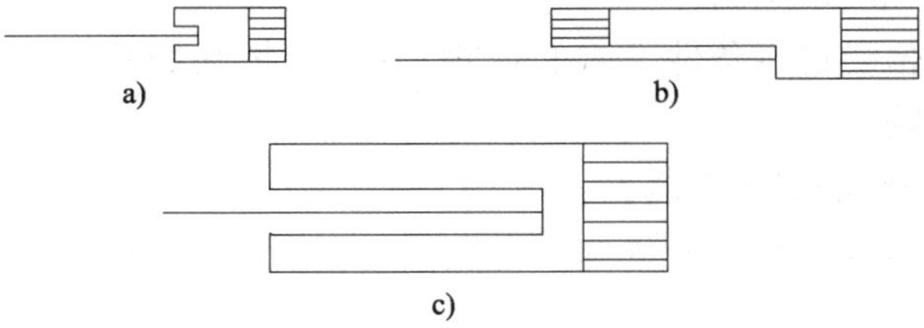

图 5-23　尽端式站台

尽端式站台分带钩和不带钩两种。根据《铁路技术管理规程》在尽头站台处应设有车钩缓冲装置的要求,应采用带车钩方案;仅当站台作业量不大及设置车钩有困难时才采用不带车钩方案。

尽端式站台设在线路尽端处,也可与平行线路的站台合并设置。

3)高站台

为了节约劳力,加速货物装卸作业,对大量散装货物及不怕摔货物利用敞车装车时,根据地形条件和材料情况,可设置高站台。高站台一般分为平顶式高站台和滑坡式高站台。由于这些设备投资较大,使用范围不广,采用时应有充分根据。当地形条件许可及装卸机械能力不足时方可采用。

(1)平顶式高站台。平顶式高站台台面距轨顶高度大于1.1m。平顶式高站台适用于煤炭、砂石、小铁块及原木等装车作业。

平顶式高站台可一侧布置装卸线,也可在两侧均布置装卸线,两条线路可同时装车。

平顶式高站台的高度主要根据敞车的类型来确定,高站台一般采用1.8m、2.4m、2.8m及3.3m等4种高度。

平顶式高站台一侧布置装卸线时其宽度一般为12~18m,双面站台的宽度为20~30m。

平顶式高站台长度根据货运量及取送车组的长度并结合站台货位宽度确定,一般应满足平均一次送来车组的长度。

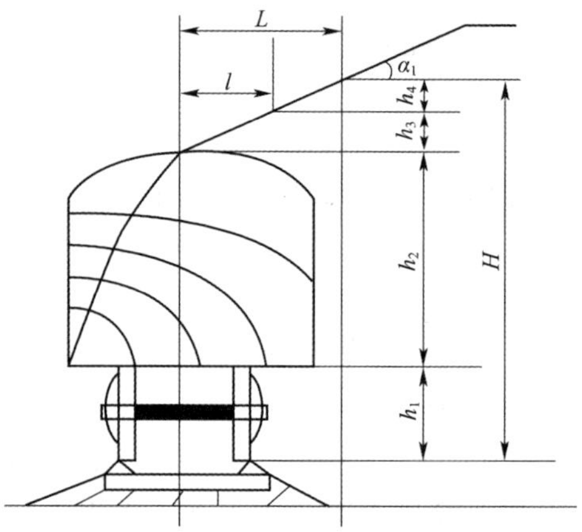

图5-24 滑坡仓式高站台剖面示意图

平顶式高站台边缘至相邻线路中心线的距离为1850mm。

(2)滑坡式高站台。滑坡式高站台(见图5-24)是利用货物自重滑溜装车的设备,适用于敞车装载散粒状货物,如煤、砂石、矿石等。

滑坡式高站台货位总容量应根据货运量及货物的保管期限来确定。

滑坡式高站台长度,根据货运量、货仓总容量和单位容量来确定,不宜小于平均一次来车的车组长度。

(3)跨线漏斗式高站台。跨线漏斗式高站台是一种高效率的装车设备,适用于敞车装卸散粒状货物,多设在专用线及专用铁路上,货场内很少采用。

3. 货棚、雨棚与仓库

货棚、雨棚是为了避免货物受自然条件影响在普通货物站台上修建的有顶棚建筑物。货棚、雨棚用来存放怕湿、怕晒的货物。

仓库是为了存放怕受自然条件影响的货物、危险货物和贵重货物而在普通货物站台上修建的封闭式的建筑物。

1)货棚、雨棚与仓库的形式及其选择

跨线货棚是内部布置装卸线的货棚,一般在中转零担站台和多雨地区且作业量大的货场,根据需要设置。

为避免货物装卸和搬运作业时遭受湿损,仓库雨棚的宽度在一般情况下,应伸至站台边缘。在多雨地区且作业繁忙的大中型货场仓库,可根据需要,雨棚在铁路一侧时可伸至车辆中心线或将车辆全部遮盖,此时伸出宽度为3.75m;在场地一侧时,应满足库门站台处汽车门顺向作业的需要,一般应伸出站台边缘3.5m为宜。

雨棚形式，一般有上翘式和下落式两种。

上翘式雨棚净空较高，调车作业安全，不影响仓库采光，雨棚及库顶汇集的雨水不致淋落于车辆上。但下雨时，雨水有时飘入仓库站台。

下落式雨棚较低，下雨时可减少雨水飘入库内，但棚檐要用水槽截水，而且采光不好，对铁路一侧调车作业不安全，设计时可根据仓库形式、气候条件选择。

仓库可分为单层仓库、双层仓库和多层仓库。

单层仓库一般设计成库外不知装卸线的仓库。当气候不良，作业量较大，且有适当根据时，也可设计为库内布置装卸线仓库。见表5-11。

在货运量大，用地困难，有相应装卸机械设备时，可研究采用双层或多层仓库。

单层仓库形式选择表　　表5-11

仓库形式	仓库剖面示意图	基本尺寸				选择条件
		A(m)	B(m)	C(m)	每节仓库长度L(m)	
库外布置装卸线	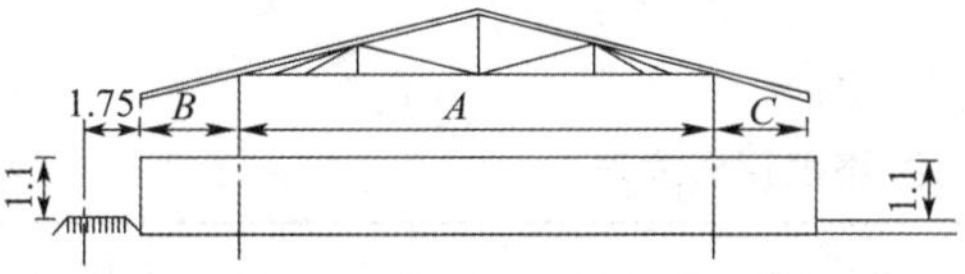	小型货场一般以9～12为宜，大中型货场一般不小于15	叉车作业时宜采用4.0m，但主要零担货物中转站台宜采用7.0m；人力作业时可采用3.5m	叉车作业时宜采用3.5m，但作业量大的零担仓库宜采用4.0m，人力作业时可采用2.5m	矩形站台仓库：大型货场不大于210，中型货场不大于140，跨线仓库以210左右为宜，阶梯型站台仓库一般70～100	气候良好或仓库作业量较少
	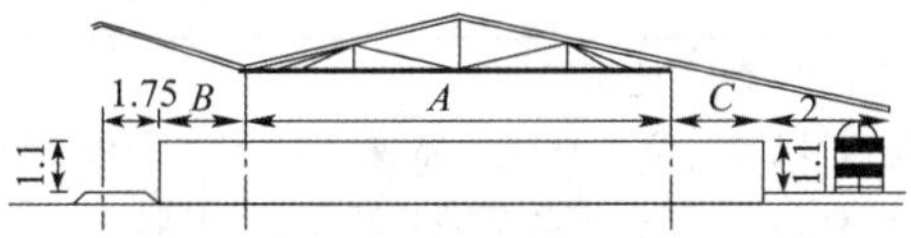					适宜于多雨地区
	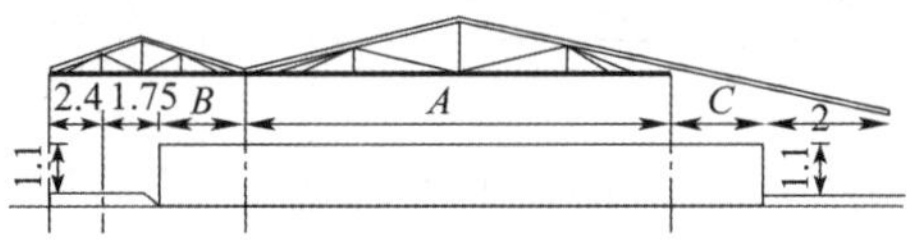					
库内布置装卸线	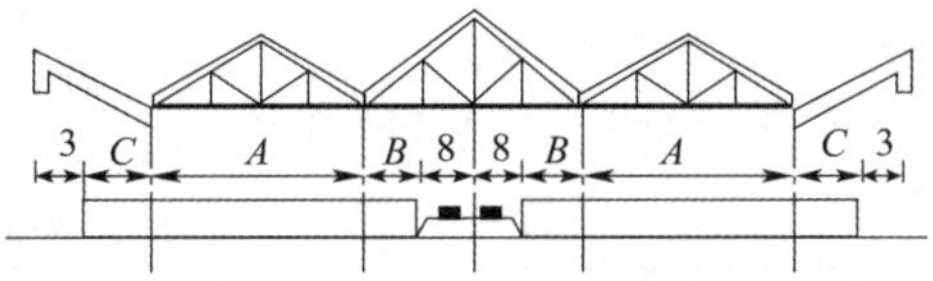					办理较大量的整车到发作业，气候不良
	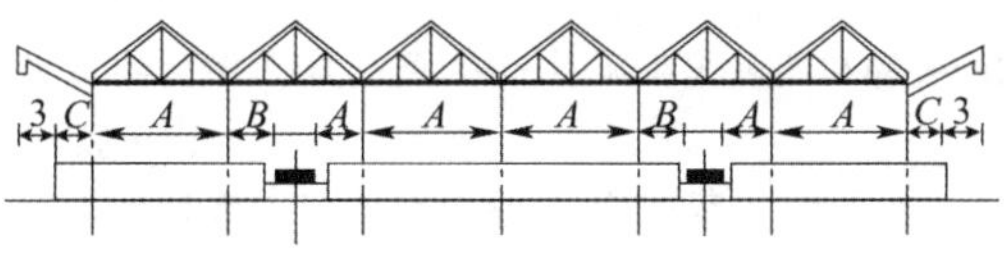					办理零担中转作业，气候不良，作业量较大

注：表内尺寸除注明者外均以“m”计。

2）仓库长、宽的确定

（1）仓库的宽度，应根据货运量、货物品种、作业性质、装卸机械类型、取送车组长度以及仓库结构的模数等因素确定，见表5-11。

（2）仓库的长度是根据需要的堆货面积和所采用的仓库宽度计算确定。当仓库的总长度比较长时，为了便于仓库的管理及成组装卸作业，减少取送调车与装卸作业的干扰，仓库的总长度应分为若干节。仓库的基本尺寸（建筑轴线间）见表5-11。

3)仓库的设置位置

一般设置在站台上并与装卸线及货场道路综合布置,力求货物装卸与搬运作业合理。

4)库门

库门大小应满足装卸机械作业要求,一般大中型货场不小于3.0m,小型货场采用人力作业时不小于2.4m。

考虑到货车车辆以50t、60t为主,两库门间的距离通常采用14m。

4.货物站台、仓库与线路的配置

1)货物仓库、站台与线路的配置要求

仓库、站台与线路的配置,应保证取送,装卸作业与搬运车辆的停留与走行都很便利,以及铺轨和用地最省,其相互间的有关尺寸如下:

普通站台边缘至相邻线路中心为1.75m;仓库墙壁至站台端部坡顶不小于2m;

车档距最近库门中心不少于17m,至站台端部坡顶不少于10m,至阶梯形的垂直站台墙边缘可按2m考虑。

2)货物仓库、站台与线路的配置形式

货物仓库、站台与线路的配置形式如表5-12。

仓库、站台与线路配置形式表　　表5-12

类型	图　形	优　缺　点	适用条件
矩形	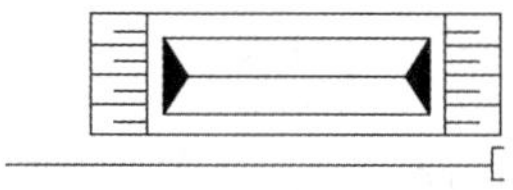	优点:结构简单、造价低廉、占地面积少。 缺点:当仓库及线路过长时,位于股道中部或尽头处先卸完的车辆取出困难,势必停止其余车辆装卸作业,并增加调车作业	成组装卸,定点取送
	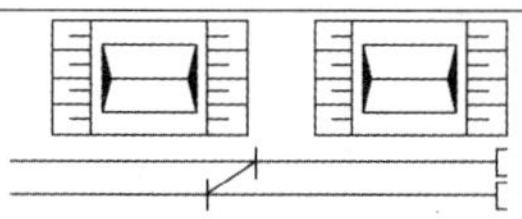	优点:取送作业方便。 缺点:渡线处不能停车,占地较长,铺轨增多	调车作业较多;窄长地形
	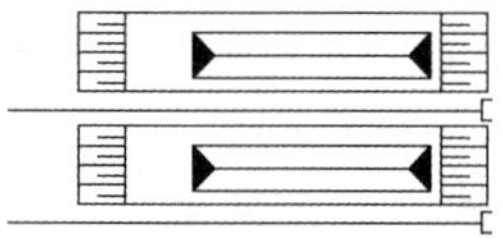	优点:有利于车辆双重作业,铺轨数量较少。 缺点:上部建筑养护困难,线路排水不良,调车作业不便	仓库作业量较大;整车到发和作业量较少的零担中转及换装作业;成组装卸
阶梯形	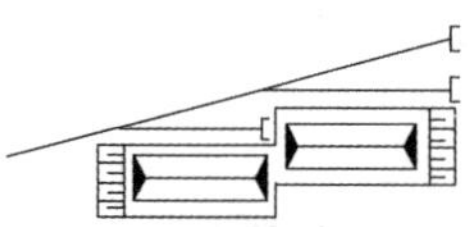	优点:各仓库间的装卸和调车作业互不干扰、调车方便、使用灵活。 缺点:装卸线路短、道岔多、工程造价高,站台突出部分影响汽车行驶视线,装卸机械在两站台间移动困难	一般不宜采用,仅在货物品种复杂,取送调车频繁及场地紧张且地形合适时,经过技术经济比较后才可考虑采用
栉形	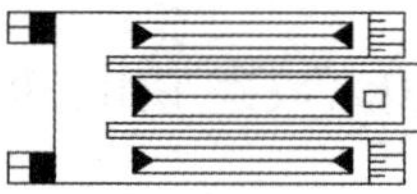	优点:站台办理零担中装和零担到发不必移动车辆,有利于车辆双重作业,轨道数量较少。 缺点:上部建筑养护困难,线路排水不良	宜用于同时办理作业量较大的零担中转与到发作业
	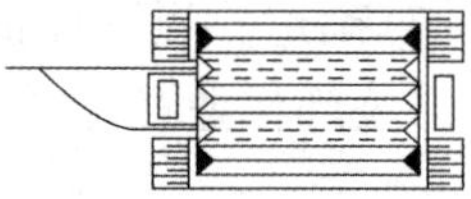	优点:零担中装、整车、零担到发均在库内进行,不必移动车辆,有利于双重作业。 缺点:造价高,线路养护不便	同时办理作业量较大的零担中装、整车、零担到发作业

5. 仓库、站台和堆货场面积的计算

仓库、站台、堆货场等各项设备的面积(包括有效面积和机械通道、货位间隔距离等辅助面积)根据货运量、货物保管期限以及每 m^2 的堆货量等因素确定,可按式(5-1)计算:

$$F = \frac{Q \cdot \alpha \cdot T}{365P} \quad (m^2) \tag{5-1}$$

式中:Q——仓库、站台或堆货场年货运量,t;

α——货物到发波动系数;

T——货物保管期,d,此期限一般可采用表 5-11 内的数值;

P——仓库、站台或对货仓单位面积的堆货量,t/m^2,计算时可采用表 5-13 内的数值。

各类货物的货车平均净载重、单位面积堆货量、货位宽度和占用货位时间　　表 5-13

序号	货物品类		货车平均净载重(t)	单位面积堆货量(t/m^2)	货位宽度(m)	占用货位时间(d)	
						到达	发送
1	整车怕湿货物		39	0.5	5.5	3	2
2	普通零担货物	到达	26	0.20	9.0	3	—
		发送	26	0.25	9.0	—	2
3	中转零担货物		23	0.15	11.0	1.5	
4	混合货物		34	0.30	8.0	3	2
5	整车危险货物		38	0.50	5.5	3	2
6	零担危险货物		25	0.15	12.0	3	2
7	整车笨重货物		18	1.00	4.0	4	2
8	零担笨重货物		36	0.40	6.5	4	2
9	散堆装货物		54	1.00	4.0	3	2
10	集装箱货物		25	0.26	7.0	3	2

注:求算单位面积堆货量的总面积时,库棚内包括纯堆货面积、叉车或人行通道、货盘间作业和堆货间隔等面积;笨重货物和散堆装货物场地包括纯堆货面积和堆货间隔的面积,但不包括汽车通道和辅助机械走行场地的面积。

5.2.3　货场装卸机械设备

1. 装卸机械的分类

按技术特性,所有装卸机械可分为两个基本类别:

(1)间歇作业的装卸机械:包括手推车、叉式装卸机、门式起重机、桥式起重机(一般不宜采用)、轮胎起重机、汽车起重机、轨道起重机、斗式铲车等。

(2)连续作业的装卸机械:包括斗式联合卸煤机、螺旋卸煤机、装沙机、移动和固定式皮带运输机、刮板运输机、链板运输机等。

2. 装卸机械的选择原则

(1)在货场内应根据装卸作业性质、货物品类、作业量及装卸机械性能配备装卸机械,见表 5-14。

各类货物配备装卸机械类型表　　表 5-14

货物品类	装卸机械类型
包装成件货物	叉车(配托盘)、输送机、桥式起重机
集装箱	门(桥)式起重机、吊运机、叉车
长大笨重货物	门(桥)式起重机、吊运机
散堆装货物	链斗式装卸机、螺旋式卸车机、门(桥)式起重机、装载机、输送机、坑道输送机
粉末颗粒状货物	气力装卸机
液体货物	鹤管、上卸及下卸装置

(2)为减少装卸与搬运过程的重复作业,应尽量考虑装卸机械作业的连续性。

(3)装卸机械应坚固稳定,拆装方便,自重轻,操作安全性能良好。

(4)能降低货物作业成本,保证货物完善。

(5)机械动力应采用电力与内燃相结合。

5.2.4 货场配线

货场配线包含装卸线,存车线,牵出线,轨道衡线。

1. 装卸线

装卸线是办理各类货物装卸作业时车辆停留的线路。

1)装卸线总有效长度

装卸线的装卸有效长度是指可以用做装卸货物的线路长度,影响货物装卸线总有效长度的因素:

(1)日平均装卸车数;

(2)每昼夜取送车次数及车组长度;

(3)货位周转时间;

(4)装卸线一侧或两侧的货位排数;

(5)装卸能力及短途搬运能力。

2)装卸线总有效长度的计算

货物装卸线总有效长度 $L_{铁}$,除应满足平均一次来车的长度外,还应保证货物装卸线两侧有足够的货位,因此,应算出二者需要的长度,选择其较大者作为货物装卸线总有效长度。

(1)平均一次来车需要的长度 $L_{铁}$ 可按式(5-2)计算:

$$L_{铁} = \frac{Q \cdot a \cdot l}{365q \cdot c} \quad (m) \tag{5-2}$$

式中:Q——年货运量,t;

a——货物到发波动系数;

l——车辆平均长度,m,一般采用 14m;

q——货车平均净载重,t;

c——每昼夜取送车次数，一般采用1～4次。

如货物按不同品类的货物划分货区时，应分别按该类货物的不平衡系数及货车平均净载重来计算货物装卸线总有效长度。

(2)存放货物需要的场地长度 $L_{货}$ 可按下式计算：

$$L_{货}=\frac{F}{d}=\frac{Q\cdot a\cdot T}{365P\cdot d}\quad (\mathrm{m})\qquad(5\text{-}3)$$

式中：F——存放货物需要的面积，m^2；

d——货物装卸线一侧或两侧货位总宽度，m；

T——货位周转期，d；

P——每平方平均堆放货物的吨数，t，包括辅助面积增加系数。

$L_{货}$——还可用下式计算：

$$L_{货}=\frac{Q\cdot a\cdot l\cdot T}{365q\cdot n}\quad (\mathrm{m})\qquad(5\text{-}4)$$

n——货物装卸线一侧或两侧的货位排数(即一个车长范围内所容纳的货位个数)。人力装卸一般可按一侧一排；机械装卸根据起重机伸臂长度或跨距而定；散堆装货位、地货位、滑坡式和跨线漏斗式高站台等根据容纳车数而定。

如取送车周期大于货位周转期，即第一次来车卸下货物所占货位在第二次来车之前已经腾空时，货位周转期和货位排数就起控制作用，此时，货物装卸线总有效长度取决于平均一次送来的车组长度，因此，只要计算 $L_{铁}$ 即可。

当滑坡式或跨线漏斗式高站台采用一次来车分批连续装车时，货物装卸线有效长 $L_{线}$ 应按下式计算：

$$L_{线}=(2n-1)L_{高}\quad (\mathrm{m})\qquad(5\text{-}5)$$

式中：n——分批装车的批数；

$L_{高}$——高站台修建的长度，m。

3)各种装卸线的有效长度

每条装卸线的有效长度应根据装卸作业的性质、繁忙程度、装卸车作业组织办法、装卸机械的类型及仓库布置和地形条件等因素来确定。下述各种货物线装卸有效长度，可供大中型货场设计时参考。

(1)仓库站台线应与仓库站台的布置形式和采用的仓库、站台长度相配合。

①直线形仓库装卸线有效长度，一般以容纳10～15车为宜，即120～140m. 当仓库分节布置时，应根据需要确定。

②阶梯形仓库装卸线有效长度，一般以容纳5～7车为宜，即70～100m。

③跨线式仓库货物装卸线有效长，一般以210m左右为宜。

④露天站台装卸线有效长，应根据需要确定。

(2)笨重货物装卸线有效长，应与装卸机械的能力及台数相配合。

(3)散堆装货物装卸线有效长，应适应运输方案组织大宗散堆装货物直达成组运输的特点，结合装卸设备能力确定，当运量很大时，根据需要可采用半列或整列车长。

根据实践经验，几种大型机械作业线的装卸有效长度可参照表5-15确定。

大型机械作业线的装卸有效长度表　　表 5-15

采用装卸机械类型	在一条作业线上设置机械台数(台)	一般装卸有效长度(m)
门式起重机	1	100
	2	140
链斗式联合卸车机或螺旋卸煤机	1	210
	2	根据需要

注:1. 本表数字可根据货场布置及作业需要适当增减;

2. 装卸有效长度是指装卸机械作业范围内的长度。

4)装卸线的设置要求

装卸线分为尽头式与贯通式两种,装卸线一般选用平行式或部分平行式布置为宜,亦可根据当地条件,采用其他布置形式。

装卸线终点(即车档)至最近车辆中心的安全距离应不小于 17m。

2. 存车线

存车线主要为选编车组和临时存放车辆而用。

存车线的设置,应根据货场运量和作业性质的复杂程度、车站与货场设备间的距离和作业能力及经济合理性确定。当货场运量较大或车站作业较忙而不能为货场按指定装卸地点进行过细的选编车组时,在货场内应设置存车线,并兼顾待卸车、换装整理车及其他车辆临时存放用。

此类存车线的设置地点一般在货场头部或咽喉区出岔为宜。在个别情况下亦可设在繁忙的货区,作为该货区调车及选编车组顺序而用。当有条件可利用其他装卸线头部或空线进行调车作业时,可不设置存车线。存车线的有效长度,应根据一次送来的车数和采用的调车方法,结合当地地形条件综合考虑而定。

3. 牵出线

牵出线的设置可根据货场与车站的相互位置、货场与车站联络线的平纵断面条件,有无专用调车及和货场作业量而定。符合下列情况者可考虑设置牵出线:

(1)单线铁路平行运行图对数在 24 对以上,双线铁路采用半自动闭塞或自动闭塞平行运行图列车对数分别在 54 对或 66 对以上,且调车作业量较大或平行运行图列车对数低于上述数字,而调车作业量很大的中间站,均应设置牵出线。

(2)货场与车站纵列布置,如相距较远,联络线上又有铁路专用线接轨且运量较大,或联络线平纵断面条件不利于调车时。

(3)货场与车站横列布置,如车站牵出线作业繁忙,货场取送车有频繁,并配备专用调机时。

(4)货场位于车站调车场的对侧,而且货场调车作业比较繁忙,并没有其他线路可供货场牵出调车时。

货场牵出线的有效长度,一般应按取送车组的需要长度确定,不宜小于该区段运行的货物列车长度的一半。在困难条件下,货场牵出线不应小于 200m。

4. 轨道衡线

轨道衡线是装有轨道衡设备,专门用来衡重量、空车重量的线路,在工业站、国境站、港湾站及某些需要用轨道衡检斤的货场内,应设有轨道衡。轨道衡和轨道衡线的设置位置如图 5-25 所示,其位置应保证车辆进入轨道衡及从轨道衡到装卸地点作业的流水性,避免货车为了检斤而产生折返进行。一般应设在货场出入口或通往装卸地点的咽喉区。

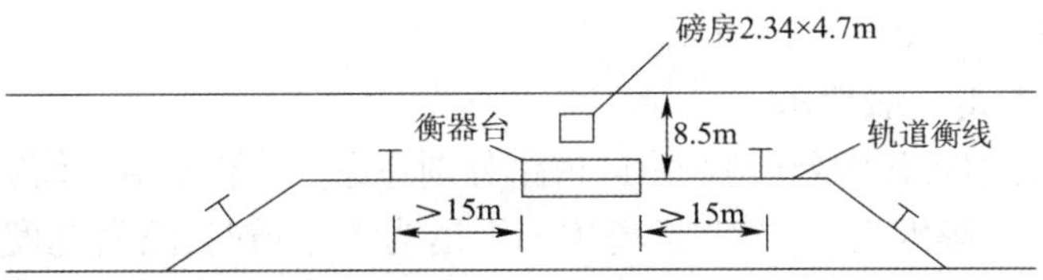

图5-25 轨道衡线

轨道衡线为通过式，轨道衡及其两端不小于15m的一段线路均应为直线，并严格保持水平。大组车连续检斤的轨道衡线，如地形条件不受限制时，轨道衡两端应各设不小于50m的水平直线。轨道衡与相邻线路间如设有磅房时，其线路间距不应小于8.5m。

5.2.5 货场道路

货场是铁路运输与城市短途搬运的衔接点。在配置货场是要给短途搬运创造便利条件保证货场有足够的进出货能力。

1. 货场道路布置的一般要求

(1)货场道路布置要密切配合城市规划，与市区、城镇道路要有便捷的联系。

(2)货场道路标准，应根据使用需要和不同的交通量，选定其等级。

(3)道路的形式应使各货区的调车作业与短途搬运车辆行驶互不干扰。主要干道一般应采用环形布置，支道根据实际情况可设计为尽头式布置。

(4)货场道路设计应与货场排水、场地硬面化综合考虑。

2. 货场道路平面布置

站场汽车道路边缘至相邻建筑物的最小距离不宜小于表5-16的规定。

道路边缘至相邻建筑物的最小距离　　表5-16

序号	相邻建筑物名称			最小距离(m)
1	建筑物的外墙面	建筑物面向道路一侧无出入口时		1.5
		建筑物面向道路一侧有出入口，但无汽车引道时		3.0
		建筑物面向道路一侧有出入口，且有汽车引道时	连接引道的道路为单车道	8.0
			连接引道的道路双单车道	6.0
		有电瓶车出入口时		4.5
2	站台边缘	汽车平行站台停放		4.0
		汽车垂直站台停放		10.5
3	铁路中心线			3.75
4	围墙	当围墙有汽车出入口时，出入口附近		6.0
		当围墙无汽车出入口时	需设围墙照明电杆时	2.0
			不设围墙照明电杆时	1.5
5	管线支架			1.0
6	车档及走行轨			3.0
7	树木	乔木		1.0
		灌木		0.5

注：1. 表列最小距离，单独修建的站场道路自路肩边缘算起，其他站场道路自路面边缘算起；
2. 当站场道路与建筑物之间设有边沟，管线等或进行绿化时，应按需要确定其最小距离；
3. 地形困难和装卸量较少时，站台边缘汽车垂直站台停放的最小距离可采用8m。

3. 货场道路、围墙及出入口的布置

1)货场道路布置得一般要求

货场道路路面宽度应按主要干道和货区道路分别考虑。主要干道路面宽度决定与搬运车辆类型、交通量、运行方式等因素,大中型货场主要干道为4车道时,路面宽度为14m,3车道时为10.5m,2车道时为7m。货区道路路面宽度不小于6m。小型货场道路路面宽度根据具体情况确定。

货场内道路与城市道路应有方便的联系。

进出货场的通路以分开为宜,一般按双车道设计。但要根据货场类型、出入口数目和交通量情况,设计单车道或多车道。道路的布置形式分环形、尽头式或混合式(环形与尽头式)。

货场内道路在跨越铁路线路时,应尽量在警冲标外方跨过,在紧接平过道两端的纵坡不宜过陡,在困难情况下亦不得大于6%。

为了方便消防车通行的要求,道路宽度不应小于3.5m。

道路边缘距线路中心线不应小于3.75m;至围墙或房屋外侧一般为1.5m,至围墙或房屋的入口处一般为7.0m,如在困难条件下可以酌情缩减。

2)货场围墙的设置

为了加强货场的管理,保证货物作业安全,大、中型货场应设置围墙,其高度不宜小于2.0m,建筑材料以就地取材为原则。

3)货场出入口的布置

货场出入口一般应分开设置。出入口的数量应根据货场作业量、交通量货区布置和城市道路的衔接等因素确定。一般小型货场可设置一个出入口,大中型货场以设置2~3个出入口为宜。

4. 货场排水

货场排水包括雨水、融化雪水等地面水,货车洗刷消毒的废水、加冰制冰废水等生产废水,地下水及生活污水的排除。几方面应综合考虑、互相配合,以达到场地排水畅通的目的。

货场排水有纵向、横向坡度排水和明沟、暗沟、盖板沟排水等几种方式。货场排水设施应本着排水设备与道路硬面化相结合,货区排水支沟与全货场排水沟相结合,场内排水系统与城市排水系统相结合等原则综合考虑布置。

5.2.6 货场平面布置及配置图

1. 货场布置的要求

(1)货场在站内的布置应保证取送车及管理的便利,且不妨碍车站的发展。

(2)货场的布置要便于为托运人,收货人服务,与其他运输方式又方便的联系;应优先发展集装箱货场,不宜修建专业性零担货场。

(3)有军用货物装卸任务量时,军用货物装卸线可与铁路货物装卸线合并设置。

(4)货场布置要考虑采用先进的装卸设备和安全计量检测设备;要有足够的用地布置各项设备,并应考虑远期的发展。

(5)要有良好的排水条件。

(6)应与城市规划配合,并符合消防安全和卫生要求。

(7)货场各项设备的布置应力求紧凑,充分利用场地有效面积,如系改建货场应充分利用既有设备,以减少工程投资。

(8)配线与其他设备的布置应保证办理货物作业及调车作业的技术作业过程最为合理以减少调机走行时间和缩短搬运车辆在场内的走行距离。

(9)在进行检查及交付货物时,便于搬运车辆的停留。

2. 货区划分及相互配置

综合性货场可根据货物品类、作业量、作业性质和货场管理的需要,划分为包装成件货区、长大笨重及集装箱货区、散堆装货区、牲畜装卸货区、危险品货区及其他货物作业区。在大型货场内亦可按货物的到达、发送和中转划分作业区。办理水路联运业务的货场,水运货区和陆运货区应分开设置。

各货区的相互位置应根据货场的具体情况进行布置,一般可按下列要求考虑:

(1)包装成件货区应离开散堆装货区,以避免散堆装货物灰尘污染,并尽量在两货区中间布置长大笨重和集装箱货区,以起隔离作用。

(2)集装箱货区尽量靠近长大笨重货区,宜布置在包装成件货区和长大笨重货区或粗杂货区之间。

(3)散堆装货区,应尽量设在货场外侧,并在下风方向,以改善货物卫生条件防止污染其他货物。

(4)危险品货区和牲畜货区,应符合消防安全及卫生防疫部门的规定,布置在远离其他货区和生产办公及生活设施的地方。

3. 房屋布置要求

货运办公室的位置一般应设在货场的进口处,一面正对市区,一面通向货场,这样既便于托运人、收货人办理承运和交付手续,也便于货运票据的移交。

整车货运员办公室可设在仓库的端部和堆货场的适中地点。零担发送和到达交付货运员办公室可设在仓库的中部,零担中转计划货运员办公室可设在仓库的端部;零担中转分区货运员办公室应根据分区和货位管理的具体情况设在适当地点。

装卸工休息室宜分别设在各主要货区或靠近货运员办公室。

在货场出入口应设门卫室。

装卸机械维修组设置的位置,应保证装卸机具及时送到装卸工作地点,且不妨碍汽车运输。

电瓶或内燃叉车停放库、充电间、冲洗间和维修间的设置位置应与包装成件货区有便捷的通路联系,可布置在该货区的附近,亦可与装卸机械维修组合并设置。

集装箱修理间的位置宜靠近集装箱场地。

篷布修理所(组)的位置应考虑取送篷布方便,且有一定的晾晒场地。

食堂、浴室等生活房舍应设在货场办公室和装卸工人休息室附近的适中地点。

4. 货场布置图形及选择

货场布置图形可分为尽端式、贯通式及混合式3类。

(1)尽端式货场——装卸线为尽头式,如图5-26及图5-27所示。

优点:占地少,线路和汽车通路比较短,因而工程投资较省;易于结合地形特点及与城市的规划相配合;货场内道路与装卸线交叉少;货场扩建比较方便。

缺点:车辆取送作业均在货场一端进行,该端咽喉区的负担较重,取送作业与装卸作业有干扰。

采用条件：尽端式货场布置图宜在大中型综合性货场及配有调机的小型货场采用。

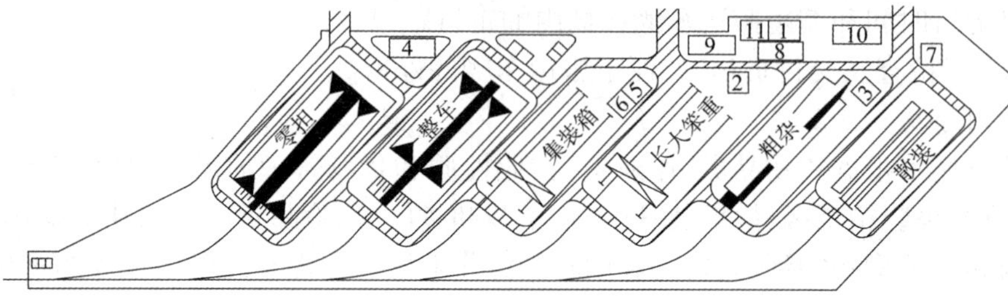

图 5-26　尽端式货场布置图(1)

1-货运营业楼；2-外勤货运员办公室；3-装卸工休息室；4-交叉停放充电间；5-装卸机械维修间；6-集装箱临修间；7-门卫房；8-食堂；9-茶炉房；10-浴室；11-岗楼

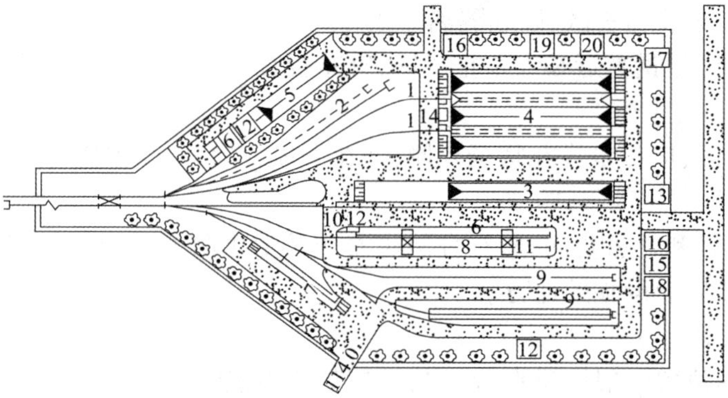

图 5-27　尽端式货场布置图(2)

1-货物线；2-预留存车线；3-仓库；4-危险货物仓库及站台；5-站台；6-笨重货场场地；7-地货位；8-货运员办公室；9-门卫室；10-叉车停放、临修及充电式；11-装卸工休息室；12-浴室；13-食堂；14-货运室；15-装卸机械维修组

(2)贯通式货场——装卸为两端贯通如图 5-28 所示。

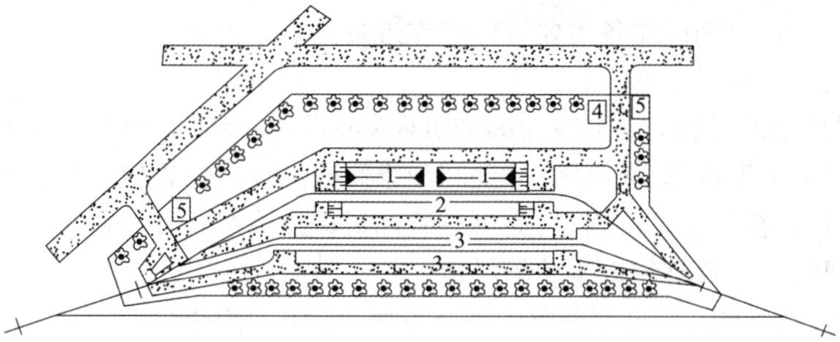

图 5-28　中间站贯通式货场布置图

1-货物线；2-站台；3-仓库；4-货位；5-站线

优点：取送车作业可在货场两端同时进行，互不干扰；有可能利用装卸线接发列车，办理整列(或成组)装卸，提高作业效率。

缺点：占地和铺轨均比尽端式货场大，工程投资相应也大；因装卸线一般较长，增加零星车辆去送行程，货场道路与装卸线交叉处多，取送调车与搬运车辆相互干扰。

采用条件：贯通式货场布置图适用于运量大、品种单纯，在城市规划与地形条件允许的情况下,有条件组织整列和成组装卸作业的专业性货场,以及运量不大且有本务机车担当调车作业的小型货场。

(3)混合式货场——装卸线部分为尽头式,部分为贯通式,如图5-29所示。

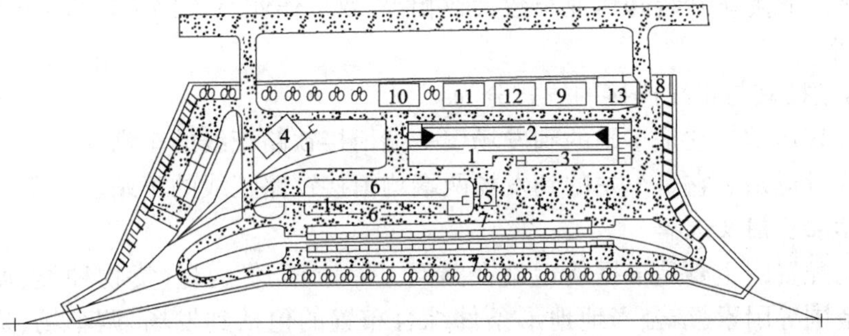

图5-29 混合式货场布置图

1-货物线;2-仓库;3-危险货物仓库及站台;4-牲畜棚;5-站台;6-长达笨重货物场地;7-低货位;8-门卫;9-装卸工人休息室;10-装卸机维修组;11-叉车停放、保养及充电间;12-浴室、食堂;13-货运办公室

优点:它具有尽端式与贯通式货场的优点,根据货物品类、车组长度及作业方法,可分别修建成贯通式和尽头式线路。

缺点:占地和工程费用比尽端式货场大,并具有尽端式与贯通式货场的一些缺点。

采用条件:当包装成件货物和长大笨重货物运量较小时采用尽头线,布置在靠近城市一侧。散堆装货物运量较大,有条件组织直达列车或大组车两取送作业时,可采用贯通式线路,布置在靠近车场的一侧。这种布置图一般多在装卸量较大的中间站货场采用。

5.2.7 货运站的分类及配置图

货运站是专门办理货运业务或以办理货运业务为主的车站。铁路运输货物必须由货运站办理一定的货运作业。因此,货运站是铁路运输不可缺少的生产单位。例如,为办理货物的承运、装卸、交付、中转和联运货物的换装而修建的车站,或为专用线、专用铁路作业服务而设置的车站。这种车站的货运业务量很大,特别是在大城市或大枢纽内,货运站的分布、配置及其工作组织,对工农业生产、托运人和收货人服务以及对运输组织工作、城市规划等都有密切关系。

1. 货运站的分类

(1)货运站按其办理货物的种类及服务对象可分为:

①综合性货运站。它是办理多种品类货物作业的车站。此类车站主要为城市、工厂、企业、机关及居民服务。办理各种不同种类的整车、零担货物的发送及到达作业和与车站相连接的工业企业线、岔线的作业。车站内一般都有较大的货场。

②专业性货运站。它是办理单一品类货物作业的车站。办理的货物主要是大宗货物如煤、木材、矿石、矿物性建筑材料或危险货物等。

(2)货运站按其办理作业的性质可分为:

①装车站。此类车站装车作业大于卸车作业,经常需要大量空车。它办理大宗货物的发送,如煤、木材、矿石、石油、矿物性建筑材料、粮谷等。

②卸车站。此类车站卸车作业大于装车作业,经常排出大量空车。某些位于工业企业(如钢铁、石油等)附近的货运站及位于大城市的综合性货运站,大部属于卸车站。其办理的货物主要是燃料、原料等。

③装卸站。此类车站装卸作业车数大致相等,双重作业所占比重较大,对提高货物运输作业效率有利。

(3)货运站按其与正线连接的方式分为:

①尽头式货运站。它是车站的到发场仅一端衔接铁路正线的车站。

②通过式货运站。它是车站的到发场两端均衔接铁路正线的车站。

2. 货运站配置图及选择

货运站的配置图主要是根据货运站在路网上的位置、货运量、货物种类、城市布局和车站货流吸引范围等因素,结合当地地形条件综合布置的包括到发场、调车场、货场及其他设备的车站图。在铁路枢纽内的货运站,确定配置图时还应考虑枢纽总体规划、货运站与编组站之间的联结方式、货运站专门化的要求等因素。货运站主要是由车场和货场组成。

根据平面布置图型,按车场的布置形式可分为尽端式货运站与通过式货运站;按货场与车场的相互配置,货运站又可分为横列式与纵列式两种。

1)横列式货运站

它是车场与货场横向布置的货运站。这类货运站按货场的配置图又可分为:

(1)具有尽端式货场的横列式货运站。这种配置图布置紧凑占地面积小,牵出线调车和正线货物列车到发可平行作业,但选编车组和货场取送车时折返调车行程较长。

这种配置图适用于大城市中的通过式综合性货运站。

(2)具有通过式货场的横列式货运站。这种配置图可以从两端取送车,因而可以避免取送车作业与装卸作业的干扰,但选编车组和货场取送车时折返调车行程也较长。

这种配置图适用于办理货物品类比较单一的大宗货物作业的通过式专业货运站。

2)纵列式货运站

它是车场与货场纵向布置的货运站。这类货运站按货场的配置图又可分为:

(1)具有尽端式货场的纵列式货运站。这种配置图适用于大城市中的综合性货运站。如图5-30所示。

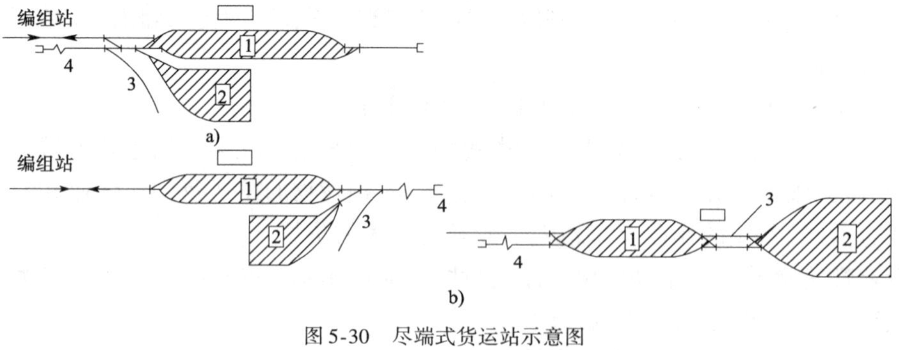

图5-30　尽端式货运站示意图

1-到发场及调车场;2-货场;3-铁路专用线;4-牵出线

(2)具有通过式货场的纵列式货运站。这种配置图使用于办理大宗货物的专业性货运站。如图5-31所示。

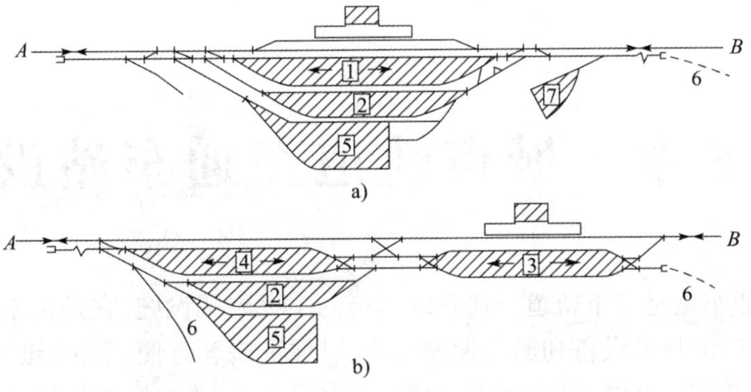

图5-31　通过式货运站示意图

1-到发场;2-调车场;3-到达场;4-编发场;5-货场;6-专用场;7-车辆检修设备

纵列式货运站与横列式货运站比较,有一定的优点。因货场与车场纵向布置,车站调车作业与向货场取送车可分别在车站两端进行,所以作业能力较大,且向货场取送车不需折返走行,可缩短调车行程;货场与车场纵向布置,货场可深入市区或接近工业区,服务半径大,与城市交通联系方便,可以缩短短途搬运距离。

但这种配置图占地较窄较长,只适用于狭长的地形,但不便于管理。

思　考　题

1. 客运站的作业主要有哪些?

2. 客运站按其布置图型可分为哪几种?各自的优缺点是什么?

3. 站前广场的用途是什么?

4. 客车整备所的设置地点有哪些?

5. 跨线设备的设置原则?

6. 旅客站台设置要求?

7. 货运站的配置图型有几种?各有什么优缺点?

8. 在什么条件下采用堆货场、货场站台、仓库和货棚?

9. 铁路常用的装卸机械有哪些?各种装卸机械的采用条件是什么?

10. 综合性货场一般如何划分货区?各货区的相互配置原则是什么?

11. B站拟新建整车发送仓库一座,预测近期该站整车成件包装货物年度发送量为150000t,其中有20%在专用线发送,在货场内货场直接换装的比重为5%,发送货物的运量波动系数为1.4,该整车发送仓库的单位面积堆货量为0.7t/m^2,平均堆存期为5d。该仓库的设计宽度为15m。要求:

①计算该整车发送仓库的需要面积;

②确定该整车发送仓库的设计规格。

第6章　城市轨道交通车站设计

城市轨道交通车站是城市轨道交通系统运行的主要附属设施，它是供旅客乘降、换乘和候车的场所，配备相应的技术设备和运营管理系统，以保证旅客方便、安全、迅速地进出站和轨道交通的安全运行；并有良好的通风、照明、卫生、防灾设备等，为旅客提供舒适、清洁的环境。同时，还可具有购物、休闲等商业服务用途。作为大容量交通方式的城市轨道交通，其车站的选址、布置和规模等不仅影响轨道交通的运营效益、效率，而且影响城市文明建设和景观。

6.1　城市轨道交通车站的功能、分类及组成

6.1.1　城市轨道交通车站的功能及分类

1. 车站的功能

概括地说，城市轨道交通车站的功能可以分为3个层次，具体如表6-1所示。

车站功能　　表6-1

功能层次	功能要求	功能设施
基本功能	最便捷地集散客流	站台、通道（楼梯、扶梯）、站厅、走廊、售检票设备等
辅助功能	最有效地保证运行	设备用房、管理用房
扩展功能	最有效地利用土地资源的区位优势	商业、餐饮业

2. 车站的分类

城市轨道交通车站按其所处位置、埋深、运营性质、结构横断面形式、集散能力、站台形式、服务对象和换乘方式等进行分类。

1）按车站与地面的相对位置分类

按车站与地面的相对位置可分为地下车站、地面车站和高架车站，如图6-1所示。

车站分类

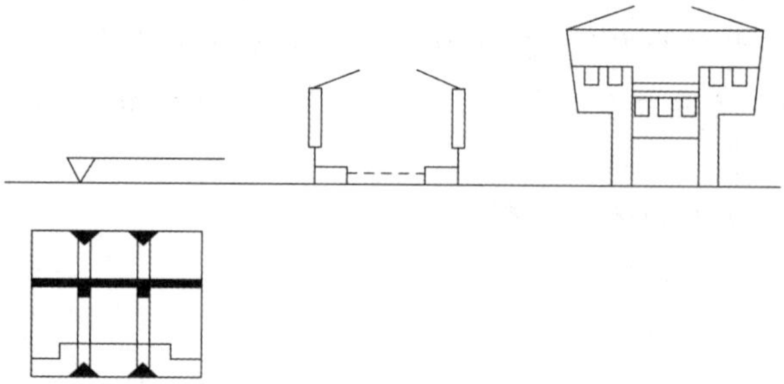

a)地下车站　　b)地面车站　　c)高架车站

图6-1　车站与地面的相对位置示意图

2)按地下车站的埋深分类

按地下车站埋深的不同可分为浅埋车站和埋深车站。

(1)浅埋车站:车站轨顶至地表距离在20m以内,一般采用明挖法或盖挖法施工。

(2)深埋车站:车站轨顶至地表距离在20m以上,一般采用暗挖法施工。

3)按车站运营性质分类

按车站的运营性质可分为中间站、区域站、联运站、换乘站、枢纽站、终点(始发)站、车辆段。

(1)中间站。中间站是轨道交通线路中最常见的一种车站,仅供乘客上下车之用,功能单一,尤其是在轨道交通路网建设初期,线路交叉点数目不多的时候。

(2)区域站。区域站是设在两种不同行车密度交界处的车站,设有折返线和相应设备。当轨道交通线路在地域上表现客流不均衡时,为了在满足乘客需求的同时提高运营效率,可按客流量安排行车密度,中间设置区域站,使列车在站内折返或停车。有了区域站就可以在与之邻接的两个区段上组织不同密度的行车,一般在城市商业区的行车区段密度较高,而至郊区的行车区段密度较低。区域站设置除了应根据客流的需求和满足行车组织需求外,还应考虑乘坐折返列车的乘客换乘的方便性。

(3)联运站。联运站是指单向具有一条以上停车线的中间站,各站台之间可用天桥或隧道相联系,因此亦可起换乘站的作用。一般在线路上每隔几个中间站便会设一个联运站,具有中间站及换乘站的双重功能。

(4)换乘站。换乘站是位于两条及两条以上线路交叉点上,能够使乘客从一线到另一线换乘的车站。它除了配备供乘客上下车的站台、楼梯或电梯之外,还要配备供乘客由一线站台至另一线站台的设施。

(5)枢纽站。枢纽站位于轨道交通两条或多条线路交叉的地方,可以在两个或多个方向上接车和发车,用于多条线路之间的换乘,以及轨道交通与其他交通方式之间的换乘。

(6)终点(始发)站。终点(始发)站除了供乘客上下车外,还用于列车折返及停留,因此终点(始发)站一般设有多股停车线。如果后期线路需要延长时,则终点(始发)站可作为中间站或区域站来使用。

(7)车辆段和停车场。轨道交通车辆段分为检修车辆段(简称车辆段)或停放车辆段(简称停车场)。在车辆段配备了必要的停车线及检修设备,列车可以在这里进行试运转、段内编组、调车、停放、日常检查、一般故障处理和清扫洗刷,还可以进行车辆的技术检查、月修、定修、架修和临修等作业。与车辆段相比,停车场是一种简易的车辆段,线路数目和检修设备较少,不能进行定修、架修和月修等技术作业。

4)按车站横断面形式分类

按地下车站结构横断面形式分,主要有以下3种:

(1)矩形断面:车站中常选用的形式,一般用于浅埋车站,可设计成单层、双层或多层,跨度可选用单跨、双跨、三跨及多跨的形式,如图6-2中的a)~f)所示。

(2)拱形断面:多用于深埋车站,有单拱和多跨连拱等形式。单拱断面由于中部起拱、高度较高,两侧拱脚处相对较低,中间无柱,因此建筑空间显得高大宽阔,如建筑处理得当,常会得到理想的建筑艺术效果,如图 6-2 中的 g)、h)所示。

(3)圆形断面:用于深埋盾构法施工的车站,如图 6-2 中的 i) ~l)所示。

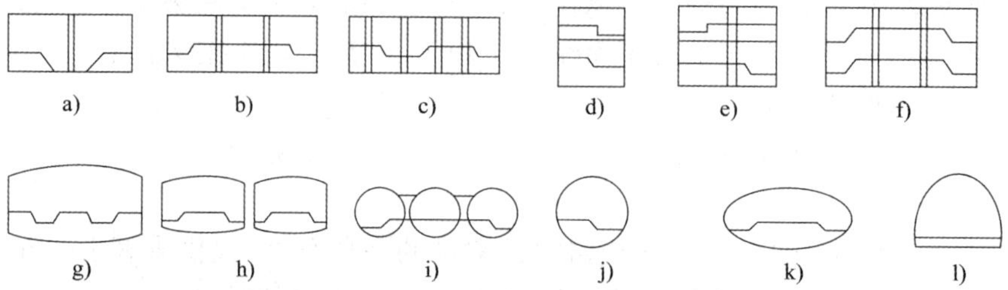

图 6-2　车站结构横断面形式示意图

5)按站台形式分类

(1)岛式车站。站台位于上下行车线路之间的站台布置形式称为岛式站台。具有岛式站台的车站称为岛式站台车站(简称岛式车站),如图 6-3a)所示,岛式车站是常用的一种车站形式,具有站台面积利用率高、能调剂客流、乘客中途改变乘车方向方便、车站管理集中、站台空间宽阔等优点,一般常用于客流量较大的车站。

(2)侧式车站。站台位于上下行车线路的两侧的站台布置形式称为侧式站台。具有侧式站台的车站称侧式车站,如图 6-3b)、d)所示。侧式车站站台上下行乘客可避免相互干扰、正线和站线间不设喇叭口,造价低、改建容易;但是,站台面积利用率低,不可调节双向客流,中途改变乘车方向需经地道或天桥,车站管理分散,站台空间不及岛式宽阔。因此,侧式站台多用于两个方向客流量较均匀(或流量不大)的车站或高架车站。

(3)岛、侧混合式车站。将岛式站台、侧式站台同设在一个车站内,称为岛、侧混合式站台车站(简称岛、侧混合式车站),如图 6-3c)所示。岛、侧混合式车站主要用于两侧站台换乘或列车折返,其站台可布置成一岛一侧式或一岛两侧式。

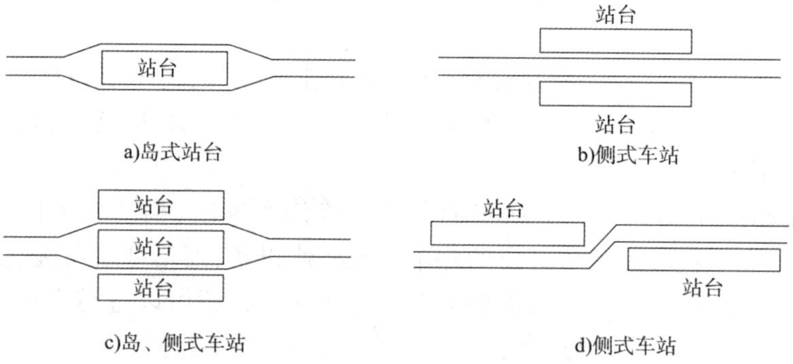

图 6-3　车站站台形式示意图

6.1.2　城市轨道交通车站的组成

车站是轨道交通客流的集散地,主要由出入口及通道、站厅层、站台层、车站用房四部分构成,但也有些简易车站无站厅层。

城市轨道交通车站组成

1. 出入口及通道

出入口及通道的主要作用是集疏客流,供乘客换乘其他交通或有轨交通之间的换乘之用；有些也兼有行人过街的作用。出入口是车站的门户，一般布置在靠近地面交通集疏点（如道路交叉口）、著名建筑物、商业区、住宅区等客流繁忙但相对隐蔽之处，如图6-4所示。出入口及通道规模与出入口的总设计乘客流量相关，一般以车站超高峰每小时的客流量乘以1.1～1.25的不均衡系数来确定。为方便乘客及疏散客流，一个车站有多个出入口，一般不少于2个。

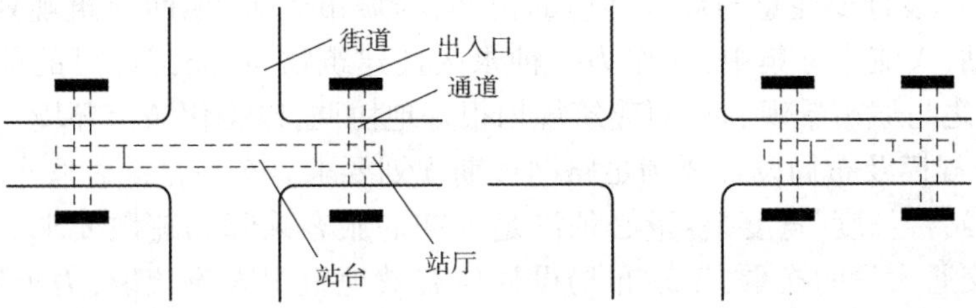

图6-4　车站出入口布置示意图

2. 站厅层

站厅是用于售票、检票，布置部分服务与控制设备的场所，是换乘列车的中转层，其主要作用是集散客流，为乘客提供售、检票等服务。站厅层一般分为付费区和非付费区。在站厅层的两端一般为设备用房、管理用房及生活用房。根据客流的大小，在不影响客流集散的情况下可以在站厅层设置商业用房。

3. 站台层

站台层是最直接体现车站功能的层面，主要作用是列车停靠、乘客候车及上下列车。站台的大小（长度、宽度）取决于远期预测的高峰小时的客流量。在站台层也有设备用房及管理用房，一般不设生活用房。

4. 车站用房

车站用房是安置各类设备、进行日常维修及保养设备之场所，主要包括设备用房、管理用房和生活用房三部分。

设备用房是安置各类设备、进行日常维修及保养设备之场所，主要分为环境控制机房、事故机房、通信机械室、信号机机械室、通信测试室、环控电控室、消防泵房等。

管理用房是车站工作人员的办公用房，包括车站控制室、站长室、票务室、业务室、广播室、会议室、值班室及警务办公室等。

生活用房也称辅助用房，是为保证车站工作人员正常工作生活所设置的日常生活用房，包括更衣室、休息室、茶水间、厕所等。生活用房在设计时一般只考虑给工作人员使用，一般不对外开放。

6.2　车站设计

城市轨道交通车站的总体设计，应妥善处理与城市规划、城市交通、地面建筑、地下管线、地下建筑物之间的关系。车站设计要保证乘客使用安全、方便，并具有良好的内部和外部环境条件。车站建筑设计应简洁、明快、大方、易于识别，体现现代交通建筑的特点。

6.2.1 车站设计原则

(1)车站站址须满足城市规划、城市交通规划及轨道交通路网规划的要求,并综合考虑该地区的地下管道线,工程地质,水文地质条件,地面建筑物的拆迁及改造的可能性等情况合理选定。

(2)车站总体设计要注意与周围环境的协调,与城市景观、地面建筑规划相协调。地处城市区域的车站,人流十分集中,而作为一种永久性建筑物,在经济许可的前提下改善车站的建筑设计,使之与城市景观和地面建筑规划很好地协调,以美化城市环境。

(3)车站的规模及布局设计要满足路网远期规划要求。车站是乘客候车、上下列车及列车停靠的场所,站台长度、宽度、容量必须满足远期的旅客乘降和疏散要求;车站客流集中,一般都与地面交通大量的换乘,车站布局设计应有效地组织人流疏散,力求换乘路径便捷,减少乘客的换乘距离。

(4)选择合适的车站形式,因地制宜并结合地面物业布置车站各类设备的空间,减少用地面积及空间规模,降低造价。

(5)贯彻以人为本的思想,需解决好通风、照明、卫生、防灾等问题,以提供乘客安全、快捷和舒适的乘降环境。

6.2.2 车站规模

轨道交通车站规模是指车站站台外廓尺寸、层数和车站用房面积的大小等。在进行车站总体布局之前,要确定车站规模。轨道交通车站规模主要根据车站远景预测客运量确定,包括日均乘降客流量、高峰小时乘客流量、所处位置的重要性、站内设备、车站用房面积和该地区远期发展规划等因素,其中客流量是最主要的因素。

轨道交通车站规模一般分为3个等级。在大城市和特大城市中,车站规模按3个等级设置;中等城市可设2个等级。表6-2和表6-3分别是轨道交通之地铁和轻轨车站规模等级。

轨道交通之地铁车站规模分级 表6-2

车站规模	适用范围
大型站	适用于客流量大、地处大型客流集散点、大型交通枢纽、大型商业中心以及地理位置十分重要的车站
中型站	适用于客流量较大、中型交通枢纽、地处市中心或较大居住区的车站
小型站	适用于客流量较小,地处郊区的车站

轨道交通之轻轨车站规模分级 表6-3

车站规模	日均乘客流量(万人次/日)	高峰小时乘降客流量(万人次/日)
特大型站	100以上	10.0
大型站	20~100	2.0~10.0
中型站	2~20	0.5~2.0
小型站	5以下	0.5以下

6.2.3　车站平面布局

车站平面布局主要是根据车站所在地周围的环境条件、轨道交通运营要求、城市有关部门对车站布局的要求、车站类型等因素来确定车站中心位置及车站外轮廓范围，合理布设车站出入口及通道、通风道等设施，同时还要处理好车站、出入口及通道、通风道及地面通风亭与城市建筑物、道路交通、地下过街通道或天桥、绿地等的关系，相互协调。

车站原则上由站台、站房、站厅、垂直交通及跨线设备等组成。其中站台是最基本的部分，不论车站的类型、性质有何不同，都必须设置；其余部分一般情况都会设置，但在某些特殊情况和在满足功能要求的前提下，某些部分可能被简略。

1. 流线分析

城市轨道交通乘客的构成比铁路、公路简单，乘客在车站停留时间短，且没有行李寄存与货物运输等问题；在一般车站中旅客运送方向也基本上是往返方向。因此，在车站乘客活动中形成的流线及车站服务设施都比较简单。但换乘站的旅客流线比较复杂，尤其是大型枢纽站。车站总体布局应按照乘客进出车站的活动顺序合理布置进出站的流线，使其不发生干扰，并要求流线简捷、通畅，为乘客创造便捷、舒适的乘降环境。图 6-5 为一般车站的旅客进出站活动流线。

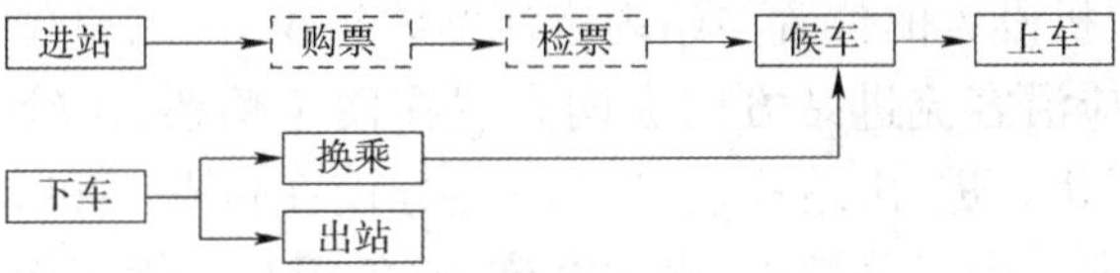

图 6-5　车站的旅客进、出站活动流线

流线分析

车站流线合理设计是公共区平面设计的一项重要内容，如：车站内部客流组织是否合理体现在车站公共区的布置上，售票机、检票机的设置位置对进出客流的流线组织起着关键作用，具体应遵循以下基本原则：售票机应布置在进站客流流线上，并不得干扰其他方向客流，而且留出乘客购票所必需的活动空间。检票机布置在付费区和非付费区交接处，进站检票机应与售票机及下行楼梯、扶梯配合设置，方便乘客进站；出站检票机应与上行楼梯、扶梯及出入口配合设置，方便乘客出站。

2. 站厅

站厅的作用是将进出站的乘客迅速、安全、方便地引导到站台乘车或使下车乘客从车站出入口迅速离开车站。站厅是乘客上下车的过渡空间，乘客在站厅办理上下车手续，因此站厅内要设置售检票及问讯等设施，在一定程度上会形成乘客聚集，起到分配和组织人流的作用。同时，站厅内还设有轨道交通运营设备和管理用房、升降设备等。站厅应有足够的面积，除考虑正常所需购票、检票及通行面积外，尚需考虑乘客短暂停留及特殊情况下紧急疏散的情况。

站厅的位置与车站埋深、人流集散情况、所处环境条件等因素有关。站厅的布置与车站类型，站台形式及布置有密切关系，主要有以下 4 种布置形式：

(1) 站厅位于车站一端，如图 6-6 中 a) 所示，该布置方式常用于终点站，且车站一端靠近城市主要道路的地面车站。

(2) 站厅位于车站两侧，如图 6-6 中 b) 所示，该布置方式常用于侧式车站，一般用于客流量不大的车站。

(3)站厅位于车站两端的上层或下层,如图6-6中c)所示,该布置方式常用于地下岛式车站及侧式车站站台的上层或高架车站站台的下层,客流量较大的车站多采用这种布置方式。

(4)站厅位于车站上层,如图6-6中d)所示,该布置方式常用于地下岛式车站和侧式车站,常用于客流量较大的情况。

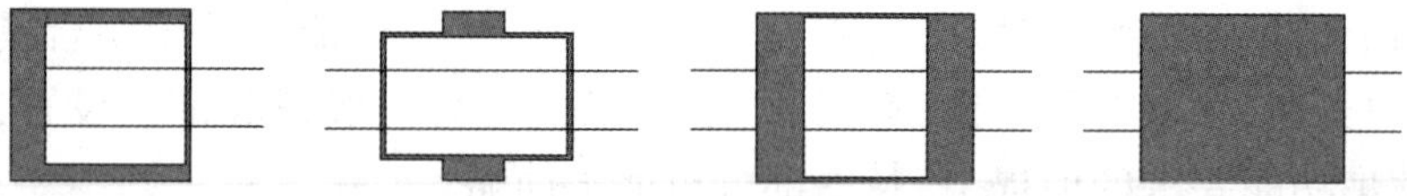

图6-6　站厅与车站相互关系的布置形式

按照车站运营和合理组织客流的需要,一般将站厅划分为付费区和非付费区两大区域。其中,付费区是指乘客须经购票、检票后方可进入的区域;非付费区也称免费区或公用区,乘客可以在本区内自由通行。付费区设有通往站台层的楼梯、自动扶梯、补票处等;在换乘站,需设有通向另一车站的换乘通道。非付费区设有售票、问询、公用电话等,必要时可增设金融、邮电、服务业等机构。

售票口和自动售票机设置的位置与站内客流路线组织、出入口位置、楼梯和自动扶梯的布置有密切关系,一般应沿客流进站方向纵向布置在便于购票、比较宽敞的地方、尽量减少与客流路线的交叉和干扰。进、出站检票口(机)应分设在付费区和非付费区之间的分界线上,且应垂直于客流方向。为了分散进、出站客流,避免相互干扰拥挤,通常进站检票口(机)布置在通往站台下行客流方向一侧;出站检票口(机)布置在站台层上行客流方向的一侧。如站厅位于整个车站上层时,应沿站厅一侧留一条通道,实现站厅两端非付费区之间的联系。

站厅内车站用房应集中设置,便于联系与管理;与乘客有联系的房间,如售票、问询、站长室、公安室等,应面向或邻近非付费区。

站厅面积主要由远期车站预测的客流量大小和车站的重要程度决定,一般除考虑正常所需购票、检票及通行面积外,还需考虑乘客做短暂停留及特殊情况,并留有适当发展余地。目前尚无固定的计算方法,一般根据经验和类比分析确定。

3.站台

站台是供乘客上下车及候车的场所,是轨道交通系统基础设施最重要的组成部分。它对于提供良好的运营起着重要作用。

1)站台长度

站台长度为站台总长度及站台计算长度两种。站台总长度是指每侧站台的总长度,根据站台层房间的布置以及位置确定。站台计算长度由车辆编组长度和允许停车不确定距离确定,即:

$$L = Nl + C \tag{6-1}$$

式中:L——站台长度,m;

N——列车编组数,节;

l——每节车平均长度，m；

C——允许停车不确定距离，m，一般为 4～10m。

列车编组数主要根据枢纽高峰小时客流量确定，即：

$$N=\frac{Qt}{3600p} \tag{6-2}$$

式中：Q——枢纽预测高峰小时客流量，人次；

t——最短列车间隔时间，s；

p——每节车厢平均容纳人数，人；

N——列车编组数，节。

对于远期列车编组在 6～8 辆的轨道交通系统，站台长度一般在 130～180m。例如，上海地铁 2 号线远期为 8 节编组，动车 22.8m，拖车 22.14m，允许停车不确定距离 8m，站台长度为 186m；上海轻轨明珠线列车 6 节编组时长度为 139.98m，允许停车不确定距离 4m，共 143.98m。

2）站台宽度

站台宽度主要根据车站远期预测高峰小时客流量大小、列车对数、结构横断面形式、站台形式、站房布置、楼梯及自动扶梯位置等因素综合考虑确定，并满足最小站台宽度要求。

岛式站台，楼梯及自动扶梯沿站台中间纵向布置，两侧布置侧站台；侧式站台，楼梯及自动扶梯、车站用房均可布置在站台计算长度范围以外，在此情况下站台宽度应满足乘客上下车、候车及进、出站通路所需面积的要求。

单拱结构车站，由于站内不设立柱，站台宽度不考虑立柱宽度尺寸；矩形断面车站，站台设有立柱，侧站台宽度应考虑立柱宽度尺寸。

（1）岛式站台宽度可按式（6-3）计算。

$$B_{\mathrm{d}}=2q\cdot p/l+2b+n\cdot 柱宽+(楼梯宽+自动扶梯宽)\geqslant B_{\mathrm{dmin}} \tag{6-3}$$

式中：B_{d}——岛式站台宽度，m；

q——远期每列车高峰小时上下车设计客流量之和，人；

n——站台横断面方向的立柱数；

p——站台上人流密度为 0.33～0.75m^2/人，通常取 0.5m^2/人；

l——站台有效长度，m；

b——站台边缘安全带宽度，地铁规范为 0.45m；

B_{dmin}——岛式站台允许最小宽度，地铁规范为 8m。

（2）侧式站台宽度可按式（6-4）计算。

$$B_{\mathrm{c}}=q\cdot p/l+b+b_i\geqslant B_{\mathrm{cmin}} \tag{6-4}$$

式中：B_{c}——侧式站台宽度，m；

b_i——乘客沿站台纵向流动宽度，m，一般为 2～3m；

B_{cmin}——无柱侧式站台允许最小宽度，m，地铁规范为 3.5m；

其他符号同式（6-3）。

一般侧式站台宽度为 4～6m，无立柱时偏小，有立柱时偏大。

为保证车站安全运营和安全疏散的基本需要，我国《地铁设计规范》（GB 50157—2003）中规定了车站站台的最小宽度尺寸，见表 6-4。

车站各部位最小宽度　表 6-4

车站站台形式		站台最小宽度(m)
岛式站台		8.0
多跨岛式车站的侧站台		2.0
无柱侧式车站的侧站台		3.5
有柱侧式车站的侧站台	柱外站台	2.0
	柱内站台	3.0
通道或天桥		2.5
出入口		2.5
楼梯		2.0

(3)站台高度。站台高度是指线路轨顶面至站台地面的高度。站台高度的确定主要根据车厢地板面距轨顶面的高度而定。

站台按高度可分为低站台和高站台,其选择需要与车型匹配。若站台与车厢地板高度相同,称为高站台,一般适用于流量较大、车站停车时间较短的场合,考虑到车辆满载时弹簧的挠度,高站台的设计高度一般低于车厢地板面 50 ~ 100mm;站台比车厢地板低时,称为低站台,适宜于流量不大的场合。

车站站台应考虑排水要求,站台横断面设 2% 的坡度,地下车站横断面可设 1% 的坡度。

(4)轨道中心与站台边缘距离。根据车辆类型确定的建筑限界给定了从轨道到站台边缘的距离,实际设计时还要考虑 10mm 左右的施工误差;若站台设在曲线上时,还需考虑加宽、超高、车辆偏移、倾斜的影响。轨道中心至站台边缘的距离 L 可按式(6-5)确定。

$$L_1 = L + E + 0.8C \tag{6-5}$$

式中:L_1——轨道中心到建筑限界边的距离,mm;

E——曲线总加宽,mm;

C——线路超高值,mm。

4. 站房

车站内运营管理、技术设备用房的组成和面积受组织管理体制、技术水平、设备设施及车站规模等级影响,变化较大,一般根据各专业的技术标准和设备选型情况,结合车站功能需要来确定。表 6-5 是根据我国目前地铁建设的实践,归纳总结后所提出的车站各类用房面积和位置。

车站用房参考表　表 6-5

站房名称	参考面积(m^2)	位置	站房名称	参考面积(m^2)	位置
站长室	10 ~ 15	站厅层、靠近控制室	售票处	每处 5 ~ 8	站厅层
车站控制室	25 ~ 35	站厅层客流大的一端	问讯及补票处	每处 2 ~ 3	靠近售票处
站务室	10 ~ 15	站厅层	乘务员休息室	10 ~ 15	无要求
会计室	20 ~ 30	站厅层	工区	10 ~ 15	按需要设置

续上表

站房名称	参考面积(m^2)	位 置	站房名称	参考面积(m^2)	位 置
行车主值班室	15～20	不设车站控制室时设在站厅层	牵引变电所	320～640	按需要设置在站台层
行车副值班室	8～10	站台层	降压变电所	130～210	一般设在站台层
安全保卫室	10～20	站厅层客流大的一端	环控及通风机室	1300～2000	站厅层两端或站台层
工作人员休息室	10～20	无要求	通信机械室	30～35	靠近车站控制室
更衣室	10～20	无要求	信号机械室	30～35	靠近车站控制室或与其合并
清扫员室	8～10	站厅层	防灾控制室	15～20	设在方便消防人员使用处
清扫工具室	2～6	站厅、站台各1处	消防泵室	50	设在方便消防人员使用处
盥洗室和开水间	10～15	站台层	污水泵室	20	厕所下方或附近
厕所	10～20	站台层	废水泵室	20	站台端部

5. 出入口、通道与扶梯

1)出入口

出入口对车站平面布局影响很大,有时甚至是决定性影响。出入口是乘客出入轨道交通车站的咽喉和由地下向地面逃生的最主要通路;另外出入口所处的位置好坏会影响集聚客流的数量,涉及城市轨道交通运行的效益;同时出入口的设置还有利于周边地面的商业兴旺,所以许多商厦可以直接从地铁出入口进入。

出入口的位置在总平面设计时要经过多方面的协调,以取得最佳效益。一方面要考虑到地下通道的顺畅,同时又不宜过长;另一方面也要考虑能均匀地、尽量多地吸纳地面客流。因此出入口常设于交叉口并结合考虑地面商业建筑位置。设置在地面建筑内的地铁出入口,出于其内部空间的限制,主要考虑其楼梯的位置与形式及客流路线与商厦界限的可分可合,并满足地铁出入口本身的特殊防洪要求。一般出入口地面高程比室外人行道高程高出450mm,出入口还必须设置防洪隔板以防特大洪水的侵袭,出入口的立面造型由整体地面建筑决定,但要有明显的地铁车站标志。独立的地铁出入口建筑形象必须具有鲜明的特征,通常同条线上各车站出入口在建筑风格和结构上应既有共性,又有个性。

地下车站出入口平面形式一般有一字形、L形、T形3种基本形式和由基本形式演变的其他形式。

车站的出入口数量可根据进出站客流的数量以及方向确定,首先要满足进出站客流的通过能力,其次应尽可能照顾各个方向的客流,以方便乘客进出站。现行《地铁设计规范》规定:"车站出入口的数量,应根据吸引与疏散客流的要求设置,但不得少于两个"。

2)通道与楼梯

车站内的楼梯、自动扶梯、自动人行道和步行通道用于连接地面大厅和地下或地上车站以及车站内各个独立的站台,是车站的重要组成部分之一。一般来说,换乘时间与换乘路线上所有的通道、自动扶梯、楼梯总长度成正比;另一方面,换乘时间还取决于站台、步行通道、自动扶梯、楼梯等的通过能力是否适应换乘客运量的要求。因此,在车站内部空间规划布局时,应力求站厅、站台、出入口和楼梯、自动扶梯、自动人行道、通道、售票口(机)、检票口(机)等部位的通过能力相互适应,减少拥堵和换乘时间。

车站内的楼梯、自动扶梯、自动人行道和步行通道的宽度和数量根据通过能力确定。车站的通过能力应按远景超高峰换乘客流量确定,取高峰小时换乘客流量的1.2~1.4倍。通过能力确定后,首先计算出楼梯的总宽度,然后根据站台候车的有效长度确定其数量,上下兼顾,均衡布置,力求使换乘客流均匀地分布到换乘的每一个环节。车站内的楼梯、自动扶梯、自动人行道和步行通道的最大通过能力可参见表6-6。

车站各部位的最大通过能力 表6-6

部位名称		每小时通过人数(人次)
1m宽通道	单向通行	5000
	双向混行	4000
1m宽楼梯	单向下楼	4200
	单向上楼	3700
	双向混行	3200
1m宽自动扶梯		8100
1m宽自动人行道		9600
人工检票口(月票)		3600
人口检票口(车票)		2600
自动检票机		1800
人工检票口		1200
半自动售票机		900
自动售票机		600

6. 风亭、风道

风亭、风道的面积取决于当地气候条件、环控通风方式和车站客流量等因素,由环控专业计算确定。

地面风亭是通风道在地面出入口部位的建筑物,主要作用是新鲜空气的采集和排风。地面通风亭一般均设有顶盖及围护场地,墙上设一道门,供运送设备使用;大小主要根据通风量及风口数量决定;位置应选在空气良好无污染的地方,可设计成独建式或合建式,并尽量与周围环境相协调。

车站通风道的数量取决于当地条件、车站规模、温湿度标准等因素,按环控要求确定,一般设两个通风道。若地下车站附设有地下商场等公用设施,应根据具体情况增设通风道。车站通风道的平面形式及断面尺寸应根据环控要求、车站所在地的环境条件、道路及建筑物设置情况等因素综合考虑决定。站内通风管道位置一般设在车站吊顶内或站台层站台板下的空间内。

6.3　案例：深圳地铁1号线华强路站设计

1. 工程概况

深圳地铁1号线的华强路站位于深南大道与华强路交叉口西侧的深南大道地下，是1号线的中间站，10m岛式站台，地下两层，顺长布置。

2. 边界制约条件

1）周边规划

车站北侧有上海宾馆、天虹商场、佳和大厦、华强公司、赛格广场；南侧有福田大厦、国科大厦、北方大厦等建筑物。华强路站总平面布局如图6-7所示。

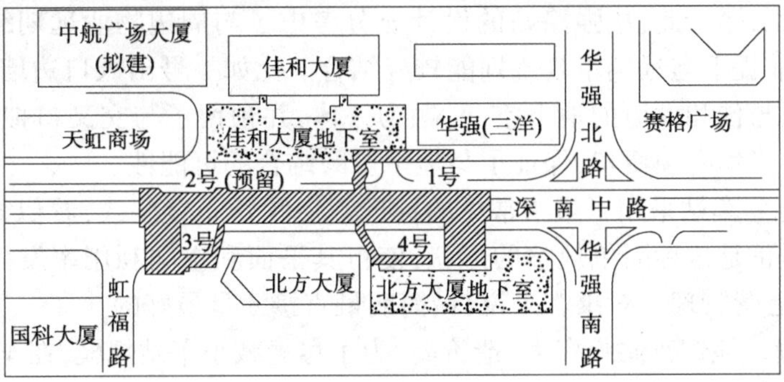

图6-7　华强路站总平面图

站位西侧为现状公交站点及换乘集中的地点，站位东端南北向的华强路是福田区的新兴商业街。

与车站有关的地下建筑主要有拟建中航广场地下室、佳和大厦地下室、华强（三洋）地下室、北方大厦东侧地下室。

2）地面交通

该站地处深圳市繁华路段，电子工业、商业都比较发达，地面交通十分繁忙，车流量较大。加之路口处设有完善的人行过街系统，人行交通和车辆交通交织在一起，使交叉口交通显得相当拥挤。

3）地下管道

车站所处路段地下管线众多，主要有雨水、污水、给水、电力、通信、煤气等管线，由于路两侧建筑（北方大厦、天虹商场）距道路较近，管线改移非常困难。

3. 设计原则

（1）符合线路要求，综合考虑城市规划、环境、交通、地下管线的需要。

（2）设计应达到安全可靠、技术先进、经济合理。

（3）车站规模除应满足远期设计客流集散量和运营管理的需要外，还应满足事故期间紧急疏散的需要。站内客流应组织顺畅、合理、交叉少。

（4）车站需具有良好的通风、照明、卫生、防灾及减少噪声等条件，保证乘客安全、舒适、方便、快捷地乘行、集散。

（5）车站平面布置适用、紧凑、合理，方便乘客集散和车站的运营管理。

(6)车站出入口、风亭、冷却塔与周围环境有机结合,充分考虑城市总体规划与环境保护要求。

4. 方案经验总结

1)成功经验

地铁工程是一项投资巨大、工艺复杂的大型市政工程,1 号线一期工程作为深圳市的首个地铁项目,政府、业主及设计院均给予了高度重视,整个工程项目取得成功,许多经验值得借鉴。

(1)交通疏解。为了尽量减少对交通及地下管线的影响,因地制宜地采用顺长管线布置标准双层岛式车站的建筑形式。

(2)物业结合。由于周边地块的地下空间物业开发项目无实质性方案,地铁工期紧迫,无法与之同期施工,鉴于此,华强路站的设计充分考虑了与周边物业远期结合的可行性,在满足现状规划的前提下与远期市政规划能较好结合。比如 1 号出入口边墙采用永久性可拆墙板形式,可打通与佳和大厦的地下空间,融为一体,并预留了与交叉口拟建过街通道的借口条件,其他出入口均有预留口,保证了与地下空间结合的可能性。

(3)使用功能。车站采用了最为常见的标准双层顺长布置型式,看似简单无奇,未追求所谓新奇别致,但正是这种简单规整的形状,使得其平面和空间利用率发挥到最大,方便乘客集散和车站的运营管理。对乘客来说,最简明最直接才是最好的。

(4)建筑布置。地铁车站投资大、造价高,为了尽量减小车站规模,在车站建筑布置上下了较大功夫,平面布置适用、紧凑、合理,基本没有富裕面积,这从图 6-8 可以看出。除此之外,在许多细节上也经过了认真推敲,比如出入口有自动扶梯的斜通道,在和扶梯厂家经过充分沟通后,取消了靠墙一侧的检修通道,每部扶梯占用宽度仅为 1.78m,从而有效控制了出入口规模。另外,取消了扶梯前端的检修机坑,利用扶梯前端自身盖板直接进入,不仅节省了土建费用,还给地面装修创造了有利条件。

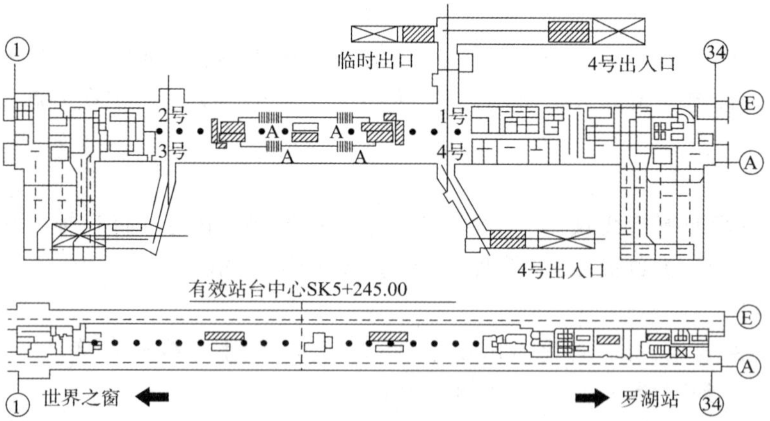

图 6-8 站厅、站台平面图

(5)出入口布置。一般地铁车站出入口的布置原则是:第一,满足客流需求,最大范围地吸引客流,为乘客提供方便快捷的服务,达到进站易、出站快的目的,这是最基本的功能要求,也是地铁最重要的价值体现;第二,有条件的情况下与周边物业充分结合,不仅可以节约投资,降低地铁造价,而且能够更广泛地吸引客流,做到互利互惠、相得益彰,这是地铁设计的重要原则之一,香港地铁在这方面是成功的典范;第三,可能的情况下尽量兼顾过街功能,与市政总体规划协调一致,充分体现"人性化"的一面,不仅方便地铁本身的客流出入,也方便了过街客流,这也是出入口具备的功能之一;第四,出入口的设置还必须满足在事故情况下的紧急疏散要求。

华强路站1号出入口充分预留了与佳和大厦地下室结合的条件,2号出入口初期预留,远期与佳和大厦及天虹商场地下物业开发同期结合修建,3号出入口与车站西端风亭结合,3、4号出入口也预留条件与北方大厦东、西两侧地下室结合。4个出入口均能兼顾过街功能。

2)不足之处

(1)站位选择。地铁作为客运交通设施,最主要和最基本的功能是运送旅客,其站位设置应做到最大限度和最大范围地吸引客流,站位选择应首先在满足客流需要的基础上再考虑上面提到的地铁的其他功能要求。从华强站周边规划分析,客流主要来源于以下几个方面:其一,因华强北路是深圳市重要的新兴商业街,商业非常发达,又有以赛格广场为首的亚洲最大的电子市场,华强北路方向的客流是车站的主要客流来源;另外,天虹商场及以西方向和公交车站的客流是地铁的另一主客流方向。这两部分客流占总客流的三分之二以上。

单从客流因素分析,华强路站最理想的站位是位于交叉路口的跨路口站位,可最大范围地吸引客流,充分发挥地铁功能,对地铁本身来说是最有利的站位。从其他方面来看,跨路口站位又可兼顾十字路口的过街功能,充分缓解此处由于人流密集造成的交通混乱状况,减少了此处需单独设置的人行过街设施,为国家节省了投资,满足市政总体规划要求。

鉴于当时的情况,没有采用跨路口站位的原因有以下几点:第一,路口处沿华强路方向有一埋深达6m左右的雨水管,改移困难,车站埋深将比现在建成的加大2m多;第二,站位周边规划并未完全定型,尤其是华强北路方向的商业和电子市场未成气候,不可与现在同日而语;第三,为了尽量照顾天虹商场及以西方向客流,所以将站位西移;第四,十字路口处地面交通繁忙,车流量较大,交通疏解困难;第五,科学馆站距离华强路站较近(区间长度不足800m)。基于这些原因,车站没有跨路口设置。从目前使用情况来看,现状站位并不理想,跨路口站位更为合理。

(2)车站规模。最初设计时周边规划并未完全定型,由于华强北路方向现状客流和业主提供的远期预测客流资料显示客流量并不很大,10m岛式站台已能满足客流需要,但从目前情况来看,车站在高峰期时显得有些拥挤,10m规模站台稍显仓促,宜适当加大车站规模(12m站台为宜)。

(3)客流组织。客流组织包括车站内部客流和地面客流两部分内容。以下内容主要讲车站内部客流。华强路站内部客流主要包括进站客流、出站客流、过街客流。

华强路站公共区的布置主要存在以下问题:第一,南北两侧均设联络通道使付费区偏小,出站客流显得仓促,建议取消一侧通道加大付费区面积;第二,因售、检票亭兼补票功能,右端售、检票亭宜布置在上行扶梯一侧,可避免出站补票客流与进站客流交叉,同时,距离出站检票机较近方便监票。

思 考 题

1. 地铁站台布置有哪些形式？各有何优缺点？
2. 城市轨道交通车站的功能和分类。
3. 城市轨道交通车站的设计原则。
4. 城市轨道交通车站规模分类。
5. 城市轨道交通车站站台宽度、长度计算方法。

第 7 章　港口规划设计

最原始的港口是天然港口,有天然掩护的海湾、水湾、河口等场所供船舶停泊。随着商业和航运业的发展,天然港口已不能满足经济发展的需要,须兴建具有码头、防波堤和装卸机具设备的人工港口,这是港口工程建设的开端。而规划设计是工程建设的灵魂与龙头,必须具备对行业与项目从全局性、长期性、竞争性、创新性、风险性方面进行全面、系统、深度思考的理念。

港口的规划设计应当根据国民经济和社会发展的要求以及国防建设的需要编制,体现合理利用岸线资源的原则,符合城镇体系规划,并与土地利用总体规划、城市总体规划、江河流域规划、防洪规划、海洋功能区划、水路运输发展规划和其他运输方式发展规划以及法律、行政法规规定的其他有关规划相衔接、协调。

浙江省海洋港口发展“十三五”规划

7.1　港 口 概 述

7.1.1　港口的基本概念及分类

1. 港口的基本概念

港口是位于河、海、湖、水库沿岸,有水域、陆域及各种设施,供船舶进出、停泊以进行货物装卸存储、旅客上下或其他专门业务的地方。是水陆交通的集结点和枢纽,工农业产品和外贸进出口物资的集散地,船舶停泊、装卸货物、上下旅客、补充给养的场所。

随着世界经济的持续发展和科学技术的突飞猛进,现代化的航运、港口和港口群的发展导致港口的产业结构和空间布局发生了巨大的变化。世界贸易全球化带动了航运的快速发展,港口在国际物流体系中的地位发生了变化,港口群成了重要的区域发展要素,世界港口承担起了全球资源配置枢纽的作用。与此相适应,现代港口将不再是一个简单的货物装卸和换装场所,而是国际物流链上的一个重要环节。因此,现代港口的概念也被赋予了新的内涵,使港口功能有了新的拓展,增加了临港工业、保税、贸易信息服务与咨询等多种功能。

2. 港口的分类

由于港口与港口之间在功能、位置、规模、能力、自然条件等方面的差异,不同的港口对国家国民经济发展的影响是不同的。因此世界上很多国家都根据地理位置、用途功能、自然条件和层次地位对港口进行了分类。

1)按港口所在的地理位置分类

(1)海港:位于海岸、海湾或潟湖内,也有离开海岸建在深水海面上的。位于开敞海面岸边或天然掩护不足的海湾内的港口,通常须修建相当规模的防波堤,如大连港、青岛港、连云港、基隆港、意大利的热那亚港等。供巨型油轮或矿石船靠泊的单点或多点系泊码头和岛式码头属于无掩护的外海海港，如利比亚的卜拉加港、黎巴嫩的西顿港等。潟湖被天然沙嘴完全或部分隔开，开挖运河或拓宽、浚深航道后，可在潟湖岸边建港，如广西北海港。也有完全靠天然掩护的大型海港，如东京港、香港港、悉尼港等。

（2）河口港：位于河流入海口或受潮汐影响的河口段内，可兼为海船和河船服务。一般有大城市作依托，水陆交通便利，内河水道往往深入内地广阔的经济腹地，承担大量的货流量，故世界上许多大港都建在河口附近，如鹿特丹港、伦敦港、纽约港、圣彼得堡港、上海港等。河口港的特点是，码头设施沿河岸布置，离海不远而又不需建防波堤，如岸线长度不够，可增设挖入式港池。由于河口港所处的地域通常都具有经济发达、交通便利的优势，所以往往是重要的国际贸易港。由于受潮汐和河道径流影响，进港航道一般容易出现泥沙淤积，形成拦门沙，因此航道的维护和治理往往是影响河口港发展的主要问题。

（3）河港：位于天然河流或人工运河上的港口，包括湖泊港和水库港。湖泊港和水库港水面宽阔，有时风浪较大，因此同海港有许多相似处，如往往需修建防波堤等。德国的汉堡港，俄罗斯古比雪夫、齐姆良斯克等大型水库上的港口和中国的重庆港、徐州港、扬州港和万寨港均属此类。河道上游河港的特点是易受洪汛影响，不同季节水位落差很大，给船舶停靠和装卸带来困难。中下游的港口受潮差和洪汛的双重影响，容易产生泥沙淤积问题。

2）按港口用途分类

（1）商港：又称贸易港，是以一般商船和货物运输为服务对象的港口。作为商港，一般兼运各类货物，设有不同货种的作业区；它不但要有优良的自然条件，还必须具备工商业比较集中、经济比较发达、交通便利等条件，并且具有从事海、陆、空联运的各种设施。如上海港、香港港、鹿特丹港、神户港、汉堡港和纽约港等，都是世界上著名的商港。

（2）工业港：主要是供大型工矿企业输入原材料和输出产品而专门设置的港口，又称业主码头。如上海宝钢码头和武汉工业港属于此类。

（3）军港：是为军用舰艇驻泊、给养、训练和作战设置的专用港口。它在港口选址、总体布置和陆域设施等方面均有特殊要求。如美国的珍珠港和中国的旅顺港。

（4）渔港：供渔船停泊、修理、给养和渔货装卸、冷藏加工及保鲜储运的港口，需具有生产、贸易和分运的功能。如中国的舟山港、大连渔港。

（5）旅游港：是专为游艇停泊和保管而设计的特定形式的港池、码头及陆域设施的港口，常称为游艇基地。如日本大阪港游艇基地，布置有防波堤、港池、码头艇库、停车场、俱乐部和绿地等；无锡太湖灵山大佛旅游区的旅游客运码头，码头平面为船锚形布置，且在大佛的视线上。

（6）避风港：指专为船舶遇到突发性风暴时避风用的港口。如日本琉球群岛中的奄美大岛港。

3）按港口所在地自然条件分类

（1）天然港：具有天然的船舶停靠和避风条件，有足够的水域面积和天然水深条件，地质适于锚泊的港湾。如中国的大连港、宁波港（北仑港区）、香港港，美国的旧金山港和日本的东京港等。

（2）人工港：经人工开凿的航道和港池，并建有防波堤的港口，如法国的勒阿弗尔港和中国的天津港等。

4)按港口的层次地位分类

这种分类是根据港口布局和港口在国民经济及综合运输体系中的地位、作用以及所处的地理位置与功能进行的,主要有:

(1)航运中心港:是港口高度集约化的产物,这类港口所在城市的经济、金融与贸易十分发达,有广阔的经济腹地,有众多的固定航线通往国内和世界各主要港口。航运中心港一般都是集装箱枢纽港。

(2)主枢纽港:是地理位置优越,辐射面广、货源充足、有较多的固定航线,设施与设备先进,功能齐全的重要港口。这类港口一般位于综合运输主骨架的交会点,是客货集散中枢和各种运输方式的相互衔接处。

(3)地区性枢纽港:这类港口的服务范围主要是某个地区,其航线数量、服务功能及服务设施与设备等方面都不如主枢纽港;但它具有优越的地理位置、较先进的服务设施与设备以及较齐全的服务功能,是地区客、货集散中枢和综合运输的枢纽。

(4)地区性重要港口:是在地区经济发展及对外开放中发挥重要作用的港口。依托所在地区的重要城市,具有良好的陆路运输条件,对周边地区有一定辐射作用。

(5)其他中小港口:是指除上述以外的大量沿海中小港口,作为沿海地区交通基础设施的一部分,对所在地区经济发展起到了积极的促进和保证作用,也是完善沿海港口布局的重要补充。

5)按集装箱运输份额分类

随着集装箱运输的发展,港口按集装箱吞吐量、服务范围、服务功能、服务设施与设备及现代化管理水平可分为:

(1)国际集装箱枢纽港:是国际集装箱运输主干航线的起始港、终点港或主要挂靠港,是所在地区集装箱及货物集散的枢纽。

(2)区域性枢纽港:是国际集装箱运输主干航线挂靠港或区域性国际航线起始港、终点港,本地区及邻近地区集装箱货源较充足,并有一定数量的支线港(喂给港)。

(3)支线港(喂给港):是区域性集装箱国际航线或分支航线的挂靠港,或是少数区域性国际航线及国内集装箱航线的起始港、终点港。

7.1.2 港口的基本组成和功能

港口根据装卸货物的不同还可分为综合性港口和专业性港口。综合性港口是指能够装卸多种货物的港口。专业性港口是指专门或者主要从事某种货物装卸作业的港口,其特点是某种货物在其港口吞吐量中占有很大的比重,并具备装卸该种货物的先进专用装卸设备设施,如中国的黄骅港、八所港等。

1.港口的基本组成

从范围上讲,港口主要包括水域和陆域两部分,如图7-1所示。

1)水域

通常包括进港航道、锚泊地和港池。

(1)进港航道要保证船舶安全方便地进出港口,必须有足够的深度和宽度、适当的位置、方向和弯道曲率半径,避免强烈的横风、横流和严重淤积,尽

港口组成

量降低航道的开辟和维护费用。当港口位于深水岸段,低潮或低水位时天然水深已足够船舶航行需要时,无须人工开挖航道,但要标志出船舶出入港口的最安全方便路线。如果不能满足上述条件并要求船舶随时都能进出港口,则须开挖人工航道。人工航道分单向航道和双向航道。大型船舶的航道宽度为80~300m,小型船舶的为50~60m。

图7-1　港口组成部分

(2)锚泊地指有天然掩护或人工掩护条件能抵御强风浪的水域,船舶可在此锚泊、等待靠泊码头或离开港口。如果港口缺乏深水码头泊位,也可在此进行船转船的水上装卸作业。内河驳船船队还可在此进行编解队和换拖(轮)作业。

(3)港池指直接和港口陆域毗连,供船舶靠离码头、临时停泊和调头的水域。港池按构造形式分,有开敞式港池、封闭式港池和挖入式港池。港池尺度应根据船舶尺度、船舶靠离码头方式、水流和风向的影响及调头水域布置等确定。开敞式港池内不设闸门或船闸,水面随水位变化而升降。封闭式港池池内设有闸门或船闸,用以控制水位,适用于潮差较大的地区。挖入式港池在岸地上开挖而成,多用于岸线长度不足,地形条件适宜的地方。

2)陆域

指港口供货物装卸、堆存、转运和旅客集散之用的陆地面积。陆域上有进港陆上通道(铁路、道路、运输管道等)、码头前方装卸作业区和港口后方区。前方装卸作业区供分配货物,布置码头前沿铁路、道路、装卸机械设备和快速周转货物的仓库或堆场(前方库场)及候船大厅等之用。港口后方区供布置港内铁路、道路、较长时间堆存货物的仓库或堆场(后方库场)、港口附属设施(车库、停车场、机具修理车间、工具房、变电站、消防站等)以及行政、服务房屋等。为减少港口陆域面积,港内可不设后方库场。

2. 港口的功能

港口的功能具有多元性和发展性两大特征。多元性是指港口在社会经济运行过程中的许多方面都或多或少地发挥着一些作用;发展性是指港口所具有功能不是一成不变的。随着经济运行方式的日趋复杂和世界科学技术水平的不断提高,港口的功能也由少变多,由简单变复杂。

随着经济快速发展和科学技术水平的提高,特别是全球经济和运输一体化步伐的加快,对港口的要求越来越高,因而港口功能也在不断拓展和延伸。港口功能依据用途、分类不同而不尽相同,这里只介绍商港或贸易港的主要功能。

1)装卸和仓储功能

装卸和仓储是港口最基本的功能。主要包括对各种货物的装卸、搬运、储存、保管、分拨、配送等。

2)运输组织管理功能

港口作为综合运输体系中的重要枢纽,需要以满足客户要求为目标,通过有效的运输组织管理,把各种运输方式有机地联系起来,从而使物流供应全过程快速、经济、合理。

3)贸易功能

随着市场经济的发展,港口逐步发展为对外交往和贸易的窗口。越来越多的贸易机构在港口或港口附近开辟专门的区域,从事商品贸易活动。港口不仅自身要具备这种功能,而且要为这种贸易活动创造良好的条件。

4)信息功能

通信及信息服务系统是港口现代化的重要组成部分,也是形成物流服务中心及管理中心的重要基础。现代港口是多种信息的汇集中心,同时也是各种信息的服务平台,其主要信息包括:

(1)船舶与航线、货源与车源、车辆调度、货与车跟踪、仓储与库存控制、运输与配送计划、物流作业统计以及物流成本分析与控制等物流供应链上的各种信息;

(2)国内和国际商贸有关信息;

(3)“一关三检”(即海关、动植物检疫、卫生检疫和船舶检验)所需的服务信息;

(4)多式联运有关资料信息;

(5)信息服务与咨询。

5)服务功能

作为大量车、船等交通工具的集散地和大量人流活动的聚集地,港口特别是现代化的主枢纽港必须能够提供优质的口岸服务及生产、生活服务。除边防检查、“一关三检”及维修、海事服务外,还包括船、车燃物料供应,船员、客商及与港口服务相关的各类从业人员能够在港口得到良好的餐饮、娱乐、居住及其他生活服务等。

6)生产加工功能

生产加工功能主要表现为两个层次,一是属于流通领域的货物加工,即分选、换装、包装等;二是随着贸易自由化及现代物流的发展,国际和国内许多制造商或生产企业,为了降低原材料运输成本,充分利用港口的综合优势,常常在港区或附近建立产品加工厂或装配厂,进行产品加工制造,然后通过港口外运或在当地销售。这种情况在建有港口保税区和开发区的港口已经十分普遍。

7)辐射功能

随着港口功能的不断完善和现代物流业的发展,港口对其海外和内陆腹地辐射作用逐渐扩大和加深,而且对周边地区的带动作用也不断增强,不仅促进了腹地经济的发展和对外交流,也使港口功能得以拓展和完善。

8)现代物流功能

现代物流作为一种先进的组织方式和管理技术受到世界各国政府的高度重视,现代物流产业已在全球范围内迅速发展成为一个极具发展空间和潜力的新兴产业。为了充分发挥现代物流供应链的重要节点作用,越来越多的港口正在向现代物流中心发展。除上述功能外,随着海洋石油、海洋渔业以及海洋资源的开发,现代港口正在向航运和海洋产业的服务中心和后勤基地转化。港口功能的多样性还带动了其他诸多的贸易与产业活动,使港口的城市功能逐渐扩大。

港口就其功能而言,是交通运输枢纽、水陆联运的咽喉;是水陆运输工具的衔接点和货物、旅客的集散地。在世界经济一体化发展的新形势下,港口正向国际贸易的综合运输中心和国际贸易后勤基地的多功能方向发展。

7.2 港口规划设计条件

7.2.1 港口自然条件

自然条件包括地理位置、地形地质、气象、水文、环境等,这是港口建设发展的先决条件。有些港口是天然良港,而有些港口需巨大的建设成本。随着科学技术的发展、自然条件对港口影响的重要程度可能会有所变化,但不管如何,认真调查研究港口的自然条件都是港口规划所依据的基础。自然条件是影响港口建设发展的基本条件,主要包括气象、水文、海岸动力、泥沙、地质地貌和地震等情况。港口建设必须充分了解、掌握自然规律,按照客观规律去适应并改造自然。自然条件的规律应通过长年的数据积累,经归纳和总结得出结论。对潮汐而言宜在 18 年以上,有些数据所需时间更长,如地震等资料的统计。

港口自然条件

1. 风

根据工程上的需要,把风记录资料分别按季度、年度、多年统计,绘制成风速、风向频率图,这个图称为风玫瑰图。借助风玫瑰图可方便地确定该区域的常风向和强风向,便于在港口总平面布置、建筑物施工和港口运营中考虑风的影响。风玫瑰图如图 7-2所示。

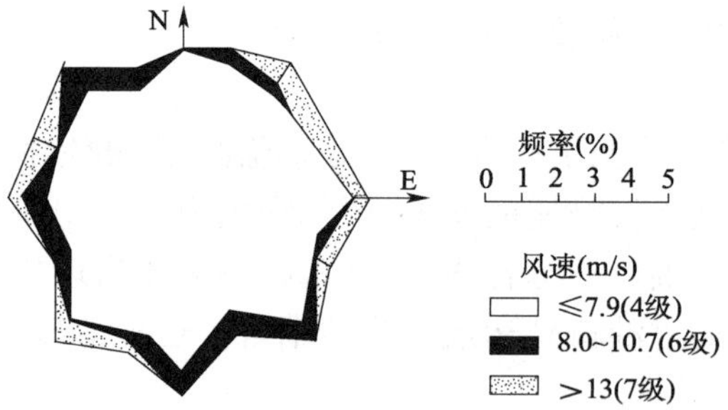

图 7-2 风玫瑰图

最大风速是在港口规划设计中的一项重要参数,中国沿海受台风袭击的地区,南起中国南海,北到辽东半岛,发生时间多在 7 ~ 12 月。强风常伴随着高潮、巨浪,对港口设施的破坏力巨大。此外台风对潮位的影响也很大。因此,对台风的发生规律及路径的调查,也是规划的一项基础工作。

风对船舶运行及装卸作业都有较大影响,按照行业规范,各种作业所允许的风速参考值见表 7-1。

在计算港口作业天数时,应扣除风力超过允许值的天数。在统计中,大风持续时间不足24h时,大于12h按1d计,不足12h但大于6h按半天计。

港口作业的风标准 表7-1

作业项目	允许风级(级)	风速(m/s)
门机作业	<7	13.9～17.1
船舶靠离	<6～7	13.9
拖轮引水	<6	10.8～13.8
外海疏浚(自航式)	<7	15.0
打桩船、起重船作业	<5	10.7

2. 降水

降水统计中,着重统计降水量、降水强度和降水日数等数据,对于日降水量大于0.1mm,即称为1个雨日,据此可统计出全年的降水日数、不同降水量等级的降水日数。

降水对装卸作业的影响视货种和包装形式不同具有很大差别。通常对煤炭、矿石等散货和集装箱的装卸影响较小,一般情况下,日降水量超过25mm为停止作业的条件。

中国沿海降水量的分布特征主要表现为北部少、南部多,降水量多集中于夏季。

3. 雾

雾是影响船舶航行的因素之一,通常能见度小于1000m,船舶就不宜在港内及航道上航行,其出现的日数称为有雾日数。中国沿海平均有雾日数分布,黄海和东海沿岸较多,渤海和南海沿岸较少。

4. 海冰

海冰可分为固定冰和流冰两大类。在中国北方海域,每年冬季都有不同程度的冰冻现象。海冰对港口平面布置和港口航运有一定的影响,港口口门的布置要避免流冰在港内堆积。港口航运中还要考虑因固定冰影响造成不能通航的天数。

5. 波浪

波浪是海洋最基本的海水运动形式,与港口的选址、平面布置和工程设计有密切关系。港口布置及建筑物设计所采用的波浪要素,通常采用观测与统计相结合的方法来确定。各方向波浪出现的频率和波浪大小可以用波浪玫瑰图表示。在港口规划选择航道、防波堤的轴线位置时,应注意避免港池内产生过大的波浪,同时,使船舶经常处于顺浪的工作条件,这对港口操作也是很有意义的。

波浪的绕射、折射、反射特性也应引起重视。在港口平面布置中应分别进行计算分析,避免在港池内引发过大的波动。

波浪进入浅水海滩,水深小于一定深度后波浪破碎,从破碎点向岸波能逐渐耗散,产生大量紊动旋涡,底床受到较强烈的扰动,如果海底泥沙颗粒较细将会出现高含沙量。从波浪破碎点开始至岸边这一地带常称为破碎带。破碎水深与海滩坡度等因素有关,为简化起见,波浪的破碎水深一般按波高的1.28倍考虑,依据具体条件下波高水深比可大致估算出破碎波带的范围。

6. 潮汐

潮汐是海水受月球与太阳引力的作用而产生的一种规律性升降运动,是港口规划、设计和建设中的一个重要因素。与港口相关的潮汐特征主要有潮位和潮流流速。潮位对确定码头、防波堤高程以及港池、航道水深具有重要意义,在港口水工建筑物设计和施工中也是一个重要因素。潮流对船舶的航行有一定的影响。对于潮位、流速特征应设观测站进行观测。对潮汐给港口规划、设计和建设可能带来的影响应通过数学模型或物理模型进行深入分析和研究。研究前通常应针对大潮、中潮、小潮选择典型潮时,在较大海域上进行完整的一个潮周期的潮流、潮位同步观测,为进一步研究潮流运动规律以及潮流运动对泥沙运动造成的影响提供必要的资料。

中国现行规范规定,特征潮位取值方法是通过绘制潮峰、潮谷、累计频率曲线,即把完整的1年或多年实测高低潮位,按大小次序排列起来做出高潮和低潮累计频率曲线。假设取潮峰累计频率10%的潮位为设计高水位,低潮累计频率90%的潮位为设计低水位。

如有潮位历时累计频率统计资料,设计高低水位也可分别取历时累计频率1%的高潮位和历时累计频率98%的低潮位。

新建港区往往缺乏长期完整的潮位资料。如果邻近港口地理位置较近时,一般有1~3个月的短期验潮资料,利用邻近港口长期验潮资料,通过同步差比法求得各设计水位。

中国地面高程的基准面,即陆地测量零点通常采用85高程基准面(黄海平均海平面),海图零点采用理论最低潮面。

1980年后国家规定港口工程零点亦采用上述基准面。一些老港口历史上都有各自的筑港零点,各港筑港零点与理论最低潮面相差可达数十厘米。在实际工作中,应注意各种起算零点之间的换算关系。

中国绝大多数港口为不规则半日潮,即24h 50min内分别出现两次高潮和两次低潮,为了节省航道建设投资,在船舶密度不大的情况下,航道设计水位可选取所谓的乘潮水位,即船舶在高于乘潮水位的时段通过。

强烈风暴除形成很大波浪外,也使海岸或河口水位壅高或下降,称为增水或减水。增水如与高潮同步,可能会淹没港口陆域设施;减水如与低潮同步,会造成水位降低,影响船舶安全。港口规划设计要注意到这一不利现象。

7.近岸海流

近岸海流除了潮流外,还包括波浪破碎引起的沿岸流,由于盐度差异引起的密度流以及风引起的风生流。其中潮流的大小和方向呈周期性,其他流属单向流。这些流合成相当复杂的水流系统。因此对于这些海流一般采用数学模型方法结合实测资料进行分析。

在选择港址、抛泥区规划和确定船舶系缆力等问题上,都需要对海流情况进行深入研究。

随着港口建设的发展,建设地点愈来愈走向开阔的、掩护条件差的外海,而海流的作用力常常会超过风力的影响。因此,在布置航道、防波堤及码头,分析沿岸泥沙运动规律方面,都必须认真研究港址处沿岸海流的分布规律。

在规划阶段应对港址进行大面积流路测验,对可能布置航道、口门和码头的地点应进行单站(船)定点连续观测,必要时可多站(船)同步连续观测。测流工作必须与潮位、风、浪同步进行。在泥沙活跃的海岸还需与含沙量测验同步进行,这样的综合观测有利于对海区条件进行综合分析。

8. 海岸泥沙运动

海岸泥沙运动是指在波浪、海流作用下沿岸区的泥沙运动,包括横向输沙和纵向输沙。沿岸泥沙运动是泥沙运动最剧烈的地区,通常在淤泥质海岸,波浪掀沙、潮流输沙是泥沙运移的主要形态。在港口规划中应搞清泥沙的主要来源极其特性,了解泥沙运移形态,分析港口建筑物建成后导致的周围地区冲淤变化情况。

此外,港口自然条件调查分析还包括地质、地貌情况,地形调查,地震调查以及环境条件调查等方面的内容。

7.2.2 港口经济及运营

在港口规划工作中,只有对港口现状做出客观、真实的评价,对未来吞吐量发展趋势进行科学的预测,才能提出切实可行、符合实际的规划方案,发挥最大的投资效益。

港口现状调查和吞吐量预测工作,不但是提出切实可行而又有一定前瞻性规划方案的前提条件和出发点,而且在港口规划的前期工作中,还将为港口的定位直接提供论证依据。港口的定位应依据港口依托城市的规模及其经济结构、腹地大小及经济发达程度来综合确定。

港口现状调查工作进行得越细致、越深入,获得的资料越丰富,提出的规划方案就越有可能切合实际。

1. 港口现状调查

(1)现有海岸线的长度,利用程度,水域情况;现有泊位的数量、名称、靠泊等级,结构形式,前沿水深,泊位功能,泊位利用率等。

(2)现有航道长度、宽度、水深,调头区及锚地的基本情况。

(3)前后方仓库的容量,结构形式,存储货种,包装形式,堆场面积,单位负载,库场利用率,货物周转时间等。

(4)各类货物在港内的作业方式,主要操作过程。

(5)船舶艘数、功率、性能及工作船码头。

(6)港口铁路长度,运营方式,车场布置,日装卸车数,港内道路交通状况。

(7)主要机修设备的型号、能力、辅助建筑物的布置。

(8)给排水、供电、通讯以及其他为港口服务的各项设施。

(9)港口运营管理方式、收费规定等情况。

(10)与相邻港口的关系,本港所处位置的主要特点,区位优势,历史变革及变迁。

2. 港口吞吐量发展水平预测

1)港口腹地

港口腹地是指港口货物吞吐和旅客集散所及的地区范围。现代化的港口一般具有双向腹地,即面向内陆的陆向腹地和面向海洋的海向腹地。港口与腹地是互相依存、相辅相成的。港口的发展建设必须以腹地范围的开拓和腹地经济的发展为后盾,腹地是港口赖以生存和发展的基础;另一方面,港口是腹地的门户,港口的建设也对腹地经济发展产生重要影响。

(1)陆向腹地。港口的陆向腹地是指以某种运输方式与港口相连,为港口产生货源或消耗经由该港口进出口货物的地域范围。港口陆向腹地的大小不仅与港口所在的区位有关,同时也与港口同内地之间的贸易和运输联系的紧密程度相关。

从地理位置上来看,港口的陆向腹地可分为近处腹地和远处腹地。而港口吞吐量的大小则主要取决于该港相对于这两种腹地的区位属性:既取决于该港相对于其近处腹地的向心性或集中性,也取决于该港相对于其远处腹地的中间化程度。世界上一些大的港口大都具有这两种区位属性,因而具有较为广阔的经济腹地。如位于长江入海口的上海港,直接依托长江三角洲地区,不仅担负着江、浙、沪等地大部分货物的进出口,而且其腹地范围通过各种运输方式延伸到几乎整个长江流域。而一些国际性的港口,其腹地甚至可以覆盖几个国家,如位于莱茵河和马斯河入海口的世界著名港口鹿特丹港,是国际性港口,其陆向腹地不仅覆盖了荷兰、比利时、卢森堡,而且还延伸到德国,尤其是德国的鲁尔工业区,经鹿特丹港处理的德国进出口货物量比德国最大的港口——汉堡港还要多,经过鹿特丹港运往德国的货物占该港进口货物的70%。

港口陆向腹地的大小,主要取决于该地区与其他地区是否存在贸易关系以及贸易量的大小。而这种贸易关系又取决于该地区经济发展水平和规模,同时该地区人口密度大小也是决定腹地进出口需求的重要因素。影响港口陆向腹地范围大小的另一个重要因素是该地区与该港口之间的运输条件。目前世界多数港口与腹地间的联系主要是通过内河、铁路和公路来连接的。

当然,港口的陆向腹地是有限的,不可能无限制地扩大。主要原因之一是在其他条件不变的情况下,随着腹地范围的扩大,腹地与港口之间运输距离延长,运输成本增加。更重要的原因还在于与其他港口的竞争。货主在选择港口时,通常要比较运输线路、运输工具、运输费用、运输时间以及中转次数、港口班轮密度等因素。此外,货主与承运人之间的某些协议也会影响货主对港口的选择。

(2)海向腹地

港口的海向腹地是相对于港口的陆向腹地而言的。所谓港口的海向腹地是指通过海运船舶与该海港相连接的其他国家或地区。它可以是某一个国家或地区,也可以是几个国家或地区,甚至可以是几个大洲。如中国的上海港,截至2016年底,与世界上214多个国家和地区的500多个港口通航。从上海港始发的国际定期班轮航线有20余条,每月有多个航班直达北美洲、欧洲、大洋洲、波斯湾、地中海、东南亚及东北亚等地区。因而对于上海港这样一个国际港口而言,这些地区都成了其港口的海向腹地。

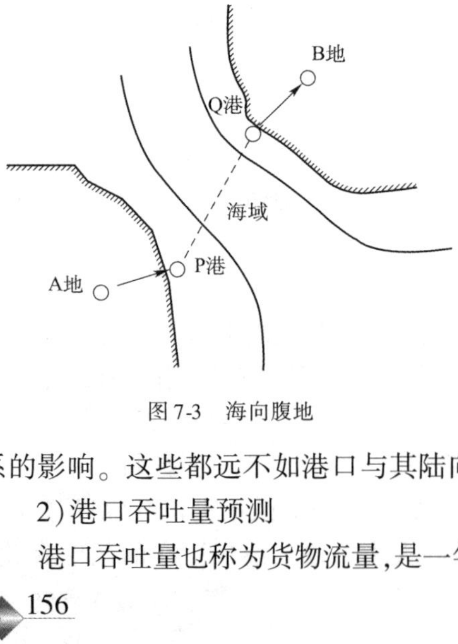

图7-3　海向腹地

如果把陆向腹地看成是港口发展初期的传统条件,海向腹地的开拓则为港口的发展注入了新的活力,随着世界经济一体化的发展,今后海向腹地对港口的作用和影响将逐步加强。港口与海向腹地各国(地区)的联系的紧密程度主要有:一是港口海向腹地与陆向腹地的互补程度,二是港口与其海向腹地之间的距离以及与国际航线间的距离;三是传统联系的影响。这些都远不如港口与其陆向腹地的联系那样稳定。海向腹地如图7-3所示。

2)港口吞吐量预测

港口吞吐量也称为货物流量,是一年之中经由港口进行装卸的货物总量。吞吐量是确定港口规模的决定性指标,对于指导港口进行规划建设具有重要意义。吞吐量预测结果的可靠与否直接关系到港口未来的运营效果,预测量过大,而实际货源不足,将造成基础设施的浪费;预测量过于保守影响港口建设进度,则会造成货物滞留港内,压船、压港也会给港口运输造成被动局面。同时,城市围绕港口进行配套设施建设,也要求对港口吞吐量进行科学预测。因此,正确地预测未来港口吞吐量,为水运发展提供可靠依据,是港口规划工作的基础性内容。

港口是为腹地服务的基础设施,影响港口吞吐量的因素很多,主要包括腹地的经济发展水平、发展目标,腹地的经济结构,综合运输交通体系的状况以及周边港口间的竞争等因素。受自然条件和历史发展过程的影响,各地区间的生产力发展水平是不同的,港口的吞吐量预测应立足于腹地的经济发展现状,根据地区的发展规划,合理确定港口货运量的发展趋势。

7.3　港口布局与总体规划

根据《中华人民共和国港口法》,港口规划包括港口布局规划和港口总体规划。港口布局规划,是指港口的分布规划,包括全国港口布局规划和省、自治区、直辖市港口布局规划。港口总体规划,是指一个港口在一定时期的具体规划,包括港口的水域和陆域范围、港区划分、吞吐量和到港船型、港口的性质和功能、水域和陆域使用、港口设施建设岸线使用、建设用地配置以及分期建设序列等内容。

港口规划在层次范围内可分为港口布局规划、港口总体规划、港口港区规划三个层次。

7.3.1　港口布局规划

港口布局规划是根据国家或地区资源、生产力布局和港口自身特点以及未来的发展战略,对港口的建设地点、类型、规模及建设时间做出的宏观安排,以充分满足国民经济长远发展的需要。港口布局规划是构成国家或地区经济发展规划,特别是国际贸易发展以及国家综合运输网规划的重要组成部分,是确保港口持续、稳定、协调、有序发展的重要依据。

港口布局规划针对主要货运,如集装箱、能源、粮食、矿石、钢铁等大宗货流,结合国际航运网络发展趋势进行综合平衡,提出各类港口的数量及其发展方向;再依据地区的社会、工业、农业、自然条件、环境条件和城市条件进行实际的工程研究,提出重点港口的改建、扩建和新建港口位置的地区性安排。

1. 港口布局规划内容

港口布局规划的内容主要包括:

(1)全国范围内的运输市场调查和预测;

(2)全国范围的港口、岸线资源的调查分析;

(3)货源分配、大宗货物运输的综合平衡;

(4)提出各类港口的合理布局、功能及发展方向;

(5)提出重点港口的建设安排纲要;

(6)提出投资规模及有关的政策、措施建议。

2. 港口规划布局应注意问题

编制港口规划布局,应充分考虑地区经济发展水平因素,并应注意以下几个问题:

(1)港口规划布局应以国家和地区国民经济的发展规律和要求为基础,配合、支持和促进经济的发展。在新世纪和新经济的发展过程中,港口不仅是服务于区域内既有经济发展的基础设施,而且是一个国家、一个地区或者一个城市在全球范围内进行资源配置的重要场所,这一点已经成为各国发展本国经济的共识。日本临海地区重工业及化工业的发展,新加坡、韩国经济的腾飞以及中国沿海深圳、宁波、厦门等港口城市多年来经济发展的经验,均表明了港口对地区经济的巨大贡献。

(2)港口布局规划应注意与综合运输体系的协调和衔接。公路、铁路、水运、航空及管道等多种运输方式共同构成综合交通运输体系,港口是其中的枢纽。港口发展与其他运输系统的发展紧密联系。港口布局规划应充分考虑大的交通环境,注意与其他部门发展规划的衔接。

(3)港口布局规划应注意合理使用岸线资源。深水岸线和水域是国家的宝贵资源。随着船舶大型化的发展,深水资源显得更为珍贵,“深水深用、浅水浅用”是港口规划建设中一贯强调遵守的原则。港口的布局规划应在全国范围内的岸线资源调查分析的基础上,合理安排使用岸线,优先保证深水岸线的有效利用。

(4)港口建设安排应与国家、地区经济发展相协调,适度超前发展。港口作为重要的交通枢纽,其建设发展与国家和地区的经济发展水平密切相关。在进行港口建设的同时,也应搞好与之相关的城建、市政、电力等配套设施建设。港口建设的投资较大,建设周期较长,因此应根据国民经济的发展预测,适度超前建设。

(5)港口布局应遵循综合平衡的原则,合理规划,避免重复建设。国家或地区的港口布局应以其对内、对外贸易的运输量为依据,考虑自然条件的影响,有重点地建设一批大型港口,发挥枢纽港的作用。同时,还应建设一些满足地方经济发展和大港疏运需求的中小型港口。各类港口应结合建设,以避免无序竞争和重复建设。

7.3.2 港口总体规划

1.港口总体规划注意事项

港口总体规划是对一个具体港口建设发展的总体安排,是解决今后发展方向和分期、分阶段的发展计划。

港口总体规划要在深入调查研究的基础上,对港口的现状进行评估,找出制约港口发展的主要问题,通过定量分析论证港口的经济腹地,预测规划期内吞吐量能达到的水平,据此确定港口在未来一定时期内的发展目标、方向,根据“深水深用、浅水浅用”的原则,划定港区水、陆域界限,提出港口的合理布局,明确不同港区的具体功能,根据发展预测提出分期实施的建设序列。

2.港口总体规划涉及的主要内容

(1)对港口现状的分析评价,包括港口的地理位置和自然条件,港口状况的描述和评价,港口主要货类的构成分析,港口集疏运条件分析以及港口存在的主要问题分析等内容;

(2)港口经济腹地的发展分析和港口吞吐量发展水平预测;

(3)确定港口的基本性质和主要功能;

(4)到港船型发展及货流预测;

(5)确定主要港区港址;

(6)港口岸线利用规划;

(7)港口陆域布局规划;
(8)港口水域布局规划;
(9)港口的集疏运规划;
(10)港口配套设施规划;
(11)港口环境保护规划;
(12)建设资金筹措方案计划;
(13)提出规划的分期实施安排;
(14)港口信息与商务系统规划方案;
(15)绘制港口总体规划及各专项规划布置图;
(16)编写港口总体规划文件;
(17)其他有关问题和建议。

从上述内容可以看出,港口总体规划是为本港未来的发展方向、发展规模、发展模式、发展路线进行定位;为港口的发展进程把握好节拍,寻找发展动力;是一个既立足于现实,又有一定前瞻性的规划蓝本。在充分调查分析的基础上,科学地提出港口发展的战略步骤,明确近远期的建设发展计划。

编制港口总体布局规划,应当与城市总体规划、水域功能区划及其他相关规划相协调,充分考虑城市发展对港口的要求,同时根据所依托城市的特点,对港区进行合理布局。

7.3.3　港口港区规划

通常大小型港口都由若干个港区或作业区组成。港口港区规划是对港口总体规划中涉及的组成部分进行深入规划,是实施港口总体规划的一个步骤。

港口港区规划涉及的主要内容包括:

(1)详细地分析预测运量、船型和船舶周转量;
(2)就已预测的各类货种运量,研究可选用的装卸工艺及其对未来生产效率的影响;
(3)确定泊位组,提出恰当的水域、陆域尺度及相应的位置方案;
(4)对(2)所确定的每一方案的海岸段进行较深入地勘测,以利于调整泊位组位置和选择合理的布置方案;
(5)仓储系统、分运中心方案布置;
(6)集疏运系统能力与布置方案;
(7)港区配套设施规划与配置;
(8)投资估算和资金筹措方案选择,有弹性的建设时间表;
(9)经济效益初步分析、经营思路调整;
(10)环境评价与规划;
(11)港口港区未来发展向自由贸易区(保税区)转变的规划方案(如有这种客观条件);
(12)港区规划布置图;
(13)编制港区规划文件报上级有关部门。

港口远景规划和中期规划都要求进行港口总体规划,两者涉及的面是一致的,但深度要求有差异。水域、海岸线和岸上土地使用,是远景规划所要求的总体规划中最主要的方面。

这三点都必须根据可望增加的远景运量加以预留。

我国国民经济发展计划以5年为一周期,因此港口发展规划的时间阶段亦应以5年为一个阶段,以便与国家计划协调配合。

7.4 港址选择

7.4.1 港址选择的总体要求

港址选择工作属于港口布局规划的一部分。港口布局规划侧重于从宏观经济发展考虑,对港口选址做出的地区性合理安排。港址选择是一项重要而复杂的工作,好的港址是一个港口合理发展的基础,将直接影响港口各发展阶段的建设投资大小、建设速度、运营效益和船舶安全运行,对城市发展也会产生一定的影响。成功的港口选址工作至少应满足以下要求:

(1)港址选择必须符合国家港口布局的要求,符合国家和地区经济发展的需要。

(2)一个好的港址既要适应眼前的需要,又必须着眼于未来。规划至少应为港口提供30年的合理发展基础,随市场运量发展陆续安排建设项目。好的港址选择应有利于起步工程的实施。

(3)新港址应与原有港区相协调,并有利于原港区改造,使之适应新的需要。新港址应有利于发挥新老港区的综合功能,使老港区在原港口的基础上,经过调整,改造发挥更大的作用。

(4)以往港口大多依城而建,城市则围绕港口而发展,造成港城之间相互干扰,港口的发展受到限制。现代港口中的大多数港区均采用远离城区的布置方案。甚至将原有的老港区搬出城区,寻求更大的发展空间。促使港区远离城区的另一个原因是现代港口装卸效率大大提高,库场及疏运设施所需的陆域面积越来越大,并且依港而发展的工业区、商贸区、金融区、各种代理以及现代物流业的发展也将占用大量陆域面积。

(5)港口的现代物流和商贸功能将吸引跨国公司进入港区,扩充转口贸易量、发展分运业务。因此,条件许可时,港址与物流园区、自由贸易区、出口加工区宜同步规划。

(6)港址选择要考虑吸引工业区等的建立,使港口具有更多地为促进城市和区域经济发展创造机会和条件。

(7)根据港口的性质和规模,合理利用拟选港址的自然条件,注意从全局出发,适度开发利用海岸资源。

(8)港口应有足够的岸线布置不同的作业区域,对危险品和污染严重的货种,应设立专门区域并与其他区域保持足够的距离。

(9)随着技术进步、装卸效率提高和船舶吨位增大,对大量岸上土地的需要越来越迫切,因而港区纵深越来越大,否则将会限制港口效率的发挥。综合港区的陆域平均纵深应大于1000m,一般要求达到1000~3000m。

(10)港口运输系统应与港外交通运输系统紧密衔接。

(11)港口的配套设施应保证满足港口生产及未来发展的要求。

(12)港口的规划建设与运营应满足国家安全的要求。

7.4.2 港址选择的一般规定

(1)港址选择应符合国民经济发展和沿海经济开发的需要,并应满足港口合理布局的要求。港口的性质和规模应根据腹地经济、客货流量及集疏运条件确定。

(2)选址应根据港口性质、规模及船型,按照深水深用的原则,合理利用海岸资源,适当留有发展余地,并应进行多方案比选。

(3)选址应统筹兼顾和正确处理商港、渔港、军港、临海工业、旅游以及其他部门之间的关系,并与城市及交通运输规划互相协调。

(4)选址时宜利用荒地、劣地,原则上不占或少占良田,避免大量拆迁,确有困难时应进行论证。有条件时可充分利用疏浚土方或就近取土造陆。

(5)港址选择应充分注意保护环境,对环境影响大的项目,应根据国家现行有关规定经论证后确定。

7.4.3 港口的选址原则

(1)所选港址应满足建港任务要求,并应做到技术上可行,经济效益、社会效益和环境效益良好。

(2)选址阶段应对拟建地区的地形、地貌、地质、气象、水文、地震等自然条件和城市依托、供电、供水、通信、施工条件以及社会、人文情况等进行调查分析和必要的勘测。

(3)对拟选港址的铁路、公路、水运现状和发展规划、集疏运方式和能力以及引接条件等,应进行充分的调查分析和比较,因地制宜地选择集疏运方式,优先考虑水运及原有集疏运设施,有条件时可采用多种集疏运方式。

(4)老港改建、扩建时,应妥善处理同一地区新港与老港之间的关系,以及综合性港区与各种专业性港区或码头之间的关系;应充分利用原有设施,并避免重复建设和互相之间的干扰。

(5)港址的天然水深要适当,不宜在地形、地质变化大和水深过深以及水文条件复杂的地段建造港址建筑物,也不宜在水深太浅而使疏浚和维护挖泥量过大的场所选址。

(6)港址宜选在地质条件较好的地区。对岩石海岸,应查明岩层分布和岩面起伏状况,应避开活动性断裂带、软弱夹层和炸礁工程量较大的地区;对软土地区,应避免在软土层较厚的地区选址。必要时,应经充分论证后确定。

(7)港址应选在对抗震相对有利的地段,未经充分论证,不得在危险地段选择港址。

(8)对深水区贴近海岸的港址,当陆上有大面积的滩地或低洼地可供开挖港池时,选址中可考虑建设挖入式港区的可能性。

(9)地方中小型港口的选址,应注意因地制宜便于起步的原则,可利用河口、潟湖和浅水海湾建港。当船型尺度较大而泊位较少时,港址宜选在天然海湾无明显泥沙堆积的湾口岬角或利用潟湖口深槽建设泊位,但须对深槽的稳定性进行充分论证后确定。

(10)港口应有足够的水域和陆域面积。港口水域宜选在有天然掩护,浪、流作用小,泥沙运动较弱的地区;宜利用天然深槽,减少疏浚和助航设施的工程量。在冰冻地区,应考虑冰凌对港口的影响。港口陆域纵深应满足拟建码头装卸工艺、生产及管理对陆域的要求,有条件时,应留有一定的发展余地。

(11)应充分考虑港口工程与泥沙运动间的相互影响,避免导致港口严重淤积和海岸或河口的剧烈演变。

(12)当港址不具备天然掩护条件时,可考虑开敞式或岛式码头建设方案,其位置可选在天然水深适宜,波浪、水流对船舶影响小,离岸较近的水域。

(13)对大型深水油码头的选址,当深水区离岸较远、且无良好的掩护条件,可供建设常规码头或开敞式码头时,可考虑单点或多点系泊建设方案的可能性。设置单点或多点系泊的海域应有足够的天然水深和平面尺度,满足大型油船的系泊需要,尽量避免人工疏浚,海域的波浪及水流强度要相对较小,其位置应靠近水下管线的登陆点,并应考虑到水下管线敷设和登陆的方便条件。

7.5 港口陆域设施

港口陆域平面布置是根据港口生产各环节的性质,合理安排陆域的装卸作业区、辅助生产作业区、铁路、公路等;其次,要合理确定港口的陆域规模。港口陆域平面布置应为港口的长远发展留有余地。

在研究港口平面布置方案时,应注意港口布置型式与自然条件的相互协调。依据不同的自然条件应选用不同港口布局类型。港口平面布置总是力求巧妙地利用自然环境来满足港口营运上的要求,并节省建设投资。

港口陆域设施除库场等直接为生产服务的建、构筑物外还应包括铁路、道路、给排水、供电以及为港口正常营运所需的各种设施。

7.5.1 码头平面布置

1. 港口的平面布置形式

港口在平面上大致有如下几种基本布置形式:

1)依自然地形的布置形式

依自然地形的布置形式一般投资省,泊位基本沿岸线布置,船舶靠离比较方便。进出港航道和港池回淤常常被视为重要问题,疏浚往往是不可避免的。为了避免过大的维护性疏浚,要认真分析水动力条件和泥沙运移规律,所选择的理想位置,对防淤而言一般要有利于加强港池的航道动力条件。这种布置形式一般在早期的港口选址时较多,随着港口的建设,这种优良条件的港址会越来越少。

2)填筑式的布置形式

填筑式是最常见的形式,大部分码头岸线伸出自然岸线,码头场地主要以填方形成。把挖泥弃土与填土造地两种作业结合在一起,通常可以取得减少投资的效果同时还可减少弃土对海洋环境的影响。

3)挖入式布置形式

挖入式多见于河港、河口港以及海岸带的潟湖洼地(如京唐港),港池由开挖陆域而形成。它适合于水体悬移含沙量较低或泥沙运移以推移质为主的地点。挖入式港口一般在入口处修建防波堤,既防波又防止沿岸泥沙入侵。

2. 码头平面布置形式

码头前沿线的布置形式也应按照地形因地制宜进行布置，应满足陆上集疏运和库场作业的要求。常见的布置形式有以下几种：

1）顺岸式布置

码头的前沿线与自然陆域岸线大致一致或呈较小角度时的布置形式称为顺岸式布置，如图7-4所示。顺岸式布置的好处在于后方可以有较大的陆域面积，以便布置堆场和仓库以及其他辅助设施。在大陆域面积的情况下，港口布置倾向于顺岸布置的优势越来越明显。

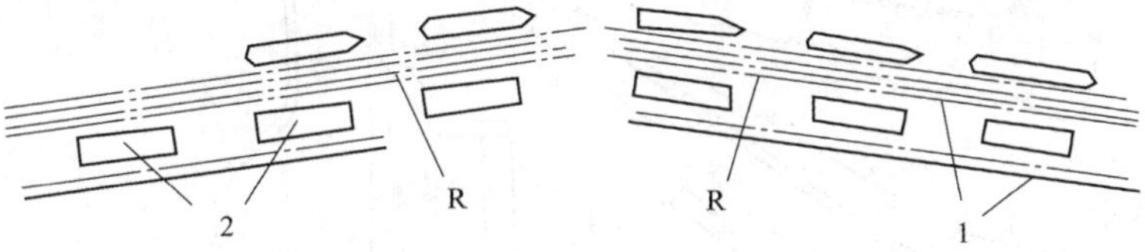

图7-4　顺岸式布置

1-铁路；2-仓库堆场

2）突堤式布置

当码头岸线与自然岸线夹角较大时，这种布置形式称为突堤式布置，如图7-5所示。突堤式布置的最大优点是可以节省自然岸线，而且整个港区布置紧凑，易于管理。但随着现代码头所需堆场面积不断增大，宽突堤布置形式逐渐取代了过去的窄突堤布置，这一点在集装箱码头布置时尤为突出。窄突堤布置往往在突堤后方的陆域上布置二线库场，但一线库场的集疏运条件较差。在宽突堤码头有足够前方库场面积的情况下，可适当减少二线库场面积。

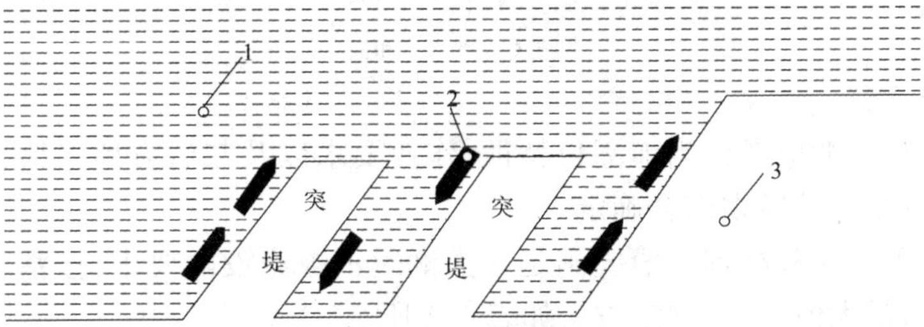

图7-5　突堤式布置

1-海面；2-船舶；3-陆地

3）挖入式布置

挖入式布置是指在向岸侧开挖港池和航道，港池深入到陆域内的布置方法，是一种适应特殊地形和要求的布置方案，开挖港池和航道的方量与回填造陆工程量的对比，常成为选择此种布置方案的重要因素之一。挖入式布置如图7-6所示。

4）防波堤内侧布置

防波堤内侧布置是一种常见的布置方案。防波堤与码头布置在一起，可以节省工程量，一般适用于泊位较少或专业化港口。但对于有防浪要求的泊位，为防止越浪，防波堤也应有防越浪措施，会增加工程量。在这种布置中，将泊位位置选在防波堤根部与后方衔接比较方便，但开挖量增加，布置在堤头可以减少挖方量，但码头与后方的衔接较差。

5）岛式或开敞式布置

岛式或开敞式布置是一种为了适应现代港口深水化的发展趋向而将码头布置在离自然

岸线较远的深水区的布置方案。码头结构一般为透空的墩式结构,为解决码头的疏运问题,可采取栈桥或水下管线与岸相接,堆场或罐区设在岸上,在一定的条件下为了节省投资不设防波堤,大风大浪天气码头不作业。这种方案特别适合大宗矿石码头、煤码头和石油码头。

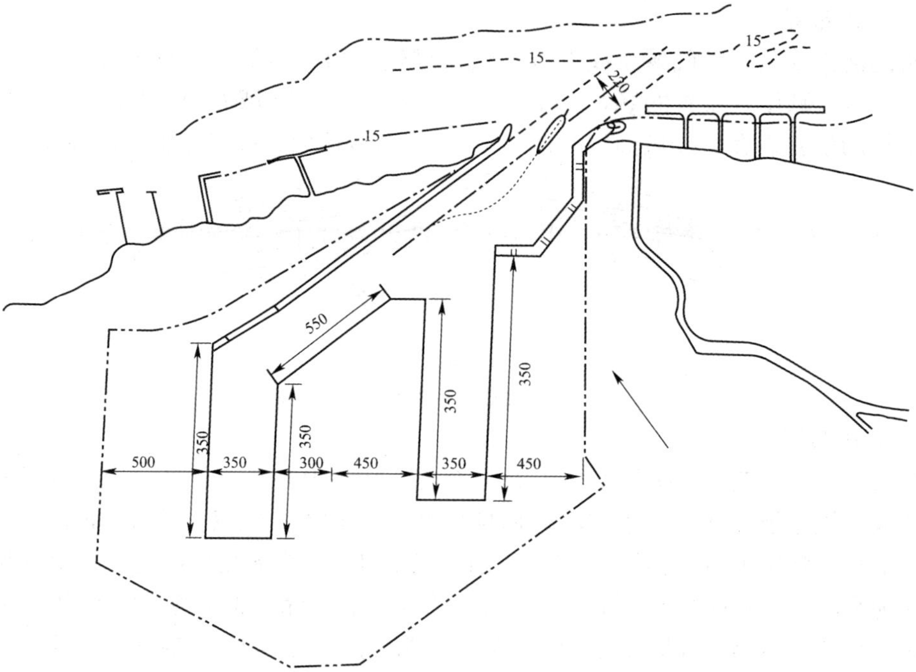

图7-6　挖入式布置

3. 码头前沿高程

码头前沿高程一般应考虑当地潮位特征、作业要求以及与后方地形衔接等几个方面的因素,并本着节省投资的原则综合确定。

有掩护情况下的码头高程一般应满足在大潮时不被淹没的要求,按基本与复核两个标准分别计算,并取最大值,具体确定方法如表7-2所示。

掩护情况下码头前沿高程　　表7-2

基本标准		复核标准	
计算水位	超高值(m)	计算水位	超高值(m)
设计高水位(高潮累计频率10%的潮位)	1.0~1.5	极端高水位(重现期为50年的年极值高水位)	0~0.5

开敞式码头的前沿高程应满足码头不被波浪淹没的要求。开敞式码头一般为透空结构,由于波浪与码头上部结构作用时将产生较大波浪力,上部结构为承受这部分力而加大断面尺寸是不经济的。一般做法是将上部结构的底高程抬高。由此,规范规定码头面顶高程可按式(7-1)计算。

$$E = H_{WL} + \eta_0 + h + \Delta \tag{7-1}$$

式中:E——码头面高程,m;

H_{WL}——设计高水位,m;

η_0——设计高水位时重现期为50年一遇静水面以上的波浪峰面高度，m；

h——码头上部结构高度，m；

Δ——波峰面以上到上部结构底缘的富裕高度，m，一般不超过1m。

4. 码头泊位尺度

码头泊位尺度包括码头岸线长度和码头前沿水域宽度。码头的岸线长度应满足泊位长度的要求，而泊位长度是指停靠一艘设计船型所占用的码头线长度。掩护码头的泊位长度与系缆及工艺要求有关，开敞式码头除与上述因素有关外，还应考虑缆绳有足够的长度，以便吸收船舶动能。

单个泊位和多个泊位码头长度的确定方法略有不同。考虑到系缆的要求，除泊位与泊位之间要留有一定的间距外，端部泊位在外端部也需要有一相当于泊位间距的富裕距离。富裕距离的大小与首尾缆绳长度和角度有关，一般与船体长短有直接关系。对有掩护港口的通用码头，单个泊位的长度可用式(7-2)计算。

$$L_b = L + 2d \tag{7-2}$$

式中：L_b——码头泊位长度，m；

L——设计船长，m；

d——富裕长度，m，采用表7-3中的数值。

富 裕 长 度　　表7-3

L(m)	<40	41～85	86～150	151～200	201～230	>230
d(m)	5	8～10	12～15	18～20	22～28	30

码头岸线呈突提式时，沿突堤之间就形成了港池。随着港口装卸机械效率的提高，码头岸线布置越来越倾向于采用宽突堤布置。当突堤的宽度足够宽时，突堤一侧可布置多个泊位，形成泊位组，港池宽度应满足船舶航行和在泊位上调头的需要（在特殊情况下亦可采取在港池外的连接水域调头）。

开敞式码头岸线长度一般应按式(7-3)取值。

$$L_b = (1.4 \sim 1.5)L \tag{7-3}$$

码头前沿水域的宽度一般称为泊位宽度。泊位宽度是为了保证船舶在系泊、停靠过程中的安全而设置的水域宽度，一般取2倍船宽。

5. 仓库与堆场

仓库与堆场是供货物在装船前或卸船后短期存放使用的。多数较贵重的杂货都在仓库内堆存保管；不怕风吹日晒雨淋的货物，如矿石、煤炭、钢铁和矿建材料等放入露天堆场或货棚内，而这种散装货物的堆场常常远离码头，以免对环境有污染。对不同的专业码头，需建造不同的仓库，如散粮码头需要造圆筒粮仓，而石油码头则需建造油库。

从港口库场至码头前沿为码头前方场地，又称码头前沿作业区。这里既要布置装卸机械，又要安排火车、汽车的通道，使货物转运方便，或是进入库场，或是直接运往港外。码头前方场地通常是港口最繁忙的地区。

在有旅客运输的港口，还需专门设立客运码头。在码头附近建有港口客运站，供旅客候船休息以及购买船票、存取行李之用。客运站周围通常需要留有一定场地，供市内交通在此接转旅客，以及设置各种服务网点使用。

6. 港口装卸机械

装卸机械是港口最基本的设施之一。通常将港口机械分成4大类. 即起重机械、输送机械、装卸搬运机械、专用机械。

现代港口装卸工作基本上都由各式各样的机械来完成。它们在港口通常进行以下工作:对船舶实施装卸作业;对火车和汽车车辆实施装卸作业;在船舱内进行各种搬运、推码和拆垛等工作;在库场内进行起重、搬运、堆码、拆垛等工作。

港口码头前方的机械多数用于对船舶装卸,其起重量的大小,往往决定了来港货物单元的组成;港口后方的机械则多数用于库场与库场,库场与车辆之间的捣载,此类机械的起重量一般不是很大。

对于专业化的码头通常都设有专门的装卸机械,如煤炭码头设有装船机,散粮码头设有吸粮机,集装箱码头前方设有集装箱桥,后方设有跨运车、重型叉车等,如图7-7所示。

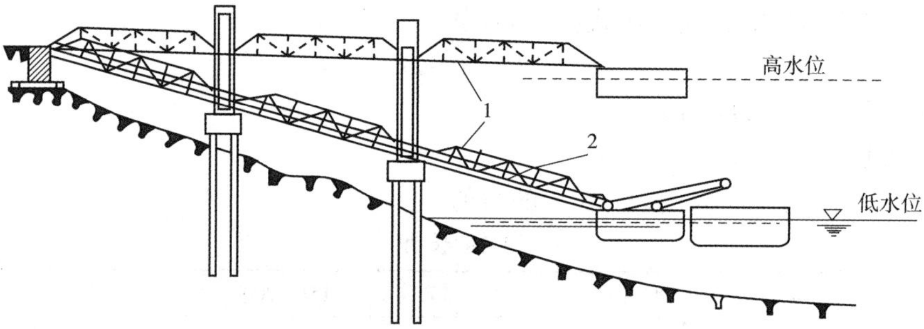

图7-7 专用输送机械

1-可随水位升降的栈桥;2-皮带输送机

7.5.2 铁路与道路

中国海港大多集中在东部地区,腹地纵深辽阔,因此,铁路和公路是中国港口货物集疏运的主要方式。

1. 港口铁路

1)港口铁路的组成及其功能

为了完成货物在铁路网与港口之间的转运,一个完整的港口铁路系统由港口车站、分区车场及货物装卸线等3部分组成。各部分的基本功能为:

(1)港口车站。承担来自路网或码头方向列车的到发、编解、选分车组和向分区车场或装卸线取送车辆等作业。港口车站距码头、库场作业区不宜太远,以便于取送车作业。

(2)分区车场。承担分管港区范围内的车辆分组、集结及向前方库场、二线场、分运中心或码头装卸线取送车等作业。根据车流的性质,有条件时亦可接发直达列车。分区车场宜布置在临近泊位或库场装卸线。

(3)装卸线。布置在库场或码头上供停车进行装卸作业的线路。来自路网的列车,一般在接轨站解编后,以小运转方式牵引至港口车站,路港之间一般在接轨站或港口车站的到发线办理车辆交接手续。到达港口车站的列车,在港口车站按码头作业区分类编组后送往分区车场。一个分区车场一般分管若干个泊位的库场装卸线。到达分区车场的车组,需按去往的装卸线解编,然后按作业进度随时向装卸线取送车辆。在港口完成装卸作业后的车辆,在港口车站集结后，以小运转方式牵引至接轨站。港口铁路组成如图 7-8 所示。

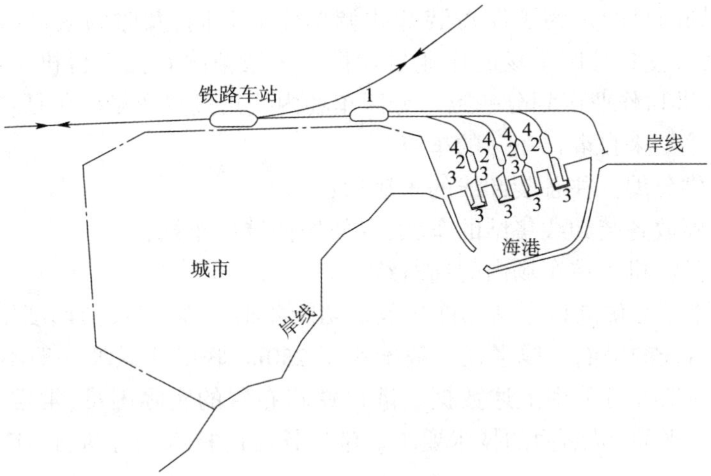

图 7-8　港口铁路组成

1-港口车站；2-分区车场；3-码头库场装卸线；4-联络线

由于运量、货种、接轨站与港区位置和管理方式等因素，港口铁路亦可以不设港口车站，其功能由接轨站承担。对货种单一、运量稳定、开行单元列车的专业化散货港口，如秦皇岛港东港区的三期、四期煤码头，列车不在港内进行解编作业，港口铁路只设空、重车场（即出发场、到达场）和装卸线。

集装箱专列比较适宜在分区车场解编和集结。

2）港口铁路总布置图

港口铁路按其各部分位置的配置不同，可分为横列式、纵列式和混合式 3 类。

如图 7-9 所示，为港口车站、分区车场和装卸线纵列布置形式。其车辆取送按顺序进行，无折返行程、车站咽喉区利用均衡，各车场的调车作业互不干扰，通过能力大，其最大的缺点是需要较长的场地。

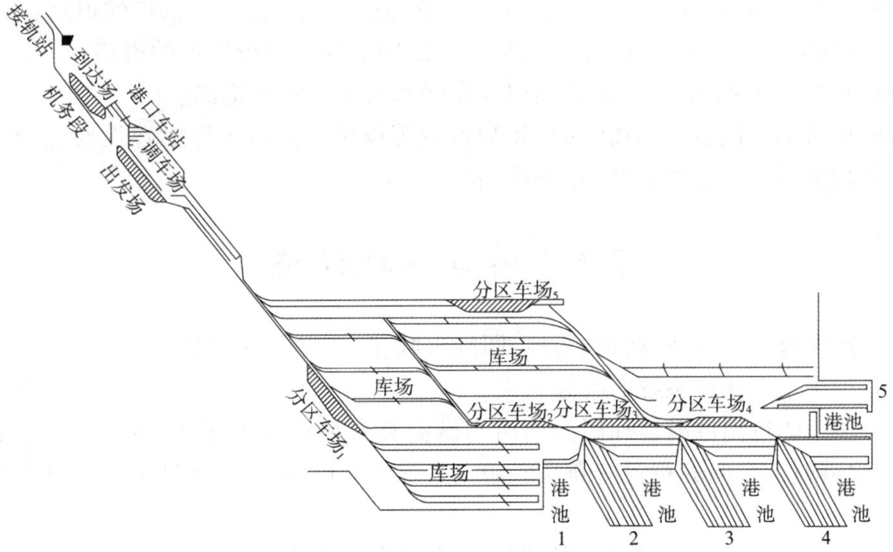

图 7-9　港口车站、分区车场和装卸线纵列布置

3)分区车场布置

设置分区车场的目的是为了缩短装卸线调车作业时间,及时为装卸线供应所需车辆。划分分区车场时,应使各分区车场的作业量均衡。一般情况宜按一台机车调车作业能力来考虑,同时尽量与港口作业区划分一致。分区车场内线路设置数量应包括:

(1)到达线,接纳来自港口车站的车组;

(2)编组线,供分编去往各装卸线的车辆用;

(3)集结线,停放各装卸线集结的车辆,以便送往港口车站;

(4)机车走行线,机车在车场内的通行线。

分区车场线路不必像港口车站那样各股道功能要很明确,可灵活调度使用。

港内铁路联络线的平面曲线半径一般不小于250m,联络线纵坡一般不大于2.5‰。港口铁路区间正线一般亦可采用上述数据。港口铁路布置的实际困难,常常发生在依据当地条件如何满足铁路平面、纵断面的技术要求。港口铁路的技术条件执行《工业企业铁路技术标准》。

2.港口道路

随着我国公路建设,特别是高速公路的快速发展,公路运输在港口对外集疏运所占的比例越来越高,一些综合性港口其公路运输比例已超过铁路运量。公路运输成为中国目前港口集疏运的主要方式。

1)港口道路

港口道路包括进港道路及港内道路两部分。进港道路按港口公路货运量大小分为两类:

(1)1类:公路年货运量(双向)等于或大于200万t的道路,

(2)2类:公路年货运量(双向)200万t以下的道路。

2)港口道路分类

港内道路按其重要性分为以下3种:

(1)主干道:全港(或港区)的主要道路,一般为连接港区主要出入口的道路;

(2)次干道:港内码头、库场、生产辅助设施之间交通运输较繁忙的道路;

(3)辅助道路:库场引道、消防道路以及车辆和行人均较少道路。

港内道路系统应包括停车场、汽车装卸台位等设施。港口道路的建设要充分考虑汽车运输大型化趋势及一些专用车辆的运输要求。

7.6 港口水域设施

港口水域设施包括港池、航道、锚地、回旋水域、防波堤以及导航设施等。水域设施的合理布置将有利于水上作业系统的有效运作。

港口水域中的进出港航道和码头前沿水域需具有足够的水深,满足相应吨级船舶吃水的要求;进出港航道走向的布置应满足船舶安全进出港口;航道和港池的维护性挖泥量应尽量小。

港池内应有良好的泊稳条件,以便船舶能安全、顺利地完成货物装卸作业和旅客上下船。

港口水域尺度应能满足回旋、制动、港内航行、停泊作业的要求。

港口水域除应满足设计船型的航行、停泊所需的水域外。还应考虑港口辅助船舶（港口作业、工程、海事、边防等）的航行和停泊要求，在有小船运输的港口，还应考虑这部分船舶对水域的要求，但在布置上应尽量减少大小船之间的干扰。

7.6.1　航道、锚地和回旋水域

航道为船舶进出港口提供了一条特定的安全航行路线。多数情况下，近海自然水深不能满足船舶吃水要求，航道一般是开挖而成。船舶进出港口必须按照航行标志航行，遵守航行规则，以避免发生海事事故。进出港航道常常是港口规划、设计和维护的最重要问题之一。

航道设计包括航道选线、航道尺度（包括宽度、水深及转弯段参数等）以及导助航标志等方面内容。

1. 航道选线

选择航道轴线必须依据当地的水文、气象条件，并结合地形和地质条件的特点进行。良好的航道选线方案应具有良好的操船作业条件。为此航道选线应注意：

（1）航道轴线应尽量避免与大于7级风力的、频率较高的风向正交，以减少船舶在强横风下航行的概率。

（2）航道轴线宜尽量避免与流速大于1kn的水流呈较大的交角。

（3）航道轴线应尽量顺直，避免S形航路。受地形、地质条件限制必须多次转向时，宜加长两次转向间距。转向角 φ 宜控制在30°以内。航道转弯半径 R 宜大于3～5倍设计船长，并需将航道按规范要求加宽。当转向角较大、航速超过8kn、航道水流条件较差时，应加大转弯半径 R，R 大于10倍船长时较为理想。

（4）防波堤口门内的航道应保持不小于相应吨级船舶制动距离的要求，并尽可能是直线段，以防止船舶进入防波堤口门后发生事故。

（5）航道轴线选择中应充分考虑在波浪和潮流作用下航道的回淤问题，尽量减少维护性疏浚工程量。一般而言，以推移质为主的输沙情况，航道轴线与主波向、主流向的交角越大，淤积率亦越大。

2. 航道宽度

航道宽度是指设计低水位或乘潮水位时航槽断面设计水深（一般为公告水深，不含备淤深度）处两底边线之间的宽度。航道有效宽度一般由航迹带宽度、船舶间富裕宽度以及船舶与航道底边之间的富裕宽度3部分组成。

1）航迹带宽度

船舶在航道上行驶受风、流及螺旋桨产生的横力矩的影响，其航迹很难与航道轴线平行。船舶常需不断地靠操纵舵角来校正航向，使航行的轨迹线不至于偏离航道范围。船舶以风流压偏角在导航中线左右摆动前进所占用的水域宽度称为航迹带宽度，如图7-10所示。规范规定航迹带宽度 A（m）按式（7-4）确定。

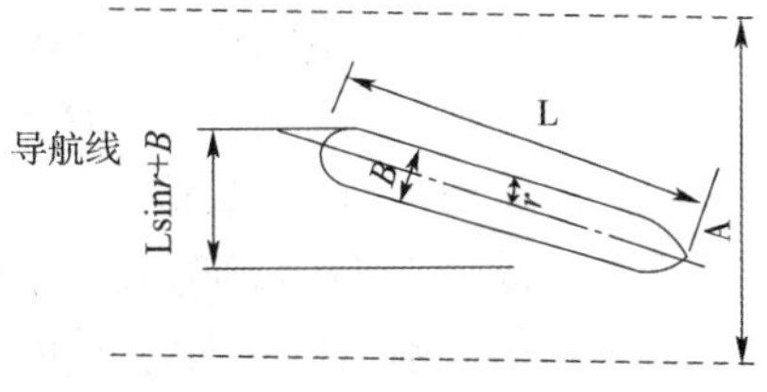

图7-10　航迹带宽度

$$A = n(L\sin r + B) \tag{7-4}$$

式中：n——船舶漂移倍数；

L——船长，m；

r——风、流压偏角；

B——船宽，m。

船迹带宽度一般在2.0～4.5倍船宽范围内。

2）船舶间富裕宽度

当船舶相遇错船时，为了防止船吸现象，两航迹带间应留有一定距离，一般取船宽。

3）船舶与航道底边间的富裕间距

对于人工开挖的航道，由于航槽内外水深差形成航槽壁，船舶在这样狭窄的航道内航行，为防止船舶因船吸现象而擦壁或搁浅，减少操船困难，必须与槽壁保持一定距离。规范规定此富裕宽度 C 按表7-4取值。

船舶与航道底边间的富裕宽度 C 表7-4

船种	杂货船、集装箱船		散货船		油船或其他危险品船	
航速(kn/h)	≤6	>6	≤6	>6	≤6	>6
C(m)	$0.50B$	$0.75B$	$0.75B$	B	B	$1.50B$

综上所述，航道宽度 W 的取值为：

双向航道：

$$W = 2a + b + 2C \tag{7-5}$$

单向航道：

$$W = a + 2C \tag{7-6}$$

式中：W——航道有效宽度，m；

b——船舶间富裕宽度，m，设计船宽 E；

C——船舶与航道底边间的富裕宽度，m，采用表7-4中的数值。

当航道较长、导标灵敏度不易控制、船舶定位困难和自然条件特别恶劣时，航道宽度可较上式适当加宽；相反的情况可以适当缩窄。

典型双向航道宽度为8倍船宽，单向航道宽度约为5倍船宽。此外，船舶在航道弯曲段航行，由于船舶在转向时的漂动和必须以投影宽度通过航道，要求的宽度比直线段大，需要加宽的数值与转向角 φ 和转弯半径 R 有关，可采用规范建议的图解法进行。

3. 航道水深

船舶在外航道航行，其航速一般不会超过10～12kn，通常是6～8kn，在接近口门时为4～6kn。船舶为保持一定舵效的最低航速为2kn。航道水深需要考虑船舶航行时船体下沉增加的富裕水深。航道水深可由式(7-7)计算。

$$D = T + Z_0 + Z_1 + Z_2 + Z_3 + Z_4 \tag{7-7}$$

式中：D——航道设计水深，m；

T——设计船型满载吃水，m；

Z_0——船舶航行时船体引起的下沉值，m，与船舶吨级、船舶航速有关；

Z_1——航行时龙骨下最小富裕深度，m，取决于不同底质条件和船舶吨位，采用表7-5

中的数值；

Z_2——波浪富裕深度；装载纵倾富裕深度，m，杂货船和集装箱船可不计，油船和散货船取0.15m；

Z_3——船舶因配载不均匀而增加的尾吃水，m；

Z_4——备淤深度，m，应根据两次挖泥间隔的淤积量确定，不宜小于0.4m。

航行时龙骨下最小富裕深度 Z_1（单位：m）　　表7-5

船舶吨级（t）	DWT < 5000	5000 ≤ DWT < 10000	10000 ≤ DWT < 50000	50000 ≤ DWT < 100000	100000 ≤ DWT < 300000
淤泥土	0.2	0.2	0.3	0.4	0.4
含淤泥的沙、含黏土的砂和松砂	0.3	0.3	0.4	0.5	0.6
含砂或含黏土的块状土	0.4	0.4	0.5	0.6	0.6
岩石土	0.5	0.6	0.6	0.8	0.8

注：对重力式码头，Z_1 应按岩石土考虑。

4. 航道通航方式

联合国国际海事组织曾颁布船舶服务准则及规划航道系统原则，提倡建立分道航行制，将反向航行的船流予以分隔，以减少船首正遇的范围。

港口投产初期，船舶通行密度很低，大船可能是很少一部分。在这种情况下，航道的通航水位可采用高于最低通航水位的某一水位，称为乘潮水位，以减少航道和港池挖泥费用。乘潮水位可根据每潮次船舶乘潮进出航道所需的时间，选取每一个潮峰上与此延时相当的水位进行频率统计，一般取乘潮累计频率90%～95%的水位为乘潮水位。对开敞式布置方案，选择乘潮水位要特别慎重研究低潮、大浪天气时船舶靠、离泊的安全保障问题。停靠大型集装箱班轮的港口，不宜采用候潮进出港的通航方式。

对经常处于自然条件恶劣，航道狭窄难于改善的情况，规划应明确配备拖船对较大型船舶助航，实行强制引领的制度。这对船舶的安全行驶是必需的。此外，为了减少危险性，在船舶航行密度大的航道，结合实际条件限制超越、大小船分开航行等都是规划航道通航方式的重要内容。

5. 锚地

锚地是指专供船舶停泊或进行水上装卸作业的水域。锚地按功能和位置可分为港外锚地和港内锚地。港外锚地供船舶候潮、待泊、联检及避风使用；港内锚地供待泊或水上装卸作业使用。

选择锚地位置时应注意以下问题：

(1)为了避免影响船舶航行安全，港外锚地边缘距航道边线不应小于2～3倍船长；单锚或单浮筒系泊的港内锚地距航道边缘不应小于1倍船长，双浮筒系泊时不应小于2倍船宽。

(2)港外锚地水深一般不应小于船舶满载吃水的1.2倍，但当波高大于2m时，还应增加波浪富裕水深。港内锚地水深一般可与码头前沿水深一样。

(3)锚地底质以软硬适度的亚砂土和亚黏土较好,其次是淤泥质沙土。

(4)应尽量避免在横流较大地区设置双浮筒锚地。

港口锚地的数量和配置要依据港口的自然条件和运营特点而定。

6. 回旋水域

船舶回旋水域应设置在方便船舶靠离码头或进出港口的地点。其水域可以和航行水域共用。回旋水域的尺度应考虑当地风、浪、流等条件和港作拖船配备、定位标志等因素,可按规范中的数值确定。

船舶自行调头回旋圆直径一般较大。当水域较平稳,且风力小于5级时,回旋直径一般需3倍船长,未设首推进器的集装箱船其回旋直径可达6倍船长,这是设计集装箱泊位时应注意的。

7.6.2 港内泊稳标准及波况估算

船舶停靠码头进行装卸作业或上下旅客,要求船舶平稳和颠簸小,所以港内泊稳标准从实质上讲是船舶运动量的限制标准,但测定和估算在波浪作用下系泊在码头上的船舶运动量是很难的。所以长期以来都是通过给定码头前波高的限定标准来评估港内泊稳条件。码头前波高的大小可以通过整体波浪水工模型试验或整体波浪数模试验进行估算。

近年来,港内泊稳条件的估算方法已从研究码头前波高发展到直接研究在波浪作用下船舶的运动量上。已提出一些参考性的允许作业标准,如表7-6所示。

各类船舶装卸作业允许位移量 表7-6

船舶类型	油船	散货船	杂货船	全集装箱船
升沉(m)	±0.5	±0.5	±0.5	±(0.3~0.5)
横移(m)	1.0	1.0	0.5~1.0	0.8~1.0
纵移(m)	±(1.5~2.0)	±1.5	±1.0	±0.5
横摇(°)	4	3	3	2
纵摇(°)	3	3	2	2

对于较大型工程,应进行水工整体模型试验,在试验中测定船舶运动量的数值,以便于研究装卸工艺设备是否安全和获得较高效率。

码头前进行装卸作业的允许波高值,与装卸货种、装卸工艺、船种、船型大小及码头方位与波向间的夹角等因素有关。表7-7为规范建议的船舶装卸作业允许波高和风力,表中顺浪为波向与船舶纵轴线夹角小于45°;大于或等于45°为横浪。表中允许波高对应的波平均周期T,当DWT≤20000t、T≤6s;当DWT>20000t,T≤8h。长周期波对斜坡式护面抛石堤心式的防波堤有一定的穿透能力,使港内泊稳条件恶化,所以对周期更长的波应进行专门的研究。

波浪在传播中遇到外堤建筑物,除在堤前发生反射外,从口门进入港内的波浪将在港内水域产生绕射。波浪单纯发生绕射变形可通过查表简单估算,或采用数学模型进行推算。当港内有地形变化时,波浪还将同时发生折射,需采用折绕射联合模型。当码头为直立式结构,码头的反射将加大码头的波浪,此时应采用更综合的数学模型,如:Boussinesq模型、双曲型缓坡方程等。

各种船舶装卸作业时码头前允许波高和风力 表 7-7

船舶吨级 DWT(t)	允许波高(m)								允许风力
	顺浪 $H_{4\%}$				横浪 $H_{4\%}$				
	油船	散货船	杂货船	集装箱船	油船	散货船	杂货船	集装箱船	
10000	0.5		0.5		0.6		0.6		
20000	0.6		0.5		0.6		0.6		
30000	1.0		0.8		0.8		0.6		
50000	1.0		0.8		0.8		0.6		
100000	1.0	1.0	1.0	0.8	0.8	0.8	0.8	0.6	
150000		1.0	1.0	0.8		0.8	0.8	0.6	
200000	1.2	1.2	1.0		1.0	1.0	0.8		
250000				1.0				0.8	
300000	1.2	1.2		1.0	1.0	1.0		0.8	≤6 级
350000				1.0				0.8	
400000		1.2				1.0			
500000	1.5	1.5			1.2	1.2			
700000		1.5				1.2			
800000	1.5				1.2				
1000000	1.5	1.5			1.2	1.2			
1200000	1.5	1.5			1.2	1.2			
≥1500000	2.0	2.0			1.5	1.5			

注:$H_{4\%}$ 为列累计频率 4% 的波高。

7.6.3 防波堤与口门布置

防波堤是用来抵御港外波浪侵袭,兼做防沙减淤作用的外海水工建筑物。防波堤的布置要考虑波浪、流、风、泥沙、地形地质等自然条件;船舶航行、泊稳等运营要求;施工条件及投资等因素。防波堤工程通常在海港工程总投资中占相当比重,防波堤布置的合理与否,直接影响港口运营、投资、维护费用和长远发展,是海港总平面布置中的一项关键工作。

1. 防波堤布置原则

(1)防波堤轴线布置要与码头布置相配合,码头前水域要满足表 7-8 的允许作业波高值。防波堤的布置和选型应特别注意长周期波的影响。对有长周期波的地点,应研究防波堤所围成水域的自振周期,防止与长周期波产生共振,还应防止长周期波穿透抛石堤对港内泊稳的影响。

(2)防波堤所围成的水域应有足够的面积和水深,满足布置码头岸线、码头前停泊水域、调头水域以及航道的需要。口门外有横流的情况下,应考虑船舶进口门前航速及航向角对进口门后船舶航行的影响。从船舶航行安全方面考虑,进入口门后应有足够的航行水域作为缓冲和对准泊位航行。口门内水域面积轮廓应满足船舶调头作业的要求。

(3)防波堤所包围的水域要为港口今后的发展留有余地,尽可能顾及港口的规模“极限”和极限船型。同时,还应注意防波堤所包围的水域内风成波对泊稳条件的影响。在淤泥质海岸的港口,应注意到泥沙以悬移状态进港,由于港内水域平稳、流速减少,悬沙落淤,因此,水域面积越大,纳潮量越大,淤积总量亦越大。从这一角度考虑,应缩小无用水域面积,以减少纳潮量和进港泥沙。

(4)要充分利用有利的地形地质条件,将防波堤布置在可利用的暗礁、浅滩、沙洲及其他水深不大的水域中,以减少防波堤投资。

在泥沙运动十分活跃的海域,把防波堤布置在近岸浅水区,人工疏浚航道港池,并将挖泥回填至陆域,在很多情况下是可比方案之一。

(5)港内水工建筑物为直立式结构时,应注意结构造成的多次反射引起对港内泊稳的影响。当通过模型试验研究表明有泊稳恶化的情况时,则应采取消波措施。

2. 口门

(1)口门布置对港口使用及将来发展影响较大。口门位置应尽可能位于防波堤突出海中最远、水深最大的地方,以方便船舶出入。在沙质海岸,口门宜布置在泥沙完全移动临界水深之外,以减少口门外泥沙进港和口门淤积。在淤泥质海岸,泥沙在波浪作用下以悬移形态运移,水深越大含沙量越小。口门宜布置在远离破碎带、含沙量小的深水处。如天津港口门从 -0.5m 处延伸至 -2.5m 处,平均含沙量可从 0.3kg/m^{3}减少到 0.16 kg/m^3,预估回淤量可减少 40%,水深 -4.5m 处年平均含沙量仅 0.06 kg/m^3,有可能根本上解决回淤问题,但建堤投资将是巨大的。

(2)从口门至码头泊位,一般宜有大于 4 倍船长的直线航行水域和 3 倍船长的调头圆,以便于船舶进入口门后控制航向、减低航速与拖船配合完成转头等操作。布置直线航行水域有困难时,亦可布置在半径大于 3~4 倍船长的曲线上。口门附近的水域条件如图 7-11 所示。

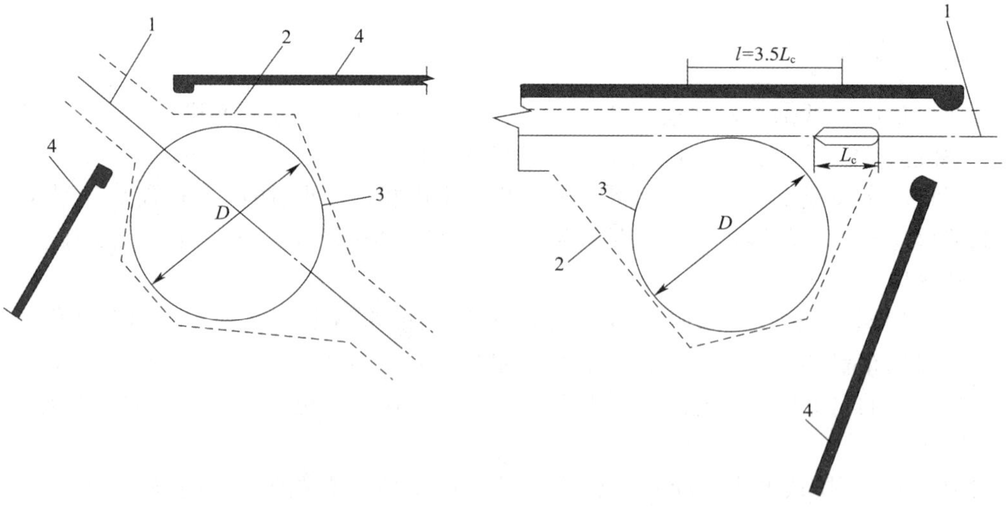

图 7-11　口门附近水域条件

1-口门轴线;2-锚地边界;3-调头水域的边界;4-防波堤

(3)口门方向力求避免出现大于 7 级的横风、大于 0.8kn 的横流、船尾直向强风(即从船尾方向吹来)和波高大于 2.5~3.0m 尾追浪,以使操舵稳定。一般来说,船舶进口门航向与频率较大的强风强浪,夹角在30°~60°为最好。

(4)口门的布置还应使从口门进入的波能尽可能少,以维护水域泊稳要求。

(5)船舶在通过口门时一般不考虑错船或超越。口门宽度在任何情况下不宜小于设计船长,并应认真研究和预测本港最大船型的船长要求。

(6)对潮差较大,港内水域面积宽阔,而防波堤结构又是不透水结构时,应该验算通过口门的涨落潮流速,流速一般不宜大于2.5~3kn。

(7)口门数量与航行密度、港口性质、环境条件等因素有关,在满足泊稳要求的条件下,两个口门一般比一个好。两个口门可以大小船分开进出港区,或分别适宜于不同风浪向进出,或不同性质船舶(商港、渔港等)分开进出等,增加运行的灵活性。两个口门也常有利于环保,增强港内水域的水体交换和自净能力,但在泥沙活跃的海岸则需做具体分析。在船舶周转量大的港口,要核算一下口门的通过能力。

3. 轴线布置

(1)防波堤轴线布置应能使港内水域迅速扩大,使进入口门的波能很快扩散,波高迅速减小。这样布置轴线也有利于在口门附近布置方便船舶航行的调头圆。

(2)防波堤轴线转弯时,折角 θ 宜在120°~180°之间,折角处根据结构可能,尽量圆滑或多折线形连接。

(3)布置防波堤轴线要注意小范围内地质条件的变化,有时轴线稍加移动,可减少大量的地基处理费用。

7.6.4　港口导航设施

港口导航设施包含内容较为广泛,大致分为常规的、电子的和卫星导助航设施。常规导助航标志也称为航标,有浮标、固定标、导标和灯塔等。电子导航设施即船舶通航服务站(VTS),利用岸上雷达测定进出港船位,用甚高频无线电话(VHF)向船舶提供导航信息,协助船舶进出港航行。卫星导航(GPS)系统是先进的导航设施,在陆上和船上分别设有接收和发射装置,通过人造卫星传递信息,从而及时、准确地控制船位,使船舶安全进出港口。

设置航标的目的在于标明航道的界限,针对暗藏的危险障碍物,如岩礁、浅滩、拦门沙和航道弯段等,给予警示和引导,使船舶得以安全而迅速地到达目的地。航标包括以下多种类型:

(1)用于标示航道和港口水域中通航部分外廓线的浮标和固定标;

(2)设立在岸上塔架结构上的导标,用以引导船舶通过航道和港口口门;

(3)灯塔,用以引导远处船舶接近港口,或用以指示礁石、浅滩等危及航行的障碍物;

(4)设置于防波堤堤头、码头、系船墩和其他突出于航行水域中的建筑物上的灯标,用以表明这些建筑物的外廓边界;

(5)灯船和灯塔的作用基本相同,只是用于难以建立灯塔的地点。

1. 浮标

浮标是漂浮于水面上的标志,用锚固定在需要的位置处,视具体情况,可以是有灯光的,也可以是无光的。为了保障航行安全,便于识别,按照浮标的位置、作用(如航道侧标、方位标志、孤立危险物标志和安全水域标志等),浮标应按国际上统一的要求漆上颜色并附加标志性的上部轮廓。最常用的浮标是有灯光设备的浮标,一般采用蓄电池(或干电池)为能源。

在必要的情况下,在灯浮标的中心架上还可安装雷达反射器。灯浮标的光型有闪光和间歇光等。

灯浮标标体外径2.1~2.8m,一般用于海上的自重为5~6t。

2. 导标

为了引导船舶安全地通过狭窄而带有危险性的或曲折的航道和港口口门,除航道两侧设置灯浮标外,还需设置导标。导标是成对地设置在航道中心线或港口口门中心线的延长线上。导标一般均建在岸上,后标须在前标之后有一定距离,且应较前标高,以保证必要的精度。导标的灯光可有各种颜色,分为固定光或闪光,须在其周围环境中极易识别。塔架可安装雷达反射器。

导标设计要点包括:

(1)后标应比前标高出充分的高度,当船舶驶近到最小距离时,前后两标的灯光不应重合成一个灯。同时,前标和后标应该有一定距离,使它在导向上具有要求的灵敏度。

(2)在设计中航道宽度是十分重要的,它将决定前标与后标之间的应有距离。两标的最小间距必须足以保证船舶在航道边界范围内航行,而最大间距又不应使其灵敏度过高,以便于船舶驾驶员仍可利用航道的侧边部分。

(3)如航道有弯转而采用多组导向灯标,各组灯标的灵敏度尽可能相同。

(4)导标的灯光亮度应为所要求的能见度,且前后标的亮度应大致相同。

3. 灯塔

灯塔是高塔形建筑物,在塔顶装设灯光设备,位置应显要,并注意其应该有特定的建筑造型,易于船舶分辨,同时成为港口景点之一。由于地球表面为一曲面,故塔身须有充分的高度,使灯光能为远距离的航船所察见,一般视距为15~25n mile;但灯光也不宜过高,以免受到高处云雾的遮蔽。

根据灯塔大小和所在地点的特点,灯塔可以是有人看守,也可以是无人看守,重要灯塔应该有人看守。

大型灯塔地点合适时,可以考虑和船舶通航服务站协同建设。

4. 船舶通航服务站

船舶通航服务站,又称航管站,主要由岸上雷达系统(包括电视扫描光栅显示器)和无线甚高频电话岸台组成。船舶通航服务站是港口现代化的重要标志之一,可大大减少事故率。

雷达系统可以在各种气候条件下发现并测定水上船舶的位置。因此,如果在雷达屏幕上显示出航道、锚地等地图形状(视频地图),则可方便地观测到船舶在雷达覆盖区内的移动状态,并通过计算机测定船舶的航向及航速。

船舶通航服务站一般具有以下功能:

(1)监视进港航道、锚地、调头区的船舶动态;

(2)在视线不良或雾天通过甚高频无线电话向船舶提供导航信息,如船位、航向、航速及到达转向点距离、偏离航道轴线情况及周围相关目标动态等;

(3)在恶劣气候或台风季节,监视抛锚船舶的锚位移动并及时发出警告;

(4)监视水上航行危险区或禁止抛锚区,遇有危险状态或违章现象及时发出警告。

7.7　案例：青岛港前湾集装箱港区三期规划设计

7.7.1　港口概况

青岛港位于山东半岛南岸的胶州湾内，始建于1892年，具有117年历史。是我国重点国有企业，中国第2个外贸亿吨吞吐大港。是太平洋西海岸重要的国际贸易口岸和海上运输枢纽。港内水域宽深，四季通航，港湾口小腹大，是我国著名的优良港口。它主要由大港、中港和黄岛港组成。各港码头均有铁路相连，环胶州湾高等级公路与济青高速公路相接，腹地除吸引山东外，还承担着华北对外运输任务。青岛港虽然开展集装箱业务起步较晚，但发展迅猛，潜力巨大。1985年集装箱吞吐量仅为1.2万TEU，1990年13.5万TEU，1995年完成60.3万TEU，2000年达到212万TEU，2010年达到1201万TEU，2018年达到1959万TEU。居世界第8位，中国第6位。

青岛港的集装箱港区由前湾港区和老港区两部分组成。2003年以前青岛港的集装箱业务都在老港区进行。最初是在52号泊位、47号泊位，随着箱量的增长及船型的增大，自1992年开始至1998年，青岛港陆续对八号码头的47号、49号、48号、45号、46号泊位进行了改造，改造后的泊位水深达到了13.0m，可停靠满载30000DWT的集装箱船。但老港区仍然存在着诸多不足，最突出的是陆域狭小，堆场严重不足及航道水深浅等，八号码头的宽度仅225m，且两侧靠船，为了保证码头的接卸效率，不得不采用了向周边箱站大量倒箱的作业方式。航道底高程为-10.6m，由于受口门的限制，无法加深拓宽，因此，在老港区继续建设及改造大型集装箱码头已不再可能。

自20世纪80年代后期青岛港开始在黄岛以南建设新港区——前湾港区。起步的一期工程建设了2个煤炭泊位和4个散杂泊位。1999年竣工的前湾港区二期工程建设了3个集装箱泊位和3个杂货泊位，集装箱泊位分别是1万t级、2.5万t级、5万t级，前两个泊位底高程为-11.6～-11.8m，5万t级泊位为-14.5m。最大停靠过5250TEU的“鲁河”号集装箱船。由于陆域布置的缺陷，1万t级泊位没有堆场，实际上只能发挥两个泊位的能力。二期工程陆域纵深大道了910m，但堆场纵深只有476m，而且呈平行四边形。铁路设置了3条长度仅为330m的铁路装卸线，后来，杂货码头进行了改造，二期突堤端部也安装了设备，进行集装箱作业。二期工程年通过能力135万TEU。

7.7.2　港口自然条件

1）风况

夏季多南风及东南风，冬季多北风及西北风。每年7级以上大风日数约8天；台风每年发生1～2次，对港口影响甚小。

2）降水

年平均降水量为755.6mm，6～8月降雨最多，占全年的70%。雾况：年平均雾日51.6天，每年4～7月为最多，对航运、生产影响不大。

3）气温

年平均气温为12.1℃，极端最高气温35.4℃，极端最低气温-16℃。

4)潮汐

为正规半日潮型,平均高潮位3.85m,平均低潮位1.08m,最高高潮位5.36m,最低低潮位0.70m。

5)潮流

属半日潮流,特点是涨潮流速大于落潮流速,涨潮历时小于落潮历时,潮流基本属于往复流,最大流速方向同海岸平行。前湾最大涨潮流速0.51m/s,最大落潮流速0.33m/s。

6)波浪

胶州湾波浪主要为湾内小风区波浪及外海波浪经湾口的折射波、绕射波。

7.7.3 港口总体规划

前湾港区三期工程规划建设7个集装箱泊位,岸线全长2413m,泊位底高程-16~-17.5m。2003年9月29日前4个泊位竣工投产。后3个泊位也于2005年底正式竣工验收。三期工程陆域纵深1.5~1.9km,堆场纵深900m。建设了两条整列的整箱铁路装卸线和一条铁路拆装箱装卸线。2005年三期工程前4个泊位完成了390万TEU,每百米岸线完成26.4万TEU。码头能力居世界前列。

前湾港区集装箱码头三期设计通过能力为475万TEU。自从2002年11月青岛港外贸集装箱业务从老港区西移至前湾港区后,前湾港区就承担起青岛港全部的外贸、内支线的集装箱运输。在前湾三期后3个泊位尚没有形成能力的情况下,仅仅依靠二期及三期前4个泊位,2005年前湾港区就完成集装箱吞吐量544.3万TEU,占全青岛港630.7万TEU的86%,前湾港区集装箱码头较好地发挥了其核心港区的作用,每个泊位设计完成近80万TEU,能力已属世界前列。前湾港区集装箱码头基本参数见表7-8。

前湾港区集装箱码头基本参数 表7-8

项目	前湾二期工程	前湾三期工程 1号—4号泊位	前湾三期工程 5号—6号泊位
开工时间(年·月)	1995.5	2000.6	2003.8
完工时间(年·月)	1999.12	2003.9	2005.12
泊位数量(个)	3(4)	4	3
泊位长度(m)	766(1026)	1480	933
泊位底高程(m)	-11.6,-11.8,-14.5	-16,-17,-17.5	-17.5
港池底高程(m)	-13.0	-15.0	-15.0
码头宽度(m)	56	68.5	68.5
陆域纵深(m)	910	1490~1723	1723~1946
陆域面积(万m^2)	71.4	352.7	
堆场(万m^2)	25	96.0	70.8
绿化(万m^2)	—	10	5
岸桥数量(台)	8	14	12
轮胎吊数量(台)	21	40	30
进出道口(个)	6	18	10
设计通过能力(万TEU)	—	290	185
吞吐量(万TEU)	154.3	390	—
建设投资(亿元)	15	31	18

7.7.4 港区规划

1. 功能定位

青岛港是我国沿海主要港口、北方地区主要集装箱干线港和区域性枢纽港，是山东沿海港口群的核心，是我国综合交通运输体系的重要枢纽，是山东及河南、河北、山西、陕西等中西部地区外贸、能源和原材料运输的主要转运基地，以及上述地区经济发展的重要依托，以集装箱运输为重点，全面发展原油、矿石、煤炭等大宗货物中转运输，是加快拓展山东省半岛城市群和制造业基地建设的重要基础。青岛港将以国际集装箱干线港口物流、保税、信息、商贸等服务功能，积极带动临港工业和半岛制造业基地建设，成为多功能、现代化的综合性国际大港，成为建设区域性国际航运中心和区域性国际物流中心的核心载体。

前湾港区是青岛港综合运输核心港区，将以国际集装箱干线运输为主，同时承担青岛港铁矿石上岸、煤炭下水等大宗干散货运输服务，兼顾钢铁等杂货运输，全面开展港口综合物流、专项物流、商贸、信息、综合服务等现代化服务功能，形成现代化的大型国际化综合深水港区。

集装箱码头规模和通过能力：前湾港区北岸的二期、三期工程 11 个集装箱泊位（含二期改造的 1 个泊位）设计通过能力 650 万 TEU，通过增添设备，最终通过能力可达 700 万 TEU 以上。湾底的招商局码头，6 个集装箱专用码头，2 个 3 万吨级多用途泊位，设计能力 250 万 TEU。最终通过能力可超过 300 万 TEU。南岸的 12 个大型集装箱泊位通过能力在 1000 万 TEU 以上。整个前湾港区集装箱码头的通过能力最终可达 2000 万 TEU 以上。

2. 码头布局

前湾是一个口朝向东北的海湾，前湾港区的码头围绕湾的周边分布，自然形成北岸、湾底及南岸 3 个作业区，三个部分既相联系，又在位置上相对独立。港湾水域呈内小外大的喇叭形，湾底水域宽度 900m，口门处的宽度是 1200m。湾内用于船舶掉头的水域宽 720 ~ 850m，够一条 8000 ~ 10000TEU 船舶的回旋使用，前湾港区效果图见图 7-12。

图 7-12　前湾港区效果图

前湾的建设是从北岸的湾口开始的,最开始建设的前湾港区一期工程建设了突堤式的两个5万t级煤炭出口码头及顺岸的四个2万~5万t级散杂货泊位,煤码头既自身掩护,也构成了整个前湾的湾口。1995年建设的前湾二期接着一期的顺岸泊位继续向西延伸建设1万t级、2.5万t级、5万t级3个集装箱泊位后又形成了小型散杂货突堤,突堤东侧布置了3个1.5万t级散杂泊位。三期工程自突堤西侧继续建设大型顺岸泊位7个,西至镰湾河为止。岸线长2413m,水深-16.0~-17.5m,可以停靠目前世界山个最大的集装箱船。

镰湾河西岸以西即连接前湾南北两岸的湾底,其三段岸线由香港招商局建设的集装箱泊位(1~3万t级4个,10万t级1个)及2个3万t级多用途泊位组成。南岸呈一条长顺岸,总厂4636m,建设大型深水集装箱码头,分别由香港招商(2个)、青岛港集团(4个)、迪拜环球(4个)、泛亚(2个)、海丰(1个)负责建设。

前湾北岸港区以外是青岛市配合港区规划建设的物流园区,面积1km²,湾底香港招商在建设码头的同时设立保税物流园区,物流园区占地1km²,规划为国际中转区、国际转口区、国际采购区与配送区等功能区。南岸港区的南侧是青岛市保税区(3.8km²)和青岛市经济技术开发区。

物流园区、保税区、开发区与港区的组合形成了相互依赖、互相促进、共同发展的良好格局,成为前湾港区健康快速发展的可靠保证。

3.集疏运

公路:青岛环胶州湾高速公路和胶州湾大桥将青岛市与前湾港区所在的黄岛联系起来。前湾港区北岸的二期、三期工程的港区门口有直达胶州湾高速公路的专用高架疏港路,双向四车道。通过专用疏港路,可达同三高速公路;经环胶州湾高速公路可进入济青高速公路、青银高速公路。

铁路:伴随前湾港建设的黄岛站,目前承担着前湾港区的矿石、煤炭、集装箱及其他货种的铁路运输,在铁路规划中也预留了黄岛站扩建的空间。黄岛站至胶州的胶黄线正在进行电气化改造,而胶济铁路则是四线的电气化铁路,运能巨大。前湾港区北岸建设了两个分区车场,第一车场处理煤、矿石(整列),第二车场处理杂货及集装箱(半列)。

4.航道

前湾港区位于胶州湾口附近,胶州湾口有水深达25m以上的天然深槽,30万吨级船舶可以自由通行。胶州湾口外水深稍浅,水深也在20m左右,对于最大的集装箱船的航行没有任何障碍。在前湾至胶州湾深槽有一段人工航道,长约2km,在三期工程的建设中投入巨资,开挖1000多万立方米,炸岩80万m³,建设了一步到位的深水航道。航道宽度已达260m,底高程-15m。由于大型集装箱船通常达不到满载吃水,所以现有航道可以满足最大集装箱船的不乘潮进港。

7.7.5 平面布置

1.断面布置

前湾港区三期工程的陆域纵深大道为1.5~2km,其总体功能分为3大部分,前方码头作业区与后方物流区、铁路作业区的结合,体现了现代集装箱港区的功能需求。前方码头作业区纵深900m,面积1.98km²;铁路作业区195000m²;后方物流及辅助建筑区纵深600~1000m,面积1.28 km²。前4个泊位投产以来,后方物流园进驻了众多的航运及物流企业,为港口提供和延伸了服务，是前湾港集装箱业务飞速发展、码头作业水平达到世界最高水平的有力保证。

码头作业区的断面布置自码头向陆域依次是：码头前沿区、堆场区、大门及关检区。码头前沿区含码头线至岸桥前轨的系缆区、岸桥轨距35m、岸桥后轨的舱盖板区和道路区，宽度68.5m。堆场区800m。

2. 码头水深

前湾港区二期工程的3个泊位，水深为－11.6m，－11.8m，－14.5m。前湾三期工程共7个泊位，第1、2个泊位底高程－16.0m，第3个泊位－17.0m，第4～7个泊位均为－17.5m。三期工程泊位水深按建设顺序逐步加深的过程体现了码头设计力求适应船舶大型化发展趋势、满足甚至超越当时最大船型尺度要求的努力。

在三期工程建设之初的2000年，世界上最大的集装箱船为一艘号称8000TEU（马士基公司）的改装船，吃水14.5m。其他最大船舶6000TEU，吃水在14m以内。按照最大船型计算的泊位底高程确定为－16m，已经超过当时最大船型吃水需要的0.5m。近10年来集装箱船舶大型化表现得更为明显。在建设过程中，大型化速度也在加快，基于对集装箱船舶大型化的坚定认同，在建设前四个泊位过程中，又将3号、4号泊位底高程加深到－17.0m和－17.5m。超出最大船型需要1.5～2m。后三个泊位的底高程全部定位－17.5m。2005—2006年，世界投入运营的最大集装箱船已由2000年的8000TEU上升到9600TEU。青岛港到港的最大集装箱船中远宁波号，载箱量也已达9460TEU。2006年6月首航的世界运营中最大集装箱船（9600TEU）“新洛杉矶”号满载吃水达15m，表明集装箱船进一步的大型化会带来船舶吃水的增大。

在设计确定码头线走向的时候已经考虑了为更大型泊位建设做预留。工可研阶段确定的原码头线走向是垂直于二期的突堤方向，为了获得较好的基岩埋深，减少炸岩量，更重要的是为后续建设的泊位加深创造好的条件，在三期工程初设阶段，将码头轴线由最初的垂直于二期突堤向海侧微旋3.9°。西段岸线的基岩高程由－14～－15m增至－19～－21m，为后三个泊位建设－17.5m的泊位创造了条件。

青岛港进一步的发展目标是建设国际中转港，对于国际中转枢纽，具备接纳超大型船舶的能力是其最基本的条件之一。对于未来的10000TEU、12000TEU的船舶，前湾三期工程都能接纳，为青岛港向国际中转港迈进提供了基础保证，事实证明三期工程的水深标准具有科学的前瞻性。

3. 堆场及道路布置

顺三期工程的码头走向，对应2413m长的码头岸线，堆场分为9块街区，每块长246m，区间道路宽27m，其中含轮胎式场桥的转场跑道梁。沿纵深方向，分为三线堆场，前两线为重箱，靠后的是空箱堆场，从平面布置到地基荷载均预留了堆存重箱的可能。得益于山东水产农业的发达，青岛港的冷藏箱所占比例一直较高，工程设计中冷藏箱比例占到了重箱的12%。在一线堆场的最后两条堆场布置了大量的冷藏箱堆场。

在三期前四个泊位和后三个泊位的设计中均考虑了危险品箱堆场，前4个泊位的危险品堆场设置在东侧3号大门以内东侧的不规则地块，约5万m^2；后3个泊位则在三线堆场的最西部布置了危险品堆场，由于前4个泊位的危险品堆场没有实施，后3泊位的危险品堆场考虑了7个泊位的需要,面积约8万m^2。由于危险品箱目前总量不大,在港区以北的临时危险品堆场尚可满足需要,所有作业区内的危险品堆场目前没有实施。

4. 大门及外部道路系统

前湾港区三期工程总体考虑了3个集装箱进出大门,自东向西依次为1号、2号、3号,前4个泊位建设1号(7车道)和2号门(10车道),分别承担进港和出港的功能,后3个泊位建设3号门(15车道),可以进出兼顾。对应大门的设置,大门外的后方陆域道路布置成环状(4车道),交通组织方式是单向逆时针环形,这样可以减少车流的交叉,提高车流速度,提高道路的通行效率。

在实施中,海关出于减少查验设施的目的,想通过一个海关查验场地实现对整个三期、二期的监管。所以包括二期已建大门在内的全部四个集装箱大门均不能按集装箱车流的规律发挥功能。实施中,根据海关要求,在2号门东侧建设海关查验场地(约6万m^2),全部车辆都走2号门。由于大门的改变,后方道路也需作相应调整,加宽正对2号门的道路及其出港的局部路段。

运营实践表明,虽然海关的监管方便了,但造成了严重的拥堵。也许,随着海关监管方式的进步,港区设置的集装箱大门及道路系统将来会发挥其应有的作用。

在港区门口,有青岛市修建的疏港专用高架路(双向4车道)直达环胶州湾高速公路收费站。疏港车辆可以从港区直接经疏港高架路上环胶州湾高速公路,或通过联络线上同三高速。经环胶州湾高速可进入济青高速和青银高速。

5. 铁路运输

青岛港要成为国际集装箱枢纽港,国际中转集装箱的份额非常关键,同时不容忽视的是,青岛港一直是、将来也同样会是一个腹地型港口。青岛港是我国沿黄海地区、中原地区、一级广大西部地区最便捷的出海口。2005年由铁路承担的运量在50万TEU左右,占全港吞吐量的比例不足2%,但青岛港已开通了至乌鲁木齐、成都、重庆、西安、郑州、济宁、济南、上海、兰州、武汉等地的铁路集装箱专列,也开通了至欧洲的新亚欧大陆桥过境运输。随着西部地区开发的深入、经济结构的调整以及铁道部集装箱节点站的全国路网建设,可以遇见的是青岛港经由铁路疏运的比例会有较大幅度的提高,铁路对于青岛港的长期持续发展至关重要,青岛的集装箱节点站建在胶州。青岛港在三期工程中,依托现有铁路车场(二期车场)及线路设施、巧妙利用地形特点,布置了三条整列铁路整箱装卸线(长850m)、一条铁路拆装箱线及两座仓库,仓库总面积19840m^2。铁路作业区的位置选址在既有铁路线路旁布置,且毗邻码头作业区,既保证了铁路作业区与码头作业区间便捷的运输联系,又方便了铁路作业区与物流区的联系,同时铁路线与港区的道路系统没有增加任何的平面交叉。港区铁路经黄岛港前站接入胶州站及集装箱节点站,完整地构成了前湾港海铁联运的功能。

前湾港区铁路伸入堆场内部,避免了经铁路运输的集装箱经过港区的卡门,简化了装卸作业流程,提高了集装箱进出港效率,为海铁联运提供了更加广阔的发展空间。

6. 建设环境友好型港区

尽管港区陆域为人工形成,投资较大,在寸土寸金的港区内注重绿化,建设宜人的港区环境是以人为本、走可持续发展道路所必需的。在港区设计中,努力构造生态型港区,特别将道路两侧的绿化隔离带拓宽至9m,在大门、建筑物周边见缝插针地植树栽花种草,并将蓄水池改造成花坛,前湾港区总绿化面积达到了 15 万 m^2之多。

思 考 题

1. 港口的概念及其组成部分。
2. 简述港口的基本功能。
3. 简述港口的分类。
4. 简述港口规划布局应注意哪些问题。
5. 简述港口的选址原则。
6. 简述防波堤布置原则。
7. 简述港口导航设施的构成。
8. 了解舟山港港口规划方案。

第 8 章　民用机场规划设计

随着国际交流的增多及经济文化的发展,民航运输已成为国际往来的主要通道。在国内,民航运输量也在增加。民航运输快捷、舒适,大大缩短了空间和时间,对政治、经济、文化及社会生活带来了巨大影响。

民航运输系统由飞机(机队)、机场、航路和客户 4 部分组成。四者之间相互制约,相互影响,相互促进,而机场则是它们的交汇点。飞机是运载工具,飞机性能的提高和载重的增加以及机队的扩大将为客户带来方便,推动运输业的发展,但也对机场提出了更高要求。

8.1　机场概况

8.1.1　机场的基本概念

1. 机场的概念

机场,亦称飞机场、空港,较正式的名称是航空站、航空港,是指可供飞机起飞、降落、滑行、停放的场地和有关的建筑物及设施的总称。

机场一般分为军用和民用两大类,用于商业性航空运输的机场也称为航空港(Airport),国际民航组织将航空港定义为:供飞行器起飞、降落和地面活动而划定的地域或水域,包括域内的各种建筑物和设备装置。

我国把大型民用机场称为空港,小型机场称为航站。本文的机场主要指民用机场。

1995 年颁布的《中华人民共和国民用航空法》第 53 条将民用机场定义为:是指专供民用航空器起飞、降落、滑行、停放以及进行其他活动使用的划定区域,包括附属的建筑物、装置和设施。

2. 机场的功能和基本服务

机场是航空运输系统中运输网络的节点(航线的交会点),是地面交通转向空中交通或空中交通转向地面交通的接口,也是使人们直接感受到航空运输系统对环境影响(土地、噪声、生态、空气和水污染等)的接触点。

概括地说,机场功能主要有:

(1)保证飞机安全、及时起飞和降落;

(2)安排旅客和货物准时、舒适地上下飞机;

(3)提供方便和迅速的地面交通连接市区。

为了实现上述功能,机场提供的基本服务包括:

(1)基本的营运服务,保障飞机和机场用户的安全,包括:空中交通管制(ATC)、飞机进近和着陆、气象服务、通信、警察和保安、消防和急救(包括搜寻和救援)、跑道和房屋的维护。

(2)处理交通流量的服务,与飞机有关的活动,如清洁、动力的提供、装载和卸载的行李或货物等,这些活动有时候也称作地面作业。有的活动直接和交通量有关,包含旅客、行李、货物运输。

(3)商业活动,通常包括经营商店、饭店、酒吧、报摊、停车场、电影院、保龄球、理发店、超市、会议中心和宾馆等,还包括候机楼和机场的土地。

同时,为了保证机场正常运行、发挥上述功能并提供系列服务,机场需要一定的功能区和设施设备。这些功能区和设施设备主要包括:飞行区、旅客航站区、货运区、行政办公区、生活区、机务维修设施、供油设施、空中交通管制设施、安全保卫设施、救援和消防设施、生产辅助设施、后勤保障设施、地面交通设施及机场空域等。

8.1.2　空港城市

一般而言,凡是一个完整的机场,必然依附于某一城市。除了军事基地以外几乎没有一个机场不依赖于城市而存在。

机场的职能往往是城市职能的一部分。正是城市的某些职能要求机场具备一定的运输能力,使机场形成一定的吸引辐射功能。因此,在研究机场的同时,必须研究它所依托的城市。这样,才能真正揭示和评价一个机场在航空运输中的地位和作用。

空港城市即指机场所依托的城市,这些城市的某些职能就是机场产生吸引辐射功能的本质所在。按这些职能可将空港城市分为政治外交型、经济贸易型、枢纽型和旅游型。

1. 政治外交型

此类城市的主要职能是作为国家或地区的政治活动中心以及外交活动中心,多为国家首都以及国际会议的召开地。如:华盛顿、日内瓦、万隆、突尼斯、渥太华、北京等。一般国家的首都均具备进行政治外交活动的功能。

2. 经济贸易型

此类城市多为世界上重要的国际贸易中心。频繁的经济贸易来往,是机场形成辐射吸引功能的主要原因。

国际贸易中心,指那些具有国际贸易职能的中心城市,集结着国际商品和国际贸易机构,可以是国际商品的集散地,也可以是专门提供交易场所的中心,或者兼而有之。目前,国际贸易中心主要分布在通信现代化程度较高的城市。美国纽约有世界最大的国际贸易中心,号称世界贸易中心。世界上已建成的国际贸易中心有:北美的纽约、亚特兰大、休斯敦、洛杉矶、新奥尔良、奥兰多、诺福克、多伦多;欧洲的伦敦、巴黎、马赛、斯特拉斯堡、鹿特丹、阿尔斯梅尔、布鲁塞尔、安持卫普、日内瓦、巴塞尔、莫斯科、哥本哈根、米兰,其他地区还有墨尔本、孟买、首尔、香港、新加坡、东京、大阪、迪拜等城市。

为适应我国国际贸易的快速发展,上海、深圳、广州、南京、昆明、义乌等诸多城市陆续建成国际贸易中心。

3. 枢纽型

此类城市具有发展航空运输的优越自然条件。特别是地理位置,往往是形成航空枢纽的主要原因,包括:自然地理位置和政治、经济地理位置。这类城市多处在重要的国际航线上,随着国际航空运输的发展,逐渐形成了重要的航空枢纽。如曼谷、新加坡、雅加达、孟买、德里、迪拜、德黑兰、开罗、突尼斯、加拉加斯、里约热内卢里、温哥华、火奴鲁鲁、毛里求斯、新加坡等。我国的北京、上海、广州等也具有国际航空枢纽的功能。

4. 旅游型

此类型空港城市必须具有一种或多种世界闻名的名胜古迹,以秀丽的自然风光、悠久的古迹、独特的异国风情、精美的建筑、现代化的游乐设施产生极强的吸引能力,从而成为重要的空港城市。随着航空旅客运输量持续、稳定、高速增长,许多旅游城市在世界航空运输中起到越来越重要的作用。如巴黎、伦敦、夏威夷檀香山、洛杉矶、旧金山、西雅图、温哥华、渥太华、多伦多、哈瓦那、圣地亚哥、圣保罗、圣保罗、阿姆斯特丹、开普敦、雅典城、佛罗伦萨、伊斯坦布尔、曼谷、东京、首尔、悉尼、香港、北京、西安、桂林、杭州等。

5. 综合型

以上4种类型的划分是相对的。许多空港城市具有多方面的职能,一个城市可能以多种职能影响航空港的吸引辐射能力。特别是特大型城市,如纽约、东京、伦敦、巴黎、北京、上海,都是所在国的政治文化或经济中心,又是国际贸易中心和航空枢纽;同时,亦是世界上著名的旅游城市和国家的旅游中心。这种综合型大都市一般都有两个以上的大型机场,形成都市机场群。

8.1.3 机场的分类

1. 按服务对象划分

按服务对象可分为:民用机场、军用机场、军民合用机场和通用航空机场。

通用航空机场是指使用民用航空器从事除军事、警务、海关缉私飞行和公共航空运输飞行之外的飞行保障活动的机场。

本书中所指机场主要为民用机场。

2. 按航线性质划分

1)国际航线机场(国际机场)

国际机场供国际航线定期航班使用,有出入境和过境设施,并设有海关、边防检查(移民检查)、卫生检疫、动植物检疫和商品检验等政府联检机构。国际机场一般也同时供国内定期航班使用。国际机场又分为国际定期航班机场、国际不定期航班机场和国际定期航班备降机场。

2)国内航线机场

国内航线机场是专供国内航线定期航班使用的机场。我国的国内航线机场包括“地区航线机场”。地区航线机场是指我国内地城市与港、澳等地区之间定期或不定期航班飞行使用的机场,并设有相应的类似国际机场的联检机构。

3. 按航线布局划分

1)枢纽国际机场

指在国家航空运输中占据核心地位的机场,这种机场无论是旅客的接送人数,还是货物吞吐量,在整个国家航空运输中都占有举足轻重的地位,其所在城市在国家经济社会中居于特别重要地位,是国家的政治经济中心或特大城市省会。例如北京首都国际机场、深圳宝安国际机场、上海浦东国际机场、广州白云国际机场、香港国际机场、成都双流国际机场、哈尔滨太平国际机场、沈阳桃仙国际机场、重庆江北国际机场、武汉天河国际机场、杭州萧山国际机场等。

2)区域干线机场

其所在城市是省会(自治区首府)、重要开放城市、旅游城市或其他经济较为发达城市,人口密集的城市,旅客的接送人数,还是货物吞吐量相对较大。如宜宾宗场区域国际机场、无锡硕放区域国际机场等。

3)支线机场

除上面两种类型以外的民航运输机场。虽然它们的运输量不大,但作为沟通全国航路或对某个城市地区的经济发展起着重要作用。如泸州蓝田机场、泉州晋江机场等。

4. 按机场所在城市的性质、地位划分

1)Ⅰ类机场

全国经济、政治、文化大城市的机场,是全国航空运输网络和国际航线的枢纽,运输业务繁忙,除承担直达客货运输外,还具有中转功能。北京、上海、广州的机场均属于此类机场,亦为枢纽机场。

2)Ⅱ类机场

省会、自治区首府、直辖市和重要的经济特区、开放城市和旅游城市,或经济发达、人口密集城市的机场,可以建立跨省、跨区域的国内航线,是区域或省区内民航运输的枢纽,有的可开辟少量国际航线,亦为干线机场。

3)Ⅲ类机场

国内经济比较发达的中小城市,或一般的对外开放和旅游城市的机场,除开辟区域和省区内支线外,可与少量跨省区中心城市建立航线,故也可称为次干线机场,如青岛、温州、三亚等机场。

4)Ⅳ类机场

省、自治区内经济比较发达的中小城市和旅游城市,或经济欠发达、但地面交通不便城市的机场。航线主要是在本省区内或连接邻近省区。这类机场也可称为支线机场。

5. 按旅客乘机目的划分

1)始发、终到机场

始发、终到机场中,始发和终到旅客占旅客的大多数,始发和终到的飞机或掉头回程架次比例很高。目前国内机场大多属于这类机场。

2)经停(过境)机场

经停机场往往位于航线的经停点,没有或很少有始发航班飞机,只有比例不大的始发、终到旅客,绝大多数是过境旅客,飞机一般停驻时间很短。

3)中转(转机)机场

中转机场中,有相当大比例的旅客下飞机后,立即转乘其他航线的航班飞机飞往目的地。

除以上所述5种划分机场类别的标准外,从安全飞行角度考虑还须确定备降机场。备降机场是指在飞行计划中事先规定的,当预定着陆机场不宜着陆时,飞机可前往着陆的机场。在我国,备降机场是由民航总局事先确定的。起飞机场也可以是备降机场。

8.1.4 机场的规模等级

按照航站的年旅客吞吐量或货物(及邮件)运输吞吐量来划分机场等级。业务量的大小与航站规模及其设施有关,也反映了机场繁忙程度及经济效益。表8-1为按航站业务量划分的参考标准。若年旅客吞吐量与年货邮吞吐量不属于同一等级时,可按较高者定级。

航站业务量规模分级标准表 表8-1

航站业务量规模等级	年旅客吞吐量(万人次)	年货邮吞吐量(kt)
小型	<10	<2
中小型	[10,50)	[2,12.5)
中型	[50,300)	[12.5,100)
大型	[300,1000)	[100,500)
特大型	≥1000	≥500

根据《民用机场总体规划规范》(MH 5002—1999),航站区规模可用旅客航站区指标进行表征,具体见表8-2。

旅客航站区指标 表8-2

代　码	年旅客量(万人次)	代　码	年旅客量(万人次)
1	<10	4	[200,1000)
2	[10,50)	5	[1000,2000)
3	[50,200)	6	≥2000

8.2 影响机场布局的因素

产业布局也称产业分布,是指产业在一定地域空间上的分布与组合。一般影响产业布局的因素大致可归为六类,分别是:地理位置、自然条件、经济条件、政治因素、科技条件、人口情况。不同的产业对这些条件有不同的要求,而这些条件本身在地区分布上也有很大的差异。在规划产业布局的过程中,要根据不同的产业充分重视对地区条件的分析研究,遵从自然规律和社会经济规律,因地制宜布局生产力。

航空运输布局是指航线、机场和运力在一定地域空间上的分布与组合,跟其他社会生产部门布局一样,也受地理位置、自然条件、社会经济、科学技术、人口条件等因素的影响和制约。但是,航空运输以其速度快、机动灵活、建设周期短、运载量小、运价高等待点,使空运布局受上述条件影响的程度有所区别,具体为:

8.2.1 地理位置

地理位置指地球上某一事物与其他事物之间的空间关系。地理位置包括经纬度位置、自然地理位置、政治地理位置和经济地理位置等。影响空运布局的地理位置主要指事运区位,即在空运网络中的位置与作用。它在一定时期内,一定程度上影响航空运输的发展及其布局。

8.2.2 自然条件

自然条件指影响人类活动的自然环境要素,它包括地貌、地质、气象气候、土地、水、动植物等,这些要素相互联系,共同构成自然环境。在社会发展的一定阶段内自然条件对生产布局有较大影响,特别对农业、采矿业以及铁路、公路、水运等交通部门有决定性的影响。但是,由于航空运输本身的特性,使某些要素仅在一定范围内一定程度内影响航空运输的发展及其布局。

1. 地面自然要素

航空运输与其他运输方式一样,都离不开固定的地面点站、机场、导航台站、地面雷达等都,对地面自然条件提出一定的要求。

地形地貌是修建机场和确定航路的重要条件。通常一个机场的建设至少需要一长30km、宽10km的平坦场地;同时,还要求四周地形平缓,视野开阔。在崎岖的山区,很难找到理想的场址。几乎所有的大型机场,特别是国际机场总是建在平原、盆地或宽阔的谷地。导航台站还要考虑周边电磁环境的影响。

2. 气象气候条件

如前所述,飞行活动明显受到天气条件的影响和制约。天气条件在很大程度上决定飞行的安全与正点。天气现象虽千变万化,但总有一定规律可循。各种危险大气的产生具有一定的地域性和季节性例如:台风、飓风、热带风暴多产生于赤道地区以外的热带海域。在温带地区,雷暴总是在夏季和初秋频繁出现。在冷流经过的海岸、冰雪区的上空,在盆地、山谷则常常出现大雾天气。在不同的气候区,危险天气出现的概率不同。因此,航线应尽量避开危险天气的易发地区而选择最安全的飞行路线。

在机场,飞机的起降主要受地面风速、风向、低空风切变、地面与空中能见度、降水等因素的制约。气候条件的差异往往决定上述因素的好坏。特别是盛行风向、风速对机场的选址及跑道的走向都有较大影响。飞机起降的理想条件是逆风起降,这就使跑道的走向必须与当地的盛行风向一致。

8.2.3 经济条件

经济条件是影响航空运输布局的最重要因素,它包括经济发展水平、经济重心区的分布、对外经济联系、相关的经济部门及行业。

1. 经济发展水平

航空运输是经济发展到一定水平上的产物。一个国家或地区没有一定的经济基础,就不可能有发达的航空运输业。世界各国航空运输的发展大多与经济发展水平紧密相关。从目前世界航空运输布局现状分析,大多数经济发达国家的航空运输业也比较发达。欧洲、北美、俄罗斯、日本等国家和地区的航空运输业要远远超过大多数发展中国家。

衡量一个国家或地区经济发展水平的指标是国内生产总值(GDP)以及人均生产总值。按照发达国家的发展历程,人均生产总值在1000~4000美元是航空运输需求快速增长阶段。2003年,中国人均生产总值已经超过1000美元,按照实际购买力测算,人均生产总值已超过4000美元。目前,中国已成为世界第四大经济强国、第三大进出口贸易大国。

国民经济支撑航空运输的发展,航空运输又反过来促进国民经济的发展。二者之间具有紧密相关关系。而世界经济发展水平的差异,必然造成当今航空运输生产布局的不平衡。

2. 经济重心区的分布

在经济水平相近的条件下,经济重心区的分布与联系对航空运输的生产布局产生较大影响。目前,几乎所有各国的经济重心区都是空运发达地区。大国地域辽阔,经济分布相对分散,为了加强国内的经济、政治联系,就必须发展国内航空运输,而小国国内的航空运输微不足道。

我国航空运输布局与区域经济发展密切相关,目前,我国基本形成了沿海、沿江两大经济带;长三角、珠三角、环渤海三大经济核心区以及东北、华中、西北、西南等次一级的经济重心区。在所述经济重心区均形成了相适应的机场群,如北京、上海、广州等。

3. 对外经济联系

航空运输快速、省时的特点,使之成为国际长途运输的理想方式。因此,一个国家的对外经济联系基本决定了其国际航空运输的规模。对外开放程度较大的国家,其国际航空运输发展迅速。每个国际大都市都拥有一个以上的大型国际机场。我国门户机场的分布基本体现了对外经济联系。

反之,对外联系甚少的封闭型国家,其航空运输就较为落后。事实上,几乎所有空运发达国家都有着广泛而密切的对外经济联系。在一些自给自足的农业国,对外联系甚少,关门闭守,其航空运输也相对落后。

4. 相关经济部门及行业

航空运输作为经济部门之一,与其他相关的经济部门之间形成有机的经济联系,这些部门的发展也必然对航空运输产生影响。相关部门及行业主要有:

1)交通运输业

航空运输是交通运输的五大部门之一,各部门按自身的特点承担相应的客、货运输业务,从而适应国民经济对交通运输的需要。铁路、公路与航空运输之间既有竞争又有合作。

我国自“九五”以来,铁路通过提速不加价、夕发朝至、网络销售等竞争手段,已经对1000km左右航程的航班构成威胁。

以高速公路和铁路为主的地面交通打破了原有的时空界限。地面交通的突破对民航有两方面的影响,一是明显抑制支线航空的发展;另一方面加大了主要机场的辐射范围。

现代物流业的迅速发展,对交通运输体系产生较大影响。其运输体系涉及铁路、公路、航空、海运等众多运输部门。航空物流业对传统航空货运提出更大挑战,从而对航空货运布局产生深刻的影响。

2)旅游业

航空运输是“大旅游业”的重要组成部分。航空运输作为现代旅游交通的主要方式,与旅游业相辅相成。

目前,中国已经成为世界的旅游大国,且正在从旅游接待国逐步发展为旅游输出国,我国作为旅游客源输出大国的巨大潜力必将对航空运输布局产生重大影响。

3)第三产业

实践表明,以旅游、物流、金融、贸易、房地产、服务业等为主的第三产业已经成为航空运输的重要支撑。一个地区和城市第三产业的比重越大,对航空运输的需求越大。

4)高新技术产业

以信息技术、生物工程、新能源、新材料、微电子为代表的高新技术产业对航空货运的促动愈加明显。高新技术产业的高附加值产品对航空货运和现代物流业产生更大需求。按照世界经合组织(OECD)的预测,在全球贸易的货物中,就价值而言,大约1/3要通过航空运输。

5)劳务输出

劳务输出是一种特殊的对外经济活动,它通过劳动力在世界范围内的流通、调配,为国家和地区间的经济合作与技术交流提供人力资源服务。世界主要劳务市场集中在欧洲、北美等经济发达地区以及中东、北非的产油国。劳务输出国集中在东亚、南亚、拉美等人口密集的地区。

我国劳动力资源充足,劳务输出市场巨大,随着我国对外合作的发展,未来劳务输出规模将不断扩大,从而对航空运输产生更大需求。

8.2.4 政治因素

政治属于上层建筑的范畴,在某些特定的情况下,政治因素可以对整个国家或地区的经济发展和生产布局产生重要影响。国家的政策、法令对各行各业具有明显的促进和制约作用。航空运输是进行政治、外交活动的有力工具,政治因素对航空运输的影响是不容忽视的。

在国际航空的发展过程中,经常受到各种政治因素的影响。许多世界性和地区性的国际航空组织往往带有政治色彩。国际制定的一系列航空法规、公约往往都有其特定的政治背景。为了维护国家主权,保护本国航空运输的发展,各国都制定了相应政策、法令。由于政治体制、竞争能力上的差异,其航空政策也不尽相同。目前国家间的双边、多边航空运输协定有2000多个,其中许多协定都是在一定的政治前提下而达成的。

美国政府在20世纪70年代末实行的"放松管制"和"开放天空",对世界航空运输的发展产生了极为深刻的影响。

海湾战争、亚太金融危机、"9·11"恐怖活动、伊朗、朝鲜的核试验危机等政治、军事的突发事件,无一不对世界航空运输产生深刻影响。

8.2.5 科学技术

科学技术是影响生产布局最积极、最活跃的因素。自然、经济等条件往往对生产布局起一定的制约作用,使生产的分布适应自然条件和经济发展的需要。而科学技术的发展,经常主动地影响生产布局,重大的科技成果往往使生产布局突破某些自然和经济条件的制约,使生产布局发生变化。科技条件对航空运输有深刻的影响。自20世纪初航空运输问世以来,随着科学技术的发展,飞机的性能、地面设备及线路状况不断得到改善,促使航空活动的能力不断增强,活动范围不断扩大。

8.2.6 人口条件

人口既可以成为航空运输的对象,也可以作为航空运输所需的劳动力。作为运输对象的人口,其数量、密度、经济收入、职业构成、文化程度、亲缘分布等,都可能影响航空旅客运输量的大小。在一定的社会经济条件下,人口的总数越大、密度越高;经济收入越高,则航空旅客运输量就越大,反之则小。对某一个国家来说,人口数量大、密度高的地区,往往经济较为发达,个人的经济收入相对较高,而且其对内对外的经济联系紧密。因此,这些地区的航空运输就比较发达。而在人烟稀少的偏远地区,航空运输业也相对落后。

在经济水平相近的情况下,两地间人口的多少,基本上决定了两地间客运联系的强弱。显然,两地间的客运联系要通过贸易、旅游、探亲、访友等社会活动所形成。为了定量表示客运联系的强弱,国内外多采用人口引力模型进行量化计算。

人口引力模型将物理学中万有引力的思想方法用于客运需求预测,这对于两地间航线的开辟、航班密度的确定、客源组织具有重要参考价值。

人口对航空货运也有一定影响。人口稠密的地区,经济相对发达,物资交换频繁,对各种产品的消费量大。人口稠密的集镇、城市往往成为各种物资的集散地。

8.2.7 已有空运网络

空运网络的整体性与连续性,使已经形成的机场、导航台站、航线网络对新建机场、新辟航线造成一定影响和制约。在我国,尤其是空军、海军航空兵的机场、陆军靶场均对民航空运网络的发展形成制约。

上述7个方面影响因素不是孤立存在的,它们之间往往具有一定的内在联系。一般来说,自然条件优越的地区,其开发历史悠久,经济发展水平较高,人口集中。在一个历史悠久的地区,还能留下一定的名胜古迹,为旅游业的发展提供必要的物质基础。并非每一个地区的航空运输布局都必定受到这几种因素的共同作用,一般以其中1~3种为主导因素。

8.3 机场航站楼与陆域布局设计

8.3.1 机场的功能与分区

为实现地面交通和空中交通的转接,机场系统包括空域和地域两部分。前者即为航站区空域,供进出机场的飞机起飞和降落,而后者由飞行区、航站区和进出机场的地面交通3部分组成,见图8-1。

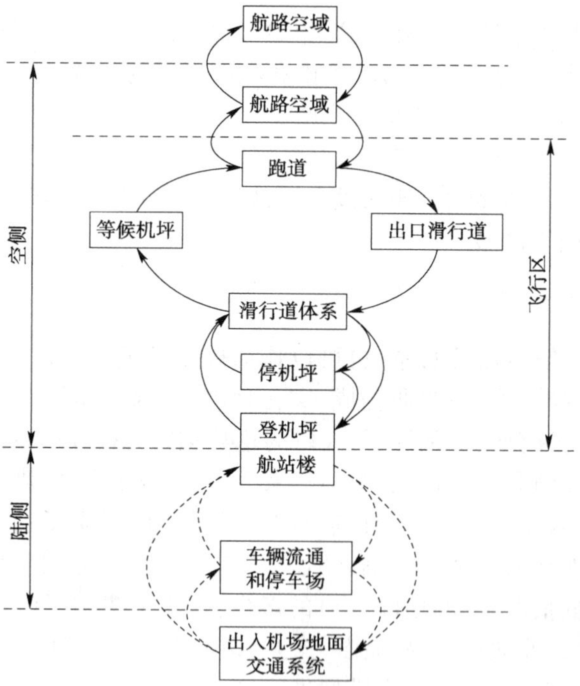

图8-1 机场系统的构成

具体而言,民用机场由飞行区、旅客航站区、货运区、机务维修设施、供油设施、空中交通管制设施、安全保卫设施、救援和消防设施、行政办公区、生活区、生产辅助设施、后勤保障设施、地面交通设施及机场空域等组成。

1. 飞行区

飞行区是机场供飞机起飞、着陆、滑行和停放使用的场地和近空空域，主要包括跑道、滑行道、登机坪（航站楼与飞机的联结地带）、停机坪、升降带和机场净空等。

2. 旅客航站区

航站区是机场的客货运输服务区，是为旅客、货物、邮件空运服务的。航站区是机场空侧与陆侧的交接面，是地面与空中两种不同交通方式进行转换的场所。航站区主要包括：①航站楼；②航站楼陆侧交通设施，如车道边、停车场、停车楼和道路等。

3. 地面运输区

地面运输区是车辆和旅客活动的区域，其功能是把机场和所属空港城市连接起来（通常是通过公路，也包括铁路、地铁、轻轨、水运码头等），将旅客和货邮及时运进或运出候机楼。

4. 机场其他组成部分

1）货运区

货运区由业务楼、货运库、装卸场及停车场组成。货运手段有客机带运和货机载运两种：客机带运货物的装卸，通常在客机坪上进行；货机载运货物的装卸，通常在货机坪上进行。小型机场，其航站楼往往兼顾客货运输。大型机场往往专设货运站，包括货运库、货运坪、货物收发、安检、分拣和装卸等设施、设备。

一般货运区应与旅客航站区及其他建筑物保持适当距离，以便将来发展。当预测货物大部分由客机带运，货运区应设在便于通往客机坪的地方。若预测货机载运的货物占有明显的比例，货运区应设货机坪，其位置要尽量靠近平行滑行道，使货机滑行至跑道的距离很短。

2）机务维修设施

机场的机务维修设施，一般根据所提供的机务维修服务类别进行设置，分3类：

（1）航线飞行维护机场，即对飞机在过站、过夜或飞行前进行例行检查、保养和排除简单故障，通常在站坪上进行，只需设置外场工作间、设备工具间、充电间、航材库，并配备电源车、气源车、牵引车等即可。

（2）航空公司驻地机场，由于要承担定检（定期检修）任务，需要在机场建设机库、停机坪、修机坪和各种维修车间，设施、设备规模较大。

（3）航空集团公司基地机场，除承担航线飞行维护和一般定期检修外，还承担航空集团公司和全民航同型飞机的结构检修以及附件翻修任务。因此，除了在航站楼附近设置供航线飞行维护用的设施外，还要在远离航站楼处设置维修基地。在维修基地设有较大的机库，供飞机定期检修和结构检修用。机库前有较大的修机坪，机库旁有各种修理车间及航材库等。

3）供油设施

机场供油设施通常包括卸油站（铁路或码头）、储油库、机场使用油库、中转油库、航空加油站、汽车加油站和机坪加油管线、加油栓井等。

卸油站应设在靠近便于接轨的火车站或便于设置油码头，并且交通方便、水电供应充足的地方。储油库宜与卸油站建在一起。

机场使用油库应靠近站坪，宜不超过1000m。应远离其他各种建筑物。油库高度应符合机场净空要求。航空加油站应设在站坪附近。

为机场内部车辆和特种车辆服务的加油站应设在特种车辆出入机坪的内场道路旁。对外营业用的汽车加油站应设在进场路旁,并适当靠近航站区。

机场供油设施的容量应根据航空业务量预测确定。近期(10 年)建设规模宜为:总容量按 1.5 ~2 月的用油量确定;使用油库为 10 ~20 天用油量;储油库及卸油站不少于接卸铁路油槽车一批或油轮一艘的来油量。

当机场高峰小时飞机加油量少于 $100m^3$,或高峰小时加油的大、中型飞机不超过 4 架,或每天加油的大、中型飞机不超过 15 架,宜采用加油车给飞机加油。如加油量超过上述数量,应采用机坪管线加油系统。

4)空中交通管制设施

包括塔台、航管、通信、导航、气象等设施。

空中交通管制分区域管制、进近管制和塔台管制 3 级。

民用航空通信分两类:固定通信可以采用有线通信、无线电通信或卫星通信;移动通信—区域管制的甚高频对空台通常设在机场附近高处,以保证航路对空通信方向不被遮挡,进近管制和塔台管制的甚高频对空台通常设置在航管楼或通信楼内。

机场气象设施有观测设施、气象雷达、气象卫星资料接收处理系统、气象资料传真广播及接收系统、民航气象数据库及网络服务系统等。

5)安全保卫设施

机场的安全保卫设施旨在保障机场的空防安全,防止人为的对于机场民航运输和秩序的破坏和干扰。主要包括机场围界设施、巡逻道路、进出口控制和各敏感区域的监控报警系统等。

6)救援和消防设施

机场救援消防设施上要包括应急救援指挥中心、消防站、急救站、消防车、救护车等。由于救援对象主要是在机场及其附近发生事故、空难的航空乘客,所以对机场的消防和救援设施的配备和技术要求有非常严格的标准。消防救援设备种类繁多,除常见的消防车外,还包括破拆车、航空器拖车、顶升气囊、活动道面等。图 8-2 为加拿大温哥华机场全景图。

图 8-2　加拿大温哥华机场全景图(图片来源:民航资源网)

8.3.2　航站区规划设计

航站区主要包括2个部分构成。图8-3为北京首都机场1号、2号航站区示意图。

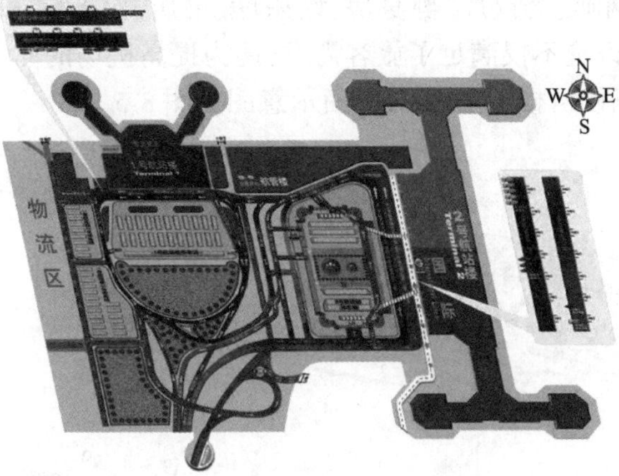

图8-3　北京首都机场1号、2号航站楼

1. 航站楼

航站楼一侧连着机坪,用以接纳飞机;另一侧又与地面交通系统相联系。旅客(或行李及货邮)在航站楼实现交通方式转换,开始、结束或继续航空旅行,办理各种手续,接受有关检查,然后登机或转入地面交通。航站楼通过各种服务与设施,集散旅客及其迎送者。所以,旅客航站楼基本功能是安排好旅客、行李的流程,为其改变运输方式提供各种设施和服务,使航空运输安全有序。图8-4为北京首都机场2008年3月投入使用的3号航站楼。

图8-4　北京首都机场3号航站楼(图片来源:民航资源网)

航站楼内部主要供旅客办理各种进出港和中转手续及候机之用,包括值机柜台(供旅客办票、托运行李)、安全检查、旅客登机(如登机口、旅客集中休息厅、登机桥、自动客梯、升降登机车)、行李提取(行李分检装置、行李车、传送带、行李取柜台)等设施。国际机场的航站楼还设有政府联检设施。航站楼内通常设有航空公司(售票、问讯柜台)和机场管理部门的办公室和办公设备等。除必备的航空业务设施外,为提高服务水平,满足旅客多方面、多层次的需求,大型机场航站楼通常规划大量空间设置旅客生活、娱乐保障设施,如商店、免税店、银行、饭店、酒吧、网吧、会议厅、健身房、娱乐厅、书店、医务室、母婴室、托有所、宾馆预订、租车服务等。上述设施不仅满足了旅客需求,还为提高机场的非航空收益做出了重要贡献。杭州萧山国际机场候机楼 1 层、2 层平面示意图见图 8-5。

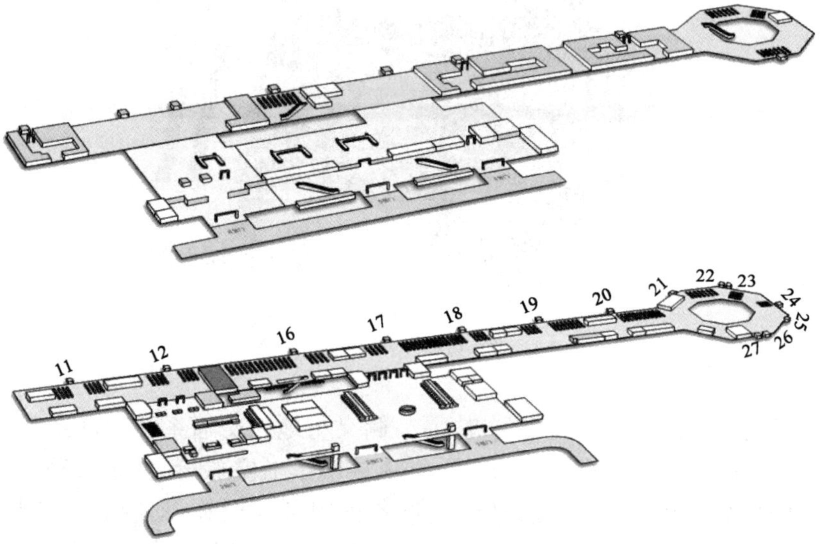

图 8-5　杭州萧山国际机场候机楼 1 层、2 层平面示意图

旅客航站楼的基本设施应包括:①车道边;②公共大厅;③安全检查设施;④政府联邦机构;⑤候机大厅;⑥行李处理设施(行李分检系统和行李提取系统);⑦机械化代步设施(人行步道,自动扶梯);⑧登机梯;⑨旅客信息服务设施等。

航站楼的设计,不仅要考虑其功能,还要考虑其环境、艺术氛围及民族(或地方)风格等。

2. 航站楼陆侧交通设施

航站楼陆侧通常设有连接地面交通的设施,如供上下进出航站楼旅客的车道和车道边(楼前供车辆减速滑入、短暂停靠、起动滑出和驶离车道的地段及适当的路缘)、停车场或停车楼等,如图 8-6 所示。

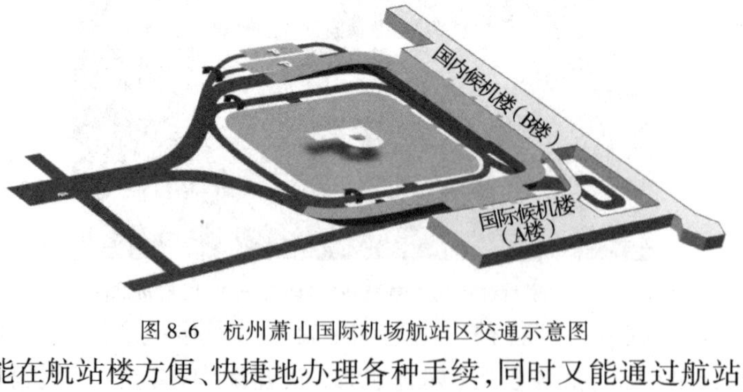

图 8-6　杭州萧山国际机场航站区交通示意图

为了使旅客能在航站楼方便、快捷地办理各种手续,同时又能通过航站楼隔离区对不同类型的旅客进行有效分隔,保证空防安全,航站楼应合理划设、安排旅客和行李流程。

以机场航站楼旅客流程为例,常见流程如图 8-7 所示。图 8-8 为北京首都机场 3 号航站楼国内出发流程示意图。

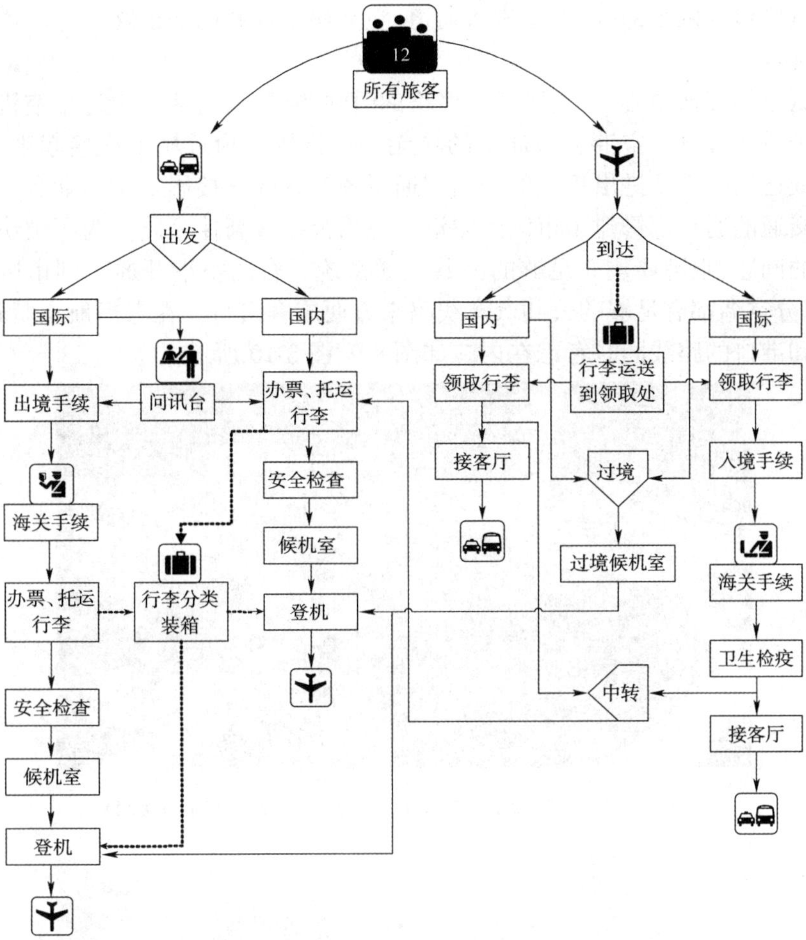

图 8-7　机场航站楼旅客流程

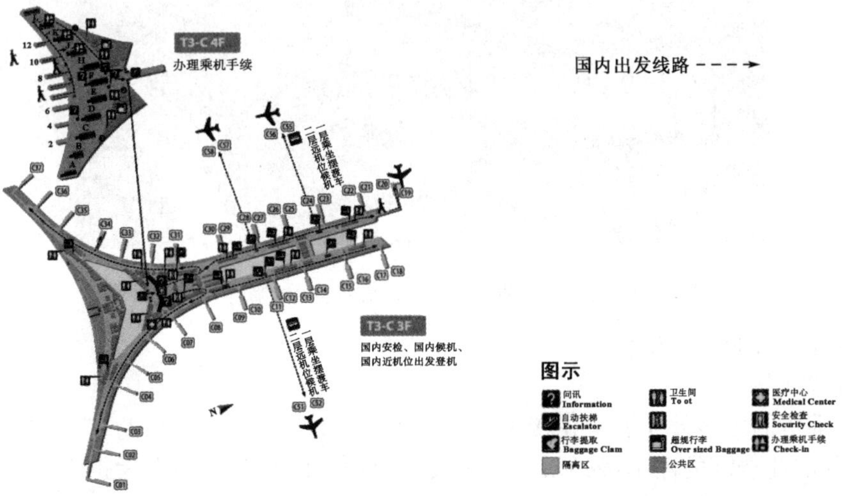

图 8-8　北京首都机场 3 号航站楼国内出发流程示意图

8.3.3 地面运输区规划设计

地面运输区包括两个部分:空港进入通道、空港停车场和内部道路。

1. 空港进入通道

空港是城市的交通中心之一,而且有严格的时间要求,因而从城市进出空港的通道是城市规划的一个重要部分。空港进入通道的功能是把机场和附近城市连接起来,将旅客和货邮及时运进或运出空港。进出机场的地面交通系统的状况直接影响空运业务。大型城市为了保证空港交通的通畅都修建了市区到空港的专用公路或高速公路。为了解决旅客来往于空港和市区的问题,空港要建立足够的公共交通系统。有的空港开通了到市区的地铁或高架铁路,大部分空港都有足够的公共汽车线路来方便旅客出行。在考虑航空货运时,要把空港到火车站和港口的路线同时考虑在内。如图 8-9、图 8-10 所示。

图 8-9　中国北京首都机场空港进出道路(图片来源:民航资源网)

图 8-10　中国福州长乐机场空港进出道路(图片来源:民航资源网)

2. 空港停车场和内部道路

1)空港停车场

除考虑乘机的旅客外还要考虑接送旅客的人,以及空港工作人员的车辆,观光者和出租车辆的需求,因此空港的停车场必须有足够大的面积。停车场面积太大也会带来不便,繁忙的空港按车辆使用的急需程度把停车场分为不同的区域,离候机楼最近的是出租车辆和接送旅客车辆的停车区，以减少旅客步行的距离。空港职工或航空公司使用的车辆则安排到较远位置或安排专用停车场，如图8-11和图8-12所示。

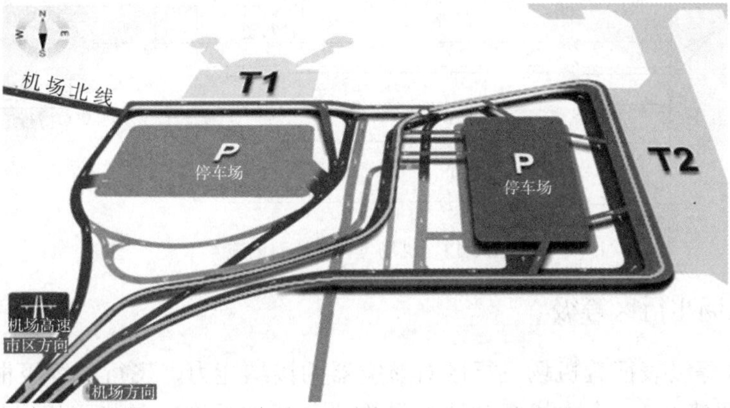

图8-11　北京首都机场T2号航站楼出发

图8-12　广州白云机场小汽车停车场(图片来源：民航资源网)

2)空港内部道路系统

空港内部道路包括候机楼下客区、停车场和旅客离开候机楼的通道(公共车辆、出租车、其他车辆的载客区和出入通道)。通往候机楼的道路区要很好地安排和管理，这里各种车辆和行人混行，而且要装卸行李，特别是在高峰时期，容易出现混乱和事故。

港内道路的另一个主要部分是安排货运的通路，使货物能通畅地进出货运中心。

8.4　机场飞行区设计

飞行区为飞机活动的地域，是指机场内用于飞机起飞、着陆、滑行和停放的部分，由运转区(机场内用于飞机起飞、着陆和滑行的部分)和机坪组成。

图8-13为某机场飞行区的地面设施平面图。由图可见，飞行区地面设施一般包括跑道、停止道、净空道、跑道端安全区、升降带、滑行道、机坪(包括登机机坪和停机坪)、飞机维修机库等诸多设施。

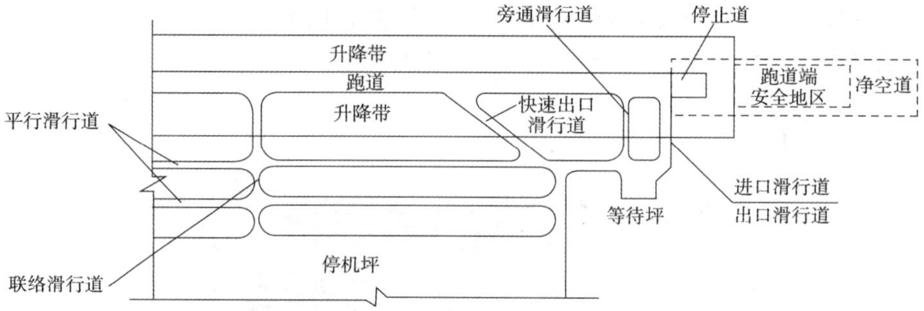

图 8-13　机场飞行区地面设施

8.4.1　机场飞行区等级

机场飞行区等级表征着机场飞行区对航空器的接纳能力。飞行区等级根据指标 I、指标 II 来划分,具体见表 8-3。表中指标 I“飞机基准飞行场地长度”,是指飞机以规定的最大起飞质量,在海平面高度、标准大气条件、无风和跑道纵坡为零条件下起飞所需的最小飞行场地长度。翼展、主起落架外轮距见图 8-14。指标 II 应选用翼展和主起落架外轮外侧间距两者中要求高的代码。

飞行区等级指标　　表 8-3

飞行区指标 I(第一要素)		飞行区指标 II(第二要素)		
代码	飞机基准飞行场地长度(m)	代码	翼展(m)	主起落架外轮外侧之间距(m)
1	<800	A	<15	<4.5
2	[800,1200)	B	[15,24)	[4.5,6)
3	[1200,1800)	C	[24,36)	[6,9)
4	≥1800	D	[36,52)	[9,14)
		E	[52,65)	[9,14)
		F	[65,80)	[14,16)

图 8-14　飞机翼展与起落架轮距示意图

我国大部分开放机场的飞行区等级均在 4D 以上;其中飞行区等级 4E 的机场有:厦门高崎、福州长乐、北京首都、沈阳桃仙、大连周水子、上海虹桥、上海浦东、南京禄口、杭州萧山、广州白云、深圳宝安、武汉天河、三亚凤凰、重庆江北、成都双流、昆明巫家坝、拉萨贡嘎、西安咸阳、乌鲁木齐地窝铺等机场。

8.4.2　跑道、停止道、净空道与净空区、跑道端安全区

1. 跑道

跑道是机场工程的主体。机场的结构主要取决于跑道的数目、方位以及跑道与航站区的相对位置。跑道是供飞机起降的一块长方形区域。它提供飞机起飞、着陆、滑跑以及起飞滑跑前(和着陆滑跑后)运转的场地。因此,跑道必须有足够的长度、宽度、强度、粗糙度、平移度以及规定坡度。跑道数目取决于航空运输量的大小。跑道方位主要与当地风向有关。通常跑道是指结构道面,可分为:水泥混凝土、沥青混凝土、碎石、草皮和土质等若干种。水泥混凝土道面称为刚性道面,其余称为柔性道面。水泥混凝土道面和沥青混凝土道面为高级道面。图8-15为攀枝花保安营机场跑道。

图8-15　攀枝花保安营机场跑道(图片来源:民航资源网)

跑道的布置形式取决于跑道的数量和方位。在航空交通量小、常年风向相对集中时,只需设置单条跑道;在航空交通量大时,则须设置两条或多条跑道。中国大多数航空港(机场)都只有单条跑道,北京首都国际航空港和中国台北中正国际航空港有两条跑道,国际一些大型航空港(机场)有2条、3条跑道,甚至有4~6条跑道。跑道的布置形式由单条跑道、平行跑道、交叉跑道道和开口V形跑道等基本构形组成。

从跑道的容量和空中交通管制的难易情况来看,单向跑道是最可取的。因为,在其他条件相同时,单向跑道的容量比别的跑道要大。对空中交通管制来说,引导飞机在单方向运行不像多方向运行那样复杂。随着对常年风向的准确紧握和飞机侧风降落的能力的加强,新的大型多跑道空港都采用平行跑道布局。就交叉跑道与开口V形跑道两种形式比较,后者更为可取。

跑道是机场工程的主体,供飞机起降的一块长方形区域,主要提供飞机起飞、着陆、滑跑以及起飞滑跑前(和着陆滑跑后)运转的场地。对于机场来说,跑道首先要满足机场容量需求,即数量(条数)要够;其次,跑道要保证飞机起降安全,即要满足适航技术要求。为此,机场跑道必须在几何特性(方位、长度、宽度、坡度);物理特性(道面强度、表面功能—摩阻性和平整度、完好性)两个方面满足机场技术标准。

1)跑道运行类别

跑道分为非仪表跑道和仪表跑道两大类。非仪表跑道是供飞机用目视进近程序飞行的跑道,仪表跑道是供飞机用仪表进近程序飞行的跑道。仪表跑道又进一步分为非精密近跑道和稍密进近跑道。非精密进近跑道是指装有目视助航设备和为直线进入至少提供方向引

导的非目视助航设备的仪表跑道。而精密进近跑道又分为:I 类、II 类、Ⅲ类,详见图 8-16。

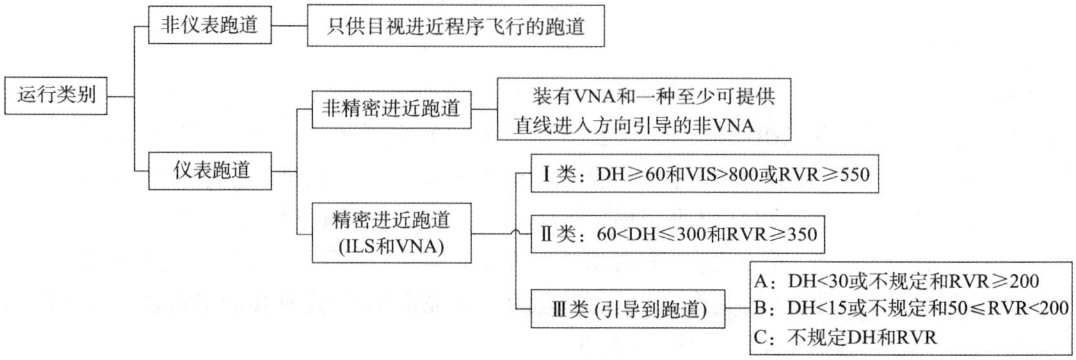

图 8-16　机场跑道运行类别分类

VNA-目视助航设备;DH-决断高度;RVR-跑道视程

2)机场跑道数量和构形

机场的结构主要取决于跑道的数目、方位以及跑道与航站区的相对位置。合理地确定跑道数量及其方位是机场总体规划布局的重要工作。机场跑道的数量主要取决于机场的容量需求(年起降架次)、机型组合、跑道运行类别、运作方式、气象条件和周围环境等诸多因素。

由于初始容量需求较少,大部分机场在初建时都只建设 1 条跑道。目前,我国具有两条及以上跑道的机场有:北京首都机场(3 条)、上海浦东机场(3 条)和广州白云机场(3 条)等大型枢纽机场。

在机场规划中,我们通常将跑道的平面布局(数量和几何关系)称为机场的跑道构形。常见的机场跑道构形主要有 5 种,如图 8-17 所示,即单条跑道、两条平行跑道、两条不平行或交叉跑道、多条平行跑道、多条平行及不平行或交叉跑道。

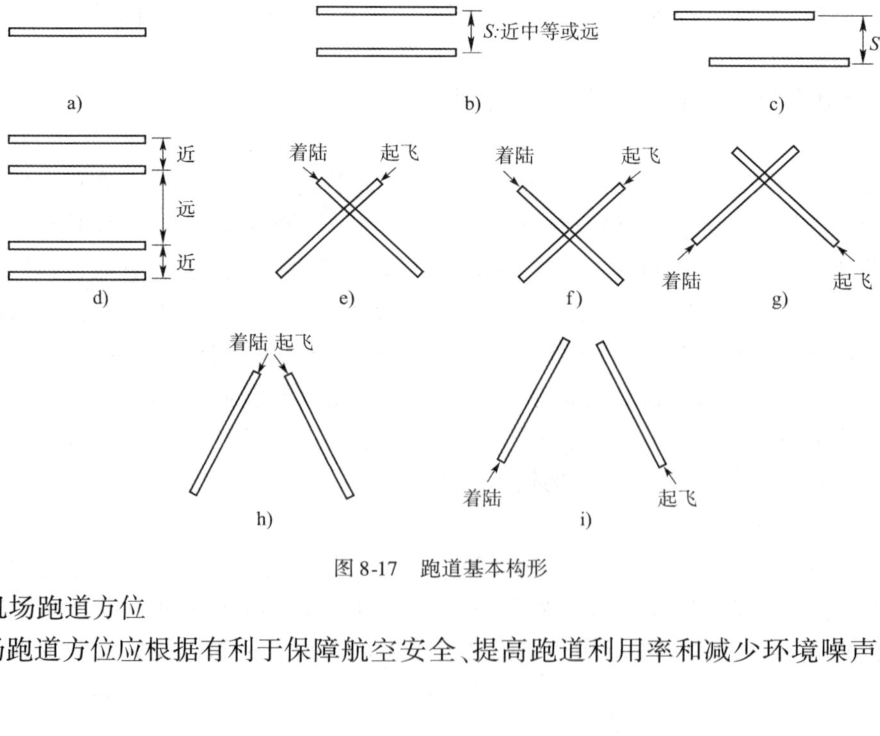

图 8-17　跑道基本构形

3)机场跑道方位

机场跑道方位应根据有利于保障航空安全、提高跑道利用率和减少环境噪声影响等原则进行确定。其中,提高航空安全水平和跑道利用率一般主要是考虑风对飞行的影响,风对飞机起飞,尤其是着陆的安全影响较大。飞机不宜侧风着陆,也不宜顺风着陆,而最好是逆风着陆(但逆风风速过大时飞机也不能安全着陆)。在侧风着陆时,飞机会随侧风偏移,不容易对准跑道,甚至会偏到跑道外面接地。所以刮大侧风时,机场就要关闭。顺风容易使飞机在超过规定的地点接地,也使着陆滑跑距离增大,甚至造成冲出跑道事故。机场跑道的最大容许侧风分量一般由航行部门根据机型做出规定。作为粗略的标准,对于基准飞行场地长度 $L_b \geq 1500$m 的飞机,最大允许侧风分量为 $V_{ca} = 10$m/s,如跑道摩阻性能不良时,$V_{ca} \leq 6.5$m/s;对于 $L_b = 1200 \sim 1500$m 的飞机,$V_{ca} = 6.5$m/s;对于 $L_b < 1200$m 的飞机,$V_{ca} = 5$m/s。

在机场工程中,通常用机场利用率的概念来表示风对机场跑道使用的影响。机场利用率是指在风的影响下机场能够保证飞机起飞着陆的可能性,以百分率表示。某机场的机场利用率为95%,表示机场能保证起飞着陆的时间百分率为95%,即在风的影响下,平均一年能够保证飞机起飞着陆的天数为365×95% =346.8d。所以,确定跑道方位时,应尽量把跑道设在机场利用率最大的方向上,以使得一年能起飞着陆的日数最多。根据规定,机场利用率应不少于95%。当机场利用率少于95%时,应考虑设置次要跑道(侧风跑道),以保证机场利用率不少于95%。

为了获得最大的机场利用率,必须根据机场所在地的风频率统计资料或风频率统计的形象图示—风徽图,按一定规则来确定最佳跑道方位。机场的跑道号码标志实际上反映了跑道的方位信息。跑道号码标志通常由两位数字组成,如果是两条或以上平行跑道还应另加一个字母。

当飞机向跑道某一端进近或在跑道某一端起飞时,其进近或起飞方向与磁北方向将呈某一夹角(夹角值从磁北开始顺时针度量),将夹角值除以10并取其整数,即为跑道号码数。如整数仅有1位,则应在该整数前加零。上述跑道号码命名规则如图8-18所示。从图8-18a)可见从磁北顺时针方向至近进夹角为61°,其1/10是6.1,该数字是06。从图8-18b)可见从磁北顺时针方向至近进夹角为241°,其1/10是24.1,该数字是24。

采用与磁北而不是与真北方向的夹角,主要是由于机载无线电导航设备受地球磁场的影响,采用磁向对飞行员来说更为方便。通常我们标角度,都是在线段端点(图8-18中点b)标出指向该端点的方位线(图8-18中线ab)与基准方位线(即磁北)之间的夹角。

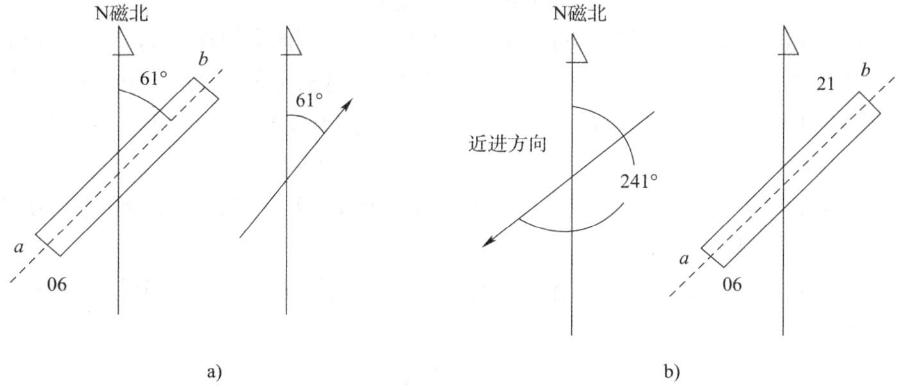

图8-18　跑道号码命名规则

4)跑道长度

适当的机场跑道长度对于机场的飞行安全、运行效率和保障水平都至关重要。但是,跑道长度应坚持恰到好处的原则。过长的跑道长度会增加机场占地、建设投资和维护支出,而且影响功能区的规划布局。

飞机正常起飞(指全部发动机正常工作情况下的起飞)时,跑道长度的要求如图 8-19 和公式(8-1)所示。

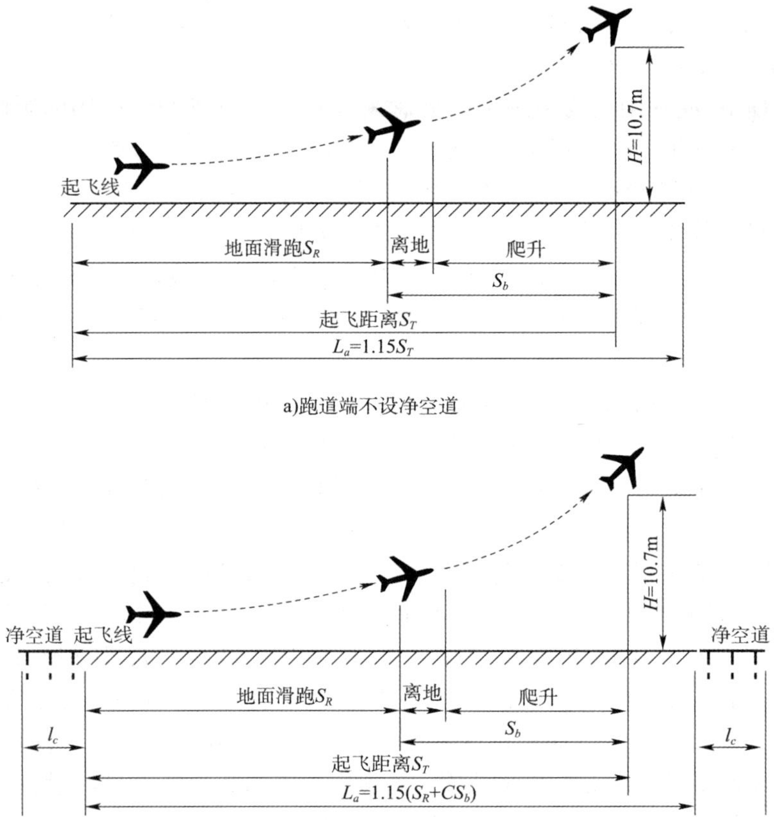

a)跑道端不设净空道

b)跑道端设净空道

图 8-19　飞机正常起飞

当飞机进入跑道端部对准起飞方向后,就制动停住,并推动加速推杆。发动机达到起飞转速时松开制动器进行起飞滑跑。滑跑速度达到规定的抬前轮速度 V_R 时,抬起前轮,增大迎角,使机翼升力增加。达到离地速度 V_{LOF}时,飞机就离开地面。当爬升至 10.7m(35ft)高,就完成起飞初始阶段。从滑跑起点至离地点的距离称为起飞滑跑距离 S_R;从离地点至爬升到 10.7m(35ft)高的水平距离 S_h 称为起飞初始爬升距离;从滑跑起点至爬升到 10.7m(35ft)高的水平距离称为起飞距离 S_T。

如果跑道端不设净空道,如图 8-19a),则跑道长度应保证飞机在整个起飞初始阶段的安全,其长度为:

$$L_a = 1.15S_T \tag{8-1}$$

式中:L_a——飞机正常(全发)起飞所需跑道长度,m;

S_T——飞机正常的起飞距离，m；

1.15——考虑驾驶误差及飞机用旧后性能降低等的安全系数。

如果跑道端设净空道，如图 8-19b）所示，跑道及净空道的长度，应保证飞机在整个起飞初始阶段的安全，即符合公式（8-1）的要求。跑道长度应保证飞机起飞滑跑的安全，由公式（8-3）计算确定。

$$L_a + l_c = 1.15S_T \tag{8-2}$$

$$L_a = 1.15(S_R + CS_h) \tag{8-3}$$

式中：l_c——净空道长度，m；

S_R——飞机正常的起飞滑跑距离，m；

S_h——飞机正常的起飞初始爬升距离，m；

C——系数，美国取 $C=0.5$，英国及俄罗斯取 $C=0.33$。

飞机着陆，飞机通常以3°下滑角进行降落，见图8-20。在接近跑道时把加速推杆收至慢车状态，通过跑道入口上空的高度为15m（50 ft），进入跑道入口上空后就逐渐拉平，两组主轮先接地，然后前轮接地。飞机接地后就采取制动措施，打开减速板和反推力装置，以便减速滑跑和停住。跑道长度通常按不打开反推力装置的情况来确定。

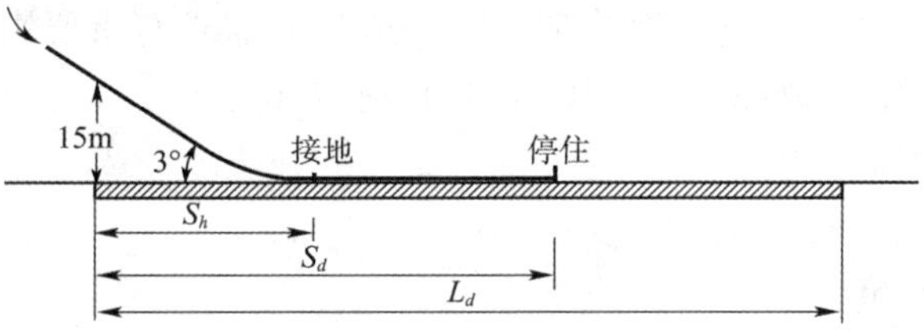

图 8-20　飞机着陆过程示意图

着陆距离 S_d 是指飞机在跑道人口上空至停住的水平距离。着陆所需跑道长度应按下式确定，以确保飞机着陆安全。

$$L_d = K \cdot S_d \tag{8-4}$$

式中：L_d——飞机着陆所需跑道长度，m；

S_d——飞机在跑道上不使用反推力装置的着陆距离，m；

K——考虑驾驶员误差及跑道潮湿等的安全系数，通常 $K=1.67$。

一般而言，影响机场跑道长度的因素有很多方面，具体包括：

（1）机场高程。机场标高通常指主跑道中线上最高点的高程。机场高程不同，大气压力也不同。随着机场标高的增加，大气压力降低，大气密度下降，于是飞机发动机推力降低、飞机离地速度和接地速度均要增加，使得起飞滑跑距离和着陆滑跑距离相应增大，故跑道长度需求增加。高原机场跑道比相同等级的平原机场跑道要长，原因就在于高原气压比平原气压低。粗略估计时，可按机场标高每增高 300m，跑道长度增加 7% 来计算。计算跑道长度时，气压应根据机场所在地气象台实测资料确定，采用相应于计算气温（机场基准温度）的实测气压。

（2）机场气温。气温升高，大气密度降低，导致发动机推力下降以及飞机离地速度和接地速度增加，使起飞滑跑距离和着陆滑跑距离增大，因而使所需跑道增长。粗略估计时，可按气温每增高 1℃，起飞跑道长度增加 1% 来计算。跑道长度计算应采用机场基准温度。所谓机场基准温度,定义为一年内最热月(指月平均温度最高的那个月)的日最高温度的月平均值。该温度宜取5年以上的平均值。

(3)风。飞机逆风起飞着陆,可以使滑跑距离减短,顺风起飞着陆则使滑跑距离增长。通常,主要跑道两端都可以保证飞机的起飞着陆。只要不是出现垂直跑道方向的大侧风,飞机都可以进行逆风起飞着陆,以减短滑跑距离。跑道长度应按无风的不利情况进行计算。

(4)跑道纵坡。飞机逆坡起飞所需跑道较长,顺坡起飞所需跑道较短。跑道长度通常按逆坡起飞的不利情况确定。粗略估计时,可按逆坡(纵向有效坡度)每增高1%,跑道长度增加7%来计算。跑道纵坡可分为平均纵坡和有效纵坡。平均纵坡为跑道中心线两端高差除以跑道长度;有效纵坡是指跑道中心线上最高点与最低点的高差除以跑道长度。跑道长度计算通常采用平均纵坡。

(5)跑道表面状况。干湿、冰雪、积胶等都对跑道长度需求有影响,但在跑道长度计算时,一般只考虑正常情况。

(6)使用跑道的关键飞机的性能。机场的跑道通常要服务于多种机型,不同机型的跑道长度需求是不同的。通常,根据对跑道长度要求最大的关键机型性能来计算跑道长度。飞机的起飞质量、发动机推力、襟翼角度等都对其跑道长度需求有重要影响。

机场跑道长度通常由下列3个长度的最大值确定,即:

①正常起飞所需跑道长度;

②起飞出现一发故障所需跑道长度;

③着陆所需跑道长度。

由于运输机着陆所需跑道长度较短,所以在确定供运输机起飞着陆用的跑道长度时,通常可以不计算着陆所需跑道长度。

5)跑道宽度

跑道宽度要满足飞机起降的滑跑要求。决定跑道宽度的因素有:跑道运行类别(仪表,非仪表;精密,非精密);飞机主要起落架外轮外侧横向间距;飞机滑跑时的横向偏移;飞机开始滑跑前机体纵向轴线与跑道中线的吻合程度。出于安全考虑,跑道必须具有一定的宽度裕量。跑道宽度要求见表8-4。

跑道最小宽度(单位:m)　　表8-4

飞行区指标 I	飞行区指标 II					
	A	B	C	D	E	F
1*	18	18	23	—	—	—
2*	23	23	30	—	—	—
3	30	30	30	45	—	—
4	—	—	45	45	45	60

注:* 飞行区指标 I 为1或2的精密进近跑道的宽度应不小于30m。

2. 停止道

当跑道长度较短,不能确保飞机中断起飞安全时,机场应设停止道,以弥补跑道长度的不足,如图8-21所示。

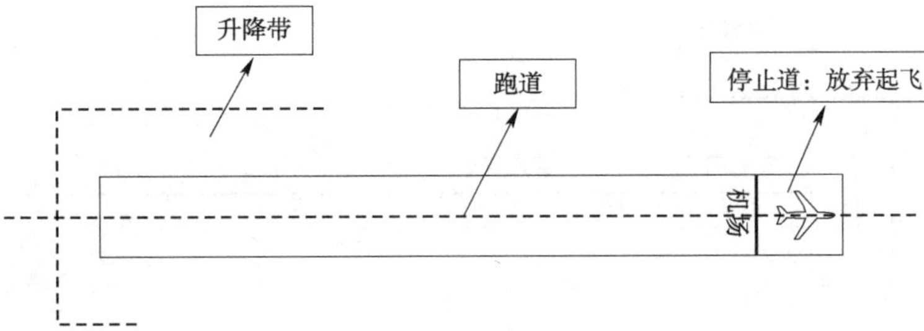

图 8-21 停止道及其作用

停止道的宽度必须等于与其相连接的跑道的宽度，停止道的坡度、变坡与跑道相同，但跑道两端各 1/4 长度 0.8% 的纵坡限制，停止道上可不采用；飞行区指标 I 为 3 或 4 的跑道，停止道与跑道相接处和停止道上的最大变坡率可为每 30m 不大于 0.3%（最小曲率半径为 10000m）。

停止道应修建道面。由于停止道在飞机正常起飞着陆时不使用，只是发生意外时才使用，因此可选用比跑道低级一些的道面。但停止道的强度应在飞机中断起飞承载时不致造成飞机的结构损坏。停止道表面的摩阻特性应良好。

由于停止道在跑道两端都要设置，占地较多，所以我国通常不采用。

3. 净空道与净空区

当跑道较短，只能保证飞机起飞滑跑的安全，而不能确保飞机完成初始爬升（爬升至 10.7m 高）的安全时，机场应设净空道，以弥补跑道长度的不足，如图 8-22 和图 8-23 所示。

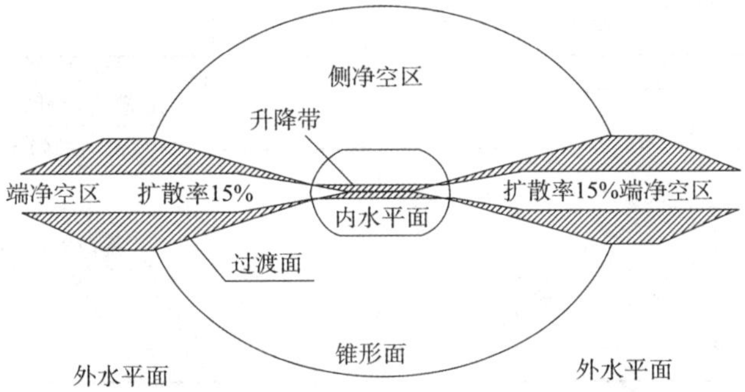

图 8-22 新规定的机场净空区

净空道的起点应位于可用起飞滑跑距离的末端。净空道的长度应不大于可用起飞滑跑距离的一半，宽度应自跑道中线延长线向两侧延伸不少于 75m。

净空道的地面纵坡的升坡应不大于 1.25% 的平面。净空道的地面坡度应避免急剧的向上的变坡。净空道中线延长线两侧各 22.5m 或跑道的一半宽度（取其较大值）范围内的坡度、变坡和自跑道至净空道的过渡，宜与相连跑道的坡度、变坡相一致。

净空道上对空中的飞机安全有危害的物体应移去。因航线需要必须在净空道地面上设置的设备或装置应满足要求，安装高度应尽可能低。

4. 跑道端安全区

飞行区指标 I 为 3 或 4 及飞行区指标 I 为 1 或 2 并为仪表跑道时，必须在升降带两端设置跑道端安全区，以对冲出跑道或提前接地的飞机提供保护，如图 8-24 所示。

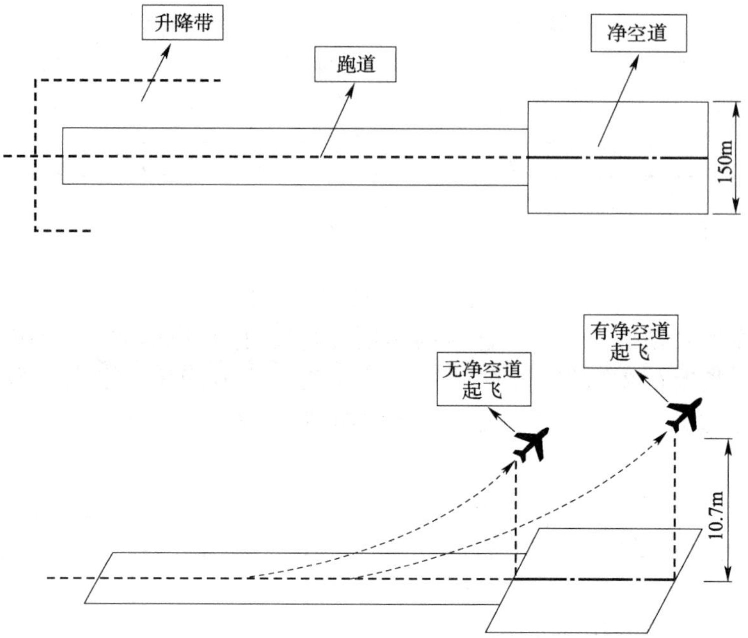

图 8-23　净空道及其作用

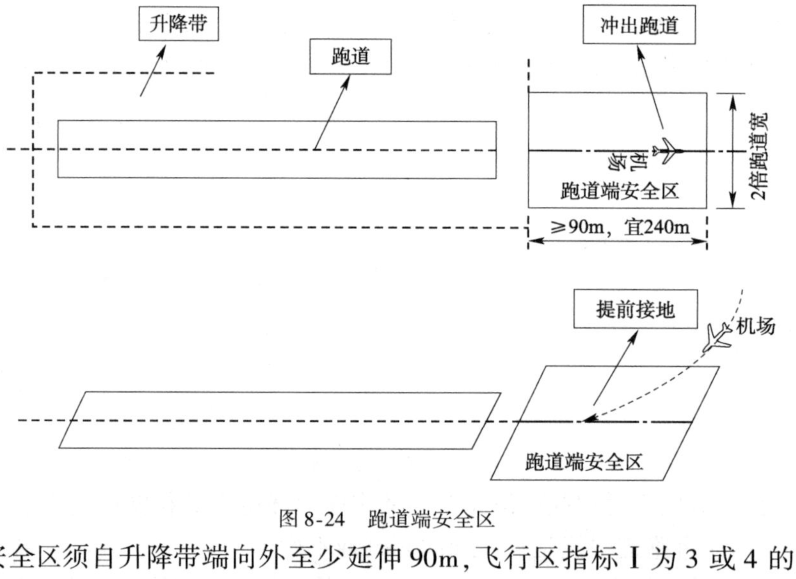

图 8-24　跑道端安全区

跑道端安全区须自升降带端向外至少延伸 90m，飞行区指标 I 为 3 或 4 的跑道端安全区宜自升降带端向外延伸 240m，飞行区指标 I 为 1 或 2 的跑道端安全区宜自升降带端向外延伸 120m。

跑道端安全区的宽度必须至少等于与其相连的跑道宽度的两倍，条件许可时应不小于与其相连的升降带平整部分的宽度。

跑道端安全区内可能对飞机构成危险的物体，应尽可能移去。

跑道端安全区的坡度应不突出进近面或起飞爬升面。纵坡的降坡应不大于 5%，变坡应平缓，避免急剧的变坡或反坡。跑道端安全区的横坡，其升坡或降坡均应不大于 5%，并应满足通信导航和目视助航设施场地要求，不同坡度之间的过渡应尽可能平缓。

跑道端安全区应进行平整,其强度应满足飞机过早地接地或冲出跑道时对飞机的危害最小,并能承受救援和消防车辆在其上通行。

8.4.3 升降带

飞行区内必须设置升降带。升降带应包含跑道及停止道(当设置时)。升降带应自跑道端(当设置停止道时应自停止道端)向外至少延伸:飞行区指标Ⅰ为2、3或4时,60m;飞行区指标Ⅰ为1并为仪表跑道时,60m;飞行区指标Ⅰ为1并为飞仪表跑道是,30m。升降带宽度应不小于表8-5中的规定值。升降带范围如图8-25所示。

升降带的宽度(单位:m) 表8-5

跑道运行类型	飞行区指标Ⅰ			
	4	3	2	1
仪表跑道	150	150	75	75
非仪表跑道	75	75	40	40

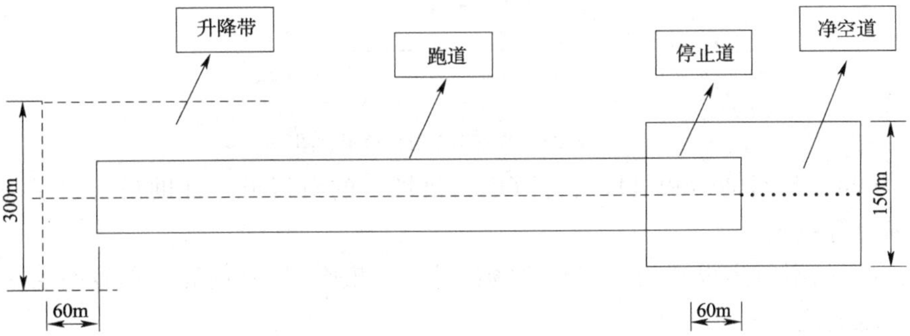

图8-25 升降带范围

8.4.4 滑行道

1. 滑行道的功能

滑行道是机场的重要地面设施,是机场内供飞机滑行的规定通道。滑行道的主要功能是提供从跑道到候机楼区的通道,使已着陆的飞机迅速离开跑道,不与起飞滑跑的飞机相干扰,并尽量避免延误随即到来的飞机着陆。此外,滑行道还提供了飞机由候机楼区进入跑道的通道。滑行道可将功能不同的分区(飞行区、候机楼区、飞机停放区、维修区及供应区)连接起来,使机场最大限度地发挥其容量潜力并提高运行效率。

2. 滑行道系统构成

滑行道系统主要包括:主滑行道、进出滑行道、飞机机位滑行通道、机坪滑行道、辅助滑行道、滑行道道肩及滑行带,见图8-26。滑行道系统可以根据实际需要和可能,分阶段建设,逐步

图8-26 某机场滑行道系统示意图
(图片来源:民航资源网)

完善。避免一次建设费用过高,而利用率又过低。

(1)主滑行道又称干线滑行道,是飞机往返于跑道与机坪的主要通道,通常与跑道平行。

(2)进出(进口或出口)滑行道又称联络滑行道(俗称联络道),是沿跑道的若干处设计的滑行道,旨在使着陆飞机尽快脱离跑道,如图8-27所示。出口滑行道大多与跑道正交,快速出口滑行道与跑道的夹角介于25°与45°之间,最好取30°。飞机可以较高速度由快速出口滑行道离开跑道,不必减到最低速度。滑行道和跑道端处的等待坪用标志线在地面上标出,这个区域是为了飞机在进入跑道前等待许可指令。等待坪与跑道端线保持一定的距离,以防止等待飞机的任何部分进入跑道,成为运行的障碍物或产生无线电干扰。

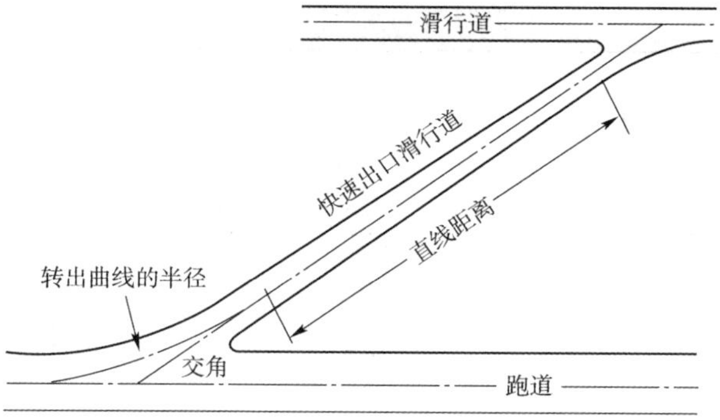

图8-27　快速出口滑行道示意图

(3)飞机机位滑行通道和机坪滑行道均为机坪上的滑行道。辅助滑行道供飞机通向维修坪或隔离坪等所用。

总之,合理的滑行道设置与布局是机场保障飞行安全、提高地面运作效率的重要保障。

3. 滑行道宽度

滑行道应有足够宽度。由于滑行速度低于飞机在跑道上的速度,因此滑行道道面宽度比跑道宽度要小。滑行道道面的宽度由使用机场最大的飞机的轮距宽度决定,要保证飞机在滑行道中心线上滑行时,其主起落架外侧主轮一滑行道道面边缘之间的净距不小于表8-6的规定值。

飞机追起落架外侧主轮与滑行道道面边缘之间的最小净距　　表8-6

飞行区指标Ⅱ	最小净距(m)
A	1.5
B	2.25
C	飞机前后轮距<18m时,3.0; 飞机前后轮距≥18m时,4.5
D	4.5
E	4.5
F	4.5

注:1. 飞机前后轮距是指飞机前起落架到主起落架的几何中心的距离。

2. 飞行区指标Ⅱ为F且高交通密度时,宜要求机轮与滑行道道面边缘的净距大于4.5m,以允许最高滑行速度。

滑行道道面最小宽度由最大主起落架外轮外侧的间距2倍主起落架外轮外侧与滑行道道面边缘的净距而得,见表8-7。

飞行区指标Ⅱ为 C、D、E、F 的滑行道两侧应设道肩,其宽度应保证发动机不会吸入砂石及吹蚀土质地面。滑行道直线部分的道面加两侧道肩的最小总宽度见表 8-8。

滑行道最小宽度 表 8-7

飞行区指标 II	滑行道道面的最小宽度(m)
A	7.5
B	10.5
C	飞机前后轮距＜18m 时,15; 飞机前后轮距≥18m 时,18
D	飞机外侧主起落架轮距＜9m 时,18; 飞机外侧主起落架轮距≥9m 时,23
E	23
F	25

滑行道道面与道肩之和的最小宽度 表 8-8

飞行区指标 II	滑行道道面与道肩之和的最小宽度(m)
C	25
D	38
E	44
F	60

在滑行道转弯处,它的宽度要根据飞机的性能适当加宽,如图 8-28 所示。

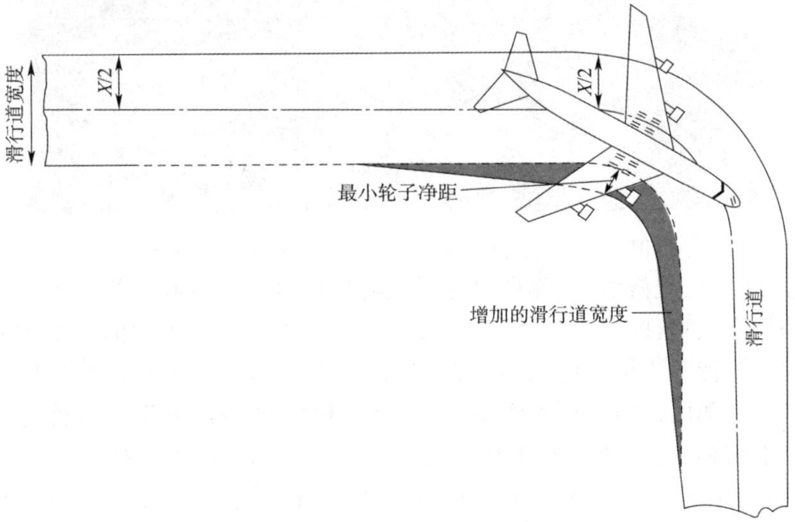

图 8-28 滑行道弯道加宽示意图

滑行道的设计应避免同使用中的跑道相交叉,由于飞机在滑行道的速度大大小于其在跑道上的速度,其控制纵坡、竖曲线和视距的标准不如跑道严格。国际民航组织对起降区视距的要求也是有规定的,跑道字码为 C、D 和 E 时,从滑行道 3m 高处应能通视 300m 内的滑行道表面。对 A、B 两类跑道,标准略低。一般情况下,滑行道所受载荷比跑道更重。滑行道比跑道窄,机轮几乎沿不变的轨迹滑行。在滑行道上滑行时,飞机速度很低,机翼几乎不产生升力,特别是在起飞时,飞机以全重作用在滑行道上。同时在滑行道上飞机运行密度通常要高于跑道。因此,飞机的总重量和低速滑行时的压强就会比跑道所承受的略高。所以滑行道道面强度要和配套使用的跑道两端的强度相等或更高。

4. 滑行带

为了保证飞机的滑行安全,通常在滑行道两侧对称地设置道肩,而且还要向两侧延伸一定的距离,延伸部分连同滑行道(机位滑行道除外)统称为滑行带。

滑行道必须设置滑行带。滑行带内不得有危害飞机滑行的障碍物,以保障飞机安全。

8.4.5 机坪

机坪是民用机场运输作业的核心区域,此区域供飞机停放、上下旅客、装卸货物、对飞机进行各种地面服务(机务维修、上水、配餐、加电、清洁等)。机坪布局应根据机坪的类别、停放飞机的类型和数量、飞机停放方式、飞机间的净距、飞机进出机位方式等各项因素确定。下面分别介绍停机机坪和登机机坪。

1. 停机坪种类

停机坪,是指在陆地机场上划定的一块供飞机上下旅客、装卸货物和邮件、加油、停放或维修之用的场地。停机坪的面积要足够大,以保证进行上述活动的车辆和人员的行动,机坪上用漆标出运行线,使飞机按照一定线路进出滑行道。如图 8-29 所示。

图 8-29 上海虹桥机场停机坪(图片来源:民航资源网)

停机坪包括站坪、维修机坪、隔离机坪、等候机位机坪、等待起飞机坪等。停机坪上设有供飞机停放的划定位置,即机位。供飞机等待或让路,以提高飞机地面活动效率的场地则称为等待停机坪。等待起飞机坪应能容纳 2 ~4 架飞机,并有足够的地面使一架飞机绕过另一架飞机。候机楼一侧所设停机坪称作站坪(或称登机停机坪),可供飞机滑行、停驻机位、停靠门位以便上下旅客、行李和货邮及加油。站坪包括客机坪和货机坪。

停机坪(特别是客货机坪)供飞机长时间停放、满载滑进滑出,其受载条件与跑道端部相近,因此其厚度亦应与跑道端部相等。

停机坪面积应按机型、机位数、飞机停放形式及运行方式、平均每架飞机停放面积、安全净距、站坪滑行通道、站坪服务车道布置等进行规划。机坪机位数应按典型高峰小时飞机起降架次、机型及其组合、飞机占用机位时间、机位利用系数等进行计算。

机坪停放飞机的净距应不小于表 8-9 中的规定值。飞行区指标 II 为 D、E、F 在机头向内停放时,停放飞机与飞机以及邻近的建筑物、其他物体之间的净距,对于旅客航站任何固定的旅客登机桥与机头之间以及提供有由目视停靠引导系统的方位引导的机位上的任何部分之间的净距可适当减少。

机坪停放飞机的最小净距(单位:m)　　表 8-9

飞行区指标 II	A	B	C	D	E	F
停机坪上停放的飞机在主滑行道上滑行的飞机之间的净距	8.75	9.50	10.50	14.50	15.00	17.50
在机坪滑行通道上滑行的飞机与停放的飞机、建筑物之间的净距	4.50	4.50	6.50	10.00	10.00	10.50
机坪上停放的飞机与飞机以及临近建筑物之间的净距	3.00	3.00	4.50	7.50	7.50	7.50
停放的飞机主起落架外轮与机坪道面边缘的净距	1.50	2.25	4.00	4.50	4.50	4.50
服务车道安全线与停放飞机的净距	1.00	2.00	3.00	3.00	3.00	3.00

2. 登机机坪

机坪上的停机位分为近机位和远机位两类。近机位通常设在靠近航站楼的站坪,旅客可利用登机桥上下飞机;远机位则位于远离航站楼的开阔机坪区域,旅客须借助摆渡车上下飞机。近机位通常就是登机机坪。

登机机坪是指旅客从候机楼上机时飞机停放的机坪,这个机坪要求能使旅客尽量减少步行上飞机的距离。

1)登机坪平面布局影响因素

客机坪的平面布局受以下因素的影响:

(1)机位的数目。机位数目取决于高峰时,每小时飞机起降架次数、飞机占用机位(门位)时间及门位利用率;

(2)机位尺寸。机位尺寸主要取决于飞机的几何尺寸(机身长和翼展)、转动半径以及与建筑物之间的距离;

(3)飞机的停靠方位及进出机位方式;

(4)旅客登机方式。旅客登机方式有 3 种:在站坪上步行、通过登机桥、用车辆(转运车、摆渡车)运送;

(5)候机楼布局;

(6)飞机地面服务要求。飞机停放在机位上时,需要地面服务。这些都要靠各种车辆和设备完成。为此,必须占用一定的机坪面积。地面服务有时会使得机坪拥挤,并且对飞机运行安全不利。因而,出现了无车辆站坪的概念(即用固定在机位站坪下的各种设备取代地面车辆),可减少在站坪上活动的地面服务车辆。

2)登机坪布局分类

由于飞机形体较大,为妥善处理航站楼与飞机的关系,使航站楼附件能容纳尽可能多的航空器,航站楼的空侧边往往要进行延展、变形。为此,登机机坪的布局也有多种形式。

(1)单线式。这种形式是最简单的,即航站楼空侧边不作任何变形,仍保持直线,飞机机头向内停靠在航站楼旁,旅客通过登机桥上下飞机。它的好处是简单、方便,但只能处理少量飞机,一旦交通流量很大,有些飞机就无法停靠到位,造成延误。见图 8-30 和图 8-31。

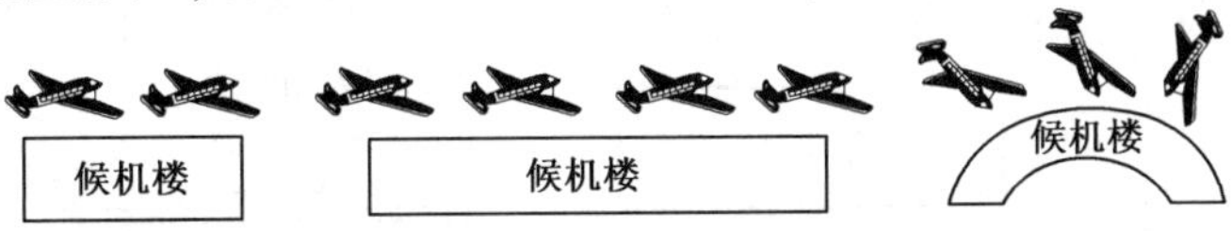

图 8-30　单线式登机机坪

图 8-31　中国北京首都机场 T3 的单线式登机机坪(图片来源:民航资源网)

(2)指廊式。是目前空港中使用比较多的一种,指从航站楼空侧边向外伸出若干个指形廊道,廊道两侧安排机门卫,从而延展了航站楼空侧边长度。走廊上通常铺设活动人行道,使旅客的步行距离减少。见图 8-32 和图 8-33。

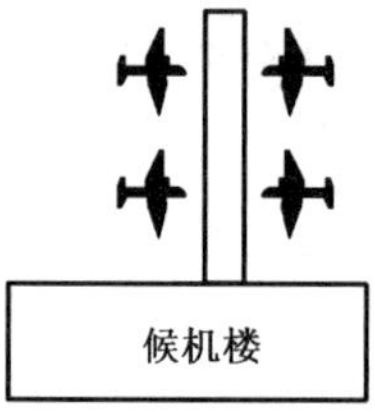

图 8-32　指廊式登机机坪

图 8-33　新广州白云机场登机机坪

(3)卫星厅式。在航站楼主体空侧一定范围内布置一座或多座卫星式建筑物,这些建筑物通过地下、地面或高架廊道与航站楼主体连接。卫星建筑物周围设有机门卫,飞机环绕卫星建筑停放。它比指廊式优越的地方是卫星厅内可以有很多航班,各航班旅客登机时的路程和用去的时间大体一致,旅客在卫星厅内可以得到较多的航班信息,而指廊式的登机坪,旅客到最末端的登机门用的时间比起始端的要长。卫星式的缺点是建成后不易进一步扩展。见图 8-34、图 8-35 和图 8-36。

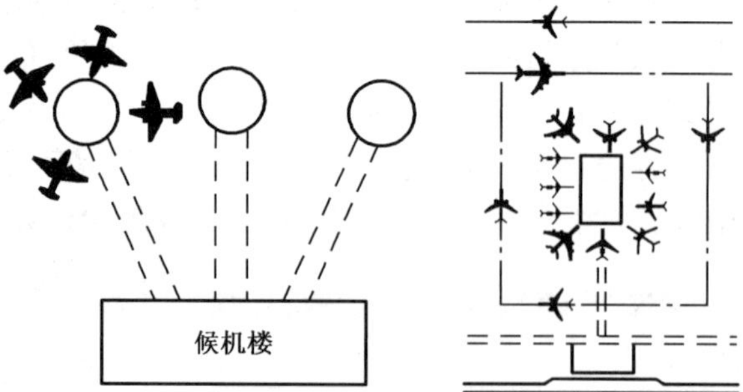

图 8-34　两种卫星厅式登机机坪

图 8-35　杭州萧山机场二期扩建后的登机机坪模型

图 8-36　中国北京首都机场－T2 的登机机坪(图片来源:民航资源网)

(4)车辆运送式(远距离登机坪或车辆摆渡式)。飞机不接近航站楼,而是远停在机坪上,通过接送旅客的摆渡车来建立航站楼与飞机之间的联系。如果摆渡是可升降的,靠近飞机后乘客即可直接登机,而无须动用舷梯车。这种方式的好处是大大减少了建筑费用,并有着不受限制的扩展余地,但它的问题是机坪上运行的车辆增加,机场上的服务工作人员增加,旅客登机的时间增加,而且使旅客增加了上、下车及下雨和刮风等外界天气的影响等不便。为了解决后面两个问题,美国有些机场使用了移动登机桥,在汽车底盘上装上大型的可升降的车厢,旅客登车后,运至飞机旁边,车厢可升至机门相同高度,旅客直接进入飞机。见图 8-37。

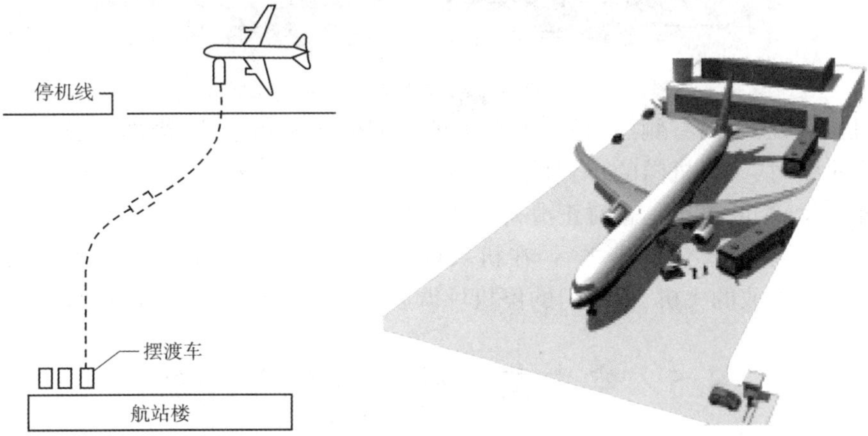

图 8-37　车辆运送式登机机坪

以上4种形式并不是单一固定的,可以来用各种混合形式,如图8-38所示,例如首都机场是卫星厅式的,但当客流量增大时,超过的部分就采用远距离的登机坪来解决。

图8-38 混合式登机机坪(杭州萧山机场国际航站楼)

3)停机位置的设施

以上的各种形式的登机坪,除远距离登机坪外,在登机的停机位置都需要一定的设施帮助驾驶员把飞机停放在准确的位置,让登机桥能和机门连接。

登机桥是一个活动的走廊(图8-39),是可以伸缩的,并且有液压机构调整高度,以适应不同的机型,当飞机停稳后,登机桥和机门相连,旅客就可以通过登机桥直接由候机楼进出飞机。

图8-39 杭州萧山机场国际航站楼"214"登机廊桥

在停机位置处,侧面有侧标志板,画有各种机型的停机指示线,当驾驶员左肩对准所驾驶机型的指示线时,飞机机门的位置就对准了登机桥。此外,还有停机对准系统,驾驶员由前方的灯光显示,判断机头是否对正滑人停机位的方向,在停机位的前方滑行道上还铺有压力传感垫,飞机前轮压上传感垫之后,在机头前方的显示板上会显示出前轮停放位置的偏差。在远处机坪停放的飞机,有专门的停机坪调度员引导飞机进入正确的停机位置。

8.5 空中交通管理系统与导航

当前,国内外正在使用和发展的航空无线电导航系统有:①台卡(Decca)导航系统;

②罗兰(Loran)导航系统;③奥米加(Omega)导航系统;④自动定向系统(ADF);⑤地面定向机;⑥多普勒导航系统(DOP);⑦甚高频全向信标系统(VOR);⑧测距机系统(DME);⑨卫星导航系统(GPS);⑩塔康(TACAN)系统;⑪空中交通管制系统(ATC):由一次雷达、二次雷达、通信及计算机组成。⑫引导着陆系统:其中有精密进近雷达(PAR)、仪表着陆系统(ILS)、全球卫星导航系统(GNSS)。本书主要介绍空中交通管制、空中交通管制系统、仪表着陆系统。

8.5.1 空中交通管制

飞机为了安全、快速飞向目的地,也要沿着规定的航路或航线飞行,并受到空中交通管制机构的指挥调度和监督。

1. 航路与航线

航路是具有一定宽度的空中通道,供飞机飞行用。沿航路一定距离及转弯点都有导航设施。连接各个导航设施的直线就构成航路中心线。航路规定有上限高度、下限高度和宽度。其宽度主要取决于导航设施配置的间距和性能。若间距较小而且提供飞机航迹引导的准确度较高,则航路宽度可小些。反之,应增大。因此航路宽度不是固定不变的。目前我国航路宽度除沈阳—长春、无锡—合肥等少数航段较窄外,其余航路的宽度均为20km。

航线是预定的飞行路线,是在航路的基础上建立的。航线按照起讫地点的归属不同分为国际航线和国内航线两种。国内航线按其起讫地点的地域情况分为干线航线和支线航线两种。干线航线是指连接首都北京和各省省会、自治区首府、直辖市的航线,以及连接两个或两个以上的省会、自治区首府、直辖市或大城市之间的航线。支线航线也称为地方航线,是指一个省或自治区内各城市之间的航线。中国民航总局公布,截至2018年底,全国共有定期航班航线4945条,国内航线4096条,其中港澳台航线100条,国际航线849条。按重复距离计算的航线里程为1219.06万km,按不重复距离计算的航线里程为837.98万km。

每条航路和航线都有明确的起点(起飞机场)和终点(目的地机场),规定走向、往返飞行的高度层,划定上升、下降地段,确定沿线的备降机场。其具体走向必须避开空中禁区、军事要地、对空饱射靶场或发射场,还要尽可能避开军用机场及其训练空域。

为了便于指挥和监督飞机按规定的航线和高度飞行,对我国空间区域进行了划分。中国民航总局曾公布2009年全国范围内划设飞行情报区9个,高空管制区20个,中低空管制区28个,进近管制区25个,终端管制区1个。在中国民用航空发展第十二个五年规划中,把现有区域管制区调整为北京、上海、广州、西安、成都、沈阳、乌鲁木齐、三亚等8个高空管制区和27个中低空管制区,实现空域相对集中管理。调整飞行情报区划,实现与高空管制区相一致。

我国民航空管系统的管理体制也经历了几次调整。1989年10月,成立了民航局航务管理中心。1994年7月,组建了行使政府和运行管理职能的空中交通管理局。2007年9月,民航空管系统一体化管理改革阶段性工作完成,形成了民航局空管局、地区空管局和空管分局(站)三级管理体制。

2. 空中走廊

空中走廊是为航空器进出某地区而划定的具有一定宽度的空中通道。通常设在飞行频繁的城市附近上空和国际航线通过的边境地带上空,与航路或航线相接。

空中走廊的内口和外口通常设在显著地标的上空,并没导航台,有的还没有监察雷达。走廊宽度为8~10km,走廊长度(即外口距城市或机场的距离)为100km左右。对飞机进出走廊的方法、飞行高度、上升或下降地段等都有明确规定。

3.特殊空域

(1)空中禁区。指禁止航空器飞行的空域。为了确保地面目标和空中飞行安全,在首都等大城市、军事设施、重要海港和工矿地区等上空,划有一定范围的空中禁区。除执行作战任务的飞机外,各种航空器不许飞入。

(2)危险区。指在某一时间对航空器飞行有危险的空域。为了保证空中与地面的安全,位于机场、航路、航线附近的对空饱射靶场、火箭或导弹发射场、核试验基地等划有一定范围的危险区。在规定时间内,各种航空器不许飞入。

(3)限制区。指限制航空器只能在规定条件下飞行的空域。为了安全,位于航路、航线附近的军事要地、航空兵训练空域、轰炸靶场等划有一定范围的限制区。在规定时间和高度范围内限制无关航空器飞入。

4.空中交通管制机构

空中交通管制分区域管制、进近管制和塔台管制3级。

(1)区域管制(也称"区调"),负责一个明确的地理区域内的飞机运行管制工作。区域管制室可设在机场内,也可设在机场外。当设在机场内时,可与塔台合建,也可单独建航管楼。

(2)进近管制,负责一个或几个机场飞机的进近和离场管制工作。进近管制室可以独立设置也可以和塔台合并或设在航管楼内。

(3)塔台管制,负责本机场塔台管制区内飞机的起飞着陆及与飞机活动有关的管制工作。

机场塔台又称管制塔台或指挥塔台,是机场或航空港内指挥飞机滑行、起飞、着陆和实行空中交通管制的设施。塔台宜设在机场中部,通常是独立的塔形建筑物。支线机场,塔台可考虑设在航站楼内。干线及国际机场,塔台宜设在航管楼内。塔台的顶层一般用玻璃围成。塔台的高度必须符合机场净空要求,保证能直接目视所有跑道、跑道两端净空及滑行道,并尽量能目视站坪及其滑行通道,以便指挥飞机起飞着陆和滑行。一些大型机场塔台的高度可达60m以上,居高临下,能俯视全机场。现代的塔台为了防止天气变化时玻璃结露,采用双层气密玻璃窗,内充氮气。顶层内设有管制雷达的荧光屏、通信设备、电视和计算机等。飞行指挥(管制)人员在顶层工作。塔台对飞机活动的指挥主要有3个方面:①引导飞机起飞和管理距机场一定距离服务内的飞行活动;②引导飞机进场着陆,如因某种原因暂时不能接受飞机进场着陆时,则可令飞机在某一空域内的某一高度上作等待飞行;③指挥飞机在地面上的滑行。塔台与飞机之间的通信联络主要使用无线电通信设备(高频、甚高频和超高频电台)。塔台内还配有能连续或继续发射白色、绿色或红色信号的强光信号枪,作为辅助指挥手段。此外,塔台上还配有必要的气息观测仪器和自动磁带记录仪、为判定飞机指挥情况和分析意外情况提供重要的依据。

通常在飞行繁忙的机场设置进近管制室。不繁忙的机场只设管制塔台,兼任进近管制业务。

8.5.2　空中交通管制系统

空中交通管制工作在民用航空运输中发挥着重要的作用。它的主要职责是负责拟定飞行计划,承办飞行审批,组织各种勤务保障;对航空器的滑行、起飞、着陆和空中飞行实施监督和管理;为其提供安全间隔和安全措施。目的是使航空器按计划飞行,使各种保证工作有条不紊;维护飞行秩序,使空中交通加速和流畅,防止航空器与航空器之间、航空器与障碍物之间相撞;对来历不明的航空器和违反飞行管制的现象,查明情况进行处理,保证飞行安全。空中交通管制系统构成见图 8-40。

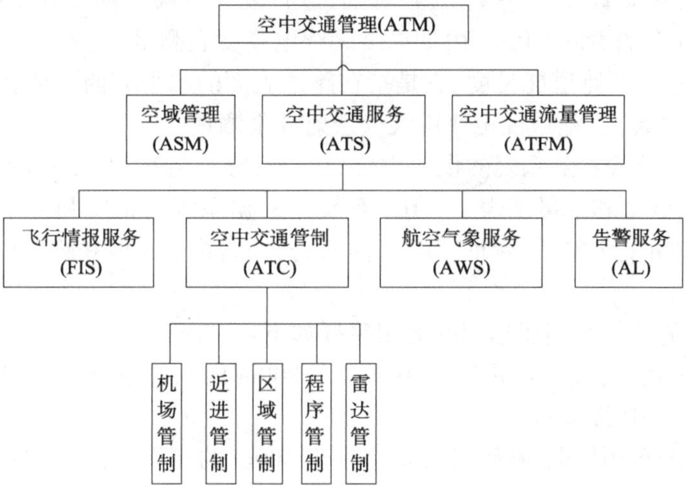

图 8-40　空中交通管理系统构成

8.5.3　仪表着陆系统

1)功能

仪表着陆系统(ILS),早在 1949 年就被国际民航组织定为飞机标准进近和着陆设备。它能在气象条件恶劣和能见度差的条件下为驾驶员提供引导信息,保证飞机安全进近和着陆。

为了着陆飞机的安全,在目视着陆飞行条例(VFR)中规定,目视着陆的水平能见度必须大于 4.8km,云底高不少于 300m,在很大的一部分机场的气象条件不能满足这一要求,这时着陆的飞机必须依靠 ILS 提供的引导进行着陆。

ILS 提供的引导信号,由驾驶舱指示仪表显示。驾驶员根据仪表的指示操纵飞机或使用自动驾驶仪"跟踪"仪表的指示,使飞机沿着跑道中心线的垂直面和规定的下滑角,从 450m的高空引导到跑道入口的水平面以上的一定高度上,然后再由驾驶员看着跑道操纵飞机目视着陆。因此,ILS 系统只能引导飞机到达能进行目视飞行的最低允许高度(决断高度)上,它是一种不能独立地引导飞机至接地点的仪表低高度进场系统。

2)着陆标准等级

国际民航组织(ICAO)根据在不同气象条件下的着陆能力,规定了 3 类着陆标准,使用跑道视距 RVR 和决断高度 DH 两个量来表示。其规定如表 8-10 所示。

飞机着陆类别标准表　　表 8-10

类　别	跑道视距 RVR(m)	决断高度 DH(m)
Ⅰ	800	60
Ⅱ	400	30
$Ⅲ_A$	200	—
$Ⅲ_B$	50	
$Ⅲ_c$	0	

决断高度 DH 是指驾驶员对飞机着陆或复飞做出判断的最低高度。在决断高度上,驾驶员必须看见跑道才能着陆,否则应放弃着陆,进行复飞。决断高度在中指点信标(Ⅰ类着陆)或近指点信标(Ⅱ类着陆)上空,由低高度无线电高度表测量。

跑道视距 RVR 又叫跑道能见度,它是指在跑道表面的水平方向上能在天空背景上看见物体的最大距离(白天)。跑道视距使用大气透射计来测量。

根据着陆标准,仪表着陆系统的设施也分成三类,分别与 ICAO 规定的着陆标准相对应,并且使用相同罗马数字和字母来表示。ILS 系统是根据系统的精度和运用的能见度极限来分类的。系统总的精度应包括"台址"误差、障碍物影响、跑道长度和跑道设备配置以及设备精度等。

ILS 系统设施的性能类别能达到的运用目标如下:

(1)Ⅰ类设施的运用性能:在跑道视距不小于 800m 的条件下,以高的进场成功概率,能将飞机引导至 60m 的决断高度。

(2)Ⅱ类设施的运用性能:在跑道视距不小于 400m 的条件下,以高的进场成功概率,能将飞机引导至 30m 的决断高度。

(3)$Ⅲ_A$类设施的运用性能:没有决断高度限制,在跑道视距不小于 200m 的条件下,着陆的最后阶段凭外界目视参考,引导飞机至跑道表面,因此叫"看着着陆"。

(4)$Ⅲ_B$类设施的运用性能:没有决断高度限制和不依赖外界目视参考,一直运用到跑道表面,接着在跑道视距 50m 的条件下,凭外界目视参考滑行,因此叫"看着滑行"。

(5)$Ⅲ_c$类设施的运用性能:无决断高度限制,不依靠外界目视参考,能沿着跑道表面着陆和滑行。

ILS 系统能够满足Ⅰ、Ⅱ类着陆标准,但是Ⅲ类着陆要求有更复杂的辅助设备相配合。例如配合飞行指引仪或自动驾驶仪来完成Ⅱ类着陆标准的自动着陆,Ⅲ类着陆标准不仅进近和着陆必须使用自动控制设备,而且滑跑和滑行也必须在其他电子设备控制下来完成。

3)仪表着陆系统的组成

ILS 系统包括 3 个分系统:提供航向引导的航向信标、提供垂直引导的下滑信标和提供距离引导的指点信标。每一个分系统又由地面发射设备和机载设备所组成。地面台在机场的配置情况如图 8-41 所示。近指点信标仅在Ⅱ类着陆标准的机场安装。

航向信标天线产生的辐射场,在通过跑道中心延长线的垂直平面内,形成航向面或叫航向道,如图 8-42 所示,用来提供飞机偏离航向道的横向引导信号。机载接收机收到航向信标发射信号后,经处理,输出飞机相对于航向道的偏离信号,加到驾驶舱仪表板上的水平姿态指示器(HSI)的航向指针。若飞机在航向道上(飞机A),即对准跑道中心线,偏离指示为零;如果飞机在航向道的左边(飞机C)或右边(飞机B),航向指针就向右或向左指,向驾驶员提供"飞右"或"飞左"的指令。

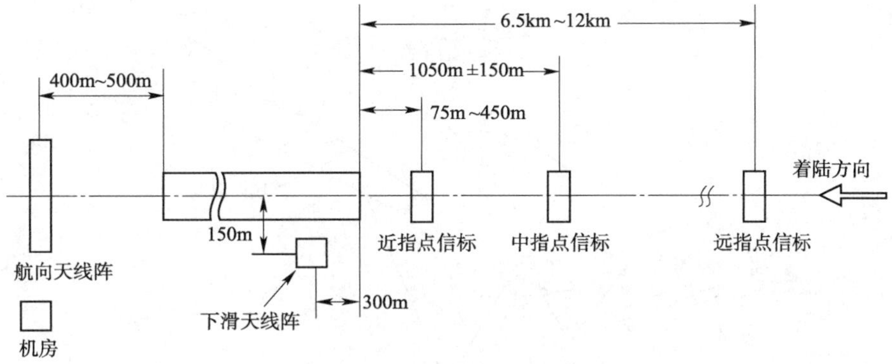

图8-41 ILS系统的机场配置图

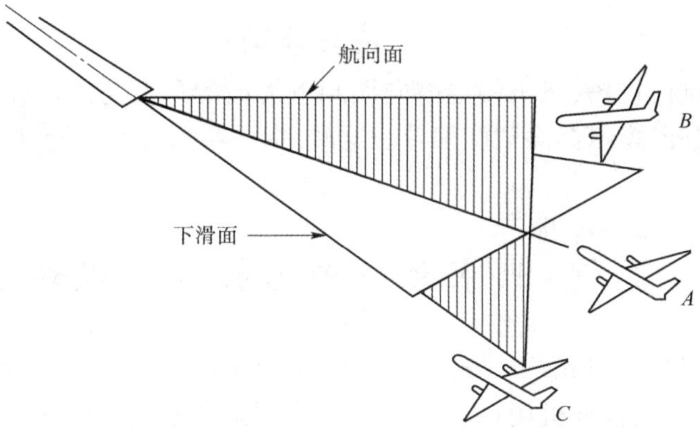

图8-42 航向和下滑信标产生的引导信号

下滑信标台天线产生的辐射场形成下滑面,下滑面和跑道水平平面的夹角,根据机场的净空条件,可在2~4之间选择。下滑信标用来产生飞机偏离下滑面的垂直引导信号,机载下滑接收机收到下滑信标台的发射信号,经处理后,输出相对于下滑面的偏离信号,加到HSI上的下滑指示器。若飞机在下滑面上(飞机A),下滑指针在中心零位;若飞机在下滑面的上面(飞机B)或下面(飞机C),指针向下或向上指,向驾驶员提供飞下或飞上的指令。

航向面和下滑面的交线,定义为下滑道。飞机沿这条交线着陆,就对准了跑道中心线和规定的下滑角,在偏跑道入口约300 m处着地。

指点信标台为2个或3个,装在顺着着陆方向的跑道中心延长线的规定距离上,分别叫近指点信标、中指点信标、远指点信标,每个指点信标台发射垂直向上的扇形波束。只有在飞机飞越指点信标台上空的不大范围时,机载接收机才能收到发射信号。由于各指点信标台发射信号的调制频率和识别码不同,机载接收机就分别使驾驶舱仪表板上不同颜色的识别灯亮,同时驾驶员耳机中也可听到不同音调的频率和识别码。驾驶员就可以判断飞机在哪个信标台的上空,即知道飞机离跑道头的距离。

图 8-43 表示飞机进场的示意图。航向信标和下滑信标发射信号组合的结果,在空间形成一个矩形延长的角锥形进场航道。其中航向道宽度为 4°,下沿道宽度为 1.4°(指示器满刻度偏转的角度)。

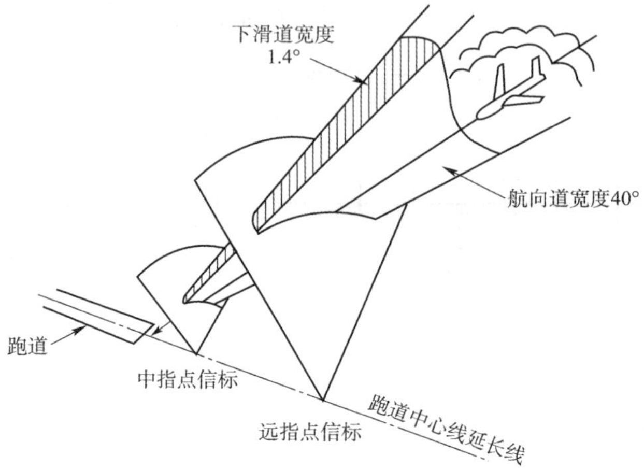

图 8-43　ILS 进场示意图

飞机在这个角锥内进场,飞机偏离航向面和下滑面的角度与指示器指示的角度值成比例;在这个角锥形之外,指示器满刻度偏转。这时,指示器的指示只能判断飞行偏离的方向,而不能给出具体度数。

8.6　案例:北京大兴机场航站楼规划设计

北京大兴国际机场(Beijing Daxing International Airport),位于中国北京市大兴区及河北省廊坊市广阳区之间,距首都机场 67km;定位为大型国际航空枢纽、国家发展一个新的动力源、支撑雄安新区建设的京津冀区域综合交通枢纽。

北京大兴国际机场于 2014 年 12 月开始动工,时名“北京新机场”。2018 年 9 月,机场定名为“北京大兴国际机场”。2019 年 9 月 25 日,机场正式投入运营。

大兴国际机场 T1 航站楼设计年旅客吞吐量 4500 万人次,共有 78 个近机位,与首都机场 T3 C/D/E 三个楼相当。航站楼综合体建筑 140 万 m^2,可停靠飞机的指廊展开长度超过 4000m,整个 T1 航站楼的轮廓控制在半径 600m 的圆形以内,在不使用捷运系统的情况下,旅客通过安检从航站楼中心到最远登机口的距离不超过 600m。机场规划四纵两横 6 条民用跑道,首期建设三纵一横 4 条跑道、268 个停机位。机场建成了“五纵两横”的交通网络,1h 通达京津冀,如图 8-44 所示。

北京大兴国际机场航站楼总建筑面积约 1 万 m^2,是五指廊的造型形如展翅的凤凰,呈放射状布局,向东北、东南、中南、西南和西北 5 个方向分别设置了 5 个指廊候机区域,每个指廊的末端都透着浓郁的中国风,分别被设计成丝园、茶园、瓷园、田园以及中国园等 5 座“空中花园”,为旅客提供了舒适的候机环境,是大兴国际机场最大的看点之一,如图 8-45 所示。

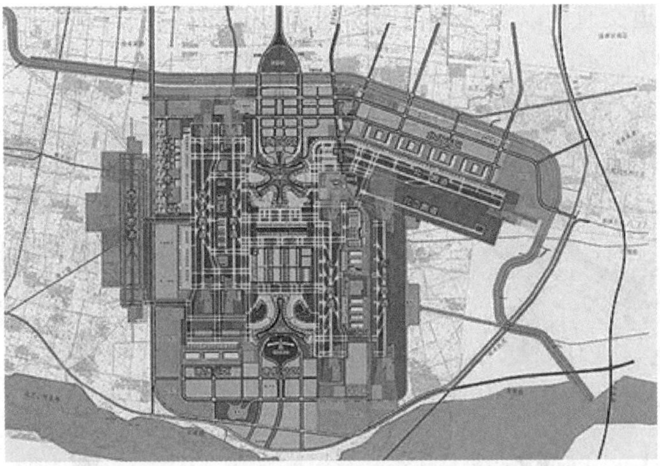

图 8-44　北京大兴国际机场平面规划示意图

图 8-45　北京大兴国际机场外观图

北京大兴国际机场共有 5 条轨道线路在机场外围整合并列为一组,沿新机场中轴贯穿航站区,依次分别是:京霸城际、机场快轨、R4/S6、预留线和廊涿城际。机场的地下东西两侧是城际铁路和高铁,中间 3 条是机场专线和地铁。5 条线路站台区总宽度约 270m,如图 8-46 所示。

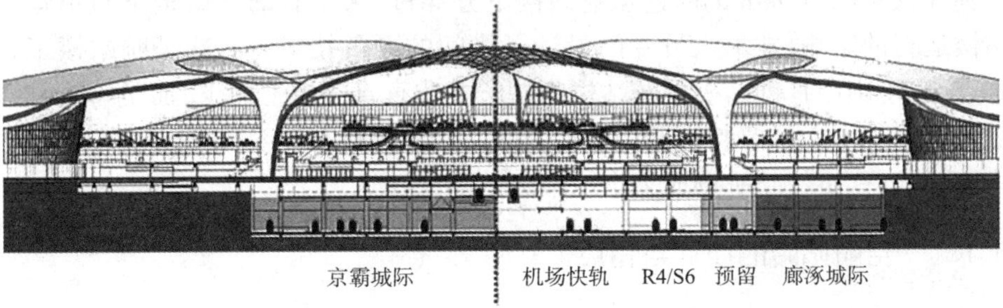

图 8-46　机场轨道交通线位布置示意

北京大兴国际机场采用“双层出发车道边”设计,是四层航站楼,出发和到达分别是两层。一层是国际到达;二层是国内到达;三层是国内自助,快速通关;四层是国际出发和国内托运行李。地下轨道交通可以方便地把旅客送到航站楼楼内,通过地下一层的直梯直接到达出发层,如图 8-47 所示。

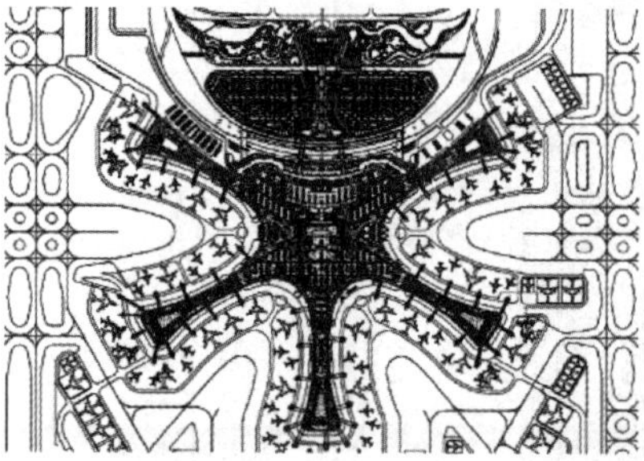

a) 一层

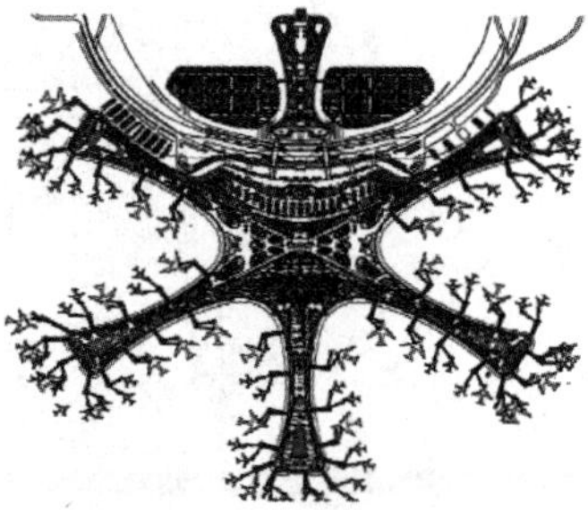

b) 二层

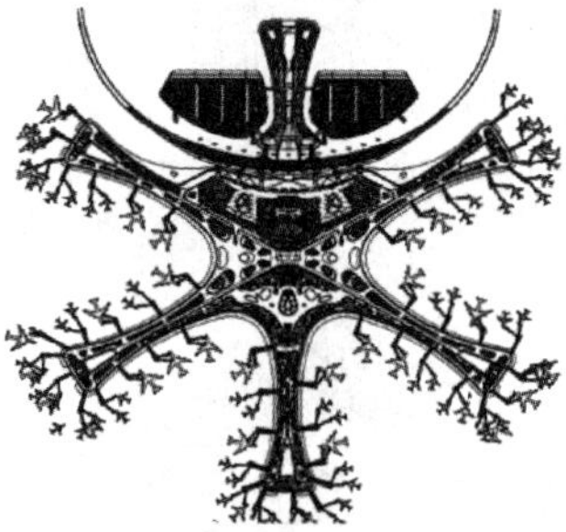

c) 三层

d) 四层

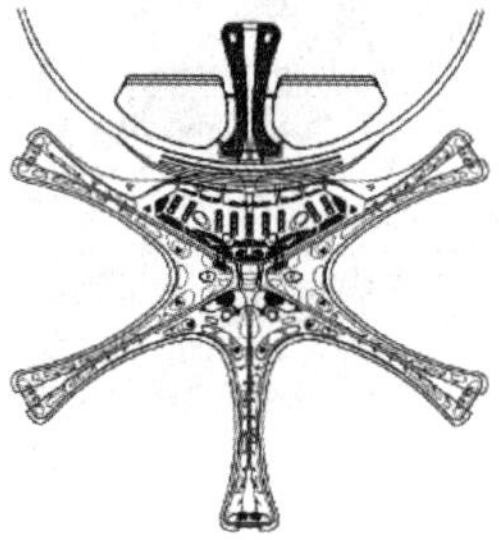

e) 五层

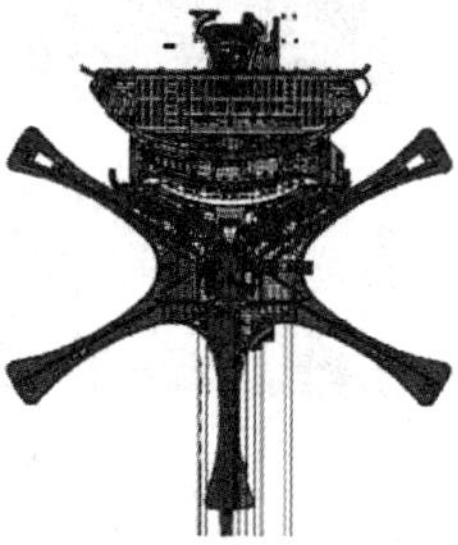

f) 负一层

图 8-47　航站楼平面示意图

考虑到高铁会以 300km 的时速从航站楼下方穿过,为了有效缓解地下轨道运行的震动对于航站楼运行的影响,技术人员专门设计了横间的隔震技术——这是航站楼工程最大的亮点和难点,属于国内首创。机场航站楼的柱子并非直直的由上而下,而是每个柱子在地上地下的交界处都支了一层橡胶垫,所以,整个航站楼不是硬硬地戳在地上,而是支在 1100 个软软地橡胶垫上,这也使新机场成为全球最大的隔振建筑。

8.6.1　一号航站楼的设计与特点

1. 航站区的设计

1) 基本功能定位

以"旅客为中心"的设计思想使新机场的构型设计利用技术和科技的发展,突破了飞机横平竖直滑行的传统方式,换取了更佳的旅客步行距离。

2)基本设计参数和设计标准

航站楼的基本设计参数和设计标准如表8-11~表8-14所示。

年旅客量和高峰小时旅客量　　表8-11

项　目	2200万年旅客量		4000万年旅客量		4000万年旅客量+500万到达年旅客量	
	国内(34.9%)	国际(65.1%)	国内(44%)	国际(56%)	国内(44%+500万中的48.7%)	国际(56%+500万中的51.3%)
年旅客量(人次)	7678000	14322000	176000000	222400000	—	—
高峰小时双向参数(人次)	0.0356%	0.0389%	0.0345%	0.0377%	0.0330%	0.0360%
高峰小时旅客(双向)(人次)	2733	5571	6075	8445	6075+877(500万到达年旅客量)	8445+923(500万到达年旅客量)
高峰小时始发旅客(人次)	1312	2674	2915	4054	2915	4054
高峰小时目的地旅客(人次)	1312	2674	2915	4054	2915+857	4054+633
高峰小时中转/过境旅客(人次)	410	836	911	1267	911+268	1267+197

注:始发和目的地旅客量占总高峰小时旅客量的80%。中转和过境旅客量占总高峰小时旅客量的20%。始发和目的地旅客量采用20%集中率。中转和过境旅客量采用50%集中率。

基本设计参数　　表8-12

旅客处理手续	处理时间与设计指标
始发和目的地值机柜台	国内——90s/人 国际——180s/人
中转值机柜台	国内转国内——60s/人 国内转国际——120s/人(无托运行李) ——180s/人(有托运行李) 国际转国际——120s/人(无托运行李) 国际转国内——60s/人(有托运行李) ——90s/人
交运行李	国内——1件/人 国际——1.7件/人
边检	国内——28s/人 国际——28s/人
安检	国内——22.5s/人 国际——22.5s/人

续上表

旅客处理手续	处理时间与设计指标
卫检	出发——15s/人 到达——15s/人
行李提取	国内——3 个航班/转盘 国际——2 个航班/转盘
行李转盘占用时间	国内——40min/转盘 国际——60min/转盘
入境海关	绿色通道——90% 红色通道——10%

注:行李提取转盘数量采用行李总数量,每分钟行李在转盘均数量计算得出。

基本设计标准　表 8-13

旅客处理手续	国内		国际		IATA 设计标准(min)
	等候时间(min)	等候人数(个/通道)	等候时间(min)	等候人数(个/通道)	—
始发和目的地办票	6.0	4	9.0	3	15.0~20.0
中转办票	6.0	内/内—6 际/内—6	6.0	国内/国际—3 国际/国际—3	—
出境海关	—	—	6.0	3.0	—
出境边防	—	—	5.0	9	5.0
安检	5.0	13	5.0	15	3.0~5.0
卫检	—	—	1.0	12	—
入境边防	—	—	10.0	10	—
入境海关(红色通道)	—	—	6.0	3	—

注:国际航空运输协会 IATA《机场发展参考手册》第 9 版,2004 年 1 月。

设计旅客与行李中转最短衔接时间　表 8-14

中转流程	设计中转最短衔接时间(min)	征集书要求(min)	IATA 设计准则(min)
国内转国内	44	35~45	35~45
国内转国际	75	90	35~45
国际转国内	58	60	45~60
国际转国际	46	45~60	45~60

注:设计旅客与行李中转最短衔接时间不包括卫星厅。参考国际航空运输协会 IATA《机场发展参考手册》第 9 版,2004 年 1 月。

3)建筑规模及设施内容

参照 IATA 设计准则和各功能区“A”“C”的服务标准,确定了 T2 航站楼建筑规模和设施容量。

采用主楼部分处理年旅客量 4000 万人次,并为远期 T3 航站楼预留处理 500 万到达人次的可能性，候机长廊分处理年旅客量 2200 万人次。T2 航站楼建筑面积 48.55 万 m^2（其中未包含航站楼内共同沟 1.79 万 m^2），分层建筑面积如表 8-15 所示。

建筑面积分层表 表 8-15

位置	外形尺寸（长×宽）（m）	层高程（m）								
		24.600 28.800 33.000	19.600 （18.400）	13.600 （10.200）	8.400 （9.400）	6.000 （4.200）	±0.000 （-0.200）	-0.200	-6.000 （-6.500）	小计
主楼	426×138	—	3590	52073	3290	51415	22700	34200	36540	203807
连接廊	294×60	15550	5370	17080	1230	17835	1450	16150	—	74665
候机长廊	1414×42（66）	—	5000	46930	28750	64960	49628	—	11760	207028
小计	—	15550	10370	116082	33270	134210	73778	50350	48300	—
总计	—	—	—	—	—	—	—	—	—	485500

始发、目的地旅客设施容量如表 8-16 所示，中转旅客设施容量如表 8-17 所示。

始发、目的地旅客设施 表 8-16

设施		旅客处理		等候时间（min）	设施需求量	设施提供量	备注
		时间（s/人）	行李提取（件/人）				
值机柜台	国内出发	90	—	6	74 个柜台；3 个岛	104 个柜台；3 个岛	提供岛式值机柜台。每个岛设置 32 或 36 个柜台。其中一个岛作为可转换值机岛。电子值机比率 5%
	国际出发	180	—	9	208 个柜台；7 个岛	248 个柜台；7 个岛	—
边检	国际出发	45	—	5	58 个通道	62 个通道	—
	国际到达	60	—	10	82 个通道	80 个通道	—
安检	国内	22.5	—	5	19 个通道	21 个通道	每个通道 1 台 X 射线安检机和一台金属探测器
	国际	22.5	—	5	33 个通道	32 个通道	—
卫检	国际出发	—	—	—	与海关共用 X 射线安检机	与海关共用 X 射线安检机	—
	国际到达	5	—	2	8 个通道	7 个通道；与海关共用 X 射线安检机	—

续上表

设施		旅客处理		等候时间(min)	设施需求量	设施提供量	备注
		时间(s/人)	行李提取(件/人)				
动植物检疫	国际出发	—	—	—	与海关共用X射线安检机	与海关共用X射线安检机	—
	国际到达	—	—	—	与海关共用X射线安检机	与海关共用X射线安检机	—
行李提取带	国内	—	1	30	10个转盘	8个转盘,2个预留	6.00m层20个转盘,其中2个90m长提取带±0.00m层6个转盘
	国际	—	1.7	45	14个转盘	14个转盘,2个预留	—
海关	国际出发	—	—	—	—	9个通道9台X射线安检机	—
	国际到达——绿色	5(10%)	—	—	5个绿色通道	2个绿色通道	每个通道1台X射线安检机
	国际到达——红色	120(10%)	—	6	14个红色通道和7台X射线安检机	2个红色通道和4台X射线安检机	每个通道2台X射线安检机

中转旅客设施 表8-17

设施	中转形式	中转旅客比例(%)	旅客处理时间(s/人)	等候时间(min)	设施需求量	设施提供量	备注
值机柜台	国内过境	5	60	6	2个柜台	2个柜台	—
	国内转国内	10	60	6	4个柜台	4个柜台	电子值机比率5%
	国内转国际	35	120(70%不需提取行李);180(30%需提取行李)	6	18个柜台 13个柜台	20个柜台 11个预留	电子值机比率5%
	国际过境	5	120	6	5个柜台	5个柜台	—
	国际转国际	10	120	6	9个柜台	9个柜台	电子值机比率5%
	国际转国内	35	60(70%不需提取行李);90(30%需提取行李)	6	12个柜台 8个柜台	12个柜台 8个柜台	电子值机比率5%

续上表

设　施	中转形式	中转旅客比例（%）	旅客处理时间（s/人）	等候时间（min）	设施需求量	设施提供量	备　注
安检	国际转国内	35	22.5	5	7个通道	6个通道	—
海关	国内转国际	绿色	5(90%)	—	2个绿色通道	1个通道和1个X安检机	—
		红色	120(10%)	5	4个红色通道和2个X安检机		—
	国际转国内	绿色	5(90%)	—	2个绿色通道	1个通道和1个X安检机	—
		红色	120(10%)	5	4个红色通道和2个X安检机		—
动植物检疫	—	—	—	—	与海关共用X射线安检机	与海关共用X射线安检机	—

2.航站区的特点

1)"指廊五角星结构"

航站区主要包括航站楼、停车楼和综合服务楼3个主要的建筑单元。航站区总用地面积约27.9万m^2，用地南北长1753.4m，东西宽约1591m，总建筑面积约143万m^2，其中航站楼建筑面积约80万m^2，综合服务楼（办公楼及酒店）建筑面积约13万m^2，停车楼建筑面积约26万m^2，轨道交通建筑面积约23万m^2。航站楼主体为钢筋混凝土框架结构，南北长996m，东西宽1144m，由中央大厅、中央南和东北、东南、西北、西南5个指廊组成，中央大厅地下2层、地上5层，其他区地下1层，地上2～3层，航站楼平面构形为五角星形。

主体建筑航站楼由中央大厅和5个互呈60°夹角的放射状指廊构成[图8-48a）]。在航站楼以北的中轴线上是综合服务楼，在综合服务楼的东西两侧是两栋停车楼，综合服务楼的平面形状与航站楼的指廊相同，由此与航站楼共同形成了一个形态完整的总体构形。该构形外包直径为1200m[图8-48b）]，航站区的各建筑都包罗在这个圆形之中。

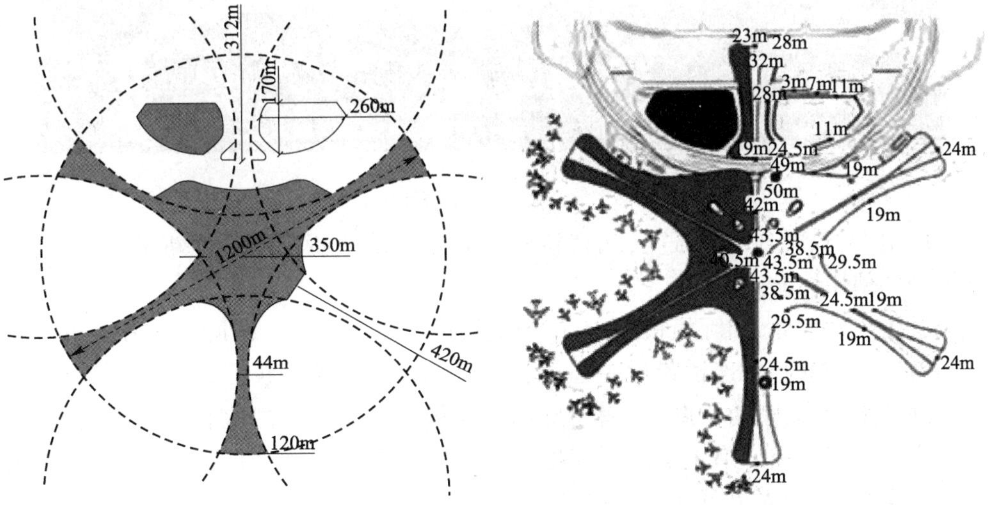

a)平面尺寸　　b)高程

图8-48　航站区平面尺寸及标高图

2)旅客步行距离优先的五指廊放射构型

大兴国际机场的平面形状创新地采用放射构型,从中心以60°夹角向5个方向伸出5条指廊。这一构型源自法国ADPI公司的概念投标方案,其核心是以旅客为中心:利用新机场两条跑道间距较大的特点(投标阶段为2200m,后优化为2150m),可在保证飞机运行顺畅的同时,最大限度地缩短旅客的步行距离。从图8-48可直观地看到,与传统的一字形或直角折线形的构型对比,新机场的放射构型和更多的指廊可使更多的登机口靠近中心,直线连接,拉近了旅客与飞机之间的距离。整个新机场T1航站楼的轮廓控制在半径600m的圆形以内,在不使用捷运系统的情况下,旅客通过安检从航站楼中心到最远登机口的距离不超过600m。航站楼的设计较明显地分为东西两个相对独立的区域,未来通过合理的东西分区运行:东方航空公司主要利用东侧航站楼,南方航空公司主要利用西侧航站楼,可进一步缩短旅客的步行距离。新机场的构型设计利用技术和科技的发展,突破了飞机横平竖直滑行的传统方式,换取了更佳的旅客步行距离。

3)应对陆侧旅客交通压力的双层出发、双层到达设计

巨大的客流量是新机场面临的一大挑战,T1航站楼加S1卫星厅未来将承担7200万人次的年旅客吞吐量,相当于目前首都机场3座航站楼的设计流量总和。国际上很多大流量的机场中转旅客很多,而北京新机场目的地旅客比例很高,会造成航站楼陆侧交通非常巨大的流量,除轨道交通接驳外,落客车道边的设计压力更为突出,这在国际上也没有可借鉴的先例。突破传统单层高架桥落客的方式,新机场创新地采用了双层出发车道边的设计,即在航站楼的第3层和第4层设计两侧高架桥,两层车道边均可出发:第4层以国际出发和国内人工值机出发旅客为主,第3层以国内自助出发旅客为主。同时,到达旅客也分为两层,国内到达在第2层,国际到达在第1层。“双层出发,双层到达”设计,相当于将传统的双层航站楼变成了4层航站楼,功能更加集约紧凑,属国际首创,为旅客提供了更为充足的交通接驳条件,使旅客能够更为顺畅、便捷地到达或离开航站楼,具体楼层如图8-49所示。

图8-49　北京大兴国际机场楼层示意图

在双层出发、双层到的基础上,北京新机场的楼层设计还有以下创新举措,以提升旅客在航站楼中的使用体验。

第4层为出发大厅,国际值机居中,国内值机位于东西两侧。国际旅客在此办理值机手续,向前平层通过安检,由连桥跨过中心峡谷,办理边防、海关手续后下至第3层商业区,并由此平层到达南指廊、东南指廊、西南指廊第3层候机出发。国内旅客办理值机后,通过东西两处中庭下至第3层。第4层国际安检上方设有第5层餐饮夹层,在第5层南侧可俯瞰航站楼空侧全貌,送行人员可在此目送旅客出发。

第3层国内出发旅客可得到各种自助服务,包括自助值机和自助行李托运。自助值机

旅客在此与由第 4 层下来的人工值机旅客汇合,向前通过安检。为应对不断升级的国际反恐形势,新机场预留了充足的安检空间,可保证旅客的出行效率。第 3 层东西两侧还设有独立的高舱位旅客值机区,可提供更为舒适的服务。国内旅客在第 3 层通过安检后便下至第 2 层国内"混流"区。

"混流"是国内机场较新的概念,即出发、到达旅客同在一层,省去了独立的到达层,可使更多的设施集中为旅客服务,出发和到达旅客均可共享机场商业服务。国内中转的旅客也不必再通过专用流线,即可便捷地直接前往下一程登机口。混流层是航站楼面积最大的空间,东西贯穿,旅客穿行在宽敞舒适的空间中享受各种商业服务,为繁忙的旅途增加了一段休闲时光。

4)安全、高效的行李系统

行李系统是保证机场安全、高效运行的基础。因此,它的安全可靠性是第一位的。而最简单的系统是最安装可靠的系统。在设计中首先要求系统能够最简单运行,即:行李从值机岛简单地送到出发行李转盘,这种运行是最安全可靠的。但仅有这样一种运行方式效率比较低,且不利于公共值机。所以,在此最简洁有效的系统的基础上设计了自动分拣系统,并保留了足够的冗余和备份。

将国内行李提取设置在第 2 层,到达旅客可平层进入。经迎候厅后,国内到达旅客从第 2 层可平层通过连桥进入停车楼或搭乘竖向交通接驳大巴、出租汽车、轨道交通等接驳方式。第 2 层功能还包括国际旅客的到达夹层,国际旅客从这里下至第 1 层入境、提取行李。国际中转大厅也集中设置在第 2 层核心位置。

5)C 形柱支撑的双曲钢结构屋面,为旅客带来独特的空间感受

新机场航站楼为巨大的钢结构屋盖所覆盖,10 根 C 形柱支撑屋盖。C 形柱这一概念是扎哈·哈迪德事务所在概念设计阶段提出的,因柱的平面呈 C 形,不是闭合的而得名。C 形柱既是结构构件,又是将自然光引入建筑的通道,由 C 形柱生长出整个建筑的巨大双曲屋面,也为航站楼建筑注入了独特的造型元素,如图 8-50 所示。

图 8-50　C 形柱效果图

采用C形柱的设计,能以尽量少的竖向构件支撑起整个建筑屋面,形成完全无障碍的建筑室内空间。建筑平面可按旅客流线的需要,自由地布置各功能和服务设施,没有竖向结构的阻隔,能以更高效的方式组织旅客流线,以更自由的空间服务旅客出行。

C形柱顶部为铝结构拱壳采光顶,呈椭球形,可为建筑室内带来充足的自然采光。航站楼建筑内部空间呈现出整体连通、上下退台的形式,使自然光能进入各个楼层:从最上面的餐饮夹层到一层的国际入境现场,再到地下一层的综合换乘大厅,旅客在其中均可享受到自然采光。自然采光不仅节能,而且能提高旅客的心理舒适度和对整个空间的认知,舒解旅途产生的压力。

6)绿色航站楼设计,以更少的能耗提供更为舒适的室内环境

大兴国际机场的绿色设计并不是简单地套用标准和规范,而是基于全场的BIM信息模型和先进的计算机模拟分析手段,有针对性地进行设计。从构型控制、场地环境到高效的外围护体系、充足的自然采光、智能化的遮阳设计等,以"被动优先"为原则,为绿色航站楼的实现打下了良好的基础。

还采用了一系列的高效能源方案:将能源站设置在停车楼内,以减少输配距离;采用高效机组,大温差送风;利用冰蓄冷削峰填谷;充分利用可再生能源,在停车楼屋面采用光伏发电系统为停车楼及航站区供电。通过建模模拟方式对航站楼冷源、热源、空调输配系统及空调末端系统的能耗进行计算,建筑能耗比参照建筑全年能耗可提高23%,综合计算节能率达到73.35%。

节能的目的是为旅客提供更为舒适的室内环境,大兴国际机场为此采取了一系列的绿色措施:结合机场航站楼高大空间的特点,采用分层空调等合理的气流组织形式,仅对人员活动区进行空调温度控制,保证人员活动区域的舒适性;在安检、行李提取等人员密集场所设置冷辐射吊顶,可在节能的同时提高旅客舒适度;空气处理机组的空气过滤器在采用常规初中效过滤的基础上设置PM2.5过滤器,对送入室内的空气进行三级过滤净化处理,并设置PM2.5监测装置,保证室内良好的空气品质;采用室内CO_2浓度监控,根据人员密度的变化情况控制新风量;室内采用全LED照明,利用LED照明灯具良好的调光特性对灯具进行开关及调光控制,以保证旅客始终获得舒适的照度。

航站楼建立了基于BIM的系统/设备全生命周期统一维护管控平台,平台数据库与BIM数据库对接,在完成硬件设备管理的同时完成对能源(水、电)资源的管理,通过运行数据的积累可大幅提高航站楼运行的能源效率。目前北京大兴国际机场航站楼已取得三星级绿色建筑设计标识认证和3A级节能建筑设计标识认证,成为首个同时获得这两项绿色认证的航站楼建筑。

一般来说,集中产生效率。但集中统一的管理模式,亦即"航站楼运行中心"的设计,不同于在T1航站楼运行中采用的管理模式。这给管理者、指挥人员在思想上、业务上、技术上提出了较高的要求,给运行管理体制提出了新的要求,给运行管理人员、技术、设备等都提出了新的课题。这些课题有待进一步的研究和探索。

8.6.2 一号航站楼平面功能布局

航站楼各层平面功能布局如图8-51所示,各层平面主要功能如表8-18所示。

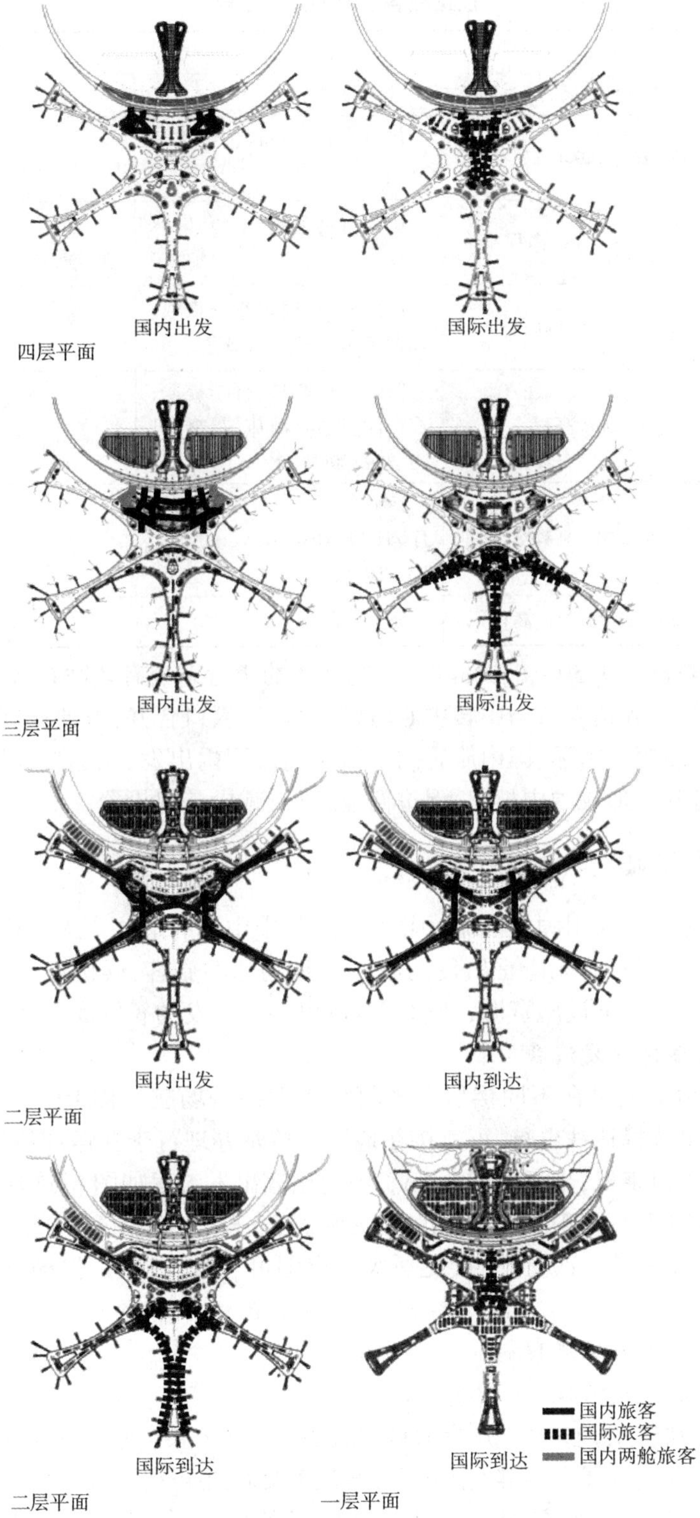

图 8-51　航站楼各层平面功能布局

航站楼各层平面主要功能　　表 8-18

部　　位	层	主要功能	备　　注
主楼	23.50m 高程	陆侧餐饮夹层	—
	17.50～19.00m 高程	国内、国际值机、国际出境联检	—
	8.50～12.50m 高程	国内自助值机、安检、国际出发	—
	4.50～6.50m 高程	国内混流、国内行李提取、迎客厅、国际到达、中转	—
	±0.00m 高程	国际入境联检、行李提取、迎客厅、贵宾、酒店、行李、机房、办公、机房	—
	-6.50m 高程	换乘中心-轨道过厅、轨道站厅、预留 APM，DCV，机电管廊、机电用房	—
	-20.45～18.25m 高程	轨道站台	—

行李提取厅安排在 4.50～6.50m 层，与航站楼的步行系统有效联系，最大限度地减少了旅客的换层。远机位到达入口与中转中心、行李提取厅入口合并，方便旅客中转换机和行李的快速分拣输送、缩短了国际、国内旅客的步行距离。国内出发、到达旅客同层混流，有利于形成国内枢纽，有利于形成国内枢纽，促进商业运行，减少基建投资。

8.6.3　一号航站楼旅客流程

北京大兴国际机场采用国内混流、国际分流、集中中转的形式。大兴机场航站楼采用国内旅客进出港混流的设计，无论是出发的旅客还是到达的旅客，候机还是抵达，都能同步享受到商业资源和公共服务设施资源，到达旅客可以共享出发的餐饮商业区。

1. 国内、国际旅客出发流程

(1)国内旅客出发：可在不同楼层办理值机。大兴机场航站楼 B1 层、三层和四层均设置了值机区。如果选择地铁出行，可直接在地铁草桥站办理行李托运和值机，旅客从航站楼大厅到最远端登机口乘机，步行不超 8min。国内旅客出发流程如图 8-52 所示。

(2)国际旅客出发：在四层办理值机、海关测温、安检、海关检查、边检等流程，如图 8-53 所示，出境旅客只要提交一次行李、接受一次检查即可。过安检时，扫描有效证件和面部认证，即可完成安检。

2. 国内、国际旅客到达流程

国内、国际旅客到达流程如图 8-54 所示。

(1)国内旅客到达：在航站楼二层提取行李后如果选择公共交通出行，可直接乘坐扶梯或者直梯去往 B1 层、B2 层搭乘高铁、城际、快轨等多种轨道交通，也可在提取行李后在到达厅出口搭乘大巴、出租车等交通工具，大兴国际机场采用“双进双出”的交通组织流线，大大缓解交通拥堵压力。

(2)国际旅客到达：经过海关安检、卫生检疫后提取行李，搭乘下一交通工具。

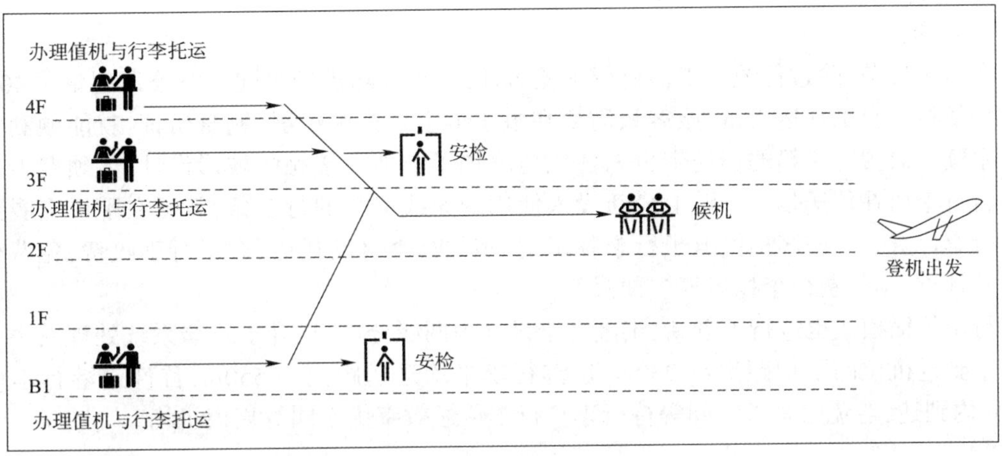

图 8-52　国内旅客出港流程

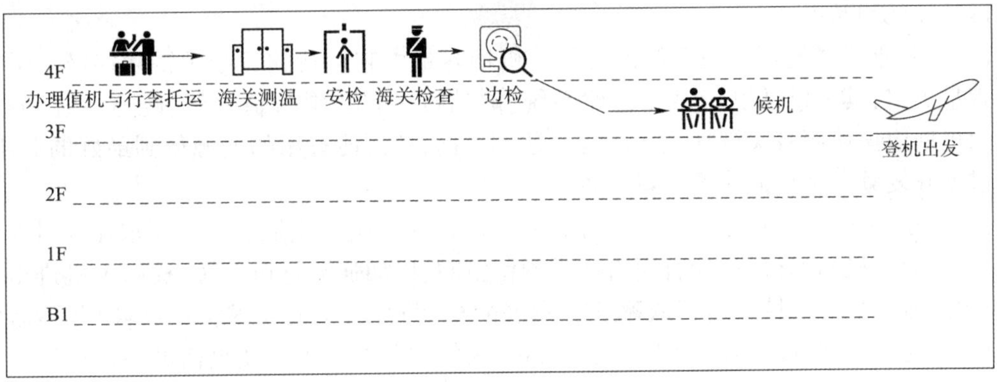

图 8-53　国际旅客出港流程

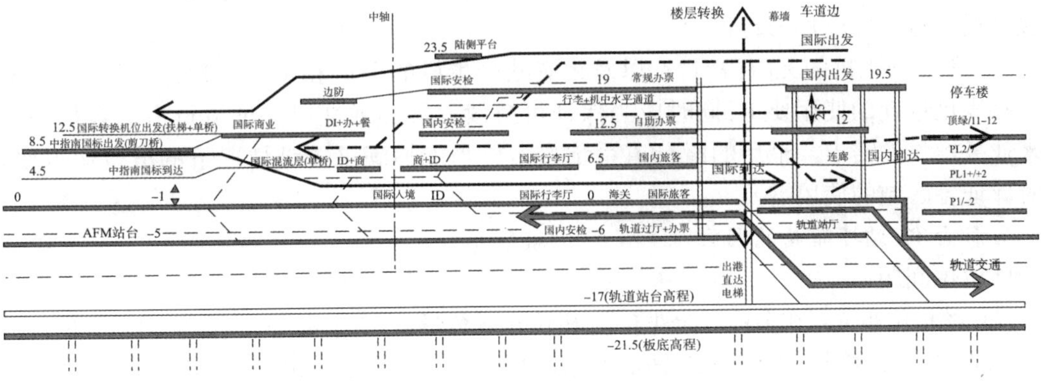

图 8-54　国际、国内旅客进出港流程

3）中转旅客流程

大兴国际机场的中转手续集中办理区设在机场二层，位于国内混流流程与国际到达流程的中间位置。作为国际转国内、国际转国际、国内转国际这三个中转流程的汇集地，边检、海关等中转流程设施在同一个现场办公，实现国内转国内 30min、国际转国际 45min、国内转国际 60min、国际转国内 60min。

4)行李托运

在值机环节,除过传统人工值机行李托运外,大兴国际机场协同航空公司配备了 400 余台自助值机和自助托运设备,旅客只需要在电子屏上点击触摸屏,刷身份证,就能顺利完成值机手续。放置行李箱的传送带也人性化地增加了与地面接触的坡形设计,无须费力搬运即可将行李放在传送带上。贴上最新投入使用的无线射频的行李条,就可在手机上看到自己的行李位置。为旅客提供电子行李牌识别、多件行李自助托运、逾重行李收费、免费行李额合并计重、预付费行李托运等多种服务。

行李传输模式也进行了创新,出港行李设计为两级分拣,提升了行李系统处理效率。出港行李到近机位的平均距离约 230m,进港行李平均运送距离为 550m,首件进港行李可在 13min 内到达,避免旅客长时间等待行李。行李传送效率优于同等规模机场。

8.6.4 站坪规划及设施布局

1. 站坪规划原则

(1)平衡航站楼与滑行道系统的容量。机场容量由它运行的每个关键功能区中最受限制的容量决定,其中包括机场进场道路系统、航站楼、门位、滑行道系统、跑道系统和空域。良好的规划应该使所有关键功能区的容量达到平衡,从而使有用的资源得到最好的利用,并避免过度开发某一个功能区的容量。

(2)为适应未来的变化,应提供一定的灵活性。由于空中交通容量的需求在今后大量增长,应当取消飞机的远机位,为直通滑行道预留空间,以加强滑行道系统,提高飞机进出停机位、机坪区域和货运区域的运行效率。在发展的初期阶段,交通需求量不高,因此不需要直通滑行道,这个区域可以用来设置飞机远机位,为航空公司提供方便灵活的门位运行。在未来航空公司的中转运行中,近机位的利用率将会增大,以有利于中转运行,那时远机位的使用将不再是有利的选择。为了更好地为飞机运行服务,应该移除这些远机位并在所得空间设置直通滑行道以增加滑行道容量。

(3)考虑到飞机的无阻碍滑行,以及相应减少飞机的等待和延误,滑行道系统应当不仅仅能够满足近期的使用要求,同时应当保证可持续发展的弹性以保证滑行道的容量来满足未来业务增长的需求。最后的滑行道系统方案应当能够满足关键情况下的滑行运行要求,同时保证各区域的使用需要。

2. 影响 T2 站坪布局的因素

1)机位间距

航站楼机位布置存在多种可能性方案,机位布置数量从 35 个到 45 个不等,最主要的原因就是机位间距问题。按照国际民航组织标准要求,两个机位的标准间距为 7.5m。一期工程设计中机位间距采用的是 10m。通过分析发现,增加机位间距并不能实现运营效率的增加,相反,机位间距的增加反而会增加站坪面积以及航站楼建筑面积。因此,最后确定将一期规划设计中执行的机位间距 10m 减少为 7.5m,以达到提高机坪效率的目标,这样可以停放更多的飞机。

2)小机坪死角桥位的运行

通过使用模拟工具来模拟代码为 D 和 C 的飞机各种可能的推出运行情况。结论是代码为D和C的飞机不需要过大的转角就可以从死角桥位的可用空间中被推出结合机坪规划、机坪设计和航站楼设计以及运行安全等多家需求,最终确定两个死角桥位为北侧D类、南侧C类(考虑避让捷运通道),不考虑E类。

3)远机位的规划与运行

考虑到运行部门对远机位的需求以及航站楼的位置特点,分析出了两个可行的远机位布局方案,同时也考虑了飞机开启、关闭自身动力滑行到远机位的可能性,并且通过机位布局的优化决定出最终的推荐方案。

飞机可以按两种方式停靠在东面的远机位:机头朝向二号航站楼和机头朝向新的东跑道。这两种停靠方式使得飞机既可带动力进、出停机位,也可以借助牵引出来完成。飞机在滑行道和机坪滑行道上以不同的速度滑行,因为两种滑行道功能的差异,通常在滑行道上的运行速度较大,滑行道的作用是使飞机能够高效率地进出跑道,而机坪尚且行道是给飞机在航站楼周围和它们的桥位区域提供的运行空间。考虑到喷气吹袭的问题,代码为E的飞机通常不依靠自身的动力进、出它的停机位。

3. *设施布局*

总体布局如图8-55所示。

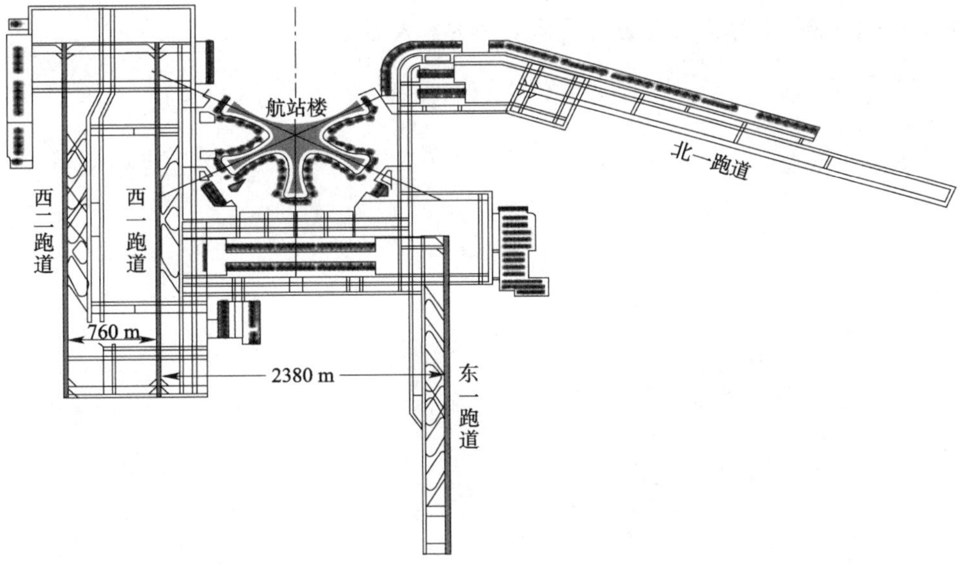

图8-55 大兴国际机场站坪布局

结合北京大兴国际机场本期航站楼5条指廊呈"中心放射状"分布的特点,

(1)站坪区设置一条站坪滑行道时通常采用双向运行模式;设置多条站坪滑行道时,可采用双向或单向运行模式。单向滑行有利于进、离港航班分流,减少运行干扰;双向滑行有利于缩短航班滑行距离。

(2)站坪滑行道均考虑单向运行,两出一进运行模式,航班地面延误时间最小,实现了进离港航班分流滑行,在夹角区根部位置尽量安排小机型,以减轻机位间推出相互干扰,增强推出操作的灵活性。

思　考　题

1. 机场的概念、分类以及机场系统的构成。

2. 谈谈空港城市与机场的相互关系。

3. 从规模上和飞行区等级两方面简述机场等级划分的方法。

4. 影响机场布局的因素有哪些? 举一方面详细加以说明。

5. 航站楼的主要设施有哪些,具体作用是什么?

6. 机场飞行区的构成及各部分的作用。

7. 跑道的布置形式分几种,影响跑道长度的因素有哪些? 正常起飞时,跑道的长度应该如何确定?

8. 简述滑行道的功能及滑行道系统构成。

9. 简述机坪的分类、停机机坪的布置形式。

10. 空中交通管制分3个级别,请分别阐述。

11. 简述空中交通管理系统的定义和构成。

12. 什么是仪表进近系统,其功能是什么?

13. 请查阅资料,了解某一机场的具体规划内容及过程。

第9章 交通港站与枢纽设计方案综合评价

交通港站与枢纽规划设计方案评价的内容，包括定量和定性两个方面。其中定量评价主要对一些可以通过量化计算得到的指标，如港站与枢纽的负荷度、枢纽的发生吸引范围等，评价方法和评价结果都比较直观；而定性评价则针对一些无法定量化的指标，如枢纽布局方案与城市总体规划的协调程度、枢纽布局与交通网络布局的相互关系等，其评价方法和评价准则相对模糊。因此，如何结合定性和定量评价方法，对交通港站与枢纽的港站数量、位置和规模进行评价是本章的主要内容。

9.1 评价步骤与指标体系的建立原则

9.1.1 设计方案综合评价的步骤

方案综合评价是根据方案确定的目的，在调查和可行性研究的基础上，主要从技术、经济、环境和社会等方面，就各种方案能够满足需求的程度与为之消耗和占用的各种资源，进行评价，并选择出技术上先进、经济上合理、实施上可行的最优或最满意方案。交通港站与枢纽港站布局与规划方案的评价，是一个受多因素影响的过程，涉及社会、经济、交通运输等宏观环境。这些影响因素对评价方案的指标有不同程度的影响，可量化的程度也不同，因此需要采用多目标、多因素的综合评价方法。

方案综合评价一方面可以对方案实施的现状进行评价，考查它是否达到了预定的各项性能指标，能否在满足各种内外约束条件下实现方案的预定目的；另一方面能够根据预定的评价指标体系，对各新方案或改进方案进行筛选，辅助规划决策人员进行正确的决策。虽然不同的方案，在评价的对象、标准、影响因素、评价方法等方面互不相同，但方案评价通常遵循如下的评价步骤：

(1)明确评价的目的和评价内容；

(2)确定影响方案实施的因素；

(3)确定评价的指标体系；

(4)制定合适的评价准则；

(5)确定可行的评价方法；

(6)进行方案指标的单项评价；

(7)进行方案体系的综合评价。

9.1.2 综合评价指标体系的建立原则

方案评价首先需要一套衡量标准，即评价指标体系。它是在对方案评价的影响因素进行分析和研究的基础上,按照影响因素的主次之分,对各因素具体化后的结果。由于评价对象的复杂性,导致了方案评价指标的多样性,同时各指标之间还互相制约、互相影响,因此建立一套层次清晰、关系合理的评价指标体系,是保证方案评价成功的前提。在建立方案评价的指标体系时,应该遵循以下原则:

(1)科学性。评价标准和理论必须建立在科学的基础上,才能反映客观实际,对实践具有指导作用。

(2)简明性。拟定的评价指标体系应当条理清楚、层次分明,评价标准应该简单明确,便于理解、应用和推广。

(3)可操作性。评价指标的测定必须有良好的可操作性,才能保证准确、快速地获取评价指标值,以确保评价工作的正常进行。

(4)可比性。拟定的评价指标体系,既能客观地评价同一城市在不同时期的交通规划或设计方案,又能比较同一时期不同城市的交通规划或设计方案。

(5)统一性。评价指标的名称、测定方法、评判标准等应尽量与有关规范、行业标准等保持一致,便于理解和操作。

(6)系统性。评价的指标体系是由若干单项指标组成的整体,它应该包括方案目标所涉及的一切方面,并且对定性的问题要有恰当的定量评价指标,以保证评价的全面性。

9.2 常用的评价模型与实例分析

9.2.1 层次分析法

1. 层次分析法的基本原理

层次分析法(Analytic Hierarch Process,简称AHP法)是计算评价指标客观权重的一种方法,是一种系统分析方法。它是采用定性与定量、系统分解与系统综合相结合的方法。首先采用定性分析方法,确定研究问题的目标,弄清问题的范围,罗列出影响因素,并对影响因素的作用关系进行深入的分析,层层分解,直至无法再分解为止,然后,构造一个层次明显,因果关系清晰的层次分析结构模型,如图9-1所示。在这个基础上再利用定量研究方法进行系统综合,计算出各个因素对上一层次指标的权系数,以及对总目标影响的权系数。严格地说,层次分析法仍然是以主观方法确定权系数,与其他方法不同的是这种方法可以降低主观程度,增加客观性。

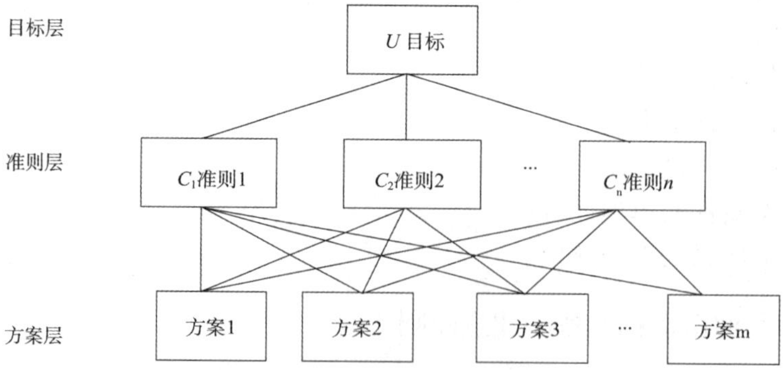

图9-1 层次分析结构模型

2. 层次分析法的基本步骤

层次分析法通过分析复杂问题所包含的因素及其相互关系，将问题分解为不同的要素，并将这些要素归并为不同层次，从而形成多层次结构。在每一层次，可按某一规定准则，对该层要素进行两两比较，建立判断矩阵。通过计算判断矩阵的最大特征值以及对应的正交化特征向量，得出该层要素对于该层准则的权重。在这个基础上，计算出各层次要素对于总体目标的组合权重，从而得出不同方案的权值，为选择满意方案提供依据。具体步骤如下：

1）明确问题

明确问题的范围、具体要求、所包含的要素（目标、准则、可能方案等）以及各要素相互之间的关系。

2）建立层次结构

根据对问题的了解和初步分析，我们可以把问题中涉及的要素按性质分层排列，形成目标层次结构。最简单的层次结构如图9-1所示。

最上层是目标层，在这层中是决策所要实现的目标。若有多个目标，可以在下一层设立一个分目标层。中间一层是准则层，准则层中的内容是衡量达到目标的各项准则或指标。第三层是方案（措施）层，其中排列了各种可能采取的方案或措施。

准则层与目标层之间，方案层与准则层之间的连线表示各层要素之间的相互联系。

3）建立判断矩阵

建立层次结构后，就可以逐层按上一层次某一准则将该层要素进行两两比较，比较按表9-1所示的准则进行标度，比较结果用判断矩阵表示，如表9-2。表中 $A_1, A_2, \cdots, A_n$ 为同一层次要素，c_k 为上一层次第 k 个准则。判断矩阵元素 a_{ij} 表示要素 A_i 与 A_j 对于准则 c_k 的相对重要性（标度值）。

判断矩阵元素的标度准则　　表9-1

标度值（c_{ij} 或 a_{ij}）	两准则或指标间的关系（c_i 与 c_j）	两方案之间的关系（单准则下 A_i 与 A_j）
1	c_i 与 c_j 同样重要	A_i 与 A_j 同样优
3	c_i 与 c_j 稍微重要	A_i 与 A_j 稍微优
5	c_i 与 c_j 明显重要	A_i 与 A_j 明显优
7	c_i 与 c_j 非常重要	A_i 与 A_j 非常优
9	c_i 与 c_j 极为重要	A_i 与 A_j 极为优
2,4,6,8	两相邻判断的中值	

对于判断矩阵各元素来说，显然有：

$$\begin{cases} a_{ij} = 1 \\ a_{ij} = 1/a_{ji} \quad (i = 1,2,\cdots,n; j = 1,2,\cdots,n) \end{cases} \tag{9-1}$$

因此，n 阶判断矩阵原有 n^2 个元素，但实际上只要知道 $n(n-1)/2$ 个元素即可。a_{ij} 可根据资料与条件，由专家和决策者共同研究确定，对于单一准则进行两要素的比较，一般不难给出标度值。

判断矩阵 A　　表 9-2

c_k	A_1	A_2	…	A_n
A_1	a_{11}	a_{12}	…	a_{1n}
A_2	a_{21}	a_{22}	…	a_{2n}
…	…	…	…	…
A_n	a_{n1}	a_{n2}	…	a_{nn}

4)层次单排序及其一致性检验

层次单排序是根据判断矩阵计算本层次与上层次某要素相对重要性的权重,即优先级向量。层次单排序是计算的特征根和特征向量。判断矩阵 A 的特征根和特征向量。

计算单一准则下各要素的相对权重有了单一准则下各要素两两比较的判断矩阵,我们就可以计算与判断矩阵最大特征值对应的正交特征向量,即单一准则下各要素的相对权重。为计算方便,实际中常采用近似算法,最常用的有求和法和方根法。

(1)求和法。计算步骤分为两步:

第一步:计算判断矩阵每一行元素的和 V_i,即:

$$V_i = \sum_{j=1}^{n} a_{ij} \quad (i=1,2,\cdots,n) \tag{9-2}$$

第二步:将 V_i 归一化即可得各要素在单一准则下的相对权重 W_i,即:

$$W_i = V_i / \sum_{j=1}^{n} V_i \quad (i=1,2,\cdots,n) \tag{9-3}$$

以表 9-2 所示的判断矩阵为例,其计算过程见表 9-3。

求和法计算过程　　表 9-3

c_k	A_1	A_2	…	A_n	V_i	W_i
A_1	a_{11}	a_{12}	…	a_{1n}	$V_1 = \sum_{j=1}^{n} a_{1j}$	$W_1 = V_1/\sum_{j=1}^{n} V_i$
A_2	a_{21}	a_{22}	…	a_{2n}	$V_2 = \sum_{j=1}^{n} a_{2j}$	$W_2 = V_2/\sum_{j=1}^{n} V_i$
…	…	…	…	…	…	…
A_n	a_{n1}	a_{n2}	…	a_{nn}	$V_n = \sum_{j=1}^{n} a_{nj}$	$W_n = V_n/\sum_{j=1}^{n} V_i$

(2)方根法。计算步骤分为三步:

第一步:计算判断矩阵每一行元素的乘积 M_i,即:

$$M_i = \prod_{j=1}^{n} a_{ij} \quad (i=1,2,\cdots,n) \tag{9-4}$$

第二步:计算 M_i 的 n 次方根 $\overline{W_i}$,即:

$$\overline{W_i} = \sqrt[n]{M_i} \quad (i=1,2,\cdots,n) \tag{9-5}$$

第三步:将 W_i 归一化,即可得各要素在单一准则下的相对权重 W_i,即:

$$W_i = \overline{W_i} / \sum_{j=1}^{n} W_j \quad (i=1,2,\cdots,n) \tag{9-6}$$

以表 9-2 所示的判断矩阵为例,其计算过程见表 9-4。

方根法计算过程　　表 9-4

c_k	A_1	A_2	…	A_n	M_i	$\overline{W_i}$	W_i
A_1	a_{11}	a_{12}	…	a_{1n}	$M_1=\prod_{j=1}^{n}a_{1j}$	$\overline{W_1}=\sqrt[n]{M_1}$	$W_1=\overline{W_1}/\sum_{j=1}^{n}W_j$
A_2	a_{21}	a_{22}	…	a_{2n}	$M_{2i}=\prod_{j=1}^{n}a_{2j}$	$\overline{W_2}=\sqrt[n]{M_2}$	$W_2=\overline{W_2}/\sum_{j=1}^{n}W_j$
…	…	…	…	…	…	…	…
A_n	a_{n1}	a_{n2}	…	a_{nn}	$M_n=\prod_{j=1}^{n}a_{nj}$	$\overline{W_n}=\sqrt[n]{M_n}$	$W_n=\overline{W_n}/\sum_{j=1}^{n}W_j$

(3)一致性检验。由于客观事物的复杂性及人的认识的多样性，构造判断矩阵时，往往出现判断不一致的情况，这就必然导致权重计算的偏差，因此，需要对判断矩阵进行一致性检验，以便将偏差控制在允许的范围内。其步骤如下：

第一步：计算判断矩阵最大特征根 $\lambda_{\max}$，即：

$$\lambda_{\max}=\frac{\sum_{i=1}^{n}(AW)_i}{nW_iW}=(W_1,W_2,\cdots,W_n)^{\mathrm{T}} \tag{9-7}$$

第二步：计算一致性指标 CI，即：

$$CI=\frac{\lambda_{\max}-n}{n-1} \tag{9-8}$$

式中：n——判断矩阵的阶数。

第三步：计算一致性比例 CR，即：

$$CR=\frac{CI}{RI} \tag{9-9}$$

式中：RI——平均随机一致性指标，见表 9-5。

当 $CR<0.1$ 时，一般认为判断矩阵的一致性是可以接受的。

平均随机一致性指标　　表 9-5

阶数 n	1	2	3	4	5	6	7	8	9	10	11	12
RI	0.00	0.00	0.58	0.90	1.12	1.24	1.32	1.41	1.45	1.49	1.52	1.54

5)层次总排序

有了各层要素对上一层单一准则(或目标)的权重，就可以计算各层要素对更上一层准则(或目标)的组合权重。以图 9-1 的三层结构为例，假定准则层 C 对目标层 U 的权重已计算，$C_1,C_2,\cdots,C_m$ 的权重分别为 $b_1,b_2,\cdots,b_m$，方案层 A 的各要素 $A_1,A_2,\cdots,A_n$ 对准则层 C 的各要素 $C_1,C_2,\cdots,C_m$ 在单一准则下的权重分别为 $W_{11},W_{21},\cdots,W_{n1}$；$W_{12},W_{22},\cdots,W_{n2}$。则方案层 A 的各要素对目标层 U 的组合权重，$W_1,W_2,\cdots,W_n$ 可按表 9-6 右列公式计算。

组 合 权 重 计 算　　表 9-6

准则层 C / 方案层 A	C_1	C_2	…	C_m	组 合 权 重
	b_1	b_2	…	b_m	
A_1	W_{11}	W_{12}	…	W_{1m}	$W_1=\sum_{j=1}^{m}b_jW_{1j}$
A_2	W_{21}	W_{22}	…	W_{2m}	$W_2=\sum_{j=1}^{m}b_jW_{2j}$
…	…	…	…	…	…
A_n	W_{n1}	W_{n2}	…	W_{nm}	$W_n=\sum_{j=1}^{m}b_jW_{nj}$

计算出方案层对目标 U 的组合权重,方案的优劣顺序即可按各方案组合权重大小排列,其中权重最大的方案为满意方案。

3. 层次分析法案例分析

例 9-1 某市是以钢铁工业为主的新兴工业城市,近年来,工农业总产值持续稳定增长,但随着生产的发展,运输缺口也越来越大,已成为经济进一步发展的主要障碍,急需投资货运站建设项目,以扩大货物运输能力。该项目有三个备选方案:水运、公路运输、铁路运输,试用层次分析法对优先发展的方案做排序。

解:(1)分析该系统的要素集合及相关关系,用结构分析法建立系统的层次结构模型如图 9-2 所示。

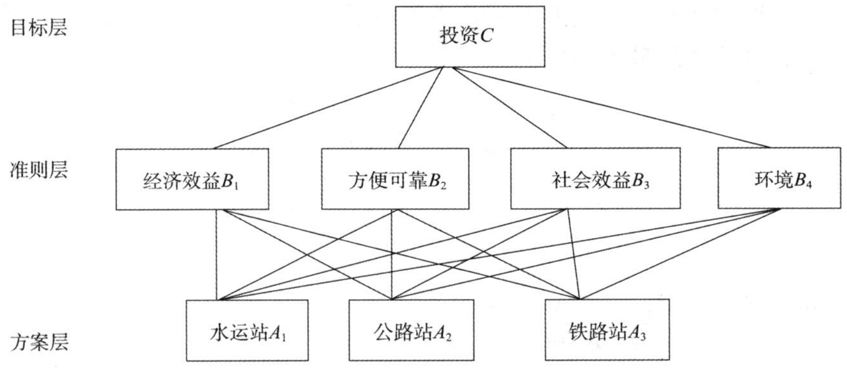

图 9-2 货运站项目的层次结构模型

(2)建立判断矩阵。根据表 9-1 的标度准则,从最上层开始,依次以上层要素为依据,对下一层要素两两比较,建立判断矩阵。投资层与准则层之间的判断矩阵如表 9-7。准则层与方案层之间判断矩阵如表 9-8 ~ 表 9-11 所示。

投资层与准则层判断矩阵 表 9-7

投资 C	B_1	B_2	B_3	B_4	优先级向量
经济效益 B_1	1	3	3	4	0.4944
方便可靠 B_2	1/3	1	4	3	0.2854
社会效益 B_3	1/3	1/4	1	2	0.1290
环境 B_4	1/4	1/3	1/2	1	0.0912

准则层与方案层判断矩阵 1 表 9-8

经济效益 B_1	A_1	A_2	A_3	优先级向量
水运运输 A_1	1	1/7	1/5	0.0719
公路运输 A_2	7	1	3	0.6491
铁路站 A_3	5	1/3	1	0.2790

准则层与方案层判断矩阵 2 表 9-9

方便可靠 B_2	A_1	A_2	A_3	优先级向量
水运运输 A_1	1	5	3	0.6483
公路运输 A_2	1/5	1	1/2	0.1220
铁路站 A_3	1/3	2	1	0.2297

准则层与方案层判断矩阵 3　　表 9-10

社会效益 B_3	A_1	A_2	A_3	优先级向量
水运运输 A_1	1	2	3	0.5400
公路运输 A_2	1/2	1	2	0.2970
铁路站 A_3	1/3	1/2	1	0.1633

准则层与方案层判断矩阵 4　　表 9-11

环境 B_4	A_1	A_2	A_3	优先级向量
水运运输 A_1	1	3	5	0.6483
公路运输 A_2	1/3	1	2	0.2297
铁路站 A_3	1/5	1/2	1	0.1220

(3)根据判断矩阵,计算优先级向量。

①计算各要素的优先级向量。首先计算表 9-7 判断矩阵各要素的优先级向量。

由于判断矩阵为 4×4 矩阵,数值均不为 0,可利用方根法计算优先级向量。

$$M_1 = \prod_{j=1}^{4} a_{1j} = 1 \times 3 \times 3 \times 4 = 36$$

$$\overline{W_1} = \sqrt[4]{M_1} = 2.4495$$

$$M_2 = \prod_{j=1}^{4} a_{1j} = (1/3) \times 4 \times 4 \times 3 = 16$$

$$\overline{W_2} = \sqrt[4]{M_2} = 1.4142$$

$$M_3 = \prod_{j=1}^{4} a_{1j} = (1/3) \times (1/4) \times 1 \times 2 = 1/6$$

$$\overline{W_3} = \sqrt[4]{M_3} = 0.6389$$

$$M_4 = \prod_{j=1}^{4} a_{1j} = (1/4) \times (1/3) \times (1/2) \times 1 = 1/24$$

$$\overline{W_4} = \sqrt[4]{M_4} = 0.4518$$

对上述优先级权重向量归一化处理。即可得各要素在单一准则下的相对权重 W_i:

$$W_1 = \overline{W_1} / \sum_{j=1}^{4} W_j = 2.4495/(2.4495 + 1.4142 + 0.6389 + 0.4518) = 0.4944$$

$$W_2 = \overline{W_2} / \sum_{j=1}^{4} W_j = 1.4142/(2.4495 + 1.4142 + 0.6389 + 0.4518) = 0.2854$$

$$W_3 = \overline{W_3} / \sum_{j=1}^{4} W_j = 0.6389/(2.4495 + 1.4142 + 0.6389 + 0.4518) = 0.1290$$

$$W_4 = \overline{W_4} / \sum_{j=1}^{4} W_j = 0.4518/(2.4495 + 1.4142 + 0.6389 + 0.4518) = 0.0912$$

因此,以投资为准则时,经济效益、方便可靠、社会效益、环境要素的优先级向量为(0.4944,0.2854,0.1290,0.0912),将优先级向量数值列于表 9-7 最后一列。

以此方法,可求得其他几个矩阵的优先级向量数值,如各表最后一列所示。

②计算总体的优先级向量

总体优先级向量如表 9-12 所示。

总体优先级向量　　表9-12

投　资　C	B_1	B_2	B_3	B_4	总体优先级向量
	0.4944	0.2854	0.1290	0.0912	
A_1	0.0719	0.6483	0.5400	0.6483	0.3493
A_2	0.6491	0.1220	0.2970	0.2297	0.4150
A_3	0.2790	0.2297	0.1633	0.1220	0.2357

总体优先级向量计算如下：

$0.4944\times0.0719+0.2854\times0.6483+0.1290\times0.5400+0.0912\times0.6483=0.3493$

$0.4944\times0.6491+0.2854\times0.1220+0.1290\times0.2970+0.0912\times0.2297=0.4150$

$0.4944\times0.2790+0.2854\times0.2297+0.1290\times0.1633+0.0912\times0.1220=0.2357$

根据总体优先级向量，可知$A_2>A_1>A_3$，即公路站的总体优先级最高，应选择公路站方案。

(4)一致性检验。

①计算投资层与准则层判断矩阵的最大特征根及一致性检验：

$$由\ MW=\begin{bmatrix}1&3&3&4\\1/3&1&4&3\\1/3&1/4&1&2\\1/4&1/3&1/2&1\end{bmatrix}\begin{bmatrix}0.4944\\0.2854\\0.1290\\0.0912\end{bmatrix}=\begin{bmatrix}2.1024\\1.2398\\0.5475\\0.3744\end{bmatrix}$$

有最大特征根为：

$$\lambda_{\max}=\frac{1}{4}\left(\frac{2.1024}{0.4944}+\frac{1.2398}{0.2854}+\frac{0.5475}{0.1290}+\frac{0.3744}{0.0912}\right)=4.2365$$

计算一致性指标 CI：

$$CI=(\lambda_{\max}-n)/(n-1)=(4.2365-4)/(4-1)=0.0788$$

计算一致性比例 CR：

$$CR=CI/RI=0.0788/0.96=0.0821<0.1$$

当$n=4$时，查表9-5得平均随机一致性指标RI值为0.96。由于CR值小于0.1，故认为判断矩阵一致性较好，是可以接受的。

②计算方便可靠准则对三个货运站方案的判断矩阵最大特征根及一致性检验：

$$由\ MW=\begin{bmatrix}1&5&3\\1/5&1&1/2\\1/3&2&1\end{bmatrix}\begin{bmatrix}0.6483\\0.1220\\0.2297\end{bmatrix}=\begin{bmatrix}1.9497\\0.3666\\0.6898\end{bmatrix}$$

有最大特征根为：

$$\lambda_{\max}=\frac{1}{3}\left(\frac{1.9474}{0.6483}+\frac{0.3666}{0.1220}+\frac{0.6898}{0.2297}\right)=3.0039$$

计算一致性指标 CI：

$$CI=(\lambda_{\max}-n)/(n-1)=(3.0039-3)/(3-1)=0.0020$$

计算一致性比例 CR：

$$CR=CI/RI=0.0020/0.58=0.0034<0.1$$

当$n=3$时，查表9-5得平均随机一致性指标RI值为0.58。由于CR值小于0.1，故认为判断矩阵一致性较好，是可以接受的。

同理,可求得其余几个判断矩阵的最大特征根,经过一致性检验后,认为其余几个判断矩阵的一致性也较好,也是可以接受的。

9.2.2 模糊综合评价法

模糊综合评判法(Fuzzy comprehensive Assessment)就是应用模糊变换原理和最大隶属度原则综合考虑被评事物或其属性的相关因素,进而对某事物进行等级或类别评价。

模糊综合评判法是模糊数学中最基本的数学方法之一,该方法是以隶属度来描述模糊界限的。由于评价因素的复杂性、评价对象的层次性、评价标准中存在的模糊性以及评价影响因素的模糊性或不确定性、定性指标难以定量化等一系列问题,使得人们难以用绝对的"非此即彼"来准确地描述客观现实,经常存在着"亦此亦彼"的模糊现象,其描述也多用自然语言来表达,而自然语言最大的特点是它的模糊性。而这种模糊性很难用经典数学模型加以统一量度。因此,建立在模糊集合基础上的模糊综合评判方法,从多个指标对被评价事物隶属等级状况进行综合性评判,它把被评判事物的变化区间做出划分,一方面可以顾及对象的层次性,使得评价标准、影响因素的模糊性得以体现;另一方面在评价中又可以充分发挥人的经验,使评价结果更客观,符合实际情况。模糊综合评判可以做到定性和定量因素相结合,扩大信息量,使评价数度得以提高,评价结论可信。

模糊综合评判法,是近年来逐渐推广应用的一种系统综合评价方法,是综合运用层次分析法和模糊数学方法而形成的一种综合评价方法。

1. *实施步骤*

(1)确定评价系统的评审要素集合:$U=\{U_i\}i=1,2,\cdots,n$;

(2)确定各评审要素的权系数行向量:$P=P_i$;

(3)确定评价基准及相应的价值量:$E=\{E_i\}i=1,2,\cdots,n$;

(4)计算评价系统关于各评审要素的模糊综合评判矩阵:$R_i=(r_{ij})$;

(5)对模糊综合评判矩阵进行加权,得出模糊综合评价结果:$S_i=PR_i$;

(6)计算各评价系统的可行度:$N_i=S_iE^{\mathrm{T}}$;

(7)比较各系统的可行度,按可行度的大小排出先后次序。

2. *应用举例*

例9-2 某交通运输主管部门对下级申报的6个客运站建设项目进行论证,由于经费有限,不能全部拨款进行建设。为此,该部门请了9位有关专家,对这6个建设项目进行评议,以排出优先顺序供决策者进行决策时参考。

解:专家们采用了模糊综合评判法进行评议:

(1)确定项目评审要素集合为:$U=\{U_1,U_2,U_3,U_4,U_5\}$。

U_1:建设必要性;U_2:技术先进性;U_3:实施可行性;U_4:经济合理性;U_5:社会效益性。

6个建设项目记为:(A_1,A_2,A_3,A,A_5,A_6)。

(2)确定各评审要素的权系数行向量:

$P=(P_1,P_2,P_3,P_4.P_5)=(0.015,0.20,0.10,0.25,0.30)$

(3)确定评价基准及相应的价值量:

$E=(E_1,E_2,E_3,E_4,E_5)=(0.9,0.7,0.5,0.3,0.1)$

即:评价等级分为五级。

(4)计算各评价系统的模糊综合评判矩阵:

首先,根据上述评价项目及权系数、评价等级,九位专家对第一个项目 A_1 进行评议。评议结果如表9-13。

建设项目 A_1 评价值 表9-13

评价项目	评价项目的权系数	评价等级				
		0.9	0.7	0.5	0.3	0.1
建设必要性	0.15	0	6	3	0	0
技术先进性	0.20	5	3	1	0	0
实施可行性	0.10	0	4	4	1	0
经济合理性	0.25	0	7	2	0	0
社会效益性	0.30	4	4	1	0	0

然后,计算模糊综合评判矩阵:$R_i=(r_{ij})$

其中:$r_{ij}=d_{ij}/\sum d_{ij}$

即模糊综合评判矩阵中的元素 r_{ij} 要归一化。

d_{ij} 是矩阵 $D=(d_{ij})$ 中的元素:

$$D=\begin{bmatrix}0&6&3&0&0\\5&3&1&0&0\\0&4&4&1&0\\0&7&2&0&0\\4&4&1&0&0\end{bmatrix}$$

则:$r_{11}=\frac{0}{9}=0.00\quad r_{12}=\frac{6}{9}=0.67\quad r_{13}=\frac{3}{9}=0.33\quad r_{14}=\frac{0}{9}=0.00\quad r_{15}=\frac{0}{9}=0.00$

$r_{21}=\frac{5}{9}=0.56\quad r_{22}=\frac{3}{9}=0.33\quad r_{23}=\frac{1}{9}=0.12\quad r_{24}=\frac{0}{9}=0.00\quad r_{25}=\frac{0}{9}=0.00$

$r_{31}=\frac{0}{9}=0.00\quad r_{32}=\frac{4}{9}=0.44\quad r_{33}=\frac{4}{9}=0.44\quad r_{34}=\frac{1}{9}=0.12\quad r_{35}=\frac{0}{9}=0.00$

$r_{41}=\frac{0}{9}=0.00\quad r_{42}=\frac{7}{9}=0.78\quad r_{43}=\frac{2}{9}=0.22\quad r_{44}=\frac{0}{9}=0.00\quad r_{45}=\frac{0}{9}=0.00$

$r_{51}=\frac{4}{9}=0.44\quad r_{52}=\frac{4}{9}=0.44\quad r_{53}=\frac{1}{9}=0.12\quad r_{54}=\frac{0}{9}=0.00\quad r_{55}=\frac{0}{9}=0.00$

由此得模糊综合评判矩阵为:

$$R_1=\begin{bmatrix}0.00&0.67&0.33&0.00&0.00\\0.56&0.33&0.12&0.00&0.00\\0.00&0.44&0.44&0.12&0.00\\0.00&0.78&0.22&0.00&0.00\\0.44&0.44&0.12&0.00&0.00\end{bmatrix}$$

(5)对模糊综合评判矩阵进行加权,得出模糊综合评价结果:

由 $S_i = PR_i$

$$\text{可得}:S_1 = (0.15, 0.20, 0.10, 0.25, 0.30)\begin{bmatrix} 0.00 & 0.67 & 0.33 & 0.00 & 0.00 \\ 0.56 & 0.33 & 0.12 & 0.00 & 0.00 \\ 0.00 & 0.44 & 0.44 & 0.12 & 0.00 \\ 0.00 & 0.78 & 0.22 & 0.00 & 0.00 \\ 0.44 & 0.44 & 0.12 & 0.00 & 0.00 \end{bmatrix}$$

$$= (0.244, 0.538, 0.204, 0.012, 0.00)$$

(6)计算各建设项目的可行度:$N_i = S_i E^{\mathrm{T}}$

$$N_1 = S_1 E^{\mathrm{T}} = (0.244, 0.538, 0.204, 0.012, 0.00)\begin{bmatrix} 0.9 \\ 0.7 \\ 0.5 \\ 0.3 \\ 0.1 \end{bmatrix} = 0.7$$

按照上述方法,依次求出其他建设项目的可行度为:$N_2 = 0.47$,$N_3 = 0.41$,$N_4 = 0.64$,$N_5 = 0.43$,$N_6 = 0.56$。

(7)比较各系统的可行度,按可行度的大小排序。

由于 $N_1 = 0.7 > N_4 = 0.64 > N_6 = 0.56 > N_2 = 0.47 > N_5 = 0.43 > N_3 = 0.41$

故:得出6个客运站建设项目的建设次序为:$A_1, A_4, A_6, A_2, A_5, A_3$。

例9-3　大型客运站交通协调的主要影响因素包括规划布局合理性、协调性、换乘效率、换乘设施适应性和信息服务水平等。建立大型客运站交通协调综合评价指标体系,可对未来客运站综合评价方案的调整及规划提供依据,从而保证规划方案的可行性、准确性。本例题利用AHP法确定该指标体系中各层影响因素的权重,用模糊综合评判法对北京南站的交通协调进行综合评估。

解:(1)建立方案分析系统的层次结构模型。客运站交通协调影响因素层次结构模如图9-3所示。

(2)利用层次分析法确定权重。根据表9-1的标度准则,从最上层开始,依次以上层要素为依据,对下一层要素两两比较,建立判断矩阵。目标层与准则层之间的判断矩阵如表9-14。

①利用求和法计算优先级向量:

第一步:计算判断矩阵每一行元素的和 V_i,即:

$$V_i = \sum_{j=1}^{5} a_{ij} \quad (i = 1, 2, \cdots, 5)$$

第二步:将 V_i 归一化即可得各要素在单一准则下的相对权重 W_i,即:

$$W_i = V_i / \sum_{j=1}^{n} V_i \quad (i = 1, 2, \cdots, 5)$$

计算结果列于表9-14右侧。

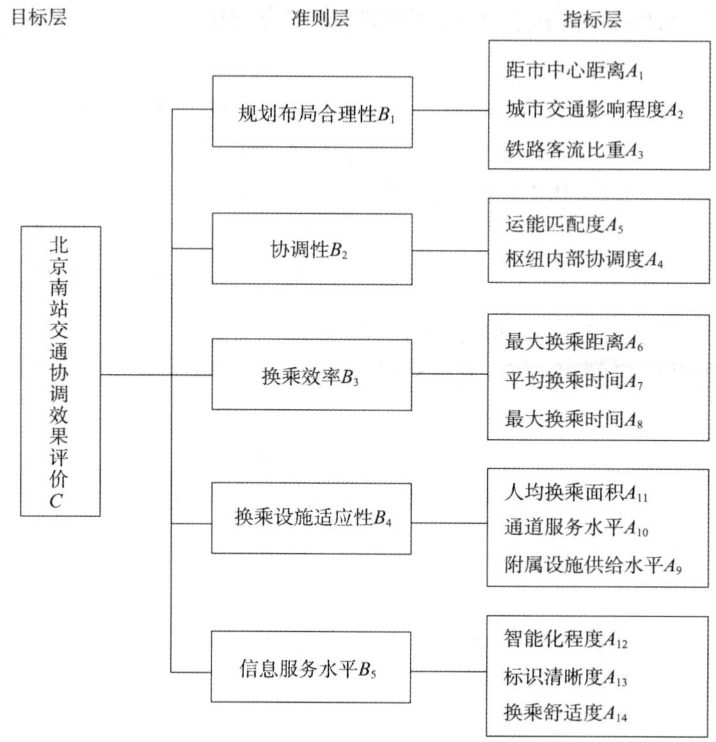

图 9-3　客运站交通协调影响因素层次结构模型

投资层与准则层判断矩阵　　表 9-14

交通协调 C	B_1	B_2	B_3	B_4	B_5	V_i	优先级向量 W_i
划布局合理性 B_1	1	3	3	4	5	16.00	0.40
协调性 B_2	1/3	1	4	3	3	11.33	0.28
换乘效率 B_3	1/3	1/4	1	2	3	6.58	0.17
换乘设施适应性 B_4	1/4	1/3	1/2	1	1	3.08	0.08
信息服务水平 B_5	1/5	1/3	1/3	1	1	2.87	0.07

②计算最大特征根及一致性检验：

由：

$$MW=\begin{bmatrix}1 & 3 & 3 & 4 & 5\\ 1/3 & 1 & 4 & 3 & 3\\ 1/3 & 1/4 & 1 & 2 & 3\\ 1/4 & 1/3 & 1/2 & 1 & 1\\ 1/5 & 1/3 & 1/3 & 1 & 1\end{bmatrix}\begin{bmatrix}0.40\\ 0.28\\ 0.17\\ 0.08\\ 0.07\end{bmatrix}=\begin{bmatrix}2.42\\ 1.54\\ 0.74\\ 0.33\\ 0.38\end{bmatrix}$$

有最大特征根为：

$$\lambda_{\max}=\frac{1}{5}\left(\frac{2.42}{0.4}+\frac{1.54}{0.28}+\frac{0.74}{0.17}+\frac{0.33}{0.08}+\frac{0.38}{0.07}\right)=5.09$$

计算一致性指标 CI：

$$CI=(\lambda_{max}-n)/(n-1)=(5.09-5)/(5-1)=0.0225$$

计算一致性比例 CR：

$$CR=CI/RI=0.0225/1.12=0.02<0.1$$

当 $n=5$ 时，查表9-5得平均随机一致性指标 RI 值为1.12。由于 CR 值小于0.1，故认为判断矩阵一致性较好，是可以接受的。

重复上述过程，可得到指标层的优先级向量如表9-15所示。

优先级向量值　　表9-15

规划布局合理性0.40	距市中心距离0.54
	城市交通影响程度0.30
	铁路客流比重0.16
协调性0.28	运能匹配度0.67
	枢纽内部协调度0.33
换乘效率0.17	最大换乘距离0.35
	平均换乘时间0.43
	最大换乘时间0.22
换乘设施适应性0.08	人均换乘面积0.33
	通道服务水平0.33
	附属设施供给水平0.33
信息服务水平0.07	智能化程度0.06
	标识清晰度0.33
	换乘舒适度0.61

(3)模糊综合评价。

①确定评价基准及相应的价值量

评价基准分为5个等级 $E=\{$很好，较好，一般，较差，极差$\}=\{e_1,e_2,e_3,e_4,e_5\}$

相应的价值量为：$E=\{e_1,e_2,e_3,e_4,e_5\}=\{5,4,3,2,1\}$

经过专家评判和问卷调查，得到各指标的隶属度矩阵如表9-16。

②计算各指标的隶属度

对于规划布局的合理性，有3个指标，其隶属度矩阵为：

$$R_1=\begin{bmatrix}0.00 & 0.00 & 0.00 & 0.00 & 1.00\\0.00 & 0.00 & 1.00 & 0.00 & 0.00\\0.00 & 1.00 & 0.00 & 0.00 & 0.00\end{bmatrix}$$

隶属度为：

$$B_1=P_1R=(0.54,0.30,0.16)\begin{bmatrix}0.00 & 0.00 & 0.00 & 0.00 & 1.00\\0.00 & 0.00 & 1.00 & 0.00 & 0.00\\0.00 & 1.00 & 0.00 & 0.00 & 0.00\end{bmatrix}=(0.00,0.02,0.03,0.00,0.54)$$

同理可得其他指标隶属度矩阵为：

$$R_2=\begin{bmatrix}0.00 & 1.00 & 0.00 & 0.00 & 0.00\\ 0.10 & 0.75 & 0.10 & 0.05 & 0.00\end{bmatrix}$$

$$R_3=\begin{bmatrix}0.00 & 0.10 & 0.30 & 0.60 & 0.00\\ 0.00 & 0.30 & 0.50 & 0.20 & 0.00\\ 0.40 & 0.30 & 0.20 & 0.10 & 0.00\end{bmatrix}$$

$$R_4=\begin{bmatrix}0.00 & 0.30 & 0.35 & 0.20 & 0.15\\ 0.00 & 0.40 & 0.60 & 0.00 & 0.00\\ 0.00 & 0.80 & 0.20 & 0.00 & 0.00\end{bmatrix}$$

$$R_5=\begin{bmatrix}0.30 & 0.40 & 0.20 & 0.10 & 0.00\\ 0.50 & 0.40 & 0.10 & 0.00 & 0.00\\ 0.10 & 0.60 & 0.30 & 0.00 & 0.00\end{bmatrix}$$

各指标的隶属度矩阵 表 9-16

等级评论	很好	较好	一般	较差	极差
			规划布局合理性		
距市中心距离	—	—	—	—	1.00
城市交通影响程度	—	—	1.00	—	—
铁路客流比重	—	1.00	—	—	—
			协调性		
运能匹配度	—	1.00	—	—	—
枢纽内部协调度	0.10	0.75	0.10	0.05	—
			换乘效率		
最大换乘距离	—	0.10	0.30	0.60	—
平均换乘时间	—	0.30	0.50	0.20	—
最大换乘时间	0.40	0.30	0.20	0.10	—
			换乘设施适应性		
人均换乘面积	—	0.30	0.35	0.20	0.15
通道服务水平	—	0.40	0.60	—	—
附属设施供给水平	—	0.80	0.20	—	—
			信息服务水平		
智能化程度	0.30	0.40	0.20	0.10	—
标识清晰度	0.50	0.40	0.10	—	—
换乘舒适度	0.10	0.60	0.30	—	—

隶属度为：

$$B_2=P_2R_2=(0.67,0.33)\begin{bmatrix}0.00 & 1.00 & 0.00 & 0.00 & 0.00\\ 0.10 & 0.75 & 0.10 & 0.05 & 0.00\end{bmatrix}$$

$$=(0.03,0.92,0.03,0.02,0.00)$$

$$B_3 = P_3R_3 = (0.35,0.43,0.22)\begin{bmatrix}0.00 & 0.10 & 0.30 & 0.60 & 0.00\\0.00 & 0.30 & 0.50 & 0.20 & 0.00\\0.40 & 0.30 & 0.20 & 0.10 & 0.00\end{bmatrix}$$

$$= (0.09,0.23,0.27,0.32,0.00)$$

$$B_4 = P_4R_4 = (0.33,0.33,0.33)\begin{bmatrix}0.00 & 0.30 & 0.35 & 0.20 & 0.15\\0.00 & 0.40 & 0.60 & 0.00 & 0.00\\0.00 & 0.80 & 0.20 & 0.00 & 0.00\end{bmatrix}$$

$$= (0.00,0.50,0.38,0.07,0.05)$$

$$B_5 = P_5R_5 = (0.06,0.33,0.61)\begin{bmatrix}0.30 & 0.40 & 0.20 & 0.10 & 0.00\\0.50 & 0.40 & 0.10 & 0.00 & 0.00\\0.10 & 0.60 & 0.30 & 0.00 & 0.00\end{bmatrix}$$

$$= (0.24,0.52,0.22,0.01,0.00)$$

③计算综合隶属度和最终模糊评判结果最终评判结果。

综合隶属度为：

$$B = PR = (0.40,0.28,0.17,0.08,0.07)\begin{bmatrix}0.00 & 0.02 & 0.03 & 0.00 & 0.54\\0.03 & 0.92 & 0.03 & 0.02 & 0.00\\0.09 & 0.23 & 0.27 & 0.32 & 0.00\\0.00 & 0.50 & 0.38 & 0.07 & 0.05\\0.24 & 0.52 & 0.22 & 0.01 & 0.00\end{bmatrix}$$

$$= (0.12,0.38,0.11,0.06,0.22)$$

最终评判结果为：

$$W = BE^{\mathrm{T}} = (0.12,0.38,0.11,0.06,0.22)\begin{bmatrix}5\\4\\3\\2\\1\end{bmatrix} = 2.79$$

从综合判断结果的得分看，该车站的综合协调性接近一般水平。

思　考　题

1. 简要说明方案综合评价通常遵循的评价步骤。
2. 简述方案综合评价指标体系的建立原则。
3. 什么是层次分析法？利用该方法进行分析评价的基本步骤有哪些？
4. 列举实例利用层次分析法进行方案评价。
5. 简述模糊综合评判法实施的基本步骤。
6. 列举实例利用模糊综合评判法进行方案评价。

附录　相关国家标准、设计规范与要求汇总

1.汽车客运站类

(1)《交通客运站建筑设计规范》(JGJ/T 60—2012);

(2)《汽车客运站级别划分和建设要求》(JT 200—2020);

(3)《车库建筑设计规范》(JGJ 100—2015);

(4)《机械式停车库工程技术规范》(JGJ/T 326—2014);

(5)《汽车库、修车库、停车场设计防火规范》(GB 50067—2014);

(6)《建筑设计防火规范(2018 年版)》(GB 50016—2014)。

2.公路货运站类

(1)《公路货运站站级标准及建设要求》(JT/T 402—2016);

(2)《集装箱公路中转站级别划分、设备配备及建设要求》(GB/T 12419—2005)。

3.铁路客运站类

(1)《铁路旅客车站设计规范》(TB 10100—2018);

(2)《铁路车站及枢纽设计规范》(TB 10099—2017),站规;

(3)《铁路线路设计规范》(TB 10098—2017),线规。

4.铁路货运站类

(1)《铁路工业站港湾站设计规范》(TB 10078—2001);

(2)《铁路货运场站及货运设备设计规范》(征求意见稿 2014)。

5.地铁设计类

《地铁设计规范》(GB 50157—2013)。

6.港口类

(1)《海港总体设计规范》(JTS 165—2013);

(2)《交通客运站建筑设计规范》(JGJ/T 60—2012);

(3)《港口与航道水文规范》(JTS 145—2015)。

7.民用机场类

(1)《民用机场总体规划规范》(MH 5002—1999)(征求意见稿 2016);

(2)《民用机场总体规划编制内容及深度要求》(AP-129-CA-01-RI)2006;

(3)《特殊机场的分类标准及运行要求》(AC-121-2009-17-RI)2009。

参 考 文 献

[1] 张远.运输港站与枢纽[M].南京:东南大学出版社,2008.

[2] 胡列格,刘中,杨明.交通枢纽与港站[M].北京:人民交通出版社,2004.

[3] 张超,李海鹰.交通港站与枢纽[M].北京:中国铁道出版社,2004.

[4] 贾争现.物流配送中心规划与设计[M].2版.北京:机械工业出版社,2009.

[5] Romedi Passini. Way finding in Architecture[J]. Van Nostrand Reinhold Company Inc,1992.

[6] 王龙.地下空间标识系统设计研究[D].上海:上海交通大学,2008.

[7] 高晶鑫.基于流线分析的客运枢纽内部设施布置优化研究[D].长春:吉林大学,2009.

[8] 李得伟.城市轨道交通枢纽乘客集散模型及微观仿真理论[D].北京:北京交通大学,2007.

[9] 范亚树.上海港国际客运中心城市与交通流线设计[J].建筑技艺杂志,2009(5):74-81.

[10] 陈刚,杨宇,袁光明.新成都站咽喉及疏解方案设计[J].铁道标准设计,2007(12):23-25.

[11] 朱小娟.大型铁路客运站旅客流线布置研究[D].成都:西南交通大学,2008.

[12] 宁涛.空间导向标识系统可用性研究[D].大连:大连海事大学,2006.

[13] 李东屹,陈学武,王庆,等.城市中心区地铁车站导向设施设置的探讨——以南京市新街口地铁站为例[J].道路交通与安全,2007(7).

[14] 季剑峰,侯国祥,邹志云.公路货运站场规模确定方法研究[J].公路与汽运,2006(10):23-25.

[15] 李玉民,李旭宏,毛海军,等.物流园区规划建设规模确定方法[J].交通运输工程学报,2004,4(2):91-95.

[16] 罗开传,何少英.江门汽车总站新站落成[J].广东交通,2007(12):33-34.

[17] 王国光,曾克明,朱雪梅.江门长途汽车客运站设计研究[J].广东工业大学学报,2005(12).

[18] 铁道第四勘察设计院.铁路工程技术手册——站场及枢纽[M].北京:中国铁道出版社,2004.

[19] 刘其斌,马桂贞.铁路车站及枢纽[M].北京:中国铁道出版社,2004.

[20] 尹启泰,陈占芬.铁路货运组织[M].成都:西南交通大学出版社,2007.

[21] 上海铁路南站工程建设指挥部.上海南站交通枢纽工程建设[M].上海:同济大学出版社,2007.

[22] 朱顺应,郭志勇.城市轨道交通规划与管理[M].北京:人民交通出版社,2008.

[23] 深圳地铁有限公司.深圳地铁一期工程建设与管理实践[M].北京:人民交通出版社,2007.

[24] 杨冰.地铁建筑室内设计[M].北京:中国建筑工业,2006.
[25] 朱沛.机场规划与运营管理[M].北京:兵器工业出版社,2005.
[26] 王小卫,吴万敏.民用航空法概论[M].北京:航空工业出版社,2009.
[27] 洪德慧,江群.航空运输地理[M].北京:国防工业出版社,2009.
[28] 王维.机场净空管理[M].北京:中国民航出版社,2008.
[29] 谭慧卓.航空运输地理教程[M].北京:中国民航出版社,2007.
[30] 钱炳华,张玉芬.机场规划设计与环境保护[M].北京:中国建筑工业出版,2004.
[31] 刘慧英,周勇.空中交通管理系统导论[M].北京:国防工业出版社,2002.
[32] 赵建有.道路交通运输系统工程[M].北京:人民交通出版社,2004.
[33] 刘海燕.交通运输系统工程[M].北京:人民交通出版社,1998.
[34] 王梦,张喜.北京南站交通协调综合模糊评价分析[J].铁路计算机应用,2009(12).
[35] 何世伟.综合交通枢纽规划[M].北京:人民交通出版社,2012.
[36] 孙萌.杭州东站综合交通枢纽规划设计的思考[J].铁道经济研究,2013(06):87-92.
[37] 张卫,赵福令,李霆,等.杭州东站站台雨棚结构设计及分析[J].建筑结构,2011,41(07):84.
[38] 李春舫,袁培煌,戚广平.杭州东站设计[J].城市建筑,2010(04):66-69.
[39] 郦仲华,金祎.杭州东站及其站前广场综合体建筑项目介绍[J].华中建筑,2010,28(08):98-102.
[40] 顾焱,张勇,朱小康.铁路枢纽地区规划中的"圈层"特征——以杭州东站地区规划设计为例[J].城市规划,2008(08):89-92.
[41] 何世伟.综合交通枢纽规划理论和方法[M].北京:人民交通出版社,2012.
[42] 王压帝,张胜.综合客运枢纽设计指南[M].北京:人民交通出版社股份有限公司,2015.
[43] 齐岩,战国会.综合客运枢纽功能空间组合设计:理论与实践[M].北京:中国科学技术出版社,2014.